NESTA H. WEBSTER

SOCIEDADES SECRETAS y MOVIMIENTOS SUBVERSIVOS

OMNIAVERITAS®

Nesta Helen Webster
(1876-1960)

Nesta Helen Webster es una ensayista e historiadora británica. Se dedica al estudio de las revoluciones. Se le pidió que diera conferencias a oficiales y miembros del servicio secreto británico. A petición de éstos, escribió *The World Revolution, The Plot Against Civilisation (La revolución mundial, el complot contra la civilización)*. Tras escribir un análisis del judaísmo y la masonería, Winston Churchill la citó respetuosamente diciendo: *"Ese movimiento entre los judíos... que la Sra. Webster ha demostrado tan bien que desempeñó un papel destacado en la tragedia de la Revolución Francesa"*. Nesta Webster también publicó advertencias sobre los peligros del comunismo. Además, ha mostrado un interés intermitente y bastante crítico por el feminismo. (Fuente Babelio)

SOCIEDADES SECRETAS Y MOVIMIENTOS SUBVERSIVOS

Secret Societies and Subversive Movements
Londres, Boswell Printing & Publishing Co. Londres, 1924

Traducido y publicado por Omnia Veritas Ltd

⊘MNIA VERITAS®

www.omnia-veritas.com

Omnia Veritas Limited - 2023

"Hay un poder en Italia que rara vez mencionamos en esta Cámara... Me refiero a las sociedades secretas... No tiene sentido negar, porque es imposible ocultarlo, que gran parte de Europa -toda Italia y Francia y gran parte de Alemania, por no mencionar otros países- está cubierta por una red de estas sociedades secretas, igual que la superficie de la tierra está hoy cubierta de ferrocarriles. ¿Y cuáles son sus objetivos? No intentan ocultarlos. No quieren un gobierno constitucional, no quieren instituciones mejoradas... quieren cambiar la tenencia de la tierra, expulsar a los actuales propietarios del suelo y acabar con los establecimientos eclesiásticos. Algunos pueden ir más lejos...". (DISRAELI en la Cámara de los Comunes, 14 de julio de 1856.)

PRÓLOGO

L amento no haber podido continuar la serie de estudios sobre la Revolución Francesa de la que *Le Chevalier de Boufflers* y *The French Revolution*[1] fueron los dos primeros volúmenes. Pero el estado del mundo al final de la Gran Guerra parecía exigir una investigación de la fase actual del movimiento revolucionario, de ahí mi intento de seguir su curso hasta los tiempos modernos en *World Revolution*. Y ahora, antes de volver a ese primer cataclismo, me sentí impulsado a dedicar un libro más a la Revolución en su conjunto, esta vez yendo más atrás en el tiempo e intentando rastrear sus orígenes hasta el primer siglo de la era cristiana. En efecto, sólo una visión global del movimiento permite comprender las causas de cada una de sus fases. La Revolución Francesa no surgió únicamente de las condiciones o ideas del siglo XVIII, ni la Revolución Bolchevique de las condiciones políticas y sociales de Rusia o de las enseñanzas de Karl Marx. Ambas explosiones fueron producidas por fuerzas que, valiéndose del sufrimiento y el descontento populares, habían reunido sus fuerzas desde hacía tiempo para atacar no sólo al cristianismo, sino a todo el orden social y moral.

Es sumamente importante señalar el resentimiento con que se recibe esta opinión en algunos círculos. Cuando empecé a escribir sobre la revolución, un conocido editor londinense me dijo: "No olvides que si adoptas una línea antirrevolucionaria, tendrás a todo el mundo literario de en tu contra". Esto me pareció extraordinario. ¿Por qué habría de simpatizar el mundo literario con un movimiento que, desde la Revolución Francesa, siempre ha estado dirigido contra la literatura, el arte y la ciencia, y que ha proclamado abiertamente su objetivo de exaltar a los trabajadores manuales en detrimento de la intelectualidad? "Los escritores deben ser proscritos como los enemigos más peligrosos del

---

[1] *The French Revolution, a study in democracy,* publicado por Omnia Veritas Ltd, www.omnia-veritas.com.

pueblo", dijo Robespierre; su colega Dumas afirmó que todos los hombres inteligentes debían ser guillotinados. "Se organizó un sistema de persecución contra los hombres de talento... La gente gritaba en los barrios de París: "¡Cuidado con este hombre, porque ha escrito un libro!".[2] En Rusia se siguió exactamente la misma política. En Alemania, bajo el socialismo moderado, son los profesores, y no el "pueblo", los que se mueren de hambre en las buhardillas. Sin embargo, toda la prensa de nuestro país está impregnada de influencias subversivas. No sólo en las obras partidistas, sino también en los manuales de historia y literatura para las escuelas, se reprocha a Burke habernos prevenido contra la Revolución Francesa y se aplaude el panegírico de Carlyle. Y mientras el más mínimo error de un autor antirrevolucionario es aprovechado por los críticos y puesto como ejemplo, los errores más flagrantes, no sólo de conclusión sino de hecho, pasan desapercibidos si los comete un partidario del movimiento. El principio enunciado por Collot d'Herbois sigue siendo válido: "Todo está permitido a quien actúa en la dirección de la revolución."

Todo esto me era desconocido cuando emprendí mi trabajo. Sabía que los escritores franceses del pasado habían distorsionado los hechos para adaptarlos a sus propias opiniones políticas, que una conspiración de la historia seguía siendo dirigida por ciertas influencias en las logias masónicas y en la Sorbona; no sabía que esa conspiración continuaba en este país.

Así que no me desanimó la advertencia del editor. Si me equivocaba en mis conclusiones o en los hechos, estaba dispuesto a ser cuestionado.

¿No deberían reconocerse o refutarse de forma razonada y erudita años de meticulosa investigación histórica? Pero aunque mi libro ha recibido muchas críticas generosas y elogiosas en la prensa, la crítica hostil ha adoptado una forma que nunca había previsto. No se ha hecho ni un solo intento honesto de refutar mi *Revolución Francesa* o mi *Revolución Mundial* por los métodos habituales de controversia; las afirmaciones basadas en pruebas documentales se han topado con contradicciones flagrantes, sin la menor contraprueba. En general, el plan adoptado no era refutar, sino desacreditar mediante citas erróneas

---

[2] *Moniteur* du 14e Fructidor, An II.

flagrantes, atribuyéndome opiniones que nunca había expresado, o incluso utilizando personalidades ofensivas. Hay que admitir que este método de ataque no tiene equivalente en ningún otro campo de controversia literaria.

Es interesante observar que hace cien años se adoptó exactamente la misma actitud con el profesor Robison y el abate Barruel, cuyos trabajos sobre las causas secretas de la Revolución Francesa causaron una enorme sensación en su momento. Las críticas legítimas que podrían haberse hecho a sus trabajos no tienen cabida en las diatribas lanzadas contra ellos; sus enemigos se contentan con calumnias e insultos. Un escritor norteamericano contemporáneo, Seth Payson, describe así los métodos utilizados para desacreditarlos: El testimonio del profesor Robison y del abate Barruel se habría considerado sin duda suficiente en cualquier caso que no interesara a los prejuicios y pasiones de los hombres contra ellos. El desprecio y la odiosidad con que se les ha acusado son perfectamente naturales y acordes con lo que la naturaleza de su testimonio sugería. Los hombres se esforzarán por invalidar las pruebas que tiendan a exponer sus oscuros designios, y no debemos esperar que aquellos que creen que "el fin santifica los medios" sean muy escrupulosos en sus medidas. Ciertamente no fue él quien inventó el siguiente personaje y lo aplicó arbitrariamente al Dr. Robison, cuando podría haberse aplicado con igual propiedad a cualquier otra persona en Europa o América. El personaje aquí referido está tomado del American *Mercury*, impreso en Hartford el 26 de septiembre de 1799, por E. Babcock. En este artículo, bajo la supuesta autoridad del profesor Ebeling, se nos dice:

"Robison había vivido demasiado deprisa para sus ingresos y, para compensar sus deficiencias, se había dedicado a alterar un billete de banco; había sido descubierto y había huido a Francia; después de ser expulsado de la logia de Edimburgo, había solicitado el segundo grado en Francia, pero se lo habían denegado; había hecho el mismo intento en Alemania y después en Rusia, pero nunca lo había conseguido... desde entonces había sentido el odio más acérrimo hacia la masonería; Después de vagar por Europa durante dos años, escribir al Secretario Dundas y presentarle una copia de su libro, que se pensó respondería a ciertos propósitos del Ministerio, se suspendió el procedimiento contra él, el Profesor regresó triunfante a su país, y ahora vive con una buena pensión, en lugar de sufrir el destino de su predecesor, Dodd."[3]

Payson cita a continuación a un escritor del *National Intelligencer* de enero de 1801, que se define como "amigo de la verdad" y habla del profesor Robison como "un hombre que se distingue por su abyecta dependencia de un partido, por los innobles delitos de falsificación y adulterio, y por frecuentes paroxismos de locura". Mounier va aún más lejos, y en su panfleto *De l'influence attribuée aux Philosophes,... Francs-maçons et... Illuminés,* etc., inspirado en el Illuminatus Bode, cita una historia según la cual Robison sufría una forma de locura que consistía en creer que ¡la parte posterior de su cuerpo era de cristal!. [4]

Robison era un científico muy conocido que vivió sano y respetado hasta el final de sus días. A su muerte, Watt escribió sobre él:

"Fue el hombre más lúcido y científico que jamás conocí"[5] John Playfair, en una ponencia leída ante la Royal Society de Edimburgo en 1815, al criticar su *Evidence of a Conspiracy -aunque* admitía que nunca había tenido acceso a los documentos consultados por Robison- rindió el siguiente tributo a su carácter y erudición: Nada puede añadirse a la estima que ellos [es decir, "aquellos que lo conocieron personalmente"] sentían por su talento y valía, ni al respeto que ahora rinden a su memoria.[6]

Sin embargo, las mentiras difundidas contra Robison y Barruel no quedaron sin efecto. Trece años más tarde, otro estadounidense, esta vez masón, confesaba "con vergüenza, pena e indignación" que se había dejado llevar por "la avalancha de vituperios vertidos sobre Barruel y Robison durante los últimos treinta años", que las portadas de sus obras "le asustaban" y que, aunque "deseaba con calma y franqueza investigar el carácter de la masonería, se negó durante meses a abrir sus libros".

---

[3] Seth Payson, *Proofs of the Real Existence and Dangerous Tendency of Illuminism* (Charleston, 1802), pp. 5-7.

[4] Ibid. p. 5 nota.

[5] Citado en la Vida de John Robison (1739-1805) por George Stronach en el *Dictionary of National Biography*, Vol. XLIX. p. 58.

[6] *Transactions of the Royal Society of Edinburgh*, Vol. VII, pp. 538, 539 (1815).

Sin embargo, cuando los leyó por primera vez en 1827, se asombró al comprobar que mostraban "una evidente tendencia hacia la masonería".

Barruel y Robison, se dio cuenta entonces, eran ambos "hombres cultos, cándidos, amantes de su país, que tenían reverencia por la verdad y la religión". Dan las razones de sus opiniones, citan a sus autoridades, nombrando al autor y la página, como personas honestas; ambos tenían el deseo de salvar a la masonería británica de la condena y la fraternidad de la masonería continental y parecen estar sinceramente animados por el deseo de hacer el bien poniendo sus obras a disposición del público".[7]

La exactitud de la descripción que hace el autor de la actitud de Barruel hacia la masonería queda demostrada por las propias palabras de Barruel sobre el tema: Inglaterra especialmente está llena de estos hombres rectos, estos excelentes ciudadanos, estos hombres de toda clase y condición, que hacen de ser masones un punto de honor, y que se distinguen de los demás hombres sólo por lazos que parecen reforzar los de la benevolencia y la caridad fraternal. No es el temor de ofender a una nación en la que he encontrado refugio lo que me impulsa a hacer esta excepción.

La gratitud prevalecería sobre todos estos terrores y diría en medio de Londres: "Inglaterra está perdida, no escapará a la Revolución Francesa si las logias masónicas se parecen a las que tengo que desvelar. Incluso diría más: el gobierno y toda la Cristiandad se habrían perdido hace mucho tiempo en Inglaterra si se pudiera suponer a sus francmasones iniciados en los últimos misterios de la secta."[8]

En otro pasaje, Barruel observa que la masonería en Inglaterra es "una sociedad formada por buenos ciudadanos en general, cuyo objeto principal es ayudarse mutuamente mediante principios de igualdad, que para ellos no son otra cosa que la fraternidad universal"[9]: "Admirémosla [la sabiduría de Inglaterra] por haber sabido hacer de estos mismos misterios, que en otras partes ocultan una profunda conspiración contra

---

[7] *Freemasonry, its pretensions exposed...* by a Master Mason, p. 275 (Nueva York. 1828).

[8] *Mémoires sur le Jacobinisme*, II. 195 (edición de 1818).

[9] Barruel, op. cit. II. 208.

el Estado y la religión, una verdadera fuente de beneficios para el Estado"[10].

La única crítica que los Francmasones británicos pueden hacer a este veredicto es que Barruel considera la Francmasonería como un sistema que originalmente contenía un elemento de peligro que ha sido eliminado en Inglaterra, mientras que ellos la consideran como un sistema originalmente inofensivo en el que se ha insertado un elemento peligroso en el Continente. Así, según la primera opinión, la Masonería podría compararse a uno de los casquillos de latón traídos de los campos de batalla de Francia y convertidos en macetero, mientras que, según la segunda, se asemeja a un inocente macetero de latón que ha sido utilizado como receptáculo para explosivos. El hecho es, como me esforzaré en demostrar en el curso de este libro, que siendo la Francmasonería un sistema compuesto, ambas teorías están justificadas. En ambos casos, se verá que sólo la Masonería Continental es condenada.

El plan de presentar a Robison y Barruel como enemigos de la masonería británica sólo puede ser visto como un método para desacreditarlos a los ojos de los masones británicos y, en consecuencia, inducirlos a ponerse del lado de sus antagonistas. Es exactamente el mismo método de ataque que se ha dirigido contra aquellos de nosotros que en los últimos años hemos intentado advertir al mundo de las fuerzas secretas que trabajan para la destrucción de la civilización; en mi propio caso, incluso el plan de acusarme de atacar a la masonería británica se adoptó sin una sombra de fundamento. Desde el principio siempre he distinguido entre la Masonería Británica y la Gran Masonería Oriental, y he contado con grandes masones británicos entre mis amigos.

Pero, ¿cuál es la principal acusación que se nos hace? Al igual que Robison y Barruel, se nos acusa de haber lanzado una falsa alarma, de haber creado un espantajo o de haber sido víctimas de una obsesión. Hasta cierto punto, es comprensible. Mientras que en el Continente se da por sentada la importancia de las sociedades secretas, y las bibliotecas de las capitales extranjeras están llenas de libros sobre el tema, en este país existe la creencia real de que las sociedades secretas son cosa del pasado -hace muy poco han aparecido artículos en este sentido en dos

---

[10] Ibid. II. 311.

importantes periódicos londinenses-, cuando prácticamente no se ha escrito nada de valor sobre ellas en nuestro idioma en los últimos cien años. Por eso, ideas que son corrientes en el Continente aparecen aquí como sensacionales y extravagantes. La mente inglesa no acepta fácilmente lo que no puede ver, o incluso a veces lo que puede ver y que no tiene precedentes en su experiencia, de modo que, como el granjero del Oeste americano, enfrentado por primera vez a la visión de una jirafa, tiende a gritar airadamente: "¡No me lo creo! "¡No me lo creo!"

Pero, aun admitiendo la ignorancia y la incredulidad, es imposible no reconocer cierto método en la forma de lanzar el grito de "obsesión" u "hombre del saco". En efecto, llama la atención que no se califique de "obsesionadas" a personas especializadas en otros campos. No hemos oído, por ejemplo, que el difunto profesor Einstein tuviera la relatividad "en la cabeza" porque escribiera y diera conferencias exclusivamente sobre el tema, o que el señor Howard Carter estuviera obsesionado con la idea de Tutankamón y que, para variar, sería buena idea que partiera hacia el Polo Sur. Por otra parte, no todos los que advierten al mundo sobre eventualidades que consideran un peligro son acusados de crear espantajos. Así, aunque Lord Roberts fue denunciado como alarmista por instar al país a prepararse para defenderse de un plan alemán abiertamente declarado, tanto de palabra como por escrito, y en 1921 el duque de Northumberland fue declarado víctima de un delirio por creer en la existencia de un complot contra el Imperio Británico que había sido proclamado en mil arengas y panfletos revolucionarios.

Personas que, sin molestarse en presentar ninguna prueba documental, habían hecho sonar la alarma sobre la amenaza del "imperialismo francés" y afirmado que nuestros antiguos aliados estaban construyendo una vasta flota de aviones para atacar nuestras costas. No se les tomó por alarmistas ni locos. Al contrario, aunque los acontecimientos demostraron que algunos de ellos estaban completamente equivocados en sus predicciones al comienzo de la Gran Guerra, se les sigue considerando oráculos y a veces incluso se les describe como "pensadores de media Europa".

Otro ejemplo de este tipo puede encontrarse en el caso del Sr. John Spargo, autor de un pequeño libro titulado *The Jew and American Ideals (El judío y los ideales americanos)*.

En la página 37 de este libro, el Sr. Spargo refuta las acusaciones vertidas contra los judíos:

La creencia en conspiraciones generalizadas contra los individuos o el Estado es probablemente la forma más común que adopta la mente humana cuando pierde el equilibrio y el sentido de la proporción.

Sin embargo, en la página 6, el Sr. Spargo afirma que durante su visita al país en septiembre y octubre de 1920:

Encontré organizaciones nacionales grandes y obviamente bien financiadas en Inglaterra dedicadas al siniestro objetivo de crear un sentimiento antijudío. Encontré artículos especiales en periódicos influyentes dedicados al mismo malvado propósito. Encontré al menos una revista, también obviamente bien financiada, dedicada exclusivamente a fomentar la sospecha, el miedo y el odio hacia los judíos... y en las librerías encontré toda una biblioteca de libros dedicados al mismo propósito.

Veremos, pues, que la creencia en conspiraciones generalizadas no siempre debe tomarse como un signo de pérdida de cordura, incluso cuando estas conspiraciones permanecen totalmente invisibles para el público en general.

De hecho, los que estábamos en Londres en el momento de la visita del Sr. Spargo no vimos nada de lo que describe aquí. ¿Dónde estaban esas "grandes organizaciones nacionales" que trabajaban para crear un sentimiento antijudío? ¿Cómo se llamaban? ¿Quién las dirigía? Es cierto, sin embargo, que en aquella época había organizaciones nacionales creadas con el propósito de luchar contra el bolchevismo.

¿Es entonces el antibolchevismo sinónimo de antisemitismo?[11] Esta

---

[11] Utilizo aquí la palabra "antisemitismo" en el sentido en que se ha empleado, es decir, antijudío, pero la entrecomillo porque se trata en realidad de un término erróneo inventado por los judíos en el marco de la lucha contra el racismo para crear una falsa impresión. La palabra antisemita se refiere literalmente a una persona que adopta una actitud hostil hacia todos los descendientes de Sem -los árabes- y todas las doce tribus de Israel. Aplicar el término a una persona que es simplemente antagonista de esa fracción de la raza semítica conocida como los judíos es, por tanto, absurdo y conduce a la ridícula situación de que una persona pueda ser descrita como "antisemita y proárabe". Esta expresión se utilizó en *The New Palestine* (Nueva York) el 23 de marzo de 1923. También podría calificarse de "antibritánico y proinglés".

es la conclusión a la que inevitablemente se llega. En efecto, cualquiera que intente desenmascarar las fuerzas secretas subyacentes al movimiento revolucionario, tanto si menciona a los judíos en este contexto como si se esfuerza por exonerarlos, será objeto de la hostilidad de los judíos y de sus amigos y siempre será calificado de "antisemita". La constatación de este hecho me llevó a incluir a los judíos en particular en el estudio de las sociedades secretas.

El propósito de este libro es, por tanto, continuar la investigación que inicié en *World Revolution*, rastreando el progreso de las ideas revolucionarias a través de las sociedades secretas desde los primeros tiempos, indicando el papel de los judíos sólo donde es claramente detectable, pero sin tratar de implicarlos donde no hay pruebas suficientes. Por eso no basaré mis afirmaciones en obras meramente "antisemitas", sino principalmente en los escritos de los propios judíos. Del mismo modo, por lo que respecta a las sociedades secretas, me basaré en la medida de lo posible en los documentos y confesiones de sus miembros, punto sobre el que he podido reunir numerosos datos nuevos que corroboran plenamente mi tesis anterior. Debe entenderse que no me propongo hacer una historia completa de las sociedades secretas, sino sólo de las sociedades secretas en sus relaciones con el movimiento revolucionario. No intentaré, por tanto, describir las teorías del ocultismo ni investigar los secretos de la masonería, sino simplemente relatar la historia de estos sistemas para mostrar cómo han sido utilizados con fines subversivos. Si no logro convencer a los incrédulos de la existencia de fuerzas secretas de la revolución, no será por falta de pruebas.

NESTA H. WEBSTER.

PARTE I - EL PASADO

1. LA ANTIGUA TRADICIÓN SECRETA

Oriente es la cuna de las sociedades secretas. Sea cual sea su propósito, la inspiración y los métodos de la mayoría de estas misteriosas asociaciones que han desempeñado un papel tan importante entre bastidores de la historia mundial emanan de los países donde se representaron los primeros actos del gran drama humano: Egipto, Babilonia, Siria y Persia. Por un lado, el misticismo oriental y, por otro, el amor por las intrigas orientales, enmarcaron los sistemas que más tarde se trasladaron a Occidente con resultados tan trascendentales y de tanto alcance.

En el estudio de las sociedades secretas, por lo tanto, tenemos una doble línea a seguir: la de las asociaciones que se cubren de secreto en la búsqueda del conocimiento esotérico, y la de las asociaciones que utilizan el misterio y el secreto para fines ulteriores y, en general, políticos.

Pero el esoterismo tiene de nuevo un doble aspecto. Aquí, como en cada fase de la vida terrenal, existe la *otra cara de* la moneda: *el* blanco y el *negro*, la luz y la oscuridad, el cielo y el infierno del espíritu humano. La búsqueda del conocimiento oculto puede acabar en la iniciación en verdades divinas o en cultos oscuros y abominables. ¿Quién sabe con qué fuerzas puede entrar en contacto más allá del velo? La iniciación que conduce a la utilización de las fuerzas espirituales, buenas o malas, es, pues, capaz de elevar al hombre a alturas o de rebajarlo a profundidades que nunca habría podido alcanzar permaneciendo en el plano puramente físico. Y cuando los hombres se unen de este modo en asociaciones, el resultado es una fuerza colectiva que puede ejercer una inmensa influencia sobre el mundo que les rodea. De ahí la importancia de las sociedades secretas.

Digámoslo de una vez por todas, las sociedades secretas no siempre se han formado con fines malvados. Al contrario, muchas han nacido de las aspiraciones más elevadas del espíritu humano: el deseo de conocer las verdades eternas. El mal que fluye de estos sistemas ha consistido generalmente en la perversión de principios que una vez fueron puros y santos.

Si no insisto más en este punto, es porque ya se ha dedicado una vasta literatura al tema, por lo que sólo es necesario mencionarlo brevemente aquí.

Desde los tiempos más remotos, han existido grupos de iniciados o "sabios" que afirman poseer doctrinas esotéricas conocidas como "misterios", imposibles de captar por el hombre común, y que se refieren al origen y al fin del hombre, a la vida del alma después de la muerte y a la naturaleza de Dios o de los dioses. Es esta actitud exclusiva la que constituye la diferencia esencial entre los iniciados del mundo antiguo y los grandes maestros de religión con los que los ocultistas modernos pretenden confundirlos. En efecto, mientras que líderes religiosos como Buda y Mahoma buscaban el conocimiento divino para transmitirlo al mundo, los iniciados creían que los misterios sagrados no debían ser revelados a los profanos, sino que debían permanecer exclusivamente en sus manos, aunque el deseo de iniciación pudiera surgir de las más altas aspiraciones, la satisfacción, real o imaginaria, de este deseo conducía a menudo a la arrogancia espiritual y a una abominable tiranía, reflejada en las temibles pruebas, torturas físicas y mentales, a veces incluso culminantes en la muerte, a las que el neófito era sometido por sus superiores.

MISTERIOS

Según una teoría muy extendida en los círculos ocultistas y masónicos, ciertas ideas eran comunes a todos los "Misterios" más importantes, formando una tradición continua transmitida por sucesivos grupos de iniciados de diferentes épocas y países. Entre estas ideas habría estado la concepción de la unidad de Dios. Mientras que a la multitud se le aconsejaba predicar el politeísmo, pues sólo así podían aprehender los aspectos plurales de lo Divino, los propios Iniciados creían en la existencia de un único Ser Supremo, el Creador del Universo, que impregna y gobierna todas las cosas, Le Plongeon, cuyo objetivo es mostrar una afinidad entre los Misterios sagrados de los Mayas y los de los Egipcios, Caldeos y Griegos, afirma que "La idea de una divinidad única, omnipotente, creadora de todas las cosas, parece haber sido la creencia universal en las edades más tempranas, entre todas las naciones que habían alcanzado un alto grado de civilización." El mismo autor continúa diciendo que "la doctrina de una divinidad suprema compuesta de tres partes distintas entre sí, pero que forman una sola, se difundió universalmente entre las naciones civilizadas de América, Asia y los egipcios",[12] y que los sacerdotes y sabios de Egipto, Caldea, India o China "... guardaban un profundo secreto y sólo lo transmitían a un reducido número de iniciados en los misterios sagrados".[13] Esta opinión ha sido expresada por muchos otros autores, pero no está respaldada por pruebas históricas.

Sin embargo, es cierto que el monoteísmo existía en Egipto antes de la época de Moisés. Adolf Erman afirma que "incluso en los primeros tiempos, la clase culta" creía que todas las deidades de la religión egipcia eran idénticas y que "los sacerdotes no cerraban los ojos a esta doctrina, sino que se esforzaban por captar la idea de un Dios único, dividido en diferentes personas por la poesía y el mito...". Los sacerdotes, sin embargo, no tuvieron el valor de dar el paso definitivo, de suprimir estas distinciones, que declararon inmateriales, y de adorar al Dios único bajo el nombre único".[14] Fue Amenhotep IV, más tarde conocido como Ikhnaton, quien proclamó abiertamente esta doctrina al pueblo. El profesor Breasted ha descrito los himnos de alabanza al Dios Sol que el propio Ikhnaton inscribió en las paredes de las capillas de las tumbas de Amarna: "Nos muestran la sencillez y la belleza de la fe del joven rey en el Dios único. Se había convencido de que un único Dios había creado no sólo a todas las criaturas inferiores, sino también a todas las razas de hombres, egipcios y extranjeros por igual. Además, el rey veía en su Dios a un Padre benévolo, que mantenía a todas sus criaturas con su bondad... En todo el progreso de los hombres que hemos seguido durante miles de

---

[12] Auguste le Plongeon, *Mystères sacrés chez les Mayas et les Quiches*, p. 53 (1909).

[13] Ibid. pp. 56 y 58.

[14] Adolf Erman, *La vida en el Antiguo Egipto*, p. 45 (1894).

años, nadie había tenido jamás una visión semejante del gran Padre de todos.[15]

¿No fue la razón por la que Ikhnaton fue calificado más tarde de "hereje" que había violado el código de la jerarquía sacerdotal al revelar esta doctrina secreta a los profanos? De ahí, tal vez, la necesidad de que el rey suprimiera el sacerdocio que, persistiendo en su actitud excluyente, impedía al pueblo acceder a lo que percibía como la verdad.

El primer centro europeo de los Misterios parece haber sido Grecia, donde los Misterios de Eleusis existieron desde una fecha muy temprana.

Pitágoras nació en Samos hacia el 582 a.C. y pasó varios años en Egipto, donde se inició en los misterios de Isis. A su regreso a Grecia, Pitágoras se inició en los misterios de Eleusis e intentó fundar una sociedad secreta en Samos. Cuando este intento fracasó, se trasladó a Crotone (Italia), donde reunió a un gran número de discípulos y fundó su secta. Esta secta se dividía en dos clases de iniciados: los primeros sólo eran admitidos a las doctrinas exotéricas del maestro, con quien sólo podían hablar tras un período de prueba de cinco años; los segundos eran los verdaderos iniciados, a quienes se revelaban todos los misterios de las doctrinas esotéricas de Pitágoras. Esta enseñanza, impartida a la manera de los egipcios por medio de imágenes y símbolos, comenzaba con la ciencia geométrica, de la que Pitágoras se había hecho adepto durante su estancia en Egipto, y terminaba con abstrusas especulaciones sobre la transmigración del alma y sobre la naturaleza de Dios, al que se representaba bajo la forma de un Espíritu universal que se difunde a través de todas las cosas. Sin embargo, la secta de Pitágoras entra en el ámbito de este libro como precursora de las sociedades secretas que se formaron más tarde en Europa Occidental. La tradición masónica antigua remonta en parte la masonería a Pitágoras, de quien se dice que viajó por Inglaterra, y ciertamente hay razones para creer que sus ideas geométricas entraron en el sistema de gremios operativos de los masones.

---

[15] J.H. Breasted, *Ancient Times: a History of the Early World*, p. 92 *(1916)*.

LA CÁBALA JUDÍA[16]

Según Fabre d'Olivet, Moisés, que "conocía toda la sabiduría de los egipcios", extrajo de los misterios egipcios parte de la tradición oral transmitida por los jefes de los israelitas.[17] Muchos autores judíos creen que tal tradición oral, distinta de la escrita contenida en el Pentateuco, fue efectivamente transmitida por Moisés y se plasmó posteriormente en el Talmud y la Cábala.[18]

La primera forma del Talmud, llamada Mischna, apareció hacia el siglo II o III d.C.; un poco más tarde, se añadió un comentario con el nombre de Gemara. Estas dos obras constituyen el Talmud de Jerusalén, que fue revisado entre los siglos III y V.

[A]. Esta última edición se denominó Talmud de Babilonia y es la que se utiliza en la actualidad.

El Talmud trata principalmente de asuntos de la vida cotidiana -las leyes de compra y venta, la celebración de contratos-, así como de observancias religiosas externas, sobre las que se dan los detalles más minuciosos. Como dijo un escritor judío:

... las ideas rabínicas más extrañas se desarrollan en numerosos volúmenes con la más fina dialéctica, y las cuestiones más absurdas se discuten con los mayores esfuerzos de poder intelectual; por ejemplo, cuántos pelos blancos puede tener una vaca pelirroja, sin dejar de ser una vaca pelirroja; qué tipos de costras requieren qué tipo de purificación; si se puede matar un piojo o una pulga en sábado, ya que lo primero está permitido, mientras que lo segundo es pecado mortal; si se debe degollar a un animal por el cuello o por la cola; si el sumo sacerdote se pone primero la camisa o las medias; si el *Jabam*, es decir, el hermano de un hombre que ha muerto sin hijos, que está obligado por ley a casarse con

---

[16] Esta palabra es deletreada de varias maneras por diferentes autores, como sigue: Cabala, Cabbala, Kabbala, Kabbalah, Kabalah. Adopto la primera grafía como la utilizada en la *Enciclopedia Judía*.

[17] Fabre d'Olivet, *La Langue Hébraïque*, p. 28 (1815).

[18] " Alfred Edersheim, *The Life and Times of Jesus the Messiah*, I. 99 (1883), citando a otras autoridades judías.

la viuda, queda exento de su obligación si cae de un tejado y se hunde en el barro.[19]

Pero es en la Cábala, palabra hebrea que significa "recepción", es decir, "doctrina recibida oralmente", donde se encuentran las doctrinas especulativas y filosóficas o más bien teosóficas de Israel. Están contenidas en dos libros, el *Sepher Yetzirah* y el *Zohar*.

El *Sepher Yetzirah*, o Libro de la Creación, es descrito por Edersheim como "un monólogo de Abraham, en el que, a través de la contemplación de todo lo que le rodea, llega finalmente a la conclusión de la unidad de Dios"[20]; Pero como este proceso se lleva a cabo mediante una ordenación de las emanaciones divinas bajo el nombre de los Diez Sephiroth, y en la permutación de los números y letras del alfabeto hebreo, no transmitiría ciertamente tal idea -o, de hecho, probablemente ninguna idea en absoluto- a la mente no iniciada en los sistemas cabalísticos. En efecto, el Sepher Yetzirah es una obra de una extraordinaria oscuridad[21] y casi con toda seguridad de una antigüedad extrema. El Sr. Paul Vulliaud, en su obra exhaustiva sobre la Cábala, recientemente publicada,[22] dice que su fecha se ha situado en entre el siglo VI a.C. y el siglo X d.C., pero que en cualquier caso es más antigua que el Talmud queda demostrado por el hecho de que en el Talmud se describe a los rabinos estudiándola con fines mágicos.[23] También se dice que el Sepher Yetzirah es la obra a la

---

[19] *Solomon Maimon: an Autobiography*, traducido del alemán por J. Clark Murray, p. 28 (1888). El original apareció en 1792.

[20] Alfred Edersheim, *La vida y la época de Jesús el Mesías*, II. 689 *(1883)*.

[21] "No hay libro en la literatura judía más difícil de entender que el Sepher Yetzirah" - Phineas Mordell en la *Jewish Quarterly Review*, New Series, Vol. II. p. 557.

[22] Paul Vulliaud, *La Kabbale Juive: histoire et doctrine*, 2 vols. *(Émile Nourry, 62 Rue des Écoles, París, 1923). Este libro, que no es obra ni de un judío ni de un "antisemita", sino de un estudiante perfectamente imparcial, tiene un valor incalculable para el estudio de la Cábala, más como vasta colección de opiniones que como expresión de un pensamiento original.*

[23] "Rab Hanina y Rab Oschaya se sentaban la víspera de cada Shabat a estudiar el Sepher Yetzirah; creaban una novilla de tres años y se la comían" - Tratado del Talmud Sanhedrin, folio 65.

que se refiere el Corán como el "Libro de Abraham". [24]

La inmensa compilación conocida como el *Sepher-Ha-Zohar*, o Libro de la Luz, es, sin embargo, de mayor importancia para el estudio de la filosofía cabalística. Según el propio Zohar [25], los "misterios de la sabiduría" fueron transmitidos a Adán por Dios cuando aún se encontraba en el Jardín del Edén, en forma de libro entregado por el ángel Razael. Otros autores judíos, sin embargo, afirman que Moisés lo recibió primero en el monte Sinaí y lo transmitió a los setenta ancianos, que a su vez lo transmitieron a David y Salomón, luego a Esdras y Nehemías, y finalmente a los rabinos de la era cristiana primitiva. [26]

Hasta entonces, el Zohar había seguido siendo una tradición puramente oral, pero por primera vez, se dice que fue escrito por los discípulos de Simón ben Jochai. El Talmud cuenta que, durante doce años, el rabino Simón y su hijo Eliezer se escondieron en una cueva donde, sentados hasta el cuello en la arena, meditaban sobre la ley sagrada y recibían frecuentes visitas del profeta Elías.[27] Fue así, añade la leyenda judía, como el hijo del rabino, Eliezer, y su secretario, el rabino Abba, compusieron y escribieron el gran libro del Zohar.[28]

La fecha más temprana en la que sabemos con certeza que apareció el Zohar es finales del siglo XIII, cuando fue escrito por un judío español, Moisés de León, quien, según el Dr. Ginsburg, afirmó haber descubierto y reproducido el documento original de Simón ben Jochai; su mujer y su hija, sin embargo, afirmaron que lo había compuesto él mismo por

---

[24] Corán, sura LXXXVII. 10.

[25] Zohar, sección Bereschith, folio 55, y sección Lekh-Lekha, folio 76 (traducción de De Pauly, Vol. I. pp. 431, 446).

[26] Adolphe Franck, *La Kabbale*, p. 39; J. P. Stehelin, *Les Traditions des Juifs*, I. 145 (1748).

[27] Adolphe Franck, op. cit. p. 68, citando el tratado del Talmud Sabbat, folio 34, Dr. Christian Ginsburg, *The Kabbalah*, p. 85; Drach, *De l'Harmonie entre l'Église et la Synagogue*, I. 457.

[28] Adolphe Franck, op. cit., p. 69.

completo.[29] ¿Cuál es la verdad? La opinión judía está muy dividida sobre esta cuestión: unos sostienen que el Zohar es obra relativamente moderna de Moisés de León, y otros declaran que es de extrema antigüedad. El Sr. Vulliaud, que ha reunido todas estas opiniones en el curso de unas cincuenta páginas, demuestra que si bien el nombre Zohar puede haberse originado con Moisés de León, las ideas que contenía eran mucho más antiguas que el siglo XIII. ¿Cómo, se pregunta pertinentemente, se pudo engañar a los rabinos de la Edad Media para que aceptaran como documento antiguo una obra de origen totalmente moderno?[30] Está claro que el Zohar no fue escrito por Moisés de León, sino una compilación que hizo a partir de diversos documentos que se remontan a mucho tiempo atrás. Además, como explica M. Vulliaud, quienes niegan su antigüedad son los anticabalistas, encabezados por Graetz, cuyo objetivo es demostrar que la Cábala está reñida con el judaísmo ortodoxo. Théodore Reinach llega a declarar que la Cábala es "un veneno sutil que penetra en las venas del judaísmo y lo infesta por completo"; Salomon Reinach la califica de "una de las peores aberraciones de la mente humana".[31] Muchos estudiosos de la Cábala no discutirán esta opinión, pero decir que es ajena al judaísmo es otra cosa. El hecho es que las ideas principales del Zohar están confirmadas por el Talmud. Como observa la *Jewish Encyclopædia*, "la Cábala no se opone realmente al Talmud" y "muchos judíos talmúdicos la han apoyado y han contribuido a ella".[32]

Adolphe Franck no dudó en describirlo como "el corazón y la vida del judaísmo"[33]. "La mayoría de los rabinos más eminentes de los siglos XVII y XVIII creían firmemente en la santidad del Zohar y la infalibilidad de su enseñanza"...[34]

---

[29] Christian Ginsburg (1920), *La Cábala*, pp. 172, 173.

[30] Vulliaud, op. cit. I. 253.

[31] Ibid. p. 20, citando a Théodore Reinach, *Historie des Israélites*, p. 221, y Salomon Reinach, *Orpheus*, p. 299.

[32] *Enciclopedia Judía*, artículo sobre la Cábala.

[33] Adolphe Franck, op. cit. p. 288.

[34] Vulliaud, op. cit. I. 256, citando a Greenstone, *The Messiah Idea*, p. 229.

La cuestión de la antigüedad de la Cábala es, pues, en gran medida una cuestión de nombres. Que existió una tradición mística entre los judíos desde la más remota antigüedad no lo discute nadie[35]; por tanto, sólo se trata, como observa M. Vulliaud, "de saber cuándo tomó el misticismo judío el nombre de Cábala".[36]

Edersheim afirma que - Es innegable que, ya en la época de Jesucristo, existía un conjunto de doctrinas y especulaciones que se ocultaban cuidadosamente a la multitud. Ni siquiera eran reveladas a los eruditos ordinarios por temor a conducirlos hacia ideas heréticas. Este género se llamaba Cábala y, como indica el término (de Cábala, recibir, transmitir), representaba las tradiciones espirituales transmitidas desde las edades más tempranas, aunque mezcladas a lo largo del tiempo con elementos impuros o extraños.[37]

¿Es, pues, la Cábala, como afirma Gougenot des Mousseaux, más antigua que la raza judía, una herencia transmitida por los primeros patriarcas del mundo?[38] Hay que admitir que esta hipótesis no puede

---

[35] H. Loewe, en un artículo sobre la Cábala en la *Encyclopædia of Religion and Ethics de* Hastings, dice: "Este misticismo secreto no apareció tardíamente. Aunque es difícil probar la fecha y el origen de este sistema filosófico, así como las influencias y causas que lo produjeron, podemos estar bastante seguros de que sus raíces se remontan muy lejos y que la Cábala medieval y geónica fue la culminación y no el comienzo del misticismo esotérico judío. Desde los tiempos de Graetz, se ha puesto de moda denunciar la Cábala como una incrustación posterior, algo de lo que el judaísmo tenía razón en avergonzarse. El autor continúa expresando la opinión de que "la tendencia reciente requiere un ajuste. La Cábala, aunque más tardía en su forma de lo que afirman sus partidarios, es mucho más antigua en su contenido de lo que afirman sus detractores.

[36] Vulliaud, op. cit. I. 22.

[37] Ibid. I. 13, 14, citando a Edersheim, *La Société Juive an temps de Jésus-Christ* (traducción francesa), pp. 363-4.

[38] Véanse sobre esta cuestión los capítulos de Gougenot des Mousseaux en *Le Juif, le Judaïsme et la Judaïsation des Peuples Chrétiens*, pp. 499 y ss. (2ª edición, 1886). La primera edición de este libro, publicada en 1869, fue comprada y destruida por los judíos, y el autor falleció de muerte súbita antes de que pudiera publicarse la segunda edición.

probarse, pero ha encontrado tal eco entre los estudiosos de las tradiciones ocultas que no puede ignorarse. La propia Cábala judía la apoya, trazando su descendencia hasta los patriarcas -Adán, Noé, Enoch y Abraham- que vivieron antes de que los judíos, como raza distinta, llegaran a existir. Eliphas Levi acepta esta genealogía y relata que "la Santa Cábala" era la tradición de los hijos de Seth transmitida desde Caldea a Abraham, que era "el heredero de los secretos de Enoch y el padre de la iniciación en Israel".[39]

Según esta teoría, propuesta por el masón americano Dr. Mackey[40], además de la Cábala divina de los hijos de Seth, existía también la Cábala mágica de los hijos de Caín, que descendía hasta los sabeos, o adoradores de las estrellas, de Caldea, practicantes de la astrología y la nigromancia. Como sabemos, la brujería era practicada por los cananeos antes de que los israelitas ocuparan Palestina; Egipto, la India y Grecia también tenían sus adivinos. A pesar de las imprecaciones contra la brujería contenidas en la Ley de Moisés, los judíos, sin hacer caso de estas advertencias, se contagiaron y mezclaron la tradición sagrada que habían heredado con ideas mágicas en parte tomadas de otras razas y en parte inventadas por ellos mismos. Al mismo tiempo, la vertiente especulativa de la Cábala judía tomó prestada la filosofía de los magos persas, de los neoplatónicos[41] y de los neopitagóricos. Por tanto, la afirmación de los anticabalistas de que lo que hoy llamamos Cábala no es de origen puramente judío está en cierto modo justificada.

Gougenot des Mousseaux, que había estudiado a fondo el ocultismo, afirma que había, pues, dos cábalas: la antigua tradición sagrada transmitida por los primeros patriarcas de la raza humana; y la mala cábala, en la que esta tradición sagrada fue mezclada por los rabinos con supersticiones bárbaras, combinadas con sus propias imaginaciones y en

---

[39] Éliphas Lévi, *Histoire de la Magie*, pp. 46, 105 (Éliphas Lévi era el seudónimo del abate Constant, famoso ocultista del siglo XIX).

[40] *Glosario de la Francmasonería*, p. 323.

[41] Ginsburg op. cit. p. 105; *Jewish Encyclopædia*, artículo sobre la Cábala.

adelante estampadas con su sello.[42] Este punto de vista también se expresa en la notable obra del judío converso Drach, que se refiere a: "La antigua y verdadera Cábala, que distinguimos de la Cábala moderna, falsa, condenable y condenada por la Santa Sede, obra de los rabinos, que también han falsificado y pervertido la tradición talmúdica. Los Doctores de la Sinagoga la remontan a Moisés, si bien admiten que las principales verdades que contiene fueron las conocidas por revelación a los primeros patriarcas del mundo.[43]

Más adelante, Drach cita la declaración de Sixto de Siena, otro judío converso y dominico, protegido por Pío V: "Puesto que por decreto de la Santa Inquisición Romana todos los libros pertenecientes a la Cábala han sido recientemente condenados, debemos saber que la Cábala es doble; que una es verdadera, la otra falsa. El verdadero y el piadoso es aquel que... elucida los misterios secretos de la Santa Ley según el principio de la anagogía (es decir, de la interpretación figurada). Por lo tanto, esta cábala nunca ha sido condenada por la Iglesia. La falsa e impía Cábala es un cierto tipo de tradición judía mendaz, llena de innumerables vanidades y falsedades, que no difiere mucho de la nigromancia. Es este tipo de superstición, impropiamente llamada Cábala, la que la Iglesia ha condenado con razón en los últimos años.[44]

La Cábala judía moderna tiene dos aspectos, teórico y práctico, el primero relativo a las especulaciones teosóficas, el segundo a las prácticas mágicas. Sería imposible dar aquí una idea de la teosofía cabalística con sus extraordinarias imaginaciones sobre los Sephiroth, los atributos y funciones de los ángeles buenos y malos, las disertaciones sobre la naturaleza de los demonios y los minuciosos detalles sobre la

---

[42] Gougenot des Mousseaux, *Le Juif, le Judaïsme et la Judaïsation des Peuples Chrétiens*, p. 503 (1886).

[43]. P. L. B. Drach *De l'Harmonie entre l'Église et la Synagogue*, Vol. I. p. xiii (1844). *M. Vulliaud (op. cit., II. 245) señala que, que él sepa, la obra de Drach nunca ha sido refutada por los judíos, que la han acogido con el mayor silencio. La Enciclopedia Judía tiene un artículo sobre Drach en el que dice que fue educado en una escuela talmúdica y que más tarde se convirtió al cristianismo, pero no hace ningún intento de rebatir sus afirmaciones.*

[44] Drach, op. cit. vol. II, p. xix.

aparición de Dios bajo el nombre del Antiguo de los Antiguos, de cuya cabeza reciben luz 400.000 mundos. "La longitud de esta cara desde la parte superior de la cabeza es trescientas setenta veces diez mil mundos. Se le llama la 'Cara Larga', pues tal es el nombre del Anciano de los Ancianos".[45] Sólo la descripción del cabello y la barba de este rostro gigantesco ocupa un amplio lugar en el tratado zohárico Idra Raba. [46]

Según la Cábala, cada letra de las Escrituras encierra un misterio que sólo pueden resolver los iniciados. [47] Gracias a este sistema de interpretación, pasajes del Antiguo Testamento revelan significados totalmente insospechados para el lector ordinario. Por ejemplo, el Zohar explica que Noé quedó mutilado de por vida por la mordedura de un león mientras estaba en el arca,[48] las aventuras de Jonás en la ballena se relatan con una extraordinaria riqueza de imaginación,[49] mientras que la bella historia de Eliseo y la mujer sunamita se disfraza de la forma más grotesca.[50]

En la Cábala práctica, este método de "descodificación" se reduce a un sistema teúrgico o mágico en el que la curación de enfermedades desempeña un papel importante y se efectúa mediante la disposición mística de números y letras, la pronunciación del Nombre Inefable, el uso de amuletos y talismanes, o mediante compuestos que supuestamente contienen ciertas propiedades ocultas.

Todas estas ideas derivan de cultos muy antiguos; incluso el arte de realizar milagros utilizando el Nombre divino, que, tras la apropiación de la Cábala por los judíos, se convirtió en la práctica particular de los taumaturgos judíos, parece haberse originado en Caldea.[51] La insistencia en la teoría del pueblo elegido, que constituye la base de todos los escritos

---

[45] Franck, op. cit. p. 127.

[46] Traducción de De Pauly. Vol. V. pp. 336-8, 343-6.

[47] Zohar, tratado Beschalah, folio 59 *b* (De Pauly, III. 265).

[48] Zohar, Toldoth Noah, folio 69 *a* (De Pauly, I. 408).

[49] Zohar, tratado Beschalah, folio 48 *a* (De Pauly, III. 219).

[50] Ibid. folio 44a (De Pauly, III. 200).

[51] *Enciclopedia Judía*, artículo sobre la Cábala.

talmúdicos y cabalísticos, tampoco puede considerarse de origen puramente judío; los antiguos egipcios también se consideraban "el pueblo peculiar especialmente amado por los dioses".[52] Pero en manos judías, esta creencia se convirtió en una reivindicación del exclusivo favor divino. Según el Zohar, "todos los israelitas tendrán una parte en el mundo futuro"[53] y, cuando lleguen, no serán, como los *goyim* (o razas no judías), entregados al ángel Douma y enviados al infierno.[54] De hecho, a los *goyim se les* niegan incluso los atributos humanos. Así que el Zohar explica una vez más que las palabras de la Escritura "Jehová Elohim hizo al hombre" significan que Él hizo a Israel. [55]

El tratado rabínico del siglo XVII Emek ha Melek observa:

Nuestros rabinos de bendita memoria dijeron: "Vosotros los judíos sois hombres por el alma que tenéis del Hombre Supremo (es decir, Dios). Pero las naciones del mundo no se llaman hombres porque no tienen, del Hombre Santo y Supremo, la Neschama (o alma gloriosa), sino que tienen la Nephesch (alma) de Adam Belial, es decir el hombre malévolo e inútil, llamado Sammael, el Diablo Supremo".[56]

De acuerdo con esta actitud exclusiva hacia el resto de la raza humana, la idea mesiánica que constituye el tema dominante de la Cábala se pone al servicio de intereses puramente judíos. Sin embargo, esta idea quizá no fuera originalmente judía. Los creyentes en una antigua tradición secreta común a razas distintas de la judía afirman que parte de esta tradición se refería a una pasada edad de oro en la que el hombre estaba libre de preocupaciones y no existía el mal, a la posterior caída del hombre y la pérdida de esta dicha primitiva y, por último, a una revelación recibida del cielo que anunciaba la reparación de esta pérdida y la llegada de un Redentor que debía salvar al mundo y restaurar la edad de oro.

---

[52] Adolf Erman, *La vida en el Antiguo Egipto*, p. 32.

[53] Zohar, tratado Toldoth Noah, folio 59b (De Pauly, I. 347).

[54] Zohar, tratado Lekh-Lekha, folio 94a (De Pauly, I. 535).

[55] Zohar, tratado Bereschith, folio 26a (De Pauly, I. 161).

[56] El *Emek ha Melek es* obra del cabalista Napthali, discípulo de Luria.

Según Drach:

La tradición de un Dios-Hombre que debía presentarse como maestro y liberador de la raza humana caída ha sido constantemente enseñada entre todas las naciones ilustradas del globo. *Vetus et constans opinio*, como dice Suetonio. Es de todos los tiempos y lugares. [57]

Drach cita a continuación el testimonio de Volney, que había viajado por Oriente y declaró que "las tradiciones sagradas y mitológicas de la antigüedad habían difundido por toda Asia la creencia en un gran mediador venidero, en un futuro Salvador, Rey, Dios, Conquistador y Legislador que devolvería la edad de oro a la tierra y liberaría a los hombres del imperio del mal". [58]

Todo lo que puede decirse con certeza sobre esta creencia es que existía entre los zoroastrianos de Persia, así como entre los judíos. D'Herbelot, citando a Abulfaraj, muestra que quinientos años antes de Jesucristo, Zerdascht, el líder de los zoroastrianos, predijo la venida del Mesías, en cuyo nacimiento aparecería una estrella. También anunció a sus seguidores que el Mesías nacería de una virgen, que ellos serían los primeros en oír hablar de él y que debían llevarle regalos. [59]

Drach cree que esta tradición se enseñaba en la antigua sinagoga, [60] explicando así las palabras de San Pablo, según las cuales a los judíos "se les han confiado los oráculos de Dios" [61]: esta doctrina oral, que es la Cábala, tenía por objeto las verdades más sublimes de la Fe, que retrotraía incesantemente al Redentor prometido, fundamento de todo el sistema de la antigua tradición. [62]

Drach afirma también que la doctrina de la Trinidad formaba parte de

---

[57] Drach, *De l'Harmonie entre l'Église et la Synagogue*, I. 272.

[58] Ibid. p. 273.

[59] D'Herbelot, *Bibliothèque Orientale* (1778), artículo sobre Zerdascht.

[60] Ibid. I. 18.

[61] Rom. iii. 2.

[62] Drach, *De l'Harmonie entre l'Église et la Synagogue*, II. 19.

esta tradición:

Cualquiera que haya estado familiarizado con las enseñanzas de los antiguos Doctores de la Sinagoga, especialmente los que vivieron antes de la venida del Salvador, sabe que la Trinidad en un solo Dios era una verdad aceptada entre ellos desde los primeros tiempos. [63]

M. Vulliaud señala que Graetz admite la existencia de esta idea en el Zohar: "¡Incluso enseñaba ciertas doctrinas que parecían favorables al dogma cristiano de la Trinidad! Y de nuevo: "No hay duda de que el Zohar alude a creencias en la Trinidad y la Encarnación".[64] M. Vulliaud añade: la idea de la Trinidad debe, pues, desempeñar un papel importante en la Cábala, ya que se ha podido afirmar que "la característica del Zohar y de su concepción particular es su apego al principio de la Trinidad".[65] A continuación cita a Edersheim diciendo que "muchas de las explicaciones dadas en los escritos de los cabalistas tienen un parecido sorprendente con las verdades más elevadas del cristianismo".[66] Parece, pues, que algunos vestigios de la antigua tradición secreta han sobrevivido en la Cábala. La *Enciclopedia Judía*, tal vez sin darse cuenta, respalda esta opinión, ya que al burlarse de los cabalistas cristianos del siglo XVI que afirmaban que la Cábala contenía rastros del cristianismo, continúa diciendo que lo que parece cristiano en la Cábala no es más que una antigua doctrina esotérica.[67] Aquí, entonces, tenemos la autoridad de los eruditos judíos modernos para decir que la antigua tradición secreta estaba en armonía con la enseñanza cristiana. Pero en la enseñanza de la sinagoga posterior, la filosofía de los sabios anteriores se redujo para adaptarse al sistema exclusivo de la jerarquía judía, y la antigua esperanza

---

[63] Ibid. I. 280.

[64] Vulliaud, op. cit. II. 255, 256.

[65] Ibid. p. 257, citando a Karppe, *Études sur les Origines du Zohar*, p. 494.

[66] Ibid. I. 13, 14. En Vol. II. p. 411, M. Vulliaud cita la afirmación de Isaac Meyer de que "la tríada de la antigua Cábala es Kether, el Padre; Binah, el Espíritu Santo o Madre; y Hochmah, el Verbo o Hijo". Pero para evitar la secuencia de la Trinidad cristiana, esta disposición ha sido modificada en la Cábala moderna de Luria y Moisés de Cordovero, etc.

[67] *Encyclopédie juive*, artículo sobre la Cábala, p. 478.

de un Redentor que restauraría al hombre al estado de bienaventuranza que había perdido en la Caída se transformó en la idea de una salvación sólo para judíos [68] bajo la égida de un Mesías triunfante e incluso vengador.[69] Fue este sueño mesiánico, perpetuado en la Cábala moderna, el que el advenimiento de Cristo a la tierra perturbó hace mil novecientos años.

LA VENIDA DEL REDENTOR

El hecho de que muchas doctrinas cristianas, como la concepción de una Trinidad, el nacimiento milagroso y el asesinato de una deidad, tuvieran su lugar en religiones anteriores se ha utilizado a menudo como argumento para demostrar que la historia de Cristo no era más que una nueva versión de diversas leyendas antiguas, como las de Atis, Adonis u Osiris, y que, por tanto, la religión cristiana se basa en un mito. La respuesta a esta pregunta es que la existencia de Cristo en la Tierra es un hecho histórico que ninguna autoridad seria ha negado jamás. Los intentos de escritores como Drews y J.M. Robertson de establecer la teoría del "mito de Cristo", de los que se hacen eco las declaraciones de los oradores socialistas,[70] han sido tan bien criticados que no necesitan refutación. Sir James Frazer, a quien ciertamente no se acusará de

---

[68] "Todo lo que Israel esperaba era la restauración y la gloria nacionales. Todo lo demás no era más que un medio para alcanzar estos fines; el Mesías mismo no era más que el gran instrumento para conseguirlos. Desde este punto de vista, la imagen presentada sería la de la exaltación de Israel, más que la de la salvación del mundo... El ideal rabínico del Mesías no era el de una 'luz para iluminar a los gentiles y la gloria de su pueblo Israel' -la satisfacción de las necesidades de la humanidad y la culminación de la misión de Israel-, sino muy diferente, hasta el punto de la vejación" - Edersheim, *The Life and Times of Jesus the Messiah*, I. 164 (1883).

[69] Zohar, sección Schemoth, folio 8; cf. ibid. folio 9 b: "El período en que el Rey-Mesías declarará la guerra al mundo entero". (De Pauly, III. 32, 36).

[70] Un discurso blasfemo titulado *"El hombre Dios"*, pronunciado por Tom Anderson, fundador de las Escuelas Dominicales Socialistas, en Glasgow Green ante una audiencia de más de 1.000 trabajadores en 1922 e impreso en forma de panfleto, se basaba enteramente en esta teoría.

ortodoxia intolerante, observa a este respecto:

Las dudas que se han planteado sobre la realidad histórica de Jesús son, en mi opinión, indignas de consideración seria...

Disolver al fundador del cristianismo en un mito, como hacen algunos, es apenas menos absurdo que hacer lo mismo con Mahoma, Lutero y Calvino. [71]

El hecho de que ciertas circunstancias de la vida de Cristo fueran prefiguradas por religiones anteriores, ¿no indica, como observa Eliphas Levi, que los antiguos intuían los misterios cristianos?[72]

Para quienes se habían adherido a la antigua tradición, Cristo aparecía como el cumplimiento de una profecía tan antigua como el mundo. Así fue como los Magos vinieron de lejos para adorar al niño de Belén, y cuando vieron su estrella en Oriente, se regocijaron con inmensa alegría. En Cristo, saludaban no sólo al que había nacido Rey de los judíos, sino también al Salvador de toda la humanidad. [73]

A la luz de esta gran esperanza, esta maravillosa noche de Belén adquiere toda su sublimidad. Pero no fue a los poderosos de Israel, a los sumos sacerdotes y a los escribas, a quienes se anunció su nacimiento, sino a los humildes pastores que de noche cuidaban sus rebaños. Y estos hombres de fe sencilla, habiendo oído de los ángeles "la buena nueva de gran gozo" de que había nacido un Salvador, "Cristo el Señor", fueron apresuradamente a ver al niño acostado en el pesebre, y volvieron "glorificando y alabando a Dios". Del mismo modo, para el piadoso pueblo de Israel, para Simeón y para la profetisa Ana, el gran acontecimiento apareció en su significado universal, y Simeón, marchándose en paz, supo que sus ojos habían visto la salvación que había de ser "luz para iluminar a las naciones", así como la gloria del pueblo de Israel.

---

[71] J. G. Frazer, *La rama dorada*, Parte VI. "The Scapegoat", p. 412 (edición de 1914); E.R. Bevan está de acuerdo.

[72] *Historia de la magia*, p. 69.

[73] En general, se cree que los Reyes Magos procedían de Persia, lo que concordaría con la profecía zoroástrica citada anteriormente.

Pero para los judíos, en cuyas manos la antigua tradición se había convertido en beneficio exclusivo de la raza judía, para los rabinos, que además se habían constituido en los únicos guardianes, dentro de esa nación, de dicha tradición, la forma en que se cumplió fue necesariamente odiosa. En lugar de un Mesías resplandeciente que debían presentar al pueblo, se trataba de un Salvador que había nacido en medio del pueblo y que fue llevado a Jerusalén para ser presentado al Señor; un Salvador que, además, con el paso del tiempo, comunicó su mensaje divino a los pobres y humildes y declaró que su Reino no era de este mundo. Esto es exactamente lo que María quiso decir cuando afirmó que Dios había "dispersado a los soberbios en la imaginación de sus corazones", que había "derribado a los poderosos de sus asientos y exaltado a los humildes". Por tanto, Cristo fue doblemente odioso para la jerarquía judía, ya que atacó el privilegio de la raza a la que pertenecían abriendo la puerta a toda la humanidad, y el privilegio de la casta a la que pertenecían revelando doctrinas sagradas a los profanos y destruyendo su pretensión de conocimiento exclusivo.

Si no consideramos este aspecto, no podemos entender ni el antagonismo mostrado por los escribas y fariseos hacia nuestro Señor, ni las denuncias que hizo contra ellos. "Ay de vosotros, escribas, que os habéis llevado la llave de la ciencia; vosotros mismos no habéis entrado, y a los que entraban se lo habéis impedido... Ay de vosotros, escribas y fariseos, hipócritas, porque cerráis a los hombres el reino de los cielos; vosotros mismos no entráis, y a los que entran no dejáis entrar". ¿Qué quería decir Cristo con la llave del conocimiento? Claramente la tradición sagrada que, como explica Drach, prefiguraba las doctrinas del cristianismo.[74] Fueron los rabinos quienes pervirtieron esta tradición, y así "la culpa de estos pérfidos maestros consistió en ocultar al pueblo la explicación tradicional de los libros sagrados, gracias a la cual habrían podido reconocer al Mesías en la persona de Jesucristo".[75]

Mucha gente, sin embargo, lo reconoció; de hecho, la multitud lo aclamó, extendiendo sus mantos ante él y gritando: "¡Hosanna al Hijo de David! Bendito el que viene en nombre del Señor". Los autores que han

---

[74] Drach, op. cit. II. p. 32.

[75] Ibid. II, p. xxiii.

citado la elección de Barrabás en lugar de Cristo como ejemplo de juicio popular erróneo olvidan que esta elección no fue espontánea; fueron los sumos sacerdotes quienes liberaron a Cristo "de la envidia" y quienes "llevaron al pueblo a pedir a Pilato que liberara a Barrabás en su lugar". Fue *entonces cuando* el pueblo, obediente, gritó: "¡Crucifícalo!

Del mismo modo, fueron los rabinos quienes, tras ocultar al pueblo el significado de la tradición sagrada en el momento de su cumplimiento, envenenaron después la misma corriente para las generaciones futuras.

Abominables calumnias sobre Cristo y el cristianismo aparecen no sólo en la Cábala, sino también en las primeras ediciones del Talmud. Según Barclay, nuestro Señor y Salvador es "ese", "tal y tal", "un loco", "el leproso", "el engañador de Israel", etcétera. Se intenta demostrar que es hijo de José Pandira antes de su matrimonio con María. Sus milagros se atribuyen a la brujería, cuyo secreto llevó consigo en una hendidura que se hizo en la carne cuando salió de Egipto. Se dice que primero fue apedreado y luego ahorcado la víspera de Pascua. Sus discípulos fueron calificados de herejes y vilipendiados. Se les acusó de prácticas inmorales y el Nuevo Testamento fue descrito como un libro de pecado.

Las referencias a estos temas expresan la más amarga aversión y odio.[76]

Se podría buscar en vano este tipo de pasajes en las traducciones inglesas o francesas del Talmud, ya que no existen traducciones completas en estos idiomas. Este hecho es de gran importancia.

Mientras que los libros sagrados de todas las demás grandes religiones han sido traducidos a nuestro idioma y pueden ser estudiados por cualquiera, el libro que constituye la base del judaísmo moderno está cerrado al gran público. Podemos leer traducciones al inglés del Corán, el Dhammapada, el Sutta Nipata, el Zend Avesta, el Shu King, las Leyes de Manu, el Bhagavadgita, pero no podemos leer el Talmud. En la larga serie de libros sagrados de Oriente, el Talmud no tiene cabida. Todo lo que es accesible al lector ordinario consiste, por un lado, en versiones expurgadas o selecciones juiciosas hechas por compiladores judíos o projudíos y, por otro, en publicaciones "antisemitas" en las que sería

---

[76] Joseph Barclay, *El Talmud*, pp 38, 39; cf. Drach, op. cit. I 167.

peligroso confiar. La principal traducción inglesa de Rodkinson es muy incompleta y los folios no se indican en ninguna parte, por lo que es imposible encontrar un pasaje.[77] La traducción francesa de Jean de Pauly [B] pretende presentar el texto completo del Talmud veneciano de 1520, pero no es así.[78] En el prefacio, el traductor admite que ha dejado de lado las "discusiones estériles" y ha intentado suavizar "la brutalidad de ciertas expresiones que ofenden nuestros oídos". Esto, por supuesto, le deja un margen infinito, de modo que todos los pasajes susceptibles de desagradar a los "hebraístas", a los que su obra está especialmente dedicada, están discretamente expurgados. La traducción de la Cábala de Jean de Pauly parece, sin embargo, completa.[79] Pero todavía no se ha hecho una traducción justa y honesta de todo el Talmud al inglés o al francés.

Además, incluso el erudito hebreo está obligado a mostrar cierta discriminación si desea consultar el Talmud en su forma original.

De hecho, en el siglo XVI, cuando el estudio del hebreo se generalizó entre los cristianos, las tendencias antisociales y anticristianas del Talmud llamaron la atención del censor y, en el Talmud de Basilea de 1581, se eliminaron los pasajes más odiosos y todo el tratado Abodah Zara.[80]

En la posterior edición de Cracovia de 1604, los judíos volvieron a incluir estos pasajes, lo que provocó tal indignación entre los estudiantes cristianos de hebreo que los judíos se preocuparon. Como resultado, un sínodo judío, reunido en Polonia en 1631, ordenó que los pasajes ofensivos fueran eliminados de nuevo, pero -según Drach- sustituidos por círculos que los rabinos debían rellenar oralmente al dar instrucciones a

---

[77] *El Talmud*, por Michael Rodkinson (alias Michael Levy Rodkinssohn).

[78] *El Talmud de Babilonia* (1900).

[79] El Zohar, traducido en 8 volúmenes por Jean de Pauly, publicado en 1909 por Émile Lafuma-Giraud. Siempre que sea posible, cuando cite el Talmud o la Cábala, me referiré a una de las traducciones aquí mencionadas.

[80] *Encyclopédie juive*, artículo sobre el Talmud.

los jóvenes judíos.[81] Después de esta fecha, el Talmud fue durante algún tiempo cuidadosamente suavizado, de modo que para descubrir su forma original es aconsejable remontarse al Talmud veneciano de 1520, antes de que se hicieran omisiones, o consultar una edición moderna. De hecho, ahora que los judíos ya no temen a los cristianos, todos estos pasajes han sido sustituidos y ya no hay ningún intento, como en la Edad Media, de demostrar que no se refieren al fundador del cristianismo.[82]

Por ejemplo, la *Enciclopedia Judía* admite que las leyendas judías sobre Jesús se encuentran en el Talmud y el Midrash y en "la vida de Jesús" (Toledot Yeshu), que apareció por primera vez en la Edad Media. La tendencia de todas estas fuentes a menospreciar la persona de Jesús atribuyéndole un nacimiento ilegítimo, magia y una muerte vergonzosa se asume literalmente.[83]

La última obra mencionada, el *Toledot Yeshu*, o *Sepher Toldos Jeschu*, descrito aquí como de la Edad Media, probablemente pertenece en realidad a un período muy anterior. Eliphas Levi afirma que "el Sepher Toldos, al que los judíos atribuyen una gran antigüedad y que han ocultado a los cristianos con tanta precaución que el libro ha permanecido largo tiempo ilocalizable, fue citado por primera vez por Raymond Martin de la Orden de Frailes Predicadores hacia finales del siglo XIII... Este libro fue escrito obviamente por un rabino iniciado en los misterios de la Cábala".[84] Tanto si las Toledot Yeshu existieron durante muchos siglos antes de salir a la luz, como si se trata de una colección de

---

[81] Drach, op. cit. I. 168, 169. El texto de esta encíclica es dado por Drach en hebreo y también en traducción, como sigue: "Por esta razón os ordenamos, bajo pena de excomunión mayor, no imprimir nada en futuras ediciones, ni de la Mischna ni de la Gemara, que se refiera bien o mal a los actos de Jesús el Nazareno, y sustituirlo por un círculo como este O, que advertirá a los rabinos y maestros de escuela que no enseñen estos pasajes a los jóvenes excepto viva voce. Con esta precaución, los doctos entre los nazarenos ya no tendrán pretexto para atacarnos sobre este tema". Cf. Abbé Chiarini, *Le Talmud de Babylone*, p. 45 (1831).

[82] Sobre este punto, véase el anexo I.

[83] *Encyclopédie juive,* artículo sobre "Jesús".

[84] Éliphas Lévi, *La Science des Esprits,* p. 40.

tradiciones judías tejidas en una narración coherente por un rabino del siglo XIII, las ideas que contienen pueden rastrearse al menos hasta el siglo II de la era cristiana. Orígenes, que a mediados del siglo III escribió su respuesta al ataque de Celso contra el cristianismo, se refiere a una historia escandalosa muy parecida a la de Toledot Yeshu, que Celso, que vivió hacia finales del siglo II, había citado basándose en la autoridad de un judío.[85] Está claro, por tanto, que la leyenda que contiene había sido común durante mucho tiempo en los círculos judíos, pero el libro en sí no llegó a manos cristianas hasta que fue traducido al latín por Raimundo Martín. Lutero lo resumió más tarde en alemán como *Schem Hamphorasch;* Wagenseil en 1681 y Huldrich en 1705 publicaron traducciones al latín.[86] También se encuentra en francés en *Évangiles Apocryphes, de* Gustave Brunei.

Aunque sería repugnante transcribir cualquier parte de esta obra blasfema, es necesario dar aquí las líneas generales con el fin de trazar el curso posterior de la tradición secreta anticristiana en la que, como veremos, se ha perpetuado hasta nuestros días. Brevemente, pues, los Toledot Yeshu relatan con el más indecente detalle que Miriam, una peluquera de Belén,[87] prometida a un joven llamado Jochanan, fue seducida por un libertino, Joseph Panther o Pandira, y dio a luz a un hijo al que llamó Johosuah o Jeschu. Según los autores talmúdicos de la Sota y el Sanedrín, Jeschu fue llevado de niño a Egipto, donde fue iniciado en las doctrinas secretas de los sacerdotes, y a su regreso a Palestina se entregó a la práctica de la magia.[88] El Toledot Yeshu, sin embargo, continúa diciendo que en la edad adulta Jeshu aprendió el secreto de su ilegitimidad, debido a lo cual fue expulsado de la Sinagoga y se refugió durante un tiempo en Galilea. Ahora bien, en el Templo había una piedra en la que estaba grabado el Tetragrammaton o Schem Hamphorasch, es decir, el Nombre inefable de Dios; esta piedra había sido encontrada por el rey David cuando preparaba los cimientos del Templo y había sido

---

[85] Orígenes, *Contra Celsum.*

[86] S. Baring-Gould, *Los contraevangelios,* p. 69 (1874).

[87] Baring-Gould, op. cit. citando el Talmud, tratado Sabbath, folio 104.

[88] Ibid. p. 55, citando el Talmud, tratado Sanhedrin, folio 107, y Sota, folio 47; Eliphas Levi, *The Science of Spirits,* pp. 32, 33.

colocada por él en el Santo de los Santos.

Sabiendo esto, Jeschu vino de Galilea y, entrando en el Santo de los Santos, leyó el Nombre inefable, que transcribió en un trozo de pergamino y ocultó en una incisión bajo su piel. Así pudo hacer milagros y convencer al pueblo de que era el Hijo de Dios predicho por Isaías. Con la ayuda de Judas, los Sabios de la Sinagoga consiguieron capturar a Jeschu, que fue llevado ante el Gran y Pequeño Sanedrín, que lo condenó a ser lapidado y finalmente ahorcado.

Esta es la historia de Cristo según los cabalistas judíos, que debe compararse no sólo con la tradición cristiana, sino también con la de los musulmanes. [89]Quizá no sea suficientemente conocido que el Corán, al tiempo que niega la divinidad de Cristo y el hecho de su crucifixión,[90] denuncia sin embargo con indignación las infames leyendas perpetuadas por los judíos acerca de él, y confirma en un lenguaje magnífico la historia de la Anunciación y la doctrina de la Concepción milagrosa...: "Recuerda cuando los ángeles dijeron: "Oh María, en verdad Dios te ha elegido y purificado, y te ha escogido por encima de las mujeres del mundo... Recuerda cuando los ángeles dijeron: "Oh María, en verdad Dios te anuncia la Palabra de Él: Su nombre será Mesías, Jesús hijo de María, ilustre en este mundo y en el otro, y uno de los que tienen acceso cercano a Dios".

La Madre de Jesús es mostrada como pura y habiendo "guardado su virginidad"[91]; son los judíos quienes han dicho contra María "una grave

---

[89] Sura iii. 30, 40.

[90] Según el Corán, fueron los judíos quienes dijeron: "'En verdad, hemos matado al Mesías, Jesús, hijo de María, el apóstol de Dios' No lo mataron, ni lo crucificaron. No lo mataron, ni lo crucificaron, sólo conservaron su semejanza... No tenían un conocimiento seguro de él, sino que seguían una opinión, y en realidad no lo mataron, sino que Dios se lo llevó para." - Sura iv. 150. Véase también Sura iii. 40. El reverendo J. M. Rodwell, en su traducción del Corán, observa en una nota a pie de página de este último pasaje: "Mahoma creía probablemente que Dios se había llevado el cuerpo de Jesús al cielo -durante tres horas, según algunos- mientras que los judíos habían crucificado a un hombre que se le parecía.

[91] Sura xxi. 90.

calumnia"[92]; Jesús mismo es descrito como "fortalecido por el Espíritu Santo", y los judíos son reprochados por haber rechazado "al Apóstol de Dios"[93], a quien le fue dado "el Evangelio con sus consejos y su luz que confirman la Ley anterior".[94]

Así, en los siglos que vieron nacer el cristianismo, aunque otras fuerzas no cristianas se alzaron contra la nueva fe, fueron los judíos quienes lanzaron una campaña de denigración contra la persona de su fundador, a quien los musulmanes siguen venerando hoy como uno de los mayores maestros del mundo.[95]

LES ESSENES

Un medio más sutil de desacreditar el cristianismo y socavar la creencia en el carácter divino de nuestro Señor ha sido adoptado por autores modernos, principalmente judíos, que se han propuesto demostrar que pertenecía a la secta de los esenios, una comunidad de ascetas que poseían todos los bienes en común, que existía en Palestina antes del nacimiento de Cristo.

Por ejemplo, el historiador judío Graetz afirma que Jesús simplemente

---

[92] Sura iv. 150.

[93] Sura ii. 89, 250; v. 100.

[94] Sura v. 50.

[95] En la publicación periódica masónica *Ars Quatuor Coronatorum*, Vol. XXIV, un masón (H. Sydney T. Klein) observa: "Generalmente se ignora que una de las razones por las que los mahometanos trasladaron su Kiblah de Jerusalén a La Meca fue porque se pelearon con los judíos por Jesucristo, y la prueba de ello sigue siendo la Puerta Dorada que conduce a la zona sagrada del Templo, que fue tapiada por los mahometanos, y lo sigue siendo hoy en día, porque declararon que nadie debía entrar por esta puerta hasta que Jesucristo viniera a juzgar al mundo, y esto es lo que dice el Corán." No puedo encontrar este pasaje en el Corán, pero el reverendo J. M. Rodwell, que añade en la nota citada anteriormente, transmite prácticamente la misma idea: "Los mahometanos creen que Jesús, en su regreso a la Tierra al final del mundo, matará al Anticristo, morirá y será resucitado. Un lugar vacante está reservado para su cuerpo en la tumba del Profeta en Medina".

se apropió de las características esenciales del esenismo y que el cristianismo primitivo no fue "más que una rama del esenismo". [96]

El Dr. Ginsburg, judío cristiano, apoya parcialmente esta opinión en un pequeño folleto[97] que contiene la mayor parte de las pruebas que se han aducido sobre este tema, y él mismo expresa la opinión de que "no cabe duda de que nuestro Salvador mismo pertenecía a esta santa hermandad".[98] Así, después de describir a Cristo como un mago en el Toledot Yeshu y en el Talmud, la tradición judía trata de explicar sus obras milagrosas como las de un simple curandero, una idea que encontramos hasta hoy en las sociedades secretas. Por supuesto, si esto fuera cierto, si los milagros de Cristo se debieran simplemente al conocimiento de las leyes naturales y si sus doctrinas fueran fruto de una secta, toda la teoría de su poder y misión divinos se vendría abajo. Por eso es esencial desenmascarar los sofismas e incluso la mala fe en que se basa el intento de identificarlo con los esenios.

Sin embargo, si se estudian detenidamente los Evangelios, se comprenderá que la enseñanza de Cristo era totalmente distinta de la de los esenios.[99] Cristo no vivía en una fraternidad, sino que, como señala el propio Dr. Ginsburg, frecuentaba a publicanos y pecadores.

Los esenios no frecuentaban el Templo, mientras que Cristo iba allí con frecuencia. Los esenios desaprobaban el vino y el matrimonio, mientras que Cristo sancionó el matrimonio al asistir a las bodas de Caná de Galilea y convertir el agua en vino. Ginsburg ignora otro punto, el más concluyente de todos, a saber, que una de las principales características de los esenios, que los distinguía de otras sectas judías de la época, era su

---

[96] Graetz, *Geschichte der Juden*, III. 216-52.

[97] *The Essenes: their History and Doctrines*, ensayo de Christian D. Ginsburg, LL.D. (Longmans, Green & Co., 1864).

[98] Ibid. p. 24.

[99] Edersheim (op. cit., I. 325) refuta hábilmente a Graetz y Ginsburg sobre este punto, y muestra que "la enseñanza del cristianismo iba en dirección opuesta a la del esenismo". M. Vulliaud (op. cit., I. 71) rechaza el origen esenio del cristianismo por no merecer una atención seria. "Sostener el esenismo de Jesús es una prueba de frivolidad o de ignorancia invencible".

desaprobación de los ungüentos, que consideraban una profanación, mientras que Cristo no sólo elogió a la mujer que trajo el precioso frasco de ungüento, sino que reprendió a Simón por no haberlo hecho: "Tú no has ungido mi cabeza con aceite, pero esta mujer ha ungido mis pies con perfume". Es obvio que si Cristo hubiera sido esenio pero se hubiera apartado de su costumbre en esta ocasión por respeto a los sentimientos de la mujer, habría comprendido por qué Simón no le había ofrecido la misma atención y, en cualquier caso, Simón se habría disculpado por ello.

Además, si sus discípulos hubieran sido esenios, ¿no habrían protestado contra esta violación de sus principios, en lugar de limitarse a objetar que el ungüento era demasiado caro?

Pero es al atribuir a Cristo las doctrinas comunistas de los esenios que las conclusiones del Dr. Ginsburg son más engañosas - un punto de particular importancia ya que fue sobre esta falsa suposición que se construyó el llamado "socialismo cristiano". "Los esenios", escribe, "tenían todo en común y nombraban a uno de los hermanos como administrador para administrar la bolsa común; lo mismo hacían los primeros cristianos (Hechos ii. 44, 45, iv. 32-4; Juan xii. 6, xiii. 29). Es perfectamente cierto que, como atestigua la primera referencia a los Hechos, algunos de los primeros cristianos después de la muerte de Cristo se constituyeron en un cuerpo que tenía todo en común, pero no hay la menor prueba de que Cristo y sus discípulos siguieran este principio. Los únicos pasajes del Evangelio de San Juan que el Dr. Ginsburg puede citar en apoyo de esta afirmación pueden referirse a una bolsa de limosnas o a un fondo para determinados gastos, no a una puesta en común de toda la riqueza monetaria. Tampoco hay pruebas de que Cristo defendiera el comunismo para el mundo en general. Cuando el joven con grandes posesiones preguntó qué tenía que hacer para heredar la vida eterna, Cristo le dijo que siguiera los mandamientos, pero cuando el joven preguntó qué más podía hacer, le contestó: "Si quieres ser perfecto, vende lo que tienes y dáselo a los pobres". La renuncia -pero no la puesta en común- de todas las riquezas era, pues, un consejo de perfección para los pocos que deseaban consagrar su vida a Dios, como han hecho siempre los monjes y monjas, y no tenía nada que ver con el sistema comunista de los esenios.

El Dr. Ginsburg continúa: "El esenismo colocaba a todos sus miembros en el mismo nivel, prohibiendo el ejercicio de la autoridad de unos sobre otros y abogando por el servicio mutuo; así Cristo (Mat. xx.

25-8; Mar. ix. 35-7, x. 42-5). El esenismo ordenaba a sus discípulos no llamar a ningún hombre maestro en la tierra; así Cristo (Mat. xxiii. 8-10)". De hecho, Cristo defendió firmemente el ejercicio de la autoridad, no sólo en el pasaje tantas veces citado "Dad al César lo que es del César", sino también en su aprobación del discurso del centurión: "Digo a un hombre: Vete, y se va; a otro: Digo a uno: 'Ve', y va; a otro: 'Ven', y viene; a mi siervo: 'Haz esto', y lo hace". En todas partes, Cristo alaba al siervo fiel y ordena obedecer a los amos. Si buscamos la referencia del Evangelio de San Mateo donde el Dr. Ginsburg dice que Cristo ordenó a sus discípulos que no llamaran amo a ningún hombre en la tierra, encontraremos que no sólo ha pervertido el significado del pasaje, sino que también ha invertido el orden de las palabras que, tras una denuncia de los rabinos judíos, dicen lo siguiente: "No os llaméis Rabí, porque uno es vuestro maestro, Cristo, y todos vosotros sois hermanos... No os llaméis maestros, porque uno es vuestro maestro, Cristo, y todos vosotros sois hermanos. Pero el que sea el mayor entre vosotros será vuestro servidor". Así pues, a los apóstoles nunca se les dijo que no llamaran maestro a nadie, sino que ellos mismos no se llamaran maestros. Además, si nos remitimos al texto griego, veremos que se trataba de un significado espiritual y no social. La palabra para "maestro" es en el primer versículo διδ σκαλος, es decir, maestro, en el segundo, καθηγητ ς literalmente guía, y la palabra siervo es διακ νοσ. Cuando los Evangelios se refieren a amos y siervos en sentido social, la palabra utilizada para amo es κ ριος y para siervo δο λος. El Sr. Ginsburg debería haber sido consciente de esta distinción y del hecho de que el pasaje en cuestión, por lo tanto, no tenía ninguna relación con su argumento. De hecho, parece que algunos de los apóstoles tenían siervos, ya que Cristo los elogia por exigirles una estricta atención a su deber: ¿Quién de vosotros, teniendo un siervo que ara o apacienta el ganado, le dirá de vez en cuando al llegar del campo: 'Ve y siéntate a la mesa'? ¿O no le dirá más bien: 'Prepara lo que necesito para cenar, cíñete y sírveme hasta que haya comido y bebido, y entonces comerás y beberás tú? ¿Le da las gracias al siervo por hacer lo que le dijo? No lo creo.[100]

Este pasaje bastaría por sí solo para demostrar que Cristo y sus apóstoles no vivían en comunidades en las que todos eran iguales, sino

---

[100] Lucas xvii. 7-9.

que seguían las prácticas habituales del sistema social en el que vivían, adoptando al mismo tiempo ciertas normas, como llevar una sola prenda y no llevar dinero cuando salían de viaje. Las similitudes entre las enseñanzas de los esenios y el Sermón de la Montaña que señala el Dr. Ginsburg no se refieren a las costumbres de una secta, sino a preceptos generales de conducta humana -humildad, mansedumbre, caridad, etc.- que adoptaron los esenios.

Al mismo tiempo, es evidente que, si bien los esenios se ajustaban en general a algunos de los principios establecidos por Cristo, algunas de sus doctrinas estaban en total contradicción con las de Cristo y los primeros cristianos, en particular su costumbre de rezar al sol naciente y su incredulidad en la resurrección de la carne.[101] San Pablo denunció el ascetismo, doctrina cardinal de los esenios, en términos inequívocos, advirtiendo a los hermanos que "en los últimos tiempos algunos se apartarán de la fe, obedeciendo a espíritus seductores y a doctrinas de demonios, [...] prohibiendo casarse y mandando abstenerse de carnes que Dios creó para ser recibidas con acción de gracias por los que creen y conocen la verdad. Porque toda criatura de Dios es buena, y nada hay que rechazar, si se recibe con acción de gracias... Si recuerdas a los hermanos estas cosas, serás un buen ministro de Jesucristo".

Esto sugiere que ciertas ideas esenias se habían colado en las comunidades cristianas y eran consideradas por quienes recordaban la verdadera enseñanza de Cristo como una peligrosa perversión.

Así pues, los esenios no eran cristianos, sino una sociedad secreta que practicaba cuatro grados de iniciación y estaba obligada por terribles juramentos a no divulgar los misterios sagrados que se les habían confiado. ¿Y cuáles eran esos misterios, sino los de la tradición secreta judía que hoy conocemos como la Cábala? El Dr. Ginsburg arroja una importante luz sobre el esenismo cuando, en un único pasaje, se refiere a la obligación de los esenios de "no divulgar doctrinas secretas a nadie, [...] de preservar cuidadosamente los libros pertenecientes a su comunidad". preservar cuidadosamente los libros pertenecientes a su secta y los nombres de los ángeles o los misterios relacionados con el Tetragrammaton y los otros nombres de Dios y de los ángeles, incluidos

---

[101] Ginsburg, op. cit. pp. 15, 22, 55.

en la teosofía así como en la cosmogonía que también desempeñó un papel tan importante entre los místicos judíos y los cabalistas".[102] La verdad es claramente que los esenios eran cabalistas, pero sin duda de un tipo superior. La Cábala que poseían descendía muy probablemente de la época precristiana y no había sido contaminada por la corriente anticristiana introducida por los rabinos tras la muerte de Cristo.[103] Los esenios son importantes para el tema de este libro porque son la primera de las sociedades secretas de las que se puede rastrear una línea directa de tradición hasta nuestros días. Pero si en esta pacífica comunidad no se percibe ninguna influencia verdaderamente anticristiana, no puede decirse lo mismo de las sectas pseudocristianas que la sucedieron y que, aunque profesaban el cristianismo, mezclaban las doctrinas cristianas con el veneno de la Cábala pervertida, fuente principal de los errores que hoy han partido en dos a la Iglesia cristiana.

LOS GNÓSTICOS

La primera escuela de pensamiento que creó un cisma en el cristianismo fue el grupo de sectas conocido genéricamente como gnosticismo. En sus formas más puras, el gnosticismo pretendía complementar la fe con el conocimiento de verdades eternas y dar al cristianismo un significado más amplio vinculándolo a creencias anteriores. "La creencia de que la divinidad se había manifestado en las instituciones religiosas de todas las naciones"[104] condujo así a la concepción de una especie de religión universal que contenía los elementos divinos de todas.

---

[102] Ginsburg, op. cit., p. 12.

[103] Fabre d'Olivet cree que esta tradición fue transmitida a los esenios por Moisés: "Si es cierto, como todo lo atestigua, que Moisés dejó una ley oral, fue entre los esenios donde se conservó. Los fariseos, que tan orgullosos estaban de poseerla, sólo tenían sus formas externas (*apariencias*), como Jesús les reprocha a cada paso. De ellos descienden los judíos modernos, a excepción de algunos verdaderos *eruditos* cuya tradición secreta se remonta a los esenios". - *La Langue hébraïque*, p. 27 (1815).

[104] Matter, *Histoire du Gnosticisme*, I. 44 (1844).

El gnosticismo, sin embargo, como señala la *Enciclopedia Judía*, "era de carácter judío mucho antes de convertirse en cristiano".[105] Matter señala Siria y Palestina como su cuna y Alejandría como el centro a través del cual fue influenciado en el momento de su alianza con el cristianismo.

Esta influencia fue también esencialmente judía. Filón y Aristóbulo, los principales filósofos judíos de Alejandría, "enteramente apegados a la antigua religión de sus padres, resolvieron ambos adornarla con los despojos de otros sistemas y abrir al judaísmo el camino de inmensas conquistas".[106] Este método de tomar prestadas de otras razas y religiones ideas útiles para su propósito ha sido siempre la costumbre de los judíos. La Cábala, como hemos visto, se componía de estos elementos heterogéneos. Y es aquí donde encontramos al principal progenitor del gnosticismo. El francmasón Ragon da la clave en estos términos: "La Cábala es la clave de las ciencias ocultas. Los gnósticos nacieron de los cabalistas".[107]

De hecho, la Cábala era mucho más antigua que los gnósticos. Los historiadores modernos que simplemente la fechan a partir de la publicación del Zohar por Moisés de León en el siglo XIII o de la escuela de Luria en el siglo XVI oscurecen este hecho tan importante que los eruditos judíos siempre han reconocido claramente.[108] *La Enciclopedia Judía*, aunque niega la certeza de una conexión entre el gnosticismo y la Cábala, admite sin embargo que las investigaciones del anticabalista Graetz "deben retomarse sobre una nueva base", y continúa mostrando que "fue la Alejandría del siglo I, o anterior, con su extraña mezcla de cultura egipcia, caldea, judía y griega, la que proporcionó el suelo y las semillas de esta filosofía mística".[109] Pero como Alejandría fue al mismo tiempo el hogar del gnosticismo, que se formó a partir de los mismos

---

[105] *Enciclopedia Judía*, artículo sobre la Cábala.

[106] Matter, op. cit. 58.

[107] Ragon, *Maçonnerie Occulte*, p. 78.

[108] "La Cábala es anterior a la Gnosis, opinión que los escritores cristianos malinterpretan, pero que los estudiosos del judaísmo profesan con legítima seguridad" - Matter, op. cit. Vol. I. p. 12.

[109] *Enciclopedia Judía*, artículo sobre la Cábala.

elementos que los enumerados aquí, la conexión entre los dos sistemas es claramente evidente. Por lo tanto, el Sr. Matter tiene razón al decir que el gnosticismo no fue una defección del cristianismo, sino una combinación de sistemas en los que se introdujeron algunos elementos cristianos. Por lo tanto, el resultado del gnosticismo no fue cristianizar la Cábala, sino cabalizar el cristianismo mezclando su enseñanza pura y simple con la teosofía e incluso la magia. La *Enciclopedia Judía* cita la opinión de que "la doctrina central del gnosticismo -un movimiento estrechamente vinculado al misticismo judío- no era otra cosa que el intento de liberar el alma y unirla con Dios"; pero como al parecer esto debía lograrse "mediante el uso de misterios, encantamientos, nombres de ángeles", etc., veremos cómo incluso esta fase del gnosticismo difiere del cristianismo y se identifica con la cábala mágica de los judíos.

De hecho, el hombre generalmente reconocido como el fundador del gnosticismo, un judío comúnmente conocido como Simón el Mago, no sólo era un místico cabalístico, sino un mago declarado que, junto con un grupo de judíos, entre ellos su maestro Dositeo y sus discípulos Menandro y Cerinto, instituyó un sacerdocio de los Misterios y practicó artes ocultas y exorcismos.[110] Este es el Simón del que leemos en los Hechos de los Apóstoles que "embrujaba al pueblo de Samaria, haciéndose pasar por un gran hombre, al que todos, desde el más pequeño hasta el más grande, prestaban atención, diciendo: Este hombre es el gran poder de Dios", y pretendía comprar por dinero el poder de la imposición de manos.

De hecho, Simón, enloquecido por sus conjuros y éxtasis, desarrolló una forma aguda de megalomanía, arrogándose honores divinos y aspirando a la adoración del mundo entero. Según la leyenda contemporánea, acabó convirtiéndose en hechicero de Nerón y terminó su vida en Roma.[111]

La prevalencia de la brujería entre los judíos en el primer siglo de la era cristiana queda demostrada por otros pasajes de los Hechos de los

---

[110] John Yarker, *The Arcane Schools,* p. 167; Matter, op. cit. 365, citando a Ireneo.

[111] Éliphas Lévi, *Histoire de la Magie,* p. 189.

Apóstoles; en Pafos, el "falso profeta", un judío de apellido Bar-Jesús, también conocido como "Elimas el brujo", se opuso a la enseñanza de San Pablo y le lanzó la siguiente imprecación: "Lleno de astucia y malicia, hijo del diablo, enemigo de toda justicia, ¿no dejarás de pervertir los rectos caminos del Señor? "Lleno de toda sutileza y malicia, hijo del diablo, enemigo de toda justicia, ¿no dejarás de pervertir los caminos rectos del Señor?".

La perversión es la piedra angular de todas las formas degradadas de gnosticismo.

Según Eliphas Levi, ciertos gnósticos introdujeron en sus ritos la profanación de los misterios cristianos que iba a constituir la base de la magia negra en la Edad Media. [112] La glorificación del mal, que desempeña un papel tan importante en el movimiento revolucionario moderno, era el credo de los Ofitas, que adoraban a la Serpiente (φις) porque se había rebelado contra Jehová, al que se referían con el término cabalístico de "demiurgo",[113] y más aún de los cainitas, así llamados por su culto a Caín, a quienes consideraban, junto con Datán y Abiram, los habitantes de Sodoma y Gomorra, y finalmente Judas Iscariote, nobles víctimas del demiurgo.[114] Impulsados por el odio a todo orden social y moral, los cainitas "exhortaban a todos los hombres a destruir las obras de Dios y a cometer toda clase de infamias".[115]

Por tanto, estos hombres no sólo eran enemigos del cristianismo, sino también del judaísmo ortodoxo, ya que su odio se dirigía especialmente contra el Jehová de los judíos. Otra secta gnóstica, los carpocratianos, seguidores de Carpócrates de Alejandría y de su hijo Epifanio -que murió de sus libertinajes y fue adorado como un dios[116] - despreciaban todas las

---

[112] Éliphas Lévi, op. cit., p. 218.

[113] Dean Milman, *Historia de los judíos* (edición de Everyman's Library), II. 491.

[114] Matière, II. 171; E. de Faye, *Gnostiques et Gnosticisme*, p. 349 (1913).

[115] De Luchet, *Essai sur la Secte des Illuminés*, p. 6.

[116] *Manuel d'Histoire Ecclésiastique*, de R. P. Albers, S.J., adaptado por René Hedde, O.P., p. 125 (1908); Matter, op. cit. 197.

leyes escritas, cristianas o mosaicas, y sólo reconocían el γν σις o conocimiento dado a los grandes hombres de todas las naciones -Platón y Pitágoras, Moisés y Cristo- que "libera de todo lo que el vulgo llama religión" y "hace al hombre igual a Dios".[117]

Así, entre los carpocratianos del siglo II, encontramos ya la tendencia a esta *deificación de la humanidad* que constituye la doctrina suprema de las sociedades secretas y de los socialistas visionarios de nuestro tiempo. Comienza entonces la guerra entre los dos principios opuestos: la concepción cristiana del hombre como ascendente hacia Dios y la concepción de las sociedades secretas del hombre como Dios, que no necesita ninguna revelación de lo alto ni más guía que la ley de su propia naturaleza. Y puesto que esta naturaleza es en sí misma divina, todo lo que fluye de ella es digno de alabanza, y los actos habitualmente considerados pecados no deben ser condenados. Con este razonamiento, los carpocracianos llegaron a conclusiones muy parecidas a las de los comunistas modernos sobre el sistema social ideal. Epifanio sostenía que, puesto que la propia naturaleza revela el principio de la comunidad y unidad de todas las cosas, las leyes humanas que son contrarias a esta ley de la naturaleza son ofensas culpables contra el orden legítimo de las cosas. Antes de que estas leyes se impusieran a la humanidad, todo era común: la tierra, la propiedad y las mujeres. Según algunos contemporáneos, los carpocracianos volvieron a este sistema primitivo instituyendo la comunidad de mujeres y entregándose a todo tipo de libertinaje.

La secta gnóstica de los Antitactos, siguiendo el mismo culto a la naturaleza humana, enseñaba la rebelión contra toda religión y ley positiva y la necesidad de satisfacer la carne; los adanitas del norte de África, llevando el retorno a la Naturaleza un paso más allá, se despojaban de toda vestimenta durante sus servicios religiosos para representar la inocencia primitiva del Jardín del Edén, precedente que siguieron los adanitas de Alemania en el siglo XV.[118]

Estos gnósticos, dice Eliphas Levi, con el pretexto de "espiritualizar

---

[117] Matter, op. cit. 188.

[118] Matter, op. cit. 199, 215.

la materia, materializaban el espíritu de la manera más repugnante... Rechazando el orden jerárquico,... querían sustituir la sabia sobriedad cristiana y la obediencia a las leyes por la licencia mística de las pasiones sensuales... Enemigos de la familia, querían producir esterilidad aumentando el libertinaje". [119]

Al pervertir sistemáticamente las doctrinas de la fe cristiana, los gnósticos afirmaban poseer las verdaderas versiones de los Evangelios y profesaban su fe en ellas con exclusión de todas las demás.[120] Así, los ebionitas tenían su propia versión corrupta del Evangelio de Mateo, basada en el "Evangelio de los Hebreos", previamente conocido por los cristianos judíos; los marcosianos tenían su versión de Lucas, los cainitas su propio "Evangelio de Judas", y los valentinianos su "Evangelio de Juan". Como veremos más adelante, el Evangelio de San Juan es el que, a lo largo de la guerra contra el cristianismo, fue elegido específicamente con fines de perversión.

Por supuesto, este espíritu de perversión no era nuevo; varios siglos antes el profeta Isaías lo había denunciado en estos términos: "¡Ay de los que llaman al mal bien y al bien mal, que ponen las tinieblas en lugar de la luz y la luz en lugar de las tinieblas!". Pero el papel de los gnósticos consistió en reducir la perversión a un sistema, agrupando a los hombres en sectas que, bajo la apariencia de la ilustración, oscurecían todas las ideas reconocidas de moral y religión. Esto es lo que los hace tan importantes en la historia de las sociedades secretas.

Es una cuestión abierta si los gnósticos mismos pueden ser descritos como una sociedad secreta, o más bien como una rama de las sociedades secretas. M. Matter, citando a varios autores del siglo III, muestra la posibilidad de que tuvieran misterios e iniciaciones; los Padres de la Iglesia lo han afirmado definitivamente. [121] Según Tertuliano, los valentinianos continuaron, o más bien pervirtieron, los misterios

---

[119] Éliphas Lévi, *Histoire de la Magie*, pp. 217, 218.

[120] Materia, op. cit. 115, III. 14; S. Baring-Gould, *Los evangelios perdidos y hostiles* (1874).

[121] Materia, op. cit. II 364.

eleusinos, convirtiéndolos en un "santuario de prostitución".[122]

Se sabe que los valentinianos dividían a sus miembros en tres clases: los pneumáticos, los psíquicos y los hílicos (es decir, los materialistas); también se dice que los basilidianos poseían doctrinas secretas que sólo conocía uno de cada mil miembros de la secta. De todo esto, el Sr. Matter concluye que:

1. Los gnósticos afirmaban sostener por tradición una doctrina secreta superior a la contenida en los escritos públicos de los apóstoles.

2. Que no comunicaron esta doctrina a todo el mundo...

3. Que lo comunicaban por medio de emblemas y símbolos, como lo prueba el diagrama de los Ofitas.

4. Que en estas comunicaciones imitaban los ritos y pruebas de los misterios eleusinos.[123]

Esta reivindicación de la posesión de una tradición oral secreta, ya sea conocida como el γνῶσις o la Cábala, confirma la concepción de los gnósticos como cabalistas y muestra hasta qué punto se habían apartado de la enseñanza cristiana. En efecto, aunque sólo fuera en esta idea de "una doctrina para los ignorantes y otra para los iniciados", los gnósticos habían restaurado el mismo sistema que el cristianismo había venido a destruir.[124]

MANIFESTACIÓN

Si hemos visto a las sectas gnósticas trabajar con fines más o menos subversivos al amparo de doctrinas esotéricas, encontramos en los maniqueos de Persia, que les siguieron un siglo más tarde, una secta que encarna las mismas tendencias y se acerca aún más a la organización de

---

[122] Ibid. p. 365.

[123] Ibid. p. 369.

[124] *Some Notes on Various Gnostic Sects and their Possible Influence on Freemasonry*, por D. F. Ranking, reeditado en *Ars Quatuor Coronatorum* (Vol. XXIV, p. 202, 1911) en forma de folleto, p. 7.

una sociedad secreta.

Cubricus o Corbicius, el fundador del maniqueísmo, nació en Babilonia alrededor del año 216. Cuando todavía era un niño, fue comprado como esclavo por una rica viuda de Ctesifonte. Cuando aún era un niño, fue comprado como esclavo por una rica viuda de Ctesifonte, que lo liberó y le dejó grandes riquezas a su muerte. Según otro relato - pues toda la historia de Manes se basa en leyendas-, heredó de una rica anciana los libros de un sarraceno llamado Scythianus sobre la sabiduría de los egipcios. Combinando las doctrinas contenidas en estos libros con ideas tomadas del zoroastrismo, el gnosticismo y el cristianismo, así como ciertas adiciones propias, desarrolló un sistema filosófico que se dedicó a enseñar.

Cubricus cambió entonces su nombre por el de Mani o Manes y se proclamó el Paráclito prometido por Jesucristo. Sus seguidores se dividían en dos clases: el círculo exterior de oyentes o luchadores, y el círculo interior de maestros o ascetas, descritos como los Elegidos. Como prueba de su parecido con los masones, se ha dicho que los maniqueos utilizaban signos secretos, manillas y contraseñas, que debido a las circunstancias de la adopción de su maestro, llamaban a Manes "el hijo de la viuda" y a ellos mismos "los hijos de la viuda", pero esto no está claramente probado. Sin embargo, una de sus costumbres es interesante a este respecto. Según la leyenda, Manes se encargó de curar al hijo del rey de Persia que había caído enfermo, pero el príncipe murió, a consecuencia de lo cual Manes fue desollado vivo por orden del rey y su cadáver colgado en la puerta de la ciudad. A partir de entonces, cada año, el Viernes Santo, los maniqueos organizaban una ceremonia de duelo llamada Bema en torno al catafalco de Manes, cuyos sufrimientos reales utilizaban para contrastarlos con los sufrimientos irreales de Cristo.

La doctrina fundamental del maniqueísmo es el dualismo, es decir, la existencia de dos principios opuestos en el mundo, la luz y la oscuridad, el bien y el mal, basada no en la concepción cristiana de esta idea, sino en la concepción zoroástrica de Ormuzd y Ahriman, y tan pervertida y mezclada con supersticiones cabalísticas que fue denunciada con tanta vehemencia por los sacerdotes persas como por los padres cristianos. Así, según la doctrina de Manes, toda la materia es el mal absoluto, el principio del mal es eterno, la humanidad misma es de origen satánico, y los primeros seres humanos, Adán y Eva, son representados como hijos de demonios.[125] Una idea muy parecida se encuentra en la Cábala judía, donde se dice que Adán, tras otras prácticas abominables, cohabitó con demonios femeninos mientras Eva se consolaba con demonios masculinos, de modo que nacieron en el mundo razas enteras de demonios. También se acusa a Eva de haber cohabitado con la Serpiente.[126] El Yalkut Shimoni también afirma que durante los 130 años que Adán vivió separado de Eva, "dio a luz a una generación de demonios, espíritus y duendes".[127] La demonología maniquea preparó así el camino para la placificación de los poderes de las tinieblas practicada por los euchitas a finales del siglo IV y más tarde por los paulicianos, bogomilos y luciferinos.

Por tanto, es en el gnosticismo y el maniqueísmo donde encontramos pruebas de los primeros intentos de pervertir el cristianismo. El hecho mismo de que todos estos intentos fueran condenados por la Iglesia como "herejías" ha tendido a atraer simpatías a su favor, pero incluso Eliphas Levi reconoce que aquí la acción de la Iglesia fue justa, pues la "monstruosa gnosis de Manes" era una profanación no sólo de las doctrinas cristianas, sino también de las sagradas tradiciones precristianas.

---

[125] Hastings, *Encyclopædia of Religion and Ethics*, artículo sobre el maniqueísmo.

[126] Zohar, tratado Bereschith, folio 54 (traducción de De Pauly, I. 315).

[127] El Yalkut Shimoni es una recopilación de midrashim haggádicos que data del siglo XVI.

2. LA REVUELTA CONTRA EL ISLAM[128]

Hemos seguido los esfuerzos de las sectas subversivas dirigidos hasta ahora contra el cristianismo y el judaísmo ortodoxos; ahora veremos este intento, reducido en etapas graduales a un sistema de trabajo de extraordinaria eficacia, organizado con el objetivo de socavar todas las creencias morales y religiosas en las mentes de los musulmanes. A mediados del siglo VII, los partidarios rivales de los sucesores del Profeta crearon un enorme cisma en el Islam: los islamistas ortodoxos, conocidos como suníes, se adhirieron a los Califas electos Abu Bakr, Omar y Othman, mientras que el partido de la revuelta, conocido como los chiíes, reclamaba el Califato para los descendientes de Mahoma a través de Alí, hijo de Abu-Talib y esposo de Fátima, la hija del Profeta. Esta división desembocó en una guerra abierta; Alí acabó siendo asesinado, su hijo mayor Hasan fue envenenado en Medina y su hijo menor Husain cayó en la batalla de Kerbela mientras luchaba contra los partidarios de Othman. Las muertes de Hasan y Husain siguen siendo lloradas cada año por los chiíes durante Moharram.

LOS ISMAILÍES

Los propios chiíes volvieron a dividirse sobre la cuestión de los sucesores de Alí en cuatro facciones, la cuarta de las cuales volvió a dividirse en otras dos sectas. Ambas mantuvieron su lealtad a los descendientes de Alí hasta Jafar-as-Sadik, pero mientras que un partido,

---

[128] Principales autoridades consultadas para este capítulo: Joseph von Hammer, *The History of the Assassins* (traducción inglesa, 1835); Silvestre de Sacy, *Exposé de la Religion des Druses (1838) y Mémoires sur la Dynastie des Assassins* dans les *Mémoires de l'Institut Royal de France,* Vol. IV (1818); Hastings *Encyclopædia of Religion and Ethics;* Syed Ameer Ali, *The Spirit of Islam* (1922); Dr. F. W. Bussell, *Religious Thought and Heresy in the Middle Ages* (1918).

conocido como los Imamias o Isna-Asharias (es decir, los Duodecimanos), apoyaba la sucesión por su hijo menor Musa al duodécimo Iman Muhammad, hijo de Askeri, los Ismailis (o Septos) se adherían a Ismail, el hijo mayor de Jafar-as-Sadik.

Elección de SUNNITES

- ➤ Abu Bakr (1 Jalife) 632
- ➤ Omar 634
- ➤ Othman 644
- ➤ Ali

Elección de CHIITE

- ➤ Abd-ul-Muttalib
- ➤ Abdullah
- ➤ MOHAMMED A.D. 570-632
- ➤ Fátima se casó con Ali
- ➤ Abu Tälib
- ➤ ALI (4º jalifa suní y 1 jalifa chií asesinado en Kufa)
- ➤ (2) Hasan envenenado en el 680 d.C.
- ➤ (3) Husain fue asesinado en la batalla de Kerbela en el año 680 d.C.
- ➤ (4) Alí II
- ➤ (5) Mahoma
- ➤ (6) Jafar-as-Sadik

Elección de ISMAELIANOS

- ➤ (7) Ismail
- ➤ Mohammed ha desaparecido circ. 770

Elección de DUODÉCIMAIN

- ➤ (7) Abu'I Hasan Musa
- ➤ (8) Ali III
- ➤ (9) Abu Jafar Mohammed
- ➤ (10) Alí
- ➤ (11) Abu Mohammed al Askari

> ➤ (12) Mohammed al Mahdi

El CHIITES

> ➤ Los ismailíes hacia 770 d.C.
> ➤ Los BATINIS (fundados por Abdullah ibn Maymūn) hacia 872 d.C.
> ➤ Los FATIMIDES (bajo Ubeidallah, 1er Califa Fatimí) 909 d.C.
> ➤ Califas fatimíes de Egipto 977 d.C.
> ➤ HAKIM 6 Califa fatimí 996 d.C.
> ➤ Fundación Dar-ul-Hikmat 1004 d.C.
> ➤ LOS ASESINOS (bajo Hasan Saba) 1090 d.C.
> ➤ Los DRUSOS (bajo Hazza) hacia 1021 d.C.
> ➤ Los KARMATES (bajo Hamdan Karmath) 896 d.C.

LOS SUCESORES DEL PROFETA

El resumen anterior muestra las líneas rivales de jalifas; el número que aparece junto a cada nombre indica el número de sucesión del jalifa mencionado. También se indican los nombres de las sectas a las que dieron lugar las disputas sucesorias.

Sin embargo, hasta la fecha, a pesar de las divisiones, ningún grupo de chiíes se ha desviado nunca de las doctrinas fundamentales del islamismo, limitándose a afirmar que fueron transmitidas por un linaje distinto del reconocido por los suníes. Los primeros ismailíes, que formaron un partido hacia la época de la muerte de Mahoma, hijo de Ismail (es decir, hacia el año 770), seguían siendo creyentes, declarando únicamente que las verdaderas enseñanzas del Profeta habían sido transmitidas a Mahoma, que no había muerto sino que regresaría en la plenitud de los tiempos y que era el Mahdi que los musulmanes debían esperar. Pero hacia 873, un intrigante de extraordinaria sutileza logró apoderarse del movimiento, que, hasta entonces meramente cismático, se convirtió definitivamente en subversivo, no sólo del Islam, sino de toda creencia religiosa.

Este hombre, Abdullah ibn Maymūn, hijo de un erudito médico y librepensador del sur de Persia, educado en las doctrinas del dualismo gnóstico y profundamente versado en todas las religiones, era en realidad, como su padre, un materialista puro. Al profesar su adhesión al credo del chiismo ortodoxo y proclamar su conocimiento de las doctrinas místicas que los ismailíes creían transmitidas por Ismail a su hijo Mahoma, Abdullah consiguió situarse a la cabeza de los ismailíes.

Así pues, su defensa de Ismail no era más que una máscara, pues su verdadero objetivo era el materialismo, que luego convirtió en un sistema al fundar una secta conocida como los Batinis, con siete grados de iniciación.

Dozy dio la siguiente descripción de este asombroso proyecto: Unir en un solo cuerpo a los vencidos y a los vencedores; unir en la forma de una vasta sociedad secreta con varios grados de iniciación a los librepensadores -que consideraban la religión sólo como un freno para el pueblo- y a los fanáticos de todas las sectas; hacer de los creyentes instrumentos para dar poder a los escépticos; Construir un partido numeroso, compacto y disciplinado que, llegado el momento, diera el trono, si no a sí mismo, al menos a sus descendientes, tal era el objetivo general de Abdallah ibn Maymūn, una concepción extraordinaria que logró con un tacto maravilloso, una habilidad incomparable y un profundo conocimiento del corazón humano. Los medios que adoptó fueron ideados con diabólica astucia...

No fue entre los chiíes donde buscó a sus verdaderos partidarios, sino entre los ghebers, los maniqueos, los paganos de Harran y los estudiantes de filosofía griega; sólo entre estos últimos pudo contar, sólo entre ellos pudo desvelar poco a poco el último misterio y revelar que los imanes, las religiones y la moral no eran más que una farsa y un absurdo. El resto de la humanidad -los "burros", como los llamaba Abdullah- era incapaz de comprender tales doctrinas. Pero para lograr sus fines, no desdeñaba en absoluto su ayuda; al contrario, la solicitaba, pero se cuidaba de iniciar a las almas piadosas y humildes sólo en los primeros grados de la secta. Sus misioneros, a los que se había inculcado la idea de que su primer deber era ocultar sus verdaderos sentimientos y adaptarse a las opiniones de sus oyentes, se presentaban de muchas formas y hablaban, por así decirlo, un lenguaje diferente a cada clase. Se ganaban al vulgo ignorante con juegos de manos que pasaban por milagros, o despertaban su curiosidad con discursos enigmáticos. En presencia de los devotos, asumían la máscara de la virtud y la piedad. Con los místicos, eran místicos, revelando el significado más profundo de los fenómenos, o explicando las alegorías y el sentido figurado de las propias alegorías...

Por este medio se consiguió el extraordinario resultado de que una multitud de hombres con creencias diversas trabajasen juntos por un objetivo que sólo conocían unos pocos de ellos... [129]

Cito extensamente este pasaje porque es de inmensa importancia para arrojar luz sobre la organización de las sociedades secretas modernas. Cualquiera que sea la finalidad, ya sea política, social o religiosa, el sistema sigue siendo el mismo: poner en movimiento a un gran número de personas y hacerlas trabajar por una causa desconocida para ellas. Veremos más adelante que éste es el método adoptado por Weishaupt para organizar a los Illuminati y que le llegó de Oriente. Ahora veremos cómo el sistema del filósofo Abdullah allanó el camino para el derramamiento de sangre de la secta más terrible que el mundo haya conocido jamás.

LOS KARMATES

Los primeros actos de violencia abierta derivados de las doctrinas de Abdallah fueron perpetrados por los karmates, una nueva evolución de los ismailíes. Entre los muchos dais enviados por el líder -incluidos su hijo Ahmed y el hijo de Ahmed- se encontraba el dai Hosein Ahwazi, enviado de Abdallah a Irak en Persia, que inició a un tal Hamdan apodado Karmath en los secretos de la secta. Karmath, que era un intrigante nato y no creía en nada, se convirtió en el líder de los karmatas en Arabia, donde pronto se inscribieron en la sociedad numerosos árabes. Con extraordinaria habilidad, consiguió persuadir a estos incautos para que le entregaran todo su dinero, primero en pequeñas contribuciones, luego en sumas mayores, hasta que finalmente les convenció de las ventajas de abolir toda propiedad privada y establecer el sistema de comunidad de bienes y esposas.

Este principio fue puesto en práctica por el pasaje del Corán: "Recordad la gracia de Dios que, cuando erais enemigos, unió vuestros corazones para que, por su gracia, llegarais a ser hermanos...". De Sacy transcribe así los métodos utilizados tal y como los relata el historiador Nowairi:

---

[129] Reinhart Dozy, *El Islam español* (traducción inglesa), pp. 403-5.

Cuando Karmath hubo conseguido establecer todo esto y todo el mundo estuvo de acuerdo en acatarlo, ordenó al Dais que reuniera a todas las mujeres una noche determinada para que pudieran mezclarse con todos los hombres en la mayor promiscuidad. Esto, dijo, era la perfección y el último grado de amistad y unión fraternal. Sucedía a menudo que un marido tomaba a su mujer y se la presentaba él mismo a uno de sus hermanos cuando esto le proporcionaba placer. Cuando él (Karmath) vio que se había convertido en el amo absoluto de sus mentes, que se había asegurado su obediencia y que había descubierto el grado de su inteligencia y discernimiento, comenzó a desviarlos por completo. Les presentó argumentos tomados de las doctrinas de los dualistas. Estuvieron fácilmente de acuerdo con todo lo que proponía, y entonces les quitó toda religión y los liberó de todos los deberes de piedad, devoción y temor a Dios que les había prescrito al principio. Les permitió el pillaje y todo tipo de libertinaje inmoral, y les enseñó a desprenderse del yugo de la oración, el ayuno y los demás preceptos. Les enseñó que no tenían obligaciones, que podían saquear los bienes y derramar la sangre de sus adversarios impunemente, que el conocimiento del Maestro de la Verdad al que les había llamado ocupaba el lugar de todo lo demás, y que con este conocimiento ya no tenían que temer ni el pecado ni el castigo.

Siguiendo estas enseñanzas, los Karmates se convirtieron rápidamente en una banda de bandidos, saqueando y masacrando a todos los que se les oponían y sembrando el terror en los distritos circundantes.

Los kármatas consiguieron dominar gran parte de Arabia y la desembocadura del Éufrates, y en 920 extendieron sus estragos hacia el oeste. Capturaron la ciudad santa de La Meca, en cuya defensa cayeron 30.000 musulmanes. "Durante todo un siglo", dice von Hammer, "las perniciosas doctrinas de Karmath hicieron estragos con fuego y espada dentro del propio Islam, hasta que la conflagración total se extinguió con sangre".

Pero al proclamarse revolucionarios, los kármatas se habían apartado del plan establecido por el creador de su credo, Abdullah ibn Maymūn, que no consistía en actos abiertos de violencia, sino en una doctrina secreta que debía conducir al debilitamiento gradual de toda fe religiosa y a una condición de anarquía mental más que de caos material. Pues la violencia, como siempre, había engendrado la contraviolencia, y así fue como, mientras los kármatas se precipitaban hacia su propia destrucción a través de una serie de sangrientos conflictos, otra rama de los ismailíes reorganizaba silenciosamente sus fuerzas, más en línea con el método original de su fundador. Se trataba de los fatimíes, llamados así porque profesaban que la doctrina del Profeta descendía de Alí, el marido de Fátima, la hija de Mahoma. Aunque menos extremistas que los kármatas o su predecesor Abdullah ibn Maymūn, los fatimíes, según el historiador Makrizi, adoptaron el método de inculcar la duda en la mente de los creyentes y pretendían sustituir una religión revelada por una natural. De hecho, tras el establecimiento de su poder en Egipto, es difícil discernir algún grado apreciable de diferencia en el carácter de su enseñanza con respecto al código anárquico de Abdullah y su representante más violento Karmath.

LOS FATIMIDOS

El fundador de la dinastía de los jalifas fatimíes fue un tal Ubeidallah, conocido como el Mahdi, acusado de ascendencia judía por sus oponentes los abbasíes, que afirmaban -al parecer sin fundamento- que era hijo o nieto de Ahmed, hijo de Adbullah ibn Maymūn, de una mujer judía. Bajo el cuarto jalifa fatimí, Egipto cayó bajo el poder de la dinastía y, muy pronto, se instituyeron en El Cairo asambleas quincenales de hombres y mujeres, conocidas como "sociedades de sabiduría". En 1004, adquirieron mayor importancia con la creación del Dar ul Hikmat, o Casa del Conocimiento, por el sexto jalifa Hakim, que fue elevado al rango de deidad tras su muerte y aún hoy es venerado por los drusos. Bajo la dirección de la Dar ul Hikmat o Gran Logia de El Cairo, los fatimíes continuaron el plan de la sociedad secreta de Abdullah ibn Maymūn añadiendo dos grados más, hasta un total de nueve. Su método de alistamiento de prosélitos y su sistema de iniciación -que, como señala Claudio Jannet, "son absolutamente los que Weishaupt, el fundador de los *Illuminati*, prescribió a los 'Hermanos Insinuantes'"[130] - fueron transcritos por el historiador del siglo XIV Nowairi en una descripción que puede resumirse brevemente como sigue[131]:

---

[130] Claudio Jannet, *Los precursores de la masonería*, p. 58 *(1887)*.

[131] De Sacy da el siguiente relato en relación con Abdullah ibn Maymūn (op. cit., I. lxxiv), y el Dr. Bussell (*Religious Thought and Heresy in the Middle Ages*, p.

Los prosélitos se dividían en dos clases, los eruditos y los ignorantes. El Dai debía aprobar al primero, aplaudiendo su sabiduría, e impresionar al segundo con sus propios conocimientos haciéndole preguntas enigmáticas sobre el Corán. Así, al iniciar al primer grado, el Dai adoptaba un aire de profundidad y explicaba que las doctrinas religiosas eran demasiado abstrusas para la mente ordinaria, pero que debían ser interpretadas por hombres que, como los Dais, tenían un conocimiento especial de esta ciencia. El iniciado estaba obligado a guardar absoluto secreto sobre las verdades que se le iban a revelar y tenía que pagar por adelantado por estas revelaciones. Para picar su curiosidad, el Dai se detenía bruscamente en mitad de un discurso, y si finalmente el novicio se negaba a pagar la suma exigida, permanecía en un estado de perplejidad que le inspiraba el deseo de saber más.

En el segundo grado, el iniciado fue persuadido de que todos sus antiguos maestros estaban en el error y que debía depositar su confianza únicamente en los Imames dotados de la autoridad de Dios; En el tercer grado, aprendió que estos Imames eran los de los Ismailíes, siete en número, terminando con Muhammad, hijo de Ismail, en contraste con los doce Imames de los Imamias que apoyaban las pretensiones de Musa, el hermano de Ismail; en el cuarto, se le dijo que los profetas que precedieron a los Imames descendientes de Alí eran también siete en número: Adán, Noé, Abraham, Moisés, Jesús, el primer Mahoma y, por último, Mahoma, hijo de Ismail.

Hasta ahora, no se ha dicho nada al iniciado que contradiga los principios generales del Islam ortodoxo. Pero en el quinto grado, comenzó el proceso de debilitar su religión, se le dijo que rechazara la tradición y desatendiera los preceptos de Mahoma; en el sexto, se le

---

353) lo incluye en su capítulo sobre los kármatas. Von Hammer, sin embargo, lo da como el programa del Dar ul Hikmat, lo que parece más probable ya que la iniciación tiene nueve grados y la sociedad Batini de Abdullah, en la que Karmath fue iniciado, sólo tenía siete. Yarker (*Las escuelas arcanas*, p. 185) afirma que los dos grados suplementarios fueron añadidos por el Dar ul Hikmat. Parece, pues, que de Sacy, al anteponer este relato a su descripción de los kármatas, se anticipaba. El punto no tiene importancia, ya que el hecho es que el mismo sistema era común a todos estos vástagos de los ismailíes, y que el del Dar ul Hikmat variaba muy poco del de Abdullah y Karmath.

enseñó que todas las observancias religiosas -la oración, el ayuno, etc. - En la séptima, se introdujeron las doctrinas del dualismo, de la divinidad mayor y menor, y se destruyó la unidad de Dios, la doctrina fundamental del islamismo; en la octava, se expresa una gran vaguedad acerca de los atributos de la primera y de la mayor de estas divinidades, y se señala que los verdaderos profetas son los que se ocupan de asuntos prácticos: instituciones políticas y buenas formas de gobierno; por último, en la novena, se muestra al seguidor que toda enseñanza religiosa es alegórica y que los preceptos religiosos sólo deben observarse en la medida necesaria para mantener el orden, pero el hombre que comprende la verdad puede ignorar todas esas doctrinas. Abraham, Moisés, Jesús y los demás profetas no eran más que maestros que se habían beneficiado de las lecciones de la filosofía. Se destruyó así toda creencia en una religión revelada. Podemos ver, entonces, que en los últimos grados, toda la enseñanza de los primeros cinco fue anulada y así revelada como un fraude. De hecho, el fraude constituía el sistema de la sociedad; en las instrucciones dadas a la Dais, se describen todos los artificios para reclutar prosélitos mediante declaraciones falsas: Había que ganarse a los judíos hablando mal de los cristianos, a los cristianos hablando mal de los judíos y de los musulmanes, a los suníes refiriéndose respetuosamente a los jalifas ortodoxos Abu Bakr y Omar y criticando a Alí y a sus descendientes. Sobre todo, había que tener cuidado de no presentar a los prosélitos doctrinas que pudieran sublevarles, sino ayudarles a progresar paso a paso. De este modo, estarían dispuestos a obedecer cualquier orden. Como lo expresan las instrucciones: Si ordenaras a alguien que le quitara todo lo que tiene de más preciado, especialmente su dinero, no se opondría a ninguna de tus órdenes, y si la muerte le sorprendiera, te dejaría todo lo que posee en su testamento y te haría su heredero. Pensará que en todo el mundo no puede encontrar un hombre más digno que tú.

Tal era la gran sociedad secreta que serviría de modelo a los Illuminati del siglo XVIII, a los que el resumen de von Hammer podía aplicarse con igual verdad:

No creer en nada y no atreverse a nada, tal era, en dos palabras, el resumen de este sistema, que aniquilaba todo principio de religión y de moral, y que no tenía otro objeto que ejecutar ambiciosos designios con ministros idóneos que, atreviéndose a todo y no sabiendo nada, puesto que consideran que todo es un truco y nada está prohibido, son los mejores instrumentos de una política infernal. Un sistema que, no teniendo otro fin que la satisfacción de una insaciable sed de dominación, en lugar de buscar el más elevado de los objetos humanos, se precipita en el abismo y, mutilándose, se entierra entre las ruinas de tronos y altares, el naufragio de la felicidad nacional y la execración universal de la humanidad.[132]

LOS DRUSOS

La terrible Gran Logia de El Cairo se convirtió pronto en el centro de un culto nuevo y extraordinario. Hakim, sexto Califa fatimí y fundador de Dar ul Hikmat, monstruo de tiranía y crimen cuyo reinado sólo puede compararse al de Calígula o Nerón, fue elevado al rango de deidad por un tal Ismail Darazi, turco que, en 1016, anunció en una mezquita de El Cairo que el Califa iba a ser objeto de un culto. Hakim, que "creía que la razón divina se encarnaba en él", se proclamó deidad cuatro años más tarde, y el culto fue finalmente establecido por uno de sus visires, el místico persa Hamza ibn Ali. Sin embargo, las crueldades de Hakim habían indignado tanto al pueblo egipcio que un año más tarde fue asesinado por una banda de descontentos, liderada, según se dice, por su hermana, que luego ocultó su cadáver, circunstancia que dio a sus seguidores la oportunidad de declarar que la divinidad simplemente había desaparecido para poner a prueba la fe de los creyentes, pero que reaparecería con el tiempo y castigaría a los apóstatas. Esta creencia se convirtió en la doctrina de los drusos del Líbano, a quienes Darazi había ganado para el culto de Hakim.

No es necesario entrar en los detalles de esta extraña religión, que persiste hasta nuestros días en las montañas del Líbano; Baste decir que, aunque descienden de los ismailíes, los drusos no parecen haber abrazado el materialismo de Abdullah ibn Maymūn, sino que han injertado en una forma primitiva de culto a la naturaleza y sabaísmo la creencia ismailí declarada en la dinastía de Alí y sus sucesores, y más allá una creencia abstrusa y esotérica sobre la naturaleza de la divinidad suprema. Declaran que Dios es la "Razón Universal", que se manifiesta a través de una serie de "avatares". Hakim fue la última de las encarnaciones divinas, y "cuando el mal y la miseria hayan alcanzado el nivel predestinado,

---

[132] Von Hammer, op. cit. (traducción inglesa), pp. 36, 37.

aparecerá de nuevo para conquistar el mundo y hacer suprema su religión".

Sin embargo, es como sociedad secreta que los Drusos entran en el ámbito de este libro, ya que su organización guarda muchas similitudes con la que hoy conocemos como "masonería". En lugar de los nueve grados instituidos por la Logia de El Cairo, los Drusos se dividen en sólo tres -los profanos, los aspirantes y los sabios-, a quienes se revelan gradualmente sus doctrinas bajo el sello del más estricto secreto, y para quienes se utilizan signos y contraseñas a la manera de la masonería.

Parece que en su esquema entra cierto grado de duplicidad, muy parecida a la que se impone a los dais ismailíes cuando reclutan prosélitos pertenecientes a otras religiones: así, cuando hablan con mahometanos, los drusos se declaran seguidores del Profeta; con cristianos, afirman sostener las doctrinas del cristianismo, actitud que defienden alegando que es ilegal revelar los dogmas secretos de su creencia a un "negro" o no creyente.

Los Drusos solían celebrar reuniones en las que, como en el Dar ul Hikmat, hombres y mujeres se reunían para debatir cuestiones religiosas y políticas; los no iniciados, sin embargo, no podían ejercer ninguna influencia en las decisiones, que eran tomadas por el círculo íntimo, al que sólo eran admitidos los "Sabios". El parecido entre esta organización y la de la masonería del Gran Oriente es evidente. Los Drus también tienen métodos de reconocimiento en común con la masonería, como señala Achille Laurent: "La fórmula o catecismo de los Drus se parece al de los francmasones; sólo se puede aprender de los *Akals* (o Akels = Inteligentes, un pequeño grupo de iniciados superiores), que revelan los misterios sólo después de someterlos a pruebas y hacerles prestar terribles juramentos".

Más adelante volveré sobre las afinidades entre los Drusos y los francmasones del Gran Oriente.

LOS ASESINOS

Vemos que los drusos, que se distinguían de las demás sectas ismailíes por su culto a Hakim, aunque conservaban auténticas creencias religiosas, no habían continuado la tradición atea de Abdullah ibn Maymūn y de la Gran Logia de El Cairo. Pero esta tradición iba a encontrar un representante en 1090 en la persona del persa Hasan Saba, originario de Jorasán, hijo de Alí, chií riguroso, que, sospechoso de ideas heréticas, acabó declarándose sunní.

Hasan, criado en esta atmósfera de duplicidad, era por tanto perfectamente apto para interpretar el maquiavélico papel de un dai ismailí.

Von Hammer considera a Hasan un genio poderoso, uno de los miembros de una espléndida tríada, cuyos otros dos eran sus compañeros de escuela, el poeta Omar Khayyám y Nizam ul Mulk, gran visir del sultán selyúcida, Malik Shah. Hasan, que gracias a la protección de Nizam ul Mulk se había asegurado títulos e ingresos y había llegado a ocupar cargos en la corte del sultán, intentó suplantar a su benefactor y acabó retirándose en desgracia, jurando vengarse del sultán y del visir. En ese momento, conoció a varios ismailíes, uno de los cuales, un dai llamado Mumin, acabó por convertirlo a los principios de su secta, y Hasan, declarándose ahora seguidor convencido de los jalifas fatimíes, viajó a El Cairo, donde fue recibido con honores por el Dar ul Hikmat y por el jalif Mustansir, de quien se convirtió en consejero. Pero sus intrigas le acarrearon de nuevo la desgracia, por lo que huyó a Alepo y sentó las bases de su nueva secta. Tras reclutar prosélitos en Bagdad, Isfahan, Khusistan y Damaghan, consiguió por estrategia la fortaleza de Alamut, en Persia, a orillas del mar Caspio, donde completó los planes de su gran sociedad secreta que se haría infame para siempre bajo el nombre de Hashishiyīn, o *Asesinos*.

Con el pretexto de creer en las doctrinas del islam y de adherirse a la línea sucesoria ismailí del Profeta, Hasan Saba se propuso abrirse camino hasta el poder y, para ello, adoptó el mismo método que Abdullah ibn Maymūn. Pero la terrible eficacia de la sociedad de Hasan residía en el hecho de que ahora se organizaba un sistema de fuerza física de un modo que su predecesor jamás había soñado. Como observó von Hammer en un pasaje admirable: Las opiniones son impotentes mientras sólo confundan el cerebro sin armar la mano. El escepticismo y el libre pensamiento, mientras sólo han ocupado las mentes de los indolentes y filósofos, no han causado la ruina de ningún trono, y por eso el fanatismo religioso y político son las palancas más poderosas en manos de las naciones. Lo que el pueblo crea no es nada para el hombre ambicioso, pero lo es todo saber cómo puede convertirlo para la ejecución de sus planes.[133]

Así, como en el caso de la Revolución Francesa, "cuyos primeros actores", observa también von Hammer, "fueron las herramientas o los dirigentes de las sociedades secretas", no fue la mera teoría sino el método de alistar a un gran número de incautos y de poner las armas en sus manos lo que provocó el "Terror" de los Asesinos seis siglos antes que el de sus descendientes espirituales, los Jacobinos de 1793. Inspirado por la organización de la Gran Logia de El Cairo, Hasan redujo los nueve grados a su número original de siete, pero ahora se les dio una nomenclatura precisa e incluían no sólo a los verdaderos iniciados, sino también a los agentes activos.

Descendiendo en el escalafón, los grados de los Asesinos eran los siguientes: en primer lugar, el Gran Maestre, conocido como Shaikh-al-Jabal o "Viejo de la Montaña" - porque la Orden siempre tuvo castillos en regiones montañosas; en segundo lugar, los Dail Kebir o Grandes Priores; en tercer lugar, los Dais plenamente iniciados, nuncios religiosos y emisarios políticos; en cuarto lugar, los Rafiqs o asociados, en formación para los grados superiores; en quinto lugar, los Fadais o "devotos", que se comprometían a formarse para los grados superiores; en cuarto lugar, los Rafiqs o asociados, en formación para los grados superiores; en quinto lugar, los Fadais o "devotos", que se comprometían a ejecutar el golpe secreto decidido por sus superiores; en sexto lugar, los Lasiqs, o cuñados; y por último el "pueblo llano", que sólo debían ser instrumentos ciegos. Si aceptamos las equivalencias de las palabras "Dai", "Rafiqs" y "Fadais" dadas por von Hammer y el Dr. Bussell como "Maestros Masones", "Compañeros Artesanos" y "Aprendices", obtenemos una interesante analogía con los grados de la Masonería.

Por supuesto, los designios contra la religión no eran admitidos por la Orden; "se exigía una estricta uniformidad al Islam a todos los rangos inferiores de los no iniciados, pero al *adepto se le* enseñaba a ver a través del engaño de 'fe y obras'. No creía en nada y reconocía que todos los actos o medios eran indiferentes y que sólo debía tenerse en cuenta el fin

---

[133] Von Hammer, *L'histoire des assassins*, pp. 45, 46.

(secular)."[134]

El objetivo final era, por tanto, la dominación de un pequeño número de hombres consumidos por la sed de poder "bajo el disfraz de la religión y la piedad", y el método para conseguirlo era el asesinato en masa de quienes se les opusieran.

Para estimular la energía de los Fadais que iban a llevar a cabo estos crímenes, los superiores de la Orden utilizaron un ingenioso sistema de ilusión. En todo el territorio ocupado por los Asesinos había exquisitos jardines con árboles frutales, rosaledas y arroyos centelleantes. Había lujosos lugares de descanso con alfombras persas y mullidos divanes, alrededor de los cuales revoloteaban houris de ojos negros que llevaban vino en vasijas de oro y plata, mientras una suave música se mezclaba con el murmullo del agua y el canto de los pájaros.

El joven al que los Asesinos deseaban formar para una carrera delictiva era presentado al Gran Maestre de la Orden e intoxicado con hachís -de ahí el nombre de "Hashishiyīn" aplicado a la secta, del que deriva la palabra asesino. Bajo el breve hechizo de la inconsciencia inducida por esta droga seductora, el futuro Fadai era transportado al jardín donde, al despertar, creía encontrarse en el Paraíso. Tras saborear todos los placeres, recibía otra dosis del opiáceo y, de nuevo inconsciente, era transportado a presencia del Gran Maestre, quien le aseguraba que nunca le había abandonado, sino que sólo había experimentado un anticipo del Paraíso que le esperaba si obedecía las órdenes de sus jefes. El neófito, estimulado por la convicción de que estaba cumpliendo las órdenes del Profeta, que le recompensaría con la dicha eterna, entró con avidez en los planes que se le proponían y consagró su vida al asesinato. Así, con el señuelo del paraíso, los Asesinos reclutaron instrumentos para su labor criminal y establecieron un sistema de asesinato organizado basado en el fervor religioso. Nada es verdad y todo está permitido" era la base de su doctrina secreta que, sin embargo, al ser transmitida sólo a un pequeño número y ocultarse bajo el velo de la religión y la piedad más austeras, restringía la mente bajo el yugo de la obediencia ciega".[135] Para

---

[134] F. W. Bussell, *Religious Thought and Heresy in the Middle Ages*, p. 368.

[135] Von Hammer, op. cit., p. 55.

el mundo exterior, todo esto seguía siendo un profundo misterio; la fidelidad al Islam se proclamaba como la doctrina fundamental de la secta, y cuando el enviado del sultán Sajar fue enviado para recabar información sobre las creencias religiosas de la Orden, se le aseguró: "Creemos en la unidad de Dios, pero no creemos en la unidad de Dios: "Creemos en la unidad de Dios y sólo consideramos la verdadera sabiduría que concuerda con su palabra y los mandamientos del profeta".

Von Hammer, en respuesta a la posible afirmación de que, como en el caso de los Caballeros Templarios y los Illuminati bávaros, estos métodos de engaño podrían considerarse una calumnia para la Orden, señala que en el caso de los Asesinos no había duda posible, ya que sus doctrinas secretas fueron finalmente reveladas por los propios líderes, primero por Hasan II, tercer sucesor de Hasan Saba, y más tarde por Jalal-ud-din Hasan, que anatematizó públicamente a los fundadores de la secta y ordenó quemar los libros que contenían sus designios contra la religión, procedimiento que, sin embargo, parece haber sido una maniobra estratégica para restablecer la confianza en la Orden y permitirle continuar su labor de subversión y crimen. Se instauró así un verdadero reino del terror en todo Oriente; los Rafiq y los Fadais "extendieron sus tropas por toda Asia y oscurecieron la faz de la tierra"; y "en los anales de los Asesinos se encuentra la enumeración cronológica de los hombres célebres de todas las naciones que cayeron víctimas de los ismailíes, para alegría de sus asesinos y tristeza del mundo".[136]

Inevitablemente, este largo y sistemático saciamiento de la sed de sangre se volvió contra los líderes, y los Asesinos, como los Terroristas de Francia, acabaron volviéndose unos contra otros. El propio Viejo de la Montaña fue asesinado por su cuñado e hijo Mahoma; Mahoma, a su vez, mientras "apuntaba a la vida de su hijo Jalal-ud-din, fue prevenido por éste con veneno, asesinato que fue nuevamente vengado con veneno", de modo que desde "Hasan el Iluminador" hasta el último de su estirpe, los Grandes Maestres cayeron a manos de sus parientes más cercanos, y "el veneno y el puñal prepararon la tumba que la Orden había abierto para tantos".[137] Finalmente, en 1250, las hordas conquistadoras del mongol

---

[136] Von Hammer, op. cit. p. 83, 89.

[137] Ibid. p. 164.

Mangu Khan barrieron la dinastía de los Asesinos.

Pero aunque los Asesinos y los Fatimíes dejaron de existir como poderes reinantes, las sectas de las que descendían han continuado hasta nuestros días; cada año, durante la celebración de Moharram, los chiíes se golpean el pecho y se rocían con sangre, invocando en voz alta a los héroes mártires Hasan y Husain; Los drusos del Líbano siguen esperando el regreso de Hakim, y en este Oriente insondable, cuna de todos los misterios, el más profundo de los europeos, adepto a las intrigas de las sociedades secretas, puede verse superado por maestros del pasado en el arte que creía dominar.

La secta de Hasan Saba fue el modelo supremo en el que se basaron todos los sistemas de asesinato fanáticamente organizados, como la Carbonari y la Hermandad Republicana Irlandesa, y los signos, símbolos e iniciaciones de la Gran Logia de El Cairo fueron la base de las grandes sociedades secretas de Europa.

¿Cómo se transportó este sistema a Occidente? ¿A través de qué canal penetraron en el mundo cristiano las ideas de estas sucesivas sectas orientales? Para responder a esta pregunta, debemos recurrir a la historia de las Cruzadas.

3. LOS TEMPLARIOS

En 1118, diecinueve años después de que la primera cruzada concluyera con la derrota de los musulmanes, la toma de Antioquía y Jerusalén y la instalación de Godofredo de Bouillon como rey de esta última ciudad, un grupo de nueve *caballeros* franceses, dirigidos por Hugues de Payens y Godofredo de Saint-Omer, formaron una orden para la protección de los peregrinos al Santo Sepulcro. Balduino II, sucesor en el trono de Jerusalén, les ofreció una casa cerca del emplazamiento del templo de Salomón, de ahí el nombre de Caballeros Templarios con el que se hicieron famosos. En 1128, los templarios

La Orden fue sancionada por el Concilio de Troyes y por el Papa, y San Bernardo redactó una regla según la cual los templarios estaban sujetos a los votos de pobreza, castidad y obediencia.

Aunque los templarios se distinguieron por numerosos actos de valentía, la regla de que debían vivir sólo de limosnas dio lugar a donaciones tan cuantiosas que, abandonando su voto de pobreza, se extendieron por toda Europa y, a finales del siglo XII, se habían convertido en un cuerpo rico y poderoso. El lema que la Orden había inscrito en su estandarte, "*Non nobis, Domine, sed nomini tuo da gloriam*", también cayó en el olvido, porque a medida que se enfriaba su fe, cedían al orgullo y la ostentación. Así lo expresa un autor masónico del siglo XVIII:

La guerra, que para la mayoría de los guerreros de buena fe era una fuente de fatigas, pérdidas y desgracias, se convirtió para ellos (los templarios) sólo en una oportunidad de botín y expansión, y si se distinguieron por algunas acciones brillantes, su motivo pronto dejó de ser dudoso cuando se les vio enriquecerse incluso con el botín de los confederados, aumentar su crédito por la extensión de las nuevas posesiones que habían adquirido, llevar la arrogancia hasta el punto de competir en pompa y grandeza con los príncipes coronados, rechazar su ayuda contra los enemigos de la fe, como atestigua la historia de Saladino, y finalmente aliarse con ese horrible y sanguinario príncipe llamado el Viejo de la Montaña, príncipe de los Asesinos.[138]

Sin embargo, la veracidad de esta acusación es discutible. En cualquier caso, durante un tiempo los templarios estuvieron en guerra con los asesinos.

Cuando los Asesinos asesinaron a Raimundo, conde de Trípoli, en 1152, los templarios entraron en su territorio y les obligaron a firmar un tratado por el que debían pagar un tributo anual de 12.000 monedas de oro en como expiación por el crimen. Unos años más tarde, el Viejo de la Montaña envió un embajador a Amaury, rey de Jerusalén, para decirle en privado que si los templarios renunciaban a pagar ese tributo, él y sus seguidores abrazarían la fe cristiana. Amaury accedió, ofreciendo al mismo tiempo compensar a los templarios, pero algunos caballeros asesinaron al embajador antes de que pudiera volver con su señor. Cuando se le pidió una compensación, el Gran Maestre culpó a un malvado caballero tuerto llamado Gautier de Maisnil.[139]

Está claro, por tanto, que las relaciones entre los templarios y los asesinos distaron mucho de ser amistosas al principio; sin embargo, parece probable que posteriormente se estableciera un entendimiento entre ellos. Tanto sobre esta acusación como sobre la de traición a los ejércitos cristianos, merece la pena citar la imparcial visión del Dr. Bussell:

Cuando el emperador Conrado III fue derrotado en Damasco en 1149, se cree que los templarios tenían un acuerdo secreto con la guarnición de la ciudad. En 1154, supuestamente vendieron a un príncipe de Egipto que quería hacerse cristiano por 60.000 monedas de oro; fue llevado a su casa para sufrir una muerte segura a manos de su fanática familia. En 1166, Amaury, rey de Jerusalén, hizo ahorcar a doce miembros de la Orden por traicionar una fortaleza a Nureddin.

Y el Dr. Bussell continúa diciendo que no se puede discutir que tenían "largas e importantes relaciones" con los Asesinos "y por lo tanto eran sospechosos (no injustamente) de imbuirse de sus preceptos y seguir sus

---

[138] *Evolución de los abusos introducidos en la Francmasonería*, p. 56 (1780).

[139] Jules Loiseleur, *La doctrine secrète des Templiers*, p. 89.

principios". [140]

A finales del siglo XIII, los templarios se habían convertido en sospechosos, no sólo a los ojos del clero, sino también del público en general.

Entre el pueblo llano", admitió uno de sus últimos apologistas, "circulaban vagos rumores. Hablaban de la avaricia y la falta de escrúpulos de los caballeros, de su pasión por enriquecerse y su rapacidad. Su insolencia altiva era proverbial. Se les atribuye el hábito de beber; el dicho "beber como un templario" ya estaba en uso. La antigua palabra alemana *Tempelhaus designaba* una casa de mala reputación". [141]

Los mismos rumores habían llegado a Clemente V incluso antes de su ascenso al trono papal en 1305[142] y, ese mismo año, convocó al Gran Maestre de la Orden, Jacques du Molay, para que regresara a Francia desde la isla de Chipre, donde estaba reuniendo nuevas fuerzas para vengar los recientes reveses sufridos por los ejércitos cristianos.

Du Molay llegó a Francia con otros sesenta templarios y 150.000 florines de oro, además de una gran cantidad de plata que la Orden había amasado en Oriente.[143]

El Papa se puso entonces a investigar las acusaciones de "incalificable apostasía contra Dios, detestable idolatría, execrable vicio y numerosas

---

[140] F W. Bussell, D.D., *Religions Thought and Heresy in the Middle Ages*, pp. 796, 797.

[141] G. Mollat, *Les Papes d'Avignon*, p. 233 (1912).

[142] Michelet, *Procès des Templiers*, I. 2 (1841). Esta obra, en su mayor parte, consiste en la publicación en latín de las *bulas* papales y los procesos de los Templarios ante la Comisión papal de París, contenidos en el documento original conservado en *Notre-Dame*. Michelet afirma que otra copia fue enviada al Papa y guardada bajo triple llave en el Vaticano. El Sr. E. J. Castle, K. C., sin embargo, dice que ha hecho averiguaciones sobre el paradero de esta copia y que ya no está en el Vaticano (*Proceedings against the Templars in France and in England for Heresy*, reeditado de *Ars Quatuor Coronatorum*, Vol. XX. Parte III. p. 1).

[143] M. Raynouard, *Monuments historiques relatifs à la condamnation des Chevaliers du Temple et de l'abolition de leur Ordre*, p. 17 (1813).

herejías" que le habían sido "secretamente comunicadas".

Pero, citando sus propias palabras:

Porque no parecía probable ni creíble que hombres de tal religión, que se creía que derramaban su sangre frecuentemente y exponían sus personas frecuentemente al peligro de muerte por el nombre de Cristo, y que mostraban tan grandes y numerosas muestras de devoción tanto en los oficios divinos como en el ayuno, así como en otras observancias devocionales, pudieran olvidar su salvación hasta el punto de hacer estas cosas, no estábamos dispuestos... a escuchar este tipo de insinuaciones... (*hujusmodi insinuacioni ac delacioni ipsorum.. aurem noluimus inclinare*). [144]

El rey de Francia, Felipe el Hermoso, hasta entonces amigo de los templarios, se alarmó e instó al Papa a tomar medidas contra ellos. Pero antes de que el Papa pudiera averiguar nada más, el rey se tomó la justicia por su mano e hizo detener a todos los templarios de Francia el 13 de octubre de 1307. El Inquisidor de Francia, ante quien fueron interrogados, presentó los siguientes cargos contra ellos:

1. La ceremonia de iniciación en su Orden iba acompañada de insultos a la Cruz, negación de Cristo y groseras obscenidades.

2. La adoración de un ídolo que se dice que es la imagen del Dios verdadero.

3. La omisión de las palabras de consagración en la Misa.

4. El derecho de los líderes laicos a conceder la absolución.

5. Autorización de defectos no naturales.

Cuando eran admitidos en la Orden, decían, se les mostraba la cruz con Cristo y se les preguntaba si creían en él; Cuando respondían afirmativamente, en algunos casos se les decía que era un error (*dixit sibi quod male credebat*),[145] porque no era Dios, era un falso profeta (*quia*

---

[144] Michelet, op. cit. I. 2 (1841).

[145] Michelet, *Procès des Templiers*, II. 333.

falsus propheta erat, nec erat Deus).[146] Algunos añadieron que entonces se les mostró un ídolo o una cabeza barbuda que se les dijo que adoraran[147]; uno de ellos añadió que esta cabeza era de "un aspecto tan terrible que le parecía la cara de algún demonio, llamado en francés *un maufé,* y que cada vez que la veía, se sentía tan embargado por el miedo que apenas podía mirarla sin temor y temblor "147. [148] Todos los confesores declararon que se les había ordenado escupir sobre el crucifijo, y un número muy grande de ellos que se les había ordenado cometer obscenidades y practicar vicios contra natura.

Algunos dijeron que, si se negaban a cumplir estas órdenes, los habían amenazado con encarcelarlos o incluso con cadena perpetua; otros dijeron que los habían encarcelado [149]; otro dijo que lo habían aterrorizado, agarrado del cuello y amenazado de muerte.[150]

Sin embargo, como varias de estas confesiones se hicieron bajo tortura, es más importante examinar las pruebas aportadas por el juicio de los caballeros ante el Papa, donde no se utilizó este método.

En el momento de la detención de los Templarios, Clemente V, que estaba muy descontento por la interferencia del rey en una orden que existía enteramente bajo jurisdicción papal, escribió a Felipe el Hermoso en los términos más enérgicos, exigiendo su liberación, e incluso después de su juicio, ni las confesiones de los caballeros ni las furiosas

---

[146] Ibid. pp. 295, 333.

[147] Ibid. pp. 290, 299, 300.

[148] "Dixit per juramentum suum quod ita est terribilis figure et aspectus quod videbatur sibi quod esset figura cujusdam demonis, dicendo gallice *d'un maufé,* et quod quocienscumque videbat ipsum tantus timor eum invadebat, quod vix poterat illud respicere nisi cum maximo timore et tremore."- Ibid. p. 364.

[149] Ibid. pp. 284, 338: "Ipse minabatur sibi quod nisi faceret, ipse ponereteum in carcere perpetuo" - Ibid. p. 307.

[150] "Et fuit territus plus quam unquam fuit in vita sua: et statim unus eorum accepit eum per gutur, dicens quod oportebat quod hoc faceret, vel moreretur". - Ibid. p. 296.

declaraciones del rey pudieron persuadirlo de su culpabilidad.[151] Pero a medida que crecía el escándalo en torno a los templarios, accedió a recibir en audiencia privada a "cierto caballero de la Orden, de gran nobleza y tenido en no menor estima por dicha Orden", quien testificó las abominaciones que habían tenido lugar durante la recepción de los hermanos, los escupitajos en la cruz y otras cosas que no eran ni legales ni, humanamente hablando, decentes.[152]

El Papa decidió entonces que setenta y dos caballeros franceses fueran examinados en Poitiers para comprobar si las confesiones que habían hecho ante el Inquisidor de París podían ser corroboradas. Durante este examen, que tuvo lugar sin tortura ni presión de ningún tipo y en presencia del propio Papa, los testigos declararon bajo juramento que dirían "toda la verdad". A continuación, hicieron confesiones que se escribieron en su presencia y que, tras ser leídas en voz alta, fueron aprobadas expresa y voluntariamente (*perseverantes in illis eas expresse et sponte, prout recitate fuerunt approbarunt*). [153]

Además, tuvo lugar un interrogatorio del Gran Maestre, Jacques du Molay, y de los Preceptores de la Orden en presencia de "tres cardenales y cuatro notarios públicos y muchos otros hombres de bien". Estos testigos, dice el informe oficial, "habiendo jurado con sus manos sobre el Evangelio de Dios" (*ad sancta dei evangelia ab iis corporaliter tacta*) que dirían la pura y plena verdad sobre todas las cosas arriba mencionadas, por separado, libre y espontáneamente, sin ninguna coacción ni temor, depusieron y confesaron, entre otras cosas, la negación de Cristo y el escupitajo en la cruz cuando fueron recibidos en la Orden del Temple. Y algunos de ellos (depusieron y confesaron) que en la misma forma, es decir, con la negación de Cristo y el escupitajo en la cruz, habían recibido a muchos Hermanos en la Orden. Algunos de ellos confesaron también otras cosas horribles y repugnantes acerca de las cuales guardamos silencio...

---

[151] Mollat, op. cit. p. 241.

[152] *Proceso de los Templarios*, I. 3: M. E. J. Castle, op. cit. Parte III. p. 3. (Hay que señalar que el artículo del Sr. Castle es muy favorable a los Templarios).

[153] Ibid. I. 4.

Además, dijeron y confesaron que eran ciertas las cosas contenidas en las confesiones y deposiciones de depravación herética que habían hecho recientemente ante el Inquisidor (de París).

Sus confesiones, de nuevo escritas, eran aprobadas por los testigos, que luego pedían y recibían la absolución doblando las rodillas y derramando muchas lágrimas.[154]

Sin embargo, el Papa seguía negándose a tomar medidas contra toda la Orden con el único argumento de que el Maestre y los hermanos de su entorno habían "pecado gravemente", y se decidió celebrar una comisión papal en París. La primera sesión tuvo lugar en noviembre de 1309, cuando el Gran Maestre y 231 Caballeros fueron convocados a comparecer ante los comisarios papales.

Esta investigación", dice Michelet, "fue conducida lentamente, con gran *gentileza y mansedumbre,* por altos dignatarios eclesiásticos, un arzobispo, varios obispos, etcétera.[155] Pero aunque varios caballeros, entre ellos el Gran Maestre, se retractaron de sus confesiones, volvieron a hacerse confesiones condenatorias.

Es imposible, dentro del alcance de este libro, seguir los numerosos juicios de los Templarios que tuvieron lugar en diferentes países - en Italia, en Rávena, Pisa, Bolonia y Florencia, donde no se utilizó la tortura y se admitió la blasfemia,[156] o en Alemania, donde se utilizó la tortura pero no se hizo ninguna confesión y se llegó a un veredicto a favor de la Orden. Sin embargo, algunos detalles del juicio en Inglaterra pueden ser de interés.

Generalmente se acepta que la tortura no se utilizó en Inglaterra debido a la humanidad de Eduardo II, que inicialmente se negó a escuchar las acusaciones contra la Orden.[157] El 10 de diciembre de 1307, había escrito al Papa en los siguientes términos: Y porque el dicho Maestro o los dichos Hermanos constantes en la pureza de la fe católica han sido

---

[154] *Proceso de los Templarios*, I. 5.

[155] Michelet en el prefacio del volumen I de los *Procès des Templiers*.

[156] Jules Loiseleur, *La Doctrine Secrète des Templiers*, p. 40 (1872).

[157] Ibid. p. 16.

frecuentemente recomendados por nosotros y por todo nuestro reino, tanto en sus vidas como en sus costumbres, no podemos creer historias sospechosas de este tipo hasta que sepamos estas cosas con mayor certeza.

Por tanto, compadecemos de todo corazón los sufrimientos y pérdidas del Sud. Maestro y sus hermanos, que sufren a consecuencia de tal infamia, y suplicamos muy afectuosamente a vuestra santidad se sirva, que al considerar con favor el buen carácter del Maestro y sus hermanos, tenga a bien responder con más indulgencia a las detracciones, calumnias y acusaciones de ciertas personas envidiosas y mal dispuestas, que se esfuerzan por convertir sus buenas obras en obras de perversidad opuestas a la enseñanza divina; hasta que dichas acusaciones que se les imputan hayan sido legalmente presentadas ante usted o sus representantes aquí y más ampliamente probadas.[158]

Eduardo II también escribió en los mismos términos a los reyes de Portugal, Castilla, Aragón y Sicilia. Pero dos años más tarde, después de que el propio Clemente V hubiera escuchado las confesiones de la Orden y se hubiera emitido una bula papal declarando que "las indecibles maldades y los abominables crímenes de la notoria herejía" habían "llegado al conocimiento de casi todo el mundo", Eduardo II fue persuadido de arrestar a los templarios y ordenar que fueran interrogados. Según el señor Castle, cuyo interesante tratado citamos aquí, el rey no autorizó el uso de la tortura, por lo que los caballeros negaron todos los cargos; pero más tarde fue persuadido y "parece que se aplicó la tortura en una o dos ocasiones",[159] de modo que tres caballeros lo confesaron todo y recibieron la absolución.[160] En Southwark, sin embargo, "un número considerable de hermanos" confesaron "que habían sido fuertemente acusados de los delitos de negación y escupitajo, que no decían ser culpables sino que no podían purgarse... y que, por tanto,

---

[158] *Procedimientos contra los Templarios en Francia e Inglaterra por herejía*, por E. J. Castle, Parte I. p. 16, citando a Rymer, Vol. III. p. 37.

[159] Ibídem, parte II, p. 1.

[160] Ibídem, parte II, pp. 25-7.

abjuraban de estas y de todas las demás herejías". [161] También se presentaron testimonios externos contra la Orden, y se contaron las mismas historias de intimidación en la ceremonia de recepción. [162] En cualquier caso, el resultado de la investigación no fue del todo satisfactorio y los templarios fueron finalmente suprimidos, en Inglaterra como en otros lugares, por el Concilio de Viena en 1312.

En Francia se adoptaron medidas más estrictas y cincuenta y cuatro caballeros que se habían retractado de sus confesiones fueron quemados en la hoguera como "herejes reincidentes" el 12 de mayo de 1310. Cuatro años más tarde, el 14 de marzo de 1314, el Gran Maestre Jacques du Molay corrió la misma suerte.

Ahora, cualquiera que sea la barbarie de esta sentencia - y también las crueldades que la precedieron - esto no es razón para aceptar la reivindicación de la Orden a un noble martirio presentado por los historiadores que han abrazado su causa. No es condenando la conducta del Rey y del Papa como se rehabilita el carácter de los Caballeros Templarios. Sin embargo, esta es la línea de argumentación generalmente adoptada por los defensores de la Orden. Los dos argumentos principales en los que basan su defensa son, en primer lugar, que las confesiones de los caballeros fueron hechas bajo tortura y, por lo tanto, deben considerarse nulas y, en segundo lugar, que todo el asunto fue un complot concertado entre el rey y el papa para obtener la posesión de las riquezas de los templarios.

---

[161] Ibid. Parte II, p. 30.

[162] "Otro testigo de los frailes menores dijo a los comisarios que había oído decir a fray Roberto de Tukenham que un templario tenía un hijo que había visto a través de un tabique que habían preguntado a un profeso si creía en el Crucificado, mostrándole la figura, al que mataron ante su negativa a negarlo, pero el muchacho, tiempo después, al preguntarle si quería ser templario dijo que no, porque había visto hacer esto. Cuando dijo esto, su padre lo mató... El vigésimo tercer testigo, un caballero, dijo que su tío había entrado en la Orden con buena salud y con alegría, con sus pájaros y sus perros, y que al tercer día después había muerto, y que sospechaba que era a causa de los crímenes que había oído de ellos, y que la causa de su muerte era que no consentía las malas acciones perpetradas por otros hermanos"- Ibid. parte II. p. 13.

Examinemos estas afirmaciones una por una.

En primer lugar, como hemos visto, no todas las confesiones se hicieron bajo tortura. Que yo sepa, nadie discute la afirmación de Michelet de que la investigación ante la Comisión Pontificia de París, durante la cual varios caballeros se adhirieron a las declaraciones que habían hecho al Papa, tuvo lugar sin presiones de ningún tipo. Además, el hecho de que las confesiones se hagan bajo tortura no las invalida necesariamente como prueba. Guy Fawkes también confesó bajo tortura, pero nunca se ha sugerido que la historia del complot de la pólvora fuera un mito. La tortura, aunque la condenemos, a menudo ha demostrado ser el único método para superar la intimidación de la mente de un conspirador; un hombre atado por las terribles obligaciones de una confederación y temeroso de la venganza de sus compañeros conspiradores no cederá fácilmente a la persuasión, sino sólo a la fuerza. Por lo tanto, si algunos templarios fueron aterrorizados por la tortura, o incluso por el miedo a la tortura, no hay que olvidar que el terrorismo fue ejercido por ambas partes. Pocos negarían que los Caballeros estaban obligados a guardar el secreto, de modo que, por un lado, estaban amenazados con la venganza de la Orden si traicionaban sus secretos y, por otro, se enfrentaban a la tortura si se negaban a confesar. Estaban así atrapados entre el diablo y el mar. Así pues, no se trataba de una Orden gentil e inofensiva que se enfrentaba a un trato brutal a manos de las autoridades, sino de las víctimas de una terrible autocracia a manos de otra autocracia.

Por otra parte, ¿no parecen las confesiones de los caballeros producto de la pura imaginación, tal como pueden concebirla hombres sometidos a tortura? Ciertamente, es difícil creer que los relatos de la ceremonia de iniciación, dados en detalle por hombres de diferentes países, todos sonando muy similares pero utilizando diferente fraseología, pudieran ser puras invenciones. Si las víctimas hubieran sido inducidas a inventar, seguramente se habrían contradicho, habrían gritado en su agonía que se habían llevado a cabo todo tipo de ritos salvajes y fantásticos para satisfacer las exigencias de sus interlocutores. Pero no, cada uno parece describir la misma ceremonia de forma más o menos completa, con toques característicos que indican la personalidad del orador, y en conjunto todos los relatos coinciden.

La afirmación de que el proceso contra los Templarios fue inventado por el Rey y el Papa para obtener sus riquezas queda totalmente refutada por los hechos. El último historiador francés de la Francia medieval, al tiempo que expresa su incredulidad en cuanto a la culpabilidad de los Templarios, califica esta contraacusación de "infantil". Philippe le Bel", escribe Funck-Brentano, "nunca ha sido comprendido; la gente no siempre ha sido justa con él. Este joven príncipe fue uno de los reyes más grandes y de los personajes más nobles que han aparecido en la historia".[163]

Sin ir tan lejos, debemos, no obstante, prestar a la exposición de los hechos del Sr. Funck-Brentano la atención que merece.

Se ha acusado a Felipe de degradar la moneda del reino; en realidad, simplemente ordenó mezclarla con aleación como medida necesaria tras la guerra con Inglaterra,[164] exactamente igual que se degradó su propia moneda tras la última guerra. Esta medida se tomó abiertamente y la moneda se restableció a la primera oportunidad. Intensamente nacional, su política de atacar a los lombardos, exiliar a los judíos y suprimir a los templarios, por lamentables que fueran los métodos con que se llevó a cabo, reportó inmensos beneficios a Francia; M. Funck-Brentano ha descrito gráficamente la prosperidad de todo el país a principios del siglo XIV: el aumento de la población, la floreciente agricultura y la industria. "En Provenza y Languedoc, encontramos criadores de cerdos con viñedos; simples vaqueros con casas urbanas".[165]

Es bajo esta luz que debemos considerar la actitud de Felipe el Hermoso hacia los Templarios: la represión despiadada de cualquier cuerpo de gente que perjudique la prosperidad de Francia. Su acción no fue la de una autoridad arbitraria; "procedió", dice M. Funck-Brentano, "apelando al pueblo. En su nombre, Nogaret (el canciller) se dirigió a los parisinos en el jardín del Palais (13 de octubre de 1307). Se convocaron asambleas populares en toda Francia";[166] "el Parlamento de Tours, con apenas una voz discrepante, declaró a los templarios dignos de muerte. La Universidad de París dio pleno valor a su juicio sobre la integridad y

---

[163] F. Funck-Brentano, *Le Moyen Âge*, p. 396 (1922).

[164] Ibídem, p. 384.

[165] F. Funck Brentano, op. cit., p. 396.

[166] Ibídem, p. 387.

autenticidad de las confesiones".[167] Aun suponiendo que estas instancias estuvieran movidas por el mismo servilismo que el atribuido al Papa, ¿cómo se explica que el proceso de la Orden no suscitara ninguna oposición entre el pueblo de París, que distaba mucho de ser dócil? Si los templarios hubieran llevado una vida noble y recta, como profesaban, dedicándose al cuidado de los pobres, cabría esperar que su arresto fuera seguido de revueltas populares. Pero no fue así.

En cuanto al Papa, ya hemos visto que desde el principio se había mostrado extremadamente reacio a condenar a la Orden, y no se da ninguna explicación satisfactoria para su cambio de actitud, aparte de que deseaba complacer al Rey. En cuanto a sus propios intereses, está claro que no tenía nada que ganar publicando al mundo un escándalo que inevitablemente traería oprobio a la Iglesia. Sus lamentaciones sobre este tema en la famosa bula[168] muestran claramente que reconocía este peligro y que, por tanto, deseaba a toda costa exculpar a los caballeros acusados, si se podían obtener pruebas a su favor. Sólo cuando los templarios hicieron confesiones condenatorias en su presencia, se vio obligado a renunciar a su defensa.[169] Sin embargo, se nos dice que lo hizo para cumplir los deseos de Felipe el Hermoso.

Felipe el Campanario aparece así como el archivillano de toda la obra, persiguiendo durante siete largos años a una Orden irreprochable -de la que había recibido repetidamente préstamos de dinero hasta el momento de su arresto- con el único objetivo de apropiarse de sus riquezas. Sin embargo, vemos que el Rey no se apropió de los bienes de los Templarios, ¡sino que se los dio a los Caballeros de San Juan de Jerusalén!

¿Qué ocurrió con las posesiones de los templarios? Felipe el Hermoso decidió entregarlas a los Hospitalarios.

---

[167] Dean Milman, *Historia del cristianismo latino*, VII. 213.

[168] E. J. Castle, op. cit., parte I, p. 22.

[169] Incluso M. Mollat lo admite: "En cualquier caso, sus deposiciones, desfavorables a la Orden, le impresionaron tan fuertemente que, a través de una serie de medidas serias, abandonó una a una todas sus oposiciones" - *Les Papes d'Avignon*, p. 242.

Clemente V afirmó que se habían cumplido las órdenes dadas por el Rey a este respecto. Incluso la finca del Temple en París... hasta la víspera de la Revolución era propiedad de los Caballeros de San Juan de Jerusalén. El tesoro real reservó ciertas sumas para los costos del juicio, que habían sido inmensos. Estos fueron inmensos.[170]

Estos hechos no desaniman en absoluto a los antagonistas de Felipe, de quienes se nos asegura -también sin prueba alguna- que fueron derrotados por el Papa en este asunto. Pero, dejando a un lado la moral, ¿se trata simplemente de una cuestión de política? ¿Habría privado el rey a de sus más preciados apoyos financieros y se habría tomado la inmensa molestia de juzgarlos sin antes asegurarse de que él saldría beneficiado del asunto? En otras palabras, ¿habría matado a la gallina de los huevos de oro sin ninguna garantía de que el cuerpo de la gallina quedaría en su poder? Si, como se nos dice, el Papa suprimió la Orden para complacer al Rey, ¿por qué lo habría frustrado con el mismo propósito que el Rey tenía en mente? ¿No deberíamos esperar indignadas protestas de Felipe, que se veía así privado del botín que tanto había tardado en obtener? Por el contrario, lo encontramos en completo acuerdo con el Papa sobre este tema. En noviembre de 1309, Clemente V afirmó claramente que "Felipe el Ilustre, rey de Francia", a quien se habían denunciado los hechos relativos a los templarios, no estaba "impulsado por la avaricia, ya que no deseaba conservar ni apropiarse ninguna parte de los bienes de los templarios, sino que los había dejado generosa y devotamente a nosotros y a la Iglesia, para que fueran administrados", etc.[171]

Se derrumba así toda la teoría sobre el porqué de la supresión de los Templarios, teoría que, al examinarla, resulta estar enteramente construida en el plano de la imputación de motivos sin ninguna justificación de hecho. El Rey actuó por codicia, el Papa por servilismo y los Templarios confesaron por miedo a la tortura: en estas puras hipótesis basan sus argumentos los defensores de la Orden.

Lo cierto es, mucho más probable, que si el rey tenía una razón adicional para suprimir a los templarios, no era la envidia de su riqueza,

---

[170] F. Funck-Brentano, op. cit. p. 392.

[171] E. J. Castle, *Procedimientos contra los Templarios*, A.Q.C., Vol. XX. *Parte III, p. 3.*

sino el temor al inmenso poder que ésta confería; la Orden se atrevía incluso a desafiar al rey y negarse a pagar impuestos. El Temple constituía un *imperium in imperio* que amenazaba no sólo la autoridad real, sino todo el sistema social.[172] Funck-Brentano arroja una luz importante sobre este pasaje: Como los templarios tenían casas en todos los países, practicaban las operaciones financieras de los bancos internacionales de nuestro tiempo; estaban familiarizados con las letras de cambio, las órdenes pagaderas a la vista, instituían dividendos y anualidades sobre el capital depositado, adelantaban fondos, prestaban a crédito, controlaban las cuentas privadas y se comprometían a recaudar impuestos para los señores seculares y eclesiásticos.[173]

Gracias a su pericia en este campo, muy probablemente adquirida de los judíos de Alejandría que debieron conocer en Oriente, los templarios se habían convertido en los "financieros internacionales" y los "capitalistas internacionales" de su tiempo; Si no hubieran sido suprimidos, todos los males que los socialistas denuncian hoy como propios del sistema que llaman "capitalismo" -fideicomisos, monopolios, "esquinas"- probablemente se habrían inaugurado en el transcurso del siglo XIV de una forma mucho peor que la actual, ya que no existía una legislación que protegiera a la comunidad en su conjunto. El sistema feudal, tal como lo veían Marx y Engels, era el principal obstáculo a la explotación por una autocracia financiera.[174]

No es improbable, por otra parte, que este orden de cosas fuera provocado por el violento derrocamiento de la monarquía francesa -y, de hecho, de todas las monarquías; los Templarios, "esos terribles

---

[172] Incluso Raynouard, apologista de los Templarios (op. cit., p. 19), admite que, de haberse adoptado medidas menos injustas y menos violentas, los intereses del Estado y la seguridad del trono habrían podido justificar la abolición de la Orden.

[173] Funck-Brentano, op. cit., p. 386.

[174] "La burguesía, siempre que ha conquistado el poder, ha destruido todas las relaciones feudales, patriarcales e idílicas. Ha desgarrado sin piedad todos los lazos feudales multicolores que unían a los hombres con sus 'superiores naturales', y no ha dejado otro vínculo entre los hombres que el desnudo interés propio y el pago en metálico sin ninguna preocupación en el mundo." - *El Manifiesto Comunista*.

conspiradores", dice Eliphas Lévi, "amenazaban al mundo entero con una inmensa revolución".[175]

Esta es quizás la razón por la que esta banda de nobles disolutos y rapaces ha atraído la apasionada simpatía de los escritores demócratas. En efecto, se observará que los mismos escritores que atribuyen la condena de la Orden por el Rey a la envidia de sus riquezas nunca aplican este argumento a los demagogos del siglo XVIII, ni sugieren que sus acusaciones contra los nobles de Francia estuvieran inspiradas por la codicia, ni admiten jamás que tal motivo pueda entrar en las diatribas contra los propietarios privados de riquezas en la actualidad.

Los Caballeros Templarios siguen siendo el único grupo de capitalistas, con la excepción de los judíos, que no sólo ha sido perdonado por su riqueza, sino exaltado como noble víctima de los prejuicios y la envidia. ¿Fue simplemente porque los templarios eran enemigos de la monarquía? ¿O es porque la revolución mundial, aunque atacaba a los propietarios privados, nunca se opuso a las finanzas internacionales, especialmente cuando se asociaban con tendencias anticristianas?

Es la defensa permanente de los Templarios lo que, para el presente autor, parece ser la prueba más convincente contra ellos. En efecto, incluso si los creemos inocentes de los crímenes de los que se les acusa, ¿cómo podemos admirarlos en sus últimas etapas? El hecho que no se puede negar es que incumplieron sus obligaciones; que hicieron voto de pobreza y luego se volvieron no sólo ricos sino arrogantes; que hicieron voto de castidad y luego se volvieron notoriamente inmorales.[176] ¿Se toleran entonces todas estas cosas porque los Caballeros Templarios formaron un eslabón de la cadena de la revolución mundial?

A día de hoy, la culpabilidad o inocencia de los Caballeros Templarios probablemente nunca se establecerá de forma concluyente; de la masa de pruebas contradictorias que la historia nos ha legado, nadie puede pronunciar un juicio definitivo.

Sin ahondar demasiado en el asunto, diré que la verdad puede ser que

---

[175] Éliphas Lévi, *Histoire de la Magie*, p. 273.

[176] E. J. Castle, op. cit. en *A.Q.C.*, Vol. XX. Part I. p. 11.

los caballeros fueran a la vez inocentes y culpables, es decir, que un cierto número de ellos fueran iniciados en la doctrina secreta de la Orden mientras que la mayoría permanecía en la ignorancia. Así, según el testimonio de Stephen de Stapelbrugge, caballero inglés, "había dos modos de recepción, uno lícito y bueno y otro contrario a la fe".[177] Esto explicaría por qué algunos de los acusados se negaron a confesar, incluso bajo la mayor presión. Puede ser que realmente no supieran nada de las verdaderas doctrinas de la Orden, que sólo se confiaban oralmente a aquellos que los superiores consideraban poco propensos a rebelarse contra ellas. Tales han sido siempre los métodos de las sociedades secretas, desde los ismaelitas.

Esta teoría de la doble doctrina es expuesta por Loiseleur, quien observa:

Si consultamos los estatutos de la Orden del Temple tal y como han llegado hasta nosotros, descubriremos sin duda que nada justifica las extrañas y abominables prácticas reveladas durante la Investigación. Pero... además de la regla pública, ¿no tenía la Orden otra regla, tradicional o escrita, que autorizara o incluso prescribiera esas prácticas, una regla secreta, revelada sólo a los iniciados?[178]

Eliphas Levi también exoneró a la mayoría de los templarios de toda complicidad en proyectos antimonárquicos o antirreligiosos: "Estas tendencias estaban envueltas en un profundo misterio y la Orden hacía una profesión externa de la más perfecta ortodoxia. Sólo los líderes sabían adónde iban; los demás los seguían sin sospechar nada.[179]

¿En qué consistió la herejía templaria? Existen diversas opiniones al respecto. Según Wilcke, Ranke y Weber, era el "deísmo unitario del Islam"[180]; Lecouteulx de Canteleu, sin embargo, cree que derivaba de fuentes heréticas islámicas y relata que, estando en Palestina, uno de los caballeros, Guillaume de Montbard, fue iniciado por el Viejo de la

---

[177] Ibídem, parte II, p. 24.

[178] Loiseleur, op. cit. p. 20, 21.

[179] *Historia de la magia*, p. 277.

[180] F. W. Bussell, *Religious Thought and Heresy in the Middle Ages*, p. 803.

Montaña en una cueva del monte Líbano.[181] Un cierto parecido entre los Caballeros Templarios y los Asesinos ha sido señalado por von Hammer,[182] y subrayado por el francmasón Clavel:

Los historiadores orientales nos muestran que, en diversas épocas, la Orden de los Templarios mantuvo estrechas relaciones con la de los Asesinos, e insisten en la afinidad que existía entre ambas asociaciones. Señalan que habían adoptado los mismos colores, blanco y rojo; que tenían la misma organización, la misma jerarquía de grados, los de fedavi, refik y dai en la una correspondientes a los de novicio, profeso y caballero en la otra; que ambas conspiraban para la ruina de las religiones que profesaban en público, y que finalmente ambas poseían numerosos castillos, la primera en Asia, la segunda en Europa.[183]

Pero a pesar de estas similitudes externas, de las confesiones de los caballeros no se desprende que la doctrina secreta de los templarios fuera la de los asesinos ni la de ninguna secta ismailí que, de acuerdo con el islamismo ortodoxo, presentaba abiertamente a Jesús como profeta, mientras que en secreto inculcaba la indiferencia hacia toda religión.

Loiseleur considera que sus ideas derivaban de los dualistas gnósticos o maniqueos, cátaros, paulicianos o, más concretamente, bogomilos, de los que es preciso hacer aquí una breve reseña.

Los *paulicianos*, que florecieron hacia el siglo VII d.C., se parecían a los cainitas y ofitas en su detestación del Demiurgo y la corrupción de su moral. Más tarde, en el siglo IX, aparecieron los *bogomilos,* cuyo nombre significa "amigos de Dios" en eslavo y que habían emigrado del norte de Siria y Mesopotamia a la península balcánica, sobre todo a Tracia, como un nuevo desarrollo del dualismo maniqueo. Su doctrina puede resumirse como sigue:

Dios, el Padre supremo, tiene dos hijos, el mayor Satanael y el menor Jesús. Satanael, que estaba sentado a la derecha de Dios, tenía derecho a gobernar el mundo celeste, pero, lleno de orgullo, se rebeló contra su

---

[181] *Sectas y sociedades secretas*, p. 85.

[182] *Historia de los Asesinos*, p. 80.

[183] F. T. B. Clevel, *Histoire Pittoresque de la Franc-Maçonnerie, p. 356 (1843).*

Padre y cayó del Cielo. Luego, ayudado por los compañeros de su caída, creó el mundo visible, una imagen del mundo celeste, con su propio sol, luna y estrellas, y finalmente creó al hombre y a la serpiente, que se convirtió en su ministro.

Más tarde, Cristo vino a la tierra para mostrar a los hombres el camino al cielo, pero su muerte no tuvo ningún efecto, porque incluso cuando descendió a los infiernos, fue incapaz de arrebatar el poder a Satanael, es decir, a Satanás.

Esta creencia en la impotencia de Cristo y en la necesidad de apaciguar a Satanás, no sólo "príncipe de este mundo" sino también su creador, condujo a otra doctrina según la cual Satanás, al ser todopoderoso, debía ser adorado. Nicetas Choniates, historiador bizantino del siglo XII, describe a los seguidores de este culto como "satanistas", porque "considerando a Satanás poderoso, le adoraban para que no les hiciera daño"; Su doctrina (expuesta por Neuss y Vitoduranus) consistía en que Lucifer había sido expulsado injustamente del cielo y que un día regresaría y recuperaría su antigua gloria y poder en el mundo celestial.

Así pues, los bogomilos y los luciferinos estaban muy unidos, pero mientras los primeros dividían su culto entre Dios y sus dos hijos, los segundos sólo adoraban a Lucifer, considerando el mundo material como obra suya y creyendo que al entregarse a la carne propiciaban a su demonio-creador. Se dice que un gato negro, símbolo de Satanás, figuraba en sus ceremonias como objeto de culto, y que durante sus horribles orgías nocturnas se sacrificaban niños y se utilizaba su sangre para hacer el pan eucarístico de la secta.[184]

Los templarios reconocían tanto a un dios bueno, que no podía comunicarse al hombre y, por tanto, no tenía representación simbólica, como a un dios malo, al que daban los rasgos de un ídolo de aspecto aterrador.[185]

Su culto más ferviente era a este dios del mal, el único que podía

---

[184] Loiseleur, op. cit. p. 66.

[185] Ibid. p. 143.

enriquecerlos. "Decían con los luciferinos: 'El hijo mayor de Dios, Satanael o Lucifer, es el único que tiene derecho al homenaje de los mortales; Jesús, su hermano menor, no merece este honor'".[186]

Aunque no encontramos estas ideas tan claramente definidas en las confesiones de los Caballeros, dan algún color a esta teoría quienes relataron que la razón que les dieron para no creer en Cristo fue "que no era nada, un falso profeta y sin valor, y que debían creer en el Dios superior del Cielo que podía salvarlos".[187] Según Loiseleur, el ídolo que les enseñaron a adorar, la cabeza barbuda conocida en la historia como Baphomet, representaba "el dios inferior, el organizador y dominador del mundo material, el autor del bien y del mal aquí abajo, aquel a través del cual el mal fue introducido en la creación".[188]

La etimología de la palabra Baphomet es difícil de descubrir; Raynouard dice que procede de dos testigos oídos en Carcasona que hablaban de "Figura Baflometi", y sugiere que se trata de una corrupción de "Mahoma", que los inquisidores querían que confesaran los caballeros a los que habían enseñado a adorar.[189] Pero esta hipótesis sobre las intenciones de los inquisidores parece muy poco probable, ya que debían de saber perfectamente que, como señala Wilcke, los musulmanes prohíben todo ídolo.[190] Wilcke concluye por tanto que el mahometismo de los templarios se combinaba con el cabalismo y que su ídolo era en realidad el *macroprosopos*, o cabeza del Antiguo de los Antiguos, representado como un anciano de larga barba, o a veces como tres cabezas en una, que ya se ha mencionado como el Cara Larga en el primer capítulo de este libro -una teoría que estaría en consonancia con la

---

[186] Ibid. p. 141.

[187] "Dixit sibi quod non crederet in eum, quia nichil erat, et quod erat quidam falsus propheta, et nichil valebat; immo crederet in Deum Celi superiorem, qui poterat salvare" - Michelet, *Procès des Templiers*, II. 404. Cf. ibid. p. 384: "Quidem falsus propheta est; credas solummodo in Deum Celi, et non in istum".

[188] Loiseleur, op. cit. p. 37.

[189] Raynouard, op. cit. p. 301.

[190] Wilhelm Ferdinand Wilcke, *Geschichte des Tempelherrenordens*, II, 302-12, (1827).

afirmación de Eliphas Levi de que los templarios fueron "iniciados en las misteriosas doctrinas de la Cábala".[191] Pero Lévi continúa diciendo que los templarios fueron "iniciados en las misteriosas doctrinas de la Cábala". Pero Lévi pasa a definir esta enseñanza como juanismo. Aquí llegamos a otra teoría sobre la doctrina secreta de los Templarios, la más importante de todas, ya que emana de fuentes masónicas y neotemplarias, eliminando de hecho la afirmación de que la acusación contra la Orden de apostasía de la fe católica es una mera invención de los escritores católicos.

En 1842, el francmasón Ragon contaba que los templarios habían aprendido de los "iniciados de Oriente" cierta doctrina judaica atribuida al apóstol San Juan; por eso "renunciaron a la religión de San Pedro" y se convirtieron en juanistas.[192] Eliphas Levi expresa la misma opinión.

Sin embargo, estas afirmaciones se basan aparentemente en una leyenda que se publicó por primera vez en a principios del siglo XIX, cuando una asociación que se hacía llamar la Orden del *Temple* y afirmaba descender directamente de la Orden Templaria original publicó dos obras, el *Manuel des Chevaliers de l'Ordre du Temple* en 1811 y el *Lévitikon* en 1831, así como una versión del Evangelio de San Juan diferente de la Vulgata. Estas obras, que parecen haber sido impresas sólo para distribución privada entre los miembros y que ahora son extremadamente raras, cuentan la historia de cómo la Orden del Temple nunca dejó de existir desde la época de Jacques du Molay, que nombró a Jacques de Larménie su sucesor al frente de la Orden, y que a partir de entonces se sucedieron sin interrupción una serie de Grandes Maestres hasta finales del siglo XVIII, cuando dejó de existir brevemente, pero fue restablecida bajo un nuevo Gran Maestre, Fabré Palaprat, en 1804.

Además de la publicación de la lista de todos los Grandes Maestres, conocida como la "Carta de Larmenius", que se dice que se conservaba en los archivos secretos del Temple, estas obras reproducen otro

---

[191] Éliphas Lévi, *Histoire de la Magie*, p. 273.

[192] J.M. Ragon, *Cours Philosophique et Interprétatif des Initiations anciennes et modernes*, édition sacrée à l'usage des Loges et des Maçons SEULEMENT (5842), p. 37. Sin embargo, en una nota a pie de página de la misma página, Ragon se refiere a Juan el Bautista en este contexto.

documento del mismo depósito en el que se describen los orígenes de la Orden.

Este manuscrito, escrito en griego sobre pergamino y fechado en 1154, afirma estar tomado en parte de un manuscrito del siglo V y relata cómo Hugues de Payens, el primer Gran Maestre de los Caballeros Templarios, fue iniciado en la doctrina religiosa de la "primitiva Iglesia cristiana" en 1118, año de la fundación de la Orden, por su Soberano Pontífice y Patriarca, Teocleto, sexagésimo en la sucesión directa de San Juan Apóstol. La historia de la Iglesia primitiva se describe a continuación: Moisés es iniciado en Egipto. Profundamente versado en los misterios físicos, teológicos y metafísicos de los sacerdotes, se sirvió de ellos para vencer el poder de los Magos y liberar a sus compañeros. Aarón, su hermano, y los jefes de los hebreos se convirtieron en los depositarios de su doctrina...

El Hijo de Dios apareció entonces en la escena mundial... Se educó en la escuela de Alejandría...

Imbuido de un espíritu absolutamente divino y dotado de las cualidades (*disposiciones*) más asombrosas, pudo alcanzar todos los grados de la iniciación egipcia. A su regreso a Jerusalén, se presentó ante los jefes de la Sinagoga... Jesucristo, dirigiendo el fruto de sus elevadas meditaciones hacia la civilización universal y la felicidad del mundo, rasgó el velo que ocultaba la verdad a los pueblos. Predicó el amor a Dios, el amor al prójimo y la igualdad ante el Padre común de todos los hombres...

Jesús confirió la iniciación evangélica a sus apóstoles y discípulos. Les transmitió su espíritu y los dividió en varias órdenes, a ejemplo de Juan, el discípulo amado, el apóstol del amor fraterno, a quien instituyó Sumo Pontífice y Patriarca...

Aquí tenemos toda la leyenda cabalística de una doctrina secreta descendiente de Moisés, de Cristo como iniciado egipcio y fundador de una orden secreta - una teoría, por supuesto, absolutamente destructiva de la creencia en su divinidad. La leyenda de la Orden del Temple *continúa:* Hasta aproximadamente 1118 (es decir, el año en que se fundó la Orden del Temple), los misterios y el orden jerárquico de la iniciación egipcia, transmitidos a los judíos por Moisés y luego a los cristianos por Jesucristo, fueron conservados religiosamente por los sucesores de San Juan Apóstol. Estos misterios e iniciaciones, regenerados por la iniciación evangélica (o bautismo), constituían un depósito sagrado que la simplicidad de la moral primitiva e inmutable *de* los *Hermanos de Oriente* había preservado de toda alteración...

Los cristianos, perseguidos por los infieles, apreciando el valor y la piedad de estos valientes cruzados que, espada en una mano y cruz en la otra, volaban en defensa de los santos lugares, y sobre todo haciendo deslumbrante justicia a las virtudes y a la ardiente caridad de Hugues de Payens, se vieron en el deber de confiar a manos tan puras los tesoros del saber adquiridos a lo largo de tantos siglos, santificados por la cruz, el dogma y la moral del Hombre-Dios. Hugues fue investido con el poder apostólico patriarcal y colocado en el orden legítimo de los sucesores de San Juan Apóstol o Evangelista.

Este es el origen de la fundación de la Orden del Temple y de la fusión en su seno de los diferentes tipos de iniciación de los cristianos orientales conocidos como cristianos primitivos o juanistas.

Veremos enseguida que toda esta historia es sutilmente subversiva del verdadero cristianismo, y que el apelativo de cristianos aplicado a los juanistas es una farsa. En efecto, Fabré Palaprat, Gran Maestre de la *Orden del Temple* en 1804, que en su libro sobre los Templarios repite la historia contenida en el *Levitikon y en el Manual de los Templarios*, haciendo la misma profesión de doctrinas "cristianas primitivas" descendientes de San Juan a través de Theoclet y Hugues de la Villette, es un impostor. Continúa diciendo que la doctrina secreta de los templarios "era esencialmente contraria a los cánones de la Iglesia de Roma y que es principalmente a este hecho al que debemos atribuir la persecución de la que la historia ha conservado el recuerdo".[193] La creencia de los Primitivos, y por consiguiente la de los Templarios, con respecto a los milagros de Cristo es que "hizo o pudo hacer cosas extraordinarias o milagrosas", y que puesto que "Dios puede hacer cosas incomprensibles para la inteligencia humana", la Iglesia primitiva venera "todos los actos de Cristo tal como se describen en el Evangelio, tanto si

---

[193] J. B. Fabré Palaprat, *Recherches historiques sur Los Templarios*, p. *31 (1835).*

los considera actos de la ciencia humana como actos del poder divino".[194] La creencia en la divinidad de Cristo se deja, pues, en suspenso, y la misma actitud se mantiene con respecto a la Resurrección, cuyo relato se omite en el Evangelio de San Juan en posesión de la Orden. Fabré Palaprat admite también que las acusaciones más graves formuladas contra los Templarios se basaban en hechos que intenta explicar de la siguiente manera:

Desde que en 1307 los templarios extrajeron cuidadosamente todos los manuscritos que componían los archivos secretos de la Orden, y desde que estos manuscritos auténticos se han conservado preciosamente desde entonces, tenemos ahora la certeza de que los Caballeros soportaban un gran número de pruebas religiosas y morales antes de alcanzar los distintos grados de iniciación: Así, por ejemplo, se podía ordenar al destinatario, bajo pena de muerte, que pisoteara el crucifijo o adorara un ídolo, pero si cedía al terror que se pretendía inspirarle, era declarado indigno de ser admitido en los grados superiores de la Orden. Podemos imaginar así cómo personas demasiado débiles o demasiado inmorales para resistir las pruebas de la iniciación podían acusar a los templarios de entregarse a prácticas infames y de tener creencias supersticiosas.

Desde luego, no es de extrañar que una orden que ha dictado tales requerimientos, por la razón que sea, se haya convertido en objeto de sospecha.

Éliphas Lévi, que, como Ragon, acepta las declaraciones de la *Orden del Temple* sobre el origen "juanista" de la doctrina secreta de los Templarios, no se deja engañar, sin embargo, por estas profesiones de cristianismo, y afirma audazmente que el soberano pontífice Theoclet inició a Hugues de Payens "en los misterios y esperanzas de su llamada Iglesia, lo sedujo con las ideas de soberanía sacerdotal y realeza suprema, y finalmente lo designó como su sucesor. Así, la Orden de los Templarios se vio manchada desde el principio por el cisma y la conspiración contra los Reyes".[195] Además, Levi relata que la verdadera historia contada a los iniciados sobre Cristo no era otra que la infame *Toledot Yeshu* descrita

---

[194] Ibid. p. 37.

[195] Éliphas Lévi, *Histoire de la Magie*, p. 277.

en el primer capítulo de este libro, que los juanistas se atrevieron a atribuir a San Juan.[196] Esto concordaría con la confesión del templario catalán Galcerandus de Teus, quien afirmó que la forma de absolución en la Orden era la siguiente: Ruego a Dios que perdone tus pecados como perdonó a Santa María Magdalena y al ladrón en la cruz; pero el testigo continúa explicando: "Ruego a Dios que perdone tus pecados como perdonó a Santa María Magdalena y al ladrón en la cruz":

Por el ladrón mencionado al principio del capítulo se entiende, según nuestros estatutos, aquel Jesús o Cristo que fue crucificado por los judíos porque no era Dios y, sin embargo, se hacía llamar Dios y Rey de los judíos, lo cual era un insulto al Dios verdadero que está en los cielos. Cuando a Jesús, pocos momentos antes de su muerte, le atravesó el costado la lanza de Longinos, se arrepintió de haberse llamado Dios y Rey de los judíos y pidió perdón al Dios verdadero; entonces el Dios verdadero le perdonó. Por eso aplicamos a Cristo crucificado estas palabras: "como Dios perdonó al ladrón en la cruz".[197]

Raynouard, que cita esta declaración, la estigmatiza como "singular y extravagante"; Matter está de acuerdo en que es sin duda extravagante, pero que "merece atención. Había allí todo un sistema que no era invención de Galcerant".[198] Eliphas Levi proporciona la clave de este sistema y de por qué Cristo fue descrito como un ladrón, al señalar en la leyenda cabalística en la que se le describe como habiendo *robado* el Santo Nombre del Lugar Santísimo. En otro lugar, explica que los juanistas "se presentaban como los únicos iniciados en los verdaderos misterios de la religión del Salvador".

Pretendían conocer la verdadera historia de Jesucristo y, adoptando parte de las tradiciones judías y los relatos del Talmud, establecieron que los hechos narrados en los Evangelios" -es decir, los Evangelios aceptados por la Iglesia ortodoxa- "no eran más que alegorías de las que

---

[196] Éliphas Lévi, *La Science des Esprits*, pp. 26-9, 40, 41.

[197] Raynouard, op. cit. p. 281.

[198] Matter, *Histoire du Gnosticisme*, III. 330.

San Juan da la clave".[199]

Pero es hora de pasar de la leyenda a los hechos. Toda la historia de la iniciación de los templarios por los "juanistas" se basa principalmente en documentos elaborados por la Orden del Temple en 1811. Según los abades Grégoire y Münter, la autenticidad y la antigüedad de estos documentos son indiscutibles. El abate Grégoire, refiriéndose al manuscrito en pergamino del *Levítico* y del Evangelio de San Juan, dijo que "los helenistas versados en paleografía creen que este manuscrito es del siglo XIII, mientras que otros lo declaran anterior y lo remontan al siglo XI".[200] El abate Matter, por su parte, afirma que los documentos de la Orden del Temple fueron elaborados en 1811 por la Orden del Temple. Matter, por su parte, citando la opinión de Münter según la cual los manuscritos de los archivos de los Templarios modernos datan del siglo XIII, observa que todo esto es un tejido de errores y que los críticos, entre ellos el erudito profesor Thilo de Halle, han reconocido que el manuscrito en cuestión, lejos de pertenecer al siglo XIII, data de principios del XVIII. De la disposición de los capítulos del Evangelio, Matter saca la conclusión de que estaba destinado a acompañar las ceremonias de alguna sociedad masónica o secreta. [201] Volveremos sobre esta posibilidad en un capítulo posterior.

La antigüedad del manuscrito que contiene la historia de los templarios sigue siendo una incógnita a la que nadie puede responder sin haber visto el original. Para juzgar la probabilidad de la historia contenida en este manuscrito, es necesario consultar los hechos históricos y descubrir pruebas de la existencia de una secta como los juanistas en la época de las Cruzadas o antes. Es cierto que ninguna secta recibió este nombre u otro similar hasta 1622, cuando unos monjes portugueses informaron de la existencia de una secta que describieron como "cristianos de San Juan" que vivían a orillas del Éufrates. Sin embargo, parece que los monjes aplicaron mal el apelativo, ya que los sectarios en cuestión, conocidos en como mandeos, mandeítas, sabeos, nazoreos, etc., se autodenominaban mandai iyahi, es decir, los discípulos, o más bien los

---

[199] Éliphas Lévi, *Histoire de la Magie*, p. 275.

[200] M. Grégoire, *Histoire des Sectes religieuses*. II. 407 (1828).

[201] Matter, *Histoire du Gnosticisme*, III. 323.

sabios, de Juan, ya *que* la palabra *mandai deriva de* la palabra caldea *manda*, que corresponde a la palabra griega γν σις, o sabiduría.[202]

La multiplicidad de nombres dados a los mandeos se explica aparentemente por el hecho de que, en sus relaciones con otras comunidades, se llamaban a sí mismos sabeos, mientras que los sabios y eruditos de entre ellos se llamaban nazoreos.[203] Esta secta vivía antaño a orillas del Jordán, pero fue expulsada por los musulmanes, que la obligaron a retirarse a Mesopotamia y Babilonia, donde les gustaba especialmente vivir cerca de los ríos para practicar sus característicos ritos bautismales.[204]

No cabe duda de que las doctrinas de los mandeos se asemejan a la descripción de la herejía juanina dada por Eliphas Levi, pero no por la *Orden del Temple*, en el sentido de que los mandeos profesaban ser discípulos de San Juan -el Bautista, sin embargo, y no el Apóstol-, pero eran al mismo tiempo enemigos de Jesucristo.

Según el Libro de Juan de los Mandeos (Sidra de Yahya), Yahya, es decir, San Juan, bautizó a miríadas de hombres durante cuarenta años en el Jordán. Por error -o en respuesta a un mandato escrito del cielo que decía: "Yahya, bautiza al mentiroso en el Jordán"- bautizó al falso profeta Yishu Meshiha (el Mesías Jesús), hijo del demonio Ruha Kadishta.[205] La misma idea se encuentra en otro de los libros de la secta, llamado "Libro de Adán", que presenta a Jesús como el pervertidor de la doctrina de San Juan y el propagador de la iniquidad y la perfidia por todo el mundo.[206]

---

[202] Ibid. III, p. 120.

[203] *Encyclopédie juive*, artículo sobre los mandeos.

[204] Grégoire, op. cit. 241.

[205] *Jewish Encyclopædia*, y Hastings' *Encyclopædia of Religion and Ethics*, artículo sobre los mandeos.

[206] *Codex Nasaræus*, Liber Adam appellatus, traducido del siríaco al latín por Matth. Norberg (1815), Vol. I. 109: "Sed, Johanne hae ætate Hierosolymæ nato, Jordanumque deinceps legente, et baptismum peragente, veniet Jeschu Messias, summisse se gerens, ut baptismo Johannis baptizetur, et Johannis per sapientiam sapiat. Pervertet vero doctrinam Johannis, et mutato Jordani baptismo, perversisque justitiæ dictis, iniquitatem et perfidiam per mundum disseminabit".

La semejanza entre todo esto y las leyendas del Talmud, la Cábala y el Toledot Yeshu es inmediatamente obvia; además, los mandeos reclaman para el "Libro de Adán" el mismo origen que los judíos reclamaban para la Cábala, a saber, que fue entregado a Adán por Dios a través de las manos del ángel Razael.[207]

Este libro, conocido por los eruditos como el *Codex Nasaræus*, es descrito por Münter como "una especie de mosaico sin orden, sin método, en el que encontramos mencionados a Noé, Abraham, Moisés, Salomón, el templo de Jerusalén, San Juan Bautista, Jesucristo, los cristianos y Mahoma". El Sr. Matter, aunque niega toda prueba de la sucesión de los templarios por los mandeos, da sin embargo buenas razones para creer que la secta misma existía ya en los primeros siglos de la era cristiana y que sus libros databan del siglo VIII[208];. Además, estos mandeos o nazoreos -que no deben confundirse con los nazarenos precristianos o los nazarenos cristianos- eran judíos que veneraban a San Juan Bautista como profeta de la era cristiana y que, por tanto, no tenían intención de utilizarlo como instrumento de propaganda. De hecho, eran los judíos quienes consideraban a Juan el Bautista como el profeta del antiguo mosaicismo, pero que consideraban a Jesucristo como un falso Mesías enviado por los poderes de las tinieblas.[209] La opinión judía moderna confirma esta afirmación de inspiración judía y coincide con Matter al describir a los mandeos como gnósticos: "Sus libros sagrados están escritos en un dialecto arameo que tiene estrechas afinidades con el del Talmud babilónico. La influencia judía es claramente visible en la religión mandea. "Es esencialmente del tipo del antiguo gnosticismo, cuyas huellas se encuentran en el Talmud, el Midrash y, de forma modificada, en la Cábala posterior".[210]

---

[207] Artículo sobre el *Codex Nasaræus* de Silvestre de Sacy en el *Journal des Savants* de noviembre de 1819, p. 651; cf. pasaje en el Zohar, sección Bereschith, folio 55.

[208] Matter, op. cit. 119, 120. De Sacy (op. cit., p. 654) también atribuye el *Codex Nasaræus* al siglo VIII.

[209] Matter, op. cit. 118.

[210] *Encyclopédie juive*, artículo sobre los mandeos.

Por lo tanto, se puede considerar seguro que una secta que corresponde a la descripción de Eliphas Levi de los juanistas existía mucho antes de la época de las Cruzadas, en el sentido de que era cabalista y anticristiana, pero profesaba basarse en las doctrinas de uno de los Santos Juanes. La cuestión de si los templarios fueron adoctrinados por esta secta debe quedar abierta. Matter sostiene que la prueba que falta para llegar a tal conclusión reside en el hecho de que los templarios no expresaban ninguna reverencia particular por San Juan; pero Loiseleur afirma que los templarios preferían el Evangelio de San Juan al de los otros evangelistas, y que las logias masónicas modernas que se reclaman templarias poseen una versión especial de este Evangelio que se dice que fue copiada del original del Monte Athos.[211]

También se dice que se han conservado Baphomets en las logias masónicas de Hungría, donde una forma degradada de masonería, conocida como masonería juanita, sobrevive hasta nuestros días. Si la herejía templaria era la de los juanistas, la cabeza en cuestión podría representar posiblemente la de Juan el Bautista, lo que sería coherente con la teoría de que la palabra Baphomet deriva de palabras griegas que significan bautismo de sabiduría. Además, esto no sería incompatible con la teoría de Loiseleur de una afinidad entre los Caballeros Templarios y los Bogomilos, ya que estos últimos también tenían su propia versión del Evangelio de San Juan, que colocaban en la cabeza de sus neófitos durante la ceremonia de iniciación,[212] dando como razón de la "particular veneración que profesaban a su autor que consideraban a San Juan como el siervo del Dios judío Satanael".[213] Eliphas Levi llega incluso a acusar a los templarios de seguir las prácticas ocultistas de los luciferinos, que llevaron las doctrinas de los bogomilos hasta el punto de rendir homenaje a los poderes de las tinieblas:

Declaremos para edificación del pueblo llano... y para mayor gloria de la Iglesia que persiguió a los Templarios, quemó a los magos y excomulgó a los francmasones, etc., digamos audazmente y en voz alta

---

[211] Loiseleur, op. cit. p. 52.

[212] Ibid. p. 51; Matter, op. cit, III. 305.

[213] *Enciclopedia* Hastings, artículo sobre los bogomilos.

que todos los iniciados en las ciencias ocultas... han adorado, adoran y adorarán siempre lo que significa este símbolo espantoso [la cabra sabática]. [214] Sí, en nuestra más profunda convicción, los Grandes Maestres de la Orden de los Caballeros Templarios adoraron a Baphomet y lo hicieron adorar por sus iniciados.[215]

Así que la acusación de herejía contra los Caballeros Templarios vino no sólo de la Iglesia Católica, sino también de las sociedades secretas. Incluso nuestros francmasones, que, por razones que mostraré más adelante, han defendido generalmente a la Orden, están ahora dispuestos a admitir que había un caso muy real contra ellos. Así, el Dr. Ranking, que ha dedicado muchos años de estudio a la cuestión, ha llegado a la conclusión de que el juanismo es la verdadera clave de la herejía templaria.

En un artículo muy interesante publicado en la revista masónica *Ars Quatuor Coronatorum*, señala que "la historia de los templarios en Palestina es un largo relato de intrigas y traiciones por parte de la Orden":

Que desde el principio del cristianismo, un cuerpo de doctrina incompatible con el cristianismo fue transmitido a lo largo de los siglos en las diversas Iglesias oficiales...

Las organizaciones que enseñaban estas doctrinas afirmaban hacerlo bajo la autoridad de San Juan, a quien creían que el fundador del cristianismo había confiado los verdaderos secretos.

Durante la Edad Media, la Sociedad de los Caballeros Templarios fue la principal defensora de las organizaciones gnósticas y la principal depositaria de este conocimiento.[216]

¿Cómo explicar la elección de San Juan para la propagación de

---

[214] La cabra sabática es claramente de origen judío. El Zohar nos dice que "la tradición cuenta que cuando los israelitas evocaban a los espíritus malignos, éstos se les aparecían en forma de cabras y les hacían saber todo lo que deseaban aprender" - Sección Ahre Moth, folio 70a (de Pauly, V. 191).

[215] Éliphas Lévi, *Dogme et Rituel de la Haute Magie*, II. 209.

[216] *Some Notes on various Gnostic Sects and their Possible Influence on Freemasonry*, por D.F. Ranking, reimpreso de *A.Q.C.*, Vol. XXIV. *pp. 27, 28.*

doctrinas anticristianas que aún hoy encontramos? ¿Qué otra cosa sino el método de perversión que, en su forma extrema, se convierte en satanismo, y que consiste en elegir siempre las cosas más sagradas para profanarlas? Precisamente porque el Evangelio de San Juan es el de los cuatro que más insiste en la divinidad de Cristo, las sectas ocultistas anticristianas han hecho de él, por costumbre, la base de sus ritos.

4. TRES SIGLOS DE OCULTISMO

Los capítulos anteriores han demostrado que, desde los tiempos más remotos, las sectas ocultas han existido con dos fines: esotérico y político.

Mientras que los maniqueos, los primeros ismailíes, los bogomilos y los luciferinos se ocupaban principalmente de doctrinas religiosas o esotéricas, los últimos ismailíes, los fatimíes, los kármatas y los templarios combinaban el secretismo y los ritos ocultos con un objetivo político de dominación. Esta doble tradición se puede encontrar en todo el movimiento de las sociedades secretas hasta nuestros días.

Las doctrinas dualistas atribuidas a los templarios no se limitaban, sin embargo, a esta Orden en Europa, sino que, como hemos visto, eran también las profesadas por los bogomilos y también por los cátaros, que se extendieron hasta el oeste de Francia desde Bulgaria y Bosnia. Fue por su estancia en Bulgaria por lo que los cátaros recibieron el apodo popular de "búlgaros" o "bougres", refiriéndose a los que se entregaban al vicio antinatural.

Algunos de los cátaros del sur de Francia se hicieron conocidos después de 1180 como los albigenses, llamados así por la ciudad de Albi, aunque su sede estaba en realidad en Toulouse. Cristianos sólo de nombre, se adhirieron en secreto a las doctrinas gnósticas y maniqueas de los primeros cátaros, que parecen haber combinado con el juanismo, ya que, al igual que esa secta oriental, afirmaban poseer su propio Evangelio de San Juan.[217]

---

[217] "Sus reuniones se celebraban en los lugares más convenientes, a menudo en las montañas o en los valles; los únicos elementos esenciales eran una mesa, un mantel blanco y un ejemplar del Evangelio de San Juan, es decir, su propia versión del Evangelio". Cf. Gabriele Rossetti, *El espíritu antipapal*, I. 230, donde se dice que "los libros sagrados, y en particular el de San Juan, han sido desviados por esta secta hacia significados extraños y pervertidos".

Aunque no se trataba propiamente de una sociedad secreta, los albigenses se dividían, según el sistema de las sociedades secretas, en iniciados y semi-iniciados. Los primeros, poco numerosos y conocidos como los *Perfectos*, llevaban al parecer una vida austera, absteniéndose de comer carne y profesando su aborrecimiento por los juramentos y las mentiras. El misterio en que se envolvían les granjeó la veneración de los *Credentes, que* formaban la gran mayoría de la secta y se entregaban a toda clase de vicios, usura, bandolerismo y perjurio, al tiempo que calificaban el matrimonio de prostitución y toleraban el incesto y toda forma de licencia.[218] Los Credentes de, que probablemente no estaban plenamente iniciados en las doctrinas dualistas de sus superiores, esperaban de ellos la salvación mediante la imposición de manos, según el sistema maniqueo.

Fue entre los nobles del Languedoc donde los albigenses encontraron su principal apoyo. Esta "Judea de Francia", como llegó a ser conocida, estaba poblada por una mezcla de razas ibérica, gala, romana y semita.[219] Los nobles, muy diferentes de la "caballería ignorante y piadosa del Norte", habían perdido todo respeto por sus tradiciones. "Son pocos los que, remontándose en el tiempo, no han encontrado en su genealogía alguna abuela sarracena o judía".[220] Además, muchos habían traído a Europa la moral relajada que habían adquirido durante las Cruzadas. El conde de Comminges practicaba la poligamia y, según las crónicas eclesiásticas, Raimundo VI, conde de Toulouse, uno de los más fervientes *creyentes* albigenses, tenía su propio harén.[221] El movimiento albigense se ha presentado falsamente como una simple protesta contra la tiranía de la Iglesia de Roma; en realidad, fue un levantamiento contra las doctrinas fundamentales del cristianismo, y más aún, contra todos los principios de la religión y la moral. En efecto, mientras algunos

---

[218] Michelet, *Histoire de France*, III. 18, 19 (edición de 1879).

[219] Michelet, op. cit. p. 10: "El elemento semítico, judío y árabe, era fuerte en Languedoc". Cf. A. E. Waite, *The Secret Tradition in Freemasonry*, I. 118: "El sur de Francia fue un centro del que surgió gran parte del ocultismo básico de la judería, así como sus sueños teosóficos."

[220] Michelet, op. cit. p. 12.

[221] Ibid. p. 15.

miembros de la secta declaraban abiertamente que la ley judía era preferible a la de los cristianos,[222] para otros el Dios del Antiguo Testamento era tan odioso como el "falso Cristo" que había padecido en el Gólgota; el antiguo odio de los gnósticos y maniqueos hacia el demiurgo revivía en estos rebeldes contra el orden social.

Precursores de los Libertinos del siglo XVII y de los Illuminati del XVIII, los nobles albigenses, con el pretexto de luchar contra el sacerdocio, se esforzaron por librarse de todas las trabas impuestas por la Iglesia.

Inevitablemente, los disturbios en todo el sur de Francia provocaron represalias y los albigenses fueron reprimidos con toda la crueldad de la época, dando a los historiadores la oportunidad de exaltarlos como nobles mártires, víctimas del despotismo eclesiástico. Pero también en este caso, como en el de los Templarios, el hecho de que fueran perseguidos no prueba que fueran inocentes de los crímenes de los que se les acusa.

SATANISMO

A principios del siglo XIV, otro desarrollo del dualismo, mucho más horrible que la herejía maniquea de los albigenses, comenzó a hacerse sentir. Se trataba del culto al satanismo o magia negra. El tema debe ser abordado con extrema cautela, ya que, por un lado, mucho de lo que se ha escrito sobre este tema es el resultado de la superstición medieval, que ve en cada desviación de la fe católica romana la intervención directa del Maligno, mientras que, por otro lado, la conspiración de la historia, que niega *in toto* la existencia del Poder Oculto, desacredita todas las revelaciones sobre esta cuestión, cualquiera que sea la fuente de la que emanen, como el resultado de la imaginación histérica.[223] Esto es tanto

---

[222] Graetz, *Historia de los judíos*, III. 517.

[223] *La Enciclopedia de Religión y Ética de* Hastings, por ejemplo, omite toda referencia al satanismo antes de 1880 y observa: "La prueba de la existencia de satanistas o paladistas consiste enteramente en los escritos de un grupo de hombres en París". A continuación, dedica cinco de las seis columnas y media del artículo a describir las obras de dos conocidos novelistas, Léo Taxil y Bataille. Aquí no hay ni una palabra de verdadera información.

más fácil cuanto que el tema, por su asombrosa extravagancia, se presta al ridículo.

La invocación de los poderes de las tinieblas se practicó desde los primeros días de la raza humana y, después de la era cristiana, encontró expresión, como hemos visto, en los cainitas, los euchitas y los luciferinos. No se trata de suposiciones, sino de hechos históricos. Hacia finales del siglo XII, el luciferianismo se extendió hacia el este a través de Estiria, el Tirol y Bohemia, hasta Brandeburgo; a principios del siglo XIII, había invadido Alemania occidental y, en el siglo XIV, alcanzó su apogeo en ese país, así como en Italia y Francia. Para entonces, el culto había alcanzado una nueva etapa de desarrollo, y ya no era la simple propiciación de Satanael, príncipe de este mundo, practicada por los luciferinos, sino el verdadero satanismo -el amor al mal por el mal- lo que constituía la doctrina de la secta conocida en Italia *como vecchia religione*, o "religión antigua". La brujería fue adoptada como profesión y las brujas, y no, como generalmente se supone, brotes esporádicos, se formaron en escuelas de magia para practicar su arte. Estos hechos deben tenerse en cuenta a la hora de reprochar a la Iglesia la violencia que mostró hacia la brujería: no eran individuos sino un sistema lo que se proponía destruir.

La esencia del satanismo es la profanación. En las ceremonias de evocación infernal descritas por Eliphas Levi, leemos: "Hay que profanar las ceremonias de la religión a la que se pertenece y pisotear sus símbolos más sagrados". [224] Esta práctica culminaba con la profanación del Santísimo Sacramento. La hostia consagrada se daba de comer a ratones, sapos y cerdos, o se escarnecía de formas indecibles. Una descripción repugnante de la misa negra se encuentra en *Là-bas de* Huysmans. No es necesario transcribir aquí los repugnantes detalles. Todo lo que se necesita es para demostrar que este culto existió, y si hay alguna duda al respecto, la vida de Gilles de Rais proporciona pruebas documentales de los resultados visibles de la magia negra en la Edad Media.

Gilles de Rais nació en Machecoul (Bretaña) hacia 1404.

---

[224] Précis des écrits d'Éliphas Lévi por Arthur E. Waite, *Los misterios de la magia*, p. 215.

El primer periodo de su vida fue glorioso; fue compañero y guía de Juana de Arco, llegó a mariscal de Francia y se distinguió por numerosos actos de valentía. Pero después de dilapidar su inmensa fortuna, en gran parte en ceremonias eclesiásticas llevadas a cabo con la mayor extravagancia, se vio inducido a estudiar alquimia, en parte por curiosidad y en parte como medio de recuperar su maltrecha fortuna. Al enterarse de que Alemania e Italia eran los países donde más florecía la alquimia, reclutó italianos a su servicio y poco a poco se dejó arrastrar a los confines más recónditos de la magia. Según Huysmans, Gilles de Rais había permanecido hasta entonces como un místico cristiano bajo la influencia de Juana de Arco, pero tras la muerte de ésta, quizá desesperado, se ofreció a los poderes de las tinieblas. Los evocadores de Satán procedían de todas partes, entre ellos Prelati, un italiano que no se parecía en nada al viejo brujo arrugado de la tradición, sino que era un hombre joven, atractivo y de modales encantadores. Porque fue de Italia de donde salieron los adeptos más hábiles de la alquimia, la astrología, la magia y las evocaciones infernales que se extendieron por toda Europa, y en particular por Francia.

Bajo la influencia de estos iniciadores, Gilles de Rais firmó una carta dirigida al diablo en un prado cercano a Machecoul, en la que le pedía "conocimientos, poder y riquezas" y le ofrecía a cambio todo lo que se le podía pedir excepto su vida o su alma. A pesar de este llamamiento y del pacto firmado con la sangre del escritor, no se produjo ninguna aparición satánica.

Fue entonces cuando, desesperado, Gilles de Rais recurrió a las abominaciones que han hecho famoso su nombre: invocaciones aún más espantosas, repugnantes libertinajes, vicios pervertidos en todas sus formas, crueldades sádicas, horribles sacrificios y, por último, holocaustos de niños y niñas recogidos por sus agentes en los países vecinos y ejecutados mediante las torturas más inhumanas. Durante los años 1432-40, desaparecieron literalmente cientos de niños. Muchos de los nombres de estas desafortunadas pequeñas víctimas se han conservado en los archivos de la época. Gilles de Rais tuvo un merecido final: en 1440, fue ahorcado y quemado. Hasta la fecha, ningún panegirista parece haber sido capaz de situarlo entre las filas de los nobles mártires.

Se objetará que los crímenes aquí descritos son los de un criminal demente y que no pueden atribuirse a ninguna causa ocultista; se replicará que Gilles no era un individuo aislado, sino que formaba parte de un grupo de ocultistas que no podían estar todos locos. Además, sólo después de invocar al Maligno desarrolló esas tendencias monstruosas. Del mismo modo, su réplica del siglo XVIII, el Marqués de Sade, combinaba sus abominaciones con un odio apasionado a la religión cristiana.

¿Cómo se explica la popularidad de la magia en Europa Occidental?

Deschamps menciona la Cábala, "esa ciencia de las artes demoníacas de la que los judíos fueron los iniciadores", y es cierto que en cualquier estudio global de la cuestión no puede ignorarse la influencia de los cabalistas judíos. En España, Portugal, Provenza e Italia, los judíos se habían convertido en una potencia en el siglo XV; Ya en 1450 habían penetrado en los círculos intelectuales de Florencia, y también fue en Italia donde, un siglo más tarde, se inauguró la escuela cabalística moderna con Isaac Luria (1533-72), cuyas doctrinas fueron organizadas en un sistema práctico por los jasidim de Europa oriental para escribir amuletos, conjurar demonios, hacer malabarismos místicos con números y letras, etc.[225] La Italia del siglo XV era, pues, un centro de irradiación de influencias cabalísticas, y es posible que los italianos que adoctrinaron a Gilles de Rais se inspiraran en esta fuente. En efecto, Eliphas Levi, a quien ciertamente no se puede acusar de "antisemitismo", afirma que "los judíos, los más fieles depositarios del secreto de la Cábala, fueron casi siempre los grandes maestros de la magia en la Edad Media"[226] y sugiere que Gilles de Rais extrajo sus monstruosas recetas para utilizar la sangre de niños asesinados "de algunos de esos viejos *grimorios* hebreos (libros de magia) que, de haberse conocido, habrían bastado para entregar a los judíos a la execración del mundo entero".[227] Voltaire, en su *Henriade*,

---

[225] *Enciclopedia Judía,* artículo sobre la Cábala.

[226] *Dogma and Ritual of High Magic*, II. 220 (1861). Es curioso observar que Sir James Frazer, en su vasto compendio sobre magia, *The Golden Bough*, nunca se refiere a ninguno de los adeptos superiores -judíos, rosacruces, satanistas, etc.. - ni a la Cábala como fuente de inspiración. Todo el tema se trata como si el culto a la magia fuera el resultado espontáneo de una mentalidad primitiva o campesina.

[227] *Historia de la magia*, p. 289.

también atribuyó a inspiración judía las escrituras mágicas sobre la sangre practicadas en el siglo XVI:

A la sombra de la noche, bajo un dosel oscuro,
el silencio dirige su impura asamblea.
A la pálida luz de una antorcha mágica
Se eleva un vil altar erigido sobre una tumba.
Allí fueron colocadas las imágenes de los dos reyes,
Objetos de su terror, objetos de sus ultrajes.
Sus manos sacrílegas mezclaron en el altar
Con nombres infernales el nombre del Señor.
En estas oscuras paredes hay lanzas,
Sus puntas se hunden en vasos de sangre;
Aparatos amenazadores de su horrible misterio.
El sacerdote de este templo es uno de esos hebreos
Que, parias en la tierra y ciudadanos del mundo,
llevan su profunda miseria de mar a mar,
Y, con un antiguo montón de supersticiones,
han llenado desde hace mucho tiempo todas las naciones, etc.

Voltaire añade en una nota: "Generalmente eran los judíos los que se utilizaban para las operaciones mágicas. Esta antigua superstición tiene su origen en los secretos de la Cábala, de la que los judíos pretendían ser los únicos depositarios. Catalina de Médicis, el Maréchal d'Ancre y muchos otros utilizaron a judíos para estos hechizos".

Esta acusación de magia negra se ha repetido a lo largo de la historia europea desde los tiempos más remotos. Se acusaba a los judíos de envenenar pozos, practicar asesinatos rituales, utilizar bienes eclesiásticos robados para profanaciones, etcétera. No cabe duda de que hay mucho de exageración en todo esto, inspirada por los prejuicios populares y las supersticiones medievales. Sin embargo, aun condenando la persecución de que fueron objeto los judíos por este motivo, hay que admitir que se expusieron a la sospecha por su dependencia real de las artes mágicas. Si la superstición ignorante está del lado de los perseguidores, la superstición aún más asombrosa está del lado de los perseguidos.

La demonología en Europa fue, de hecho, una ciencia esencialmente judía, pues aunque la creencia en los espíritus malignos había existido desde los tiempos más remotos y siempre había continuado existiendo entre las razas primitivas, así como entre las clases ignorantes de los países civilizados, fue principalmente a través de los judíos que estas oscuras supersticiones fueron importadas a Occidente, donde persistieron no sólo entre los estratos más bajos de la población judía, sino que formaron una parte esencial de la tradición judía. Así dice el Talmud:

Si el ojo pudiera percibir los demonios que pueblan el universo, la existencia sería imposible. Los demonios son más numerosos que nosotros: nos rodean por todas partes como trincheras cavadas alrededor de lianas. Cada uno de nosotros tiene mil en la mano izquierda y diez mil en la derecha. La incomodidad que sienten los que asisten a conferencias rabínicas... proviene del hecho de que los demonios se mezclan con los hombres en estas circunstancias. Del mismo modo, el cansancio que se siente en las rodillas al caminar proviene de los demonios con los que tropezamos a cada paso. Si la ropa de los rabinos se desgasta tan rápidamente, es también porque los demonios se rozan con ella. Si quieres convencerte de su presencia, basta con que rodees tu cama de ceniza tamizada y a la mañana siguiente verás las huellas de los gallos.[228]

En el mismo tratado se dan instrucciones para ver a los demonios quemando trozos de un gato negro y colocando las cenizas en el ojo:

"Por eso es aconsejable verter un poco de agua en una jarra antes de beber, para evitar a los demonios. El Talmud también explica que a los demonios les gusta especialmente verter agua sobre las casas y que les gusta beber de las jarras de agua. Por lo tanto, es aconsejable verter un poco de agua de una jarra antes de beber, para librarse de la parte impura".[229]

Estas ideas recibieron un nuevo impulso con la publicación del Zohar,

---

[228] Talmud, tratado Berakhoth, folio 6. El Talmud también da indicaciones sobre cómo protegerse de los poderes ocultos y las enfermedades. En el Tratado de Pesaj se dice que quien se desnuda ante una vela puede sufrir epilepsia. En el mismo tratado se dice también que "un hombre no debe salir solo la noche después del cuarto día ni la noche después del sábado, porque un espíritu maligno llamado Agrath, hija de Ma'hlath, y otros ciento ochenta mil espíritus malignos salen al mundo y tienen derecho a hacer daño a cualquiera que se encuentren".

[229] Talmud, tratado Hullin, folios 143, 144.

que, según un autor judío, "ejerció una influencia casi ininterrumpida en las mentes de la mayoría de los judíos a partir del siglo XIV". Las leyendas talmúdicas relativas a la existencia y la actividad de los *shedhim* (demonios) se repitieron y ampliaron, y se estableció una jerarquía de demonios, correspondiente a la jerarquía celestial...

El *Nishmat Hayim* de Manasseh [ben Israel] está lleno de información sobre la creencia en los demonios... Incluso los rabinos y eruditos del siglo XVII se aferraban a esta creencia.[230]

Así pues, no estamos hablando de campesinos ignorantes con visiones fantásticas fruto de su propia imaginación atemorizada, sino de rabinos, líderes reconocidos de una raza que reivindicaba tradiciones civilizadas y un alto nivel de inteligencia, que inculcaban deliberadamente a sus seguidores un miedo perpetuo a las influencias demoníacas. ¿Hasta qué punto se transmitió este miedo a la población pagana? En cualquier caso, es una curiosa coincidencia observar las similitudes entre las llamadas supersticiones populares y los escritos de los rabinos. Por ejemplo, las viles confesiones hechas por campesinas escocesas y francesas acusadas de brujería sobre las visitas nocturnas que les hacían demonios masculinos [231] encuentran una contrapartida exacta en pasajes de la Cábala, donde se dice que "los demonios son tanto masculinos como femeninos, y que también intentan aparearse con los seres humanos, una concepción de que está en el origen de la creencia en *íncubos* y *súcubos*".[232] Así, a partir de una autoridad judía, nos enteramos del origen judaico de este extraño engaño.

Las fórmulas mágicas para curar enfermedades que se utilizaban en la

---

[230] Hastings' *Encyclopædia of Religion and Ethics*, artículo sobre la magia judía por M. Caster.

[231] Margaret Alice Murray, *The Witch Cult in Western Europe*, y Jules Garinet, *Histoire de la Magie en France*, p. 163 (1818).

[232] Hastings' *Encyclopædia*, artículo sobre la magia judía por M. Gaster. Véase el Zohar, tratado Bereschith, folio 54 *b*, donde se dice que todos los hombres son visitados en sueños por demonios femeninos. "Estos demonios nunca aparecen bajo otra forma que la de seres humanos, pero no tienen pelo en la cabeza...". Del mismo modo que para los hombres, los demonios masculinos se aparecen en sueños a las mujeres con las que tienen relaciones sexuales."

misma época se remontan claramente a la misma fuente. Desde los tiempos más remotos, los judíos se han especializado en medicina, y muchos miembros de la realeza estaban dispuestos a emplear médicos judíos,[233] algunos de los cuales pudieron adquirir un alto nivel de conocimientos médicos. El escritor judío Margoliouth se detiene en este hecho con cierta complacencia, y a continuación contrasta los métodos científicos de los médicos hebreos con los charlatanes de los monjes:

A pesar de las noticias difundidas por los monjes de que los judíos eran hechiceros (debido a sus superiores conocimientos médicos), los pacientes cristianos frecuentaban las casas de los médicos judíos con preferencia a los monasterios, donde se afirmaba que se habían efectuado curaciones gracias a ciertas reliquias extraordinarias, como los clavos de San Agustín, la punta del segundo dedo del pie de San Pedro, etc. No hace falta añadir que las curaciones realizadas por los médicos judíos eran más numerosas que las realizadas por los monjes impostores.[234]

De hecho, los remedios grotescos que Margoliouth atribuye a la superstición cristiana parecen haber derivado en parte de fuentes judías. El autor de otro artículo sobre la magia en la *Encyclopædia* de Hastings añade que las fórmulas mágicas transmitidas en latín en los escritos médicos antiguos y utilizadas por los monjes eran principalmente de origen oriental, derivadas de la magia babilónica, egipcia y judía, y que los monjes, por tanto, "sólo desempeñaban un papel intermediario".[235] En efecto, si acudimos al Talmud, encontraremos remedios preconizados no menos absurdos que los ridiculizados por Margoliut.

Por ejemplo:

Los huevos de un saltamontes como remedio para el dolor de muelas, el diente de un zorro como remedio para el sueño, es decir, el diente de

---

[233] Reverendo Moses Margoliouth, *The History of the Jews in Great Britain*, I. 82. El mismo autor nos cuenta más tarde (p. 304) que el médico hebreo de la reina Isabel, Rodrigo López, fue acusado de intentar envenenarla y murió víctima de la persecución.

[234] Reverendo Moses Margoliouth, *The History of the Jews in Great Britain*, I. 83.

[235] Hastings' *Encyclopædia*, artículo sobre la magia teutónica de F. Hälsig.

un zorro vivo para evitar el sueño y el de un zorro muerto para inducirlo, el clavo de la horca donde fue ahorcado un hombre, como remedio para la hinchazón.[236]

Un autor fuertemente "pro-semita" cita una serie de escritos médicos judíos del siglo XVIII, reeditados hasta finales de el XIX, que muestran la persistencia de estas fórmulas mágicas entre los judíos. La mayoría de estos escritos son demasiado repugnantes para transcribirlos, pero he aquí algunos de los más inofensivos: "Para la epilepsia, matar un gallo y dejar que se putrefique". "Para protegerte de todos los males, cíñete con la cuerda con la que se ahorcó a un criminal". Los distintos tipos de sangre también desempeñan un papel importante: "La sangre de zorro y la de lobo son buenas para los cálculos de la vejiga, la de carnero para los cólicos, la de comadreja para la escrófula, etc... - para aplicar externamente.[237]

Pero volvamos al satanismo. Sean cuales fueren los inspiradores secretos de las prácticas mágicas y diabólicas de los siglos XIV al XVIII, las pruebas de la existencia del satanismo durante este largo período son abrumadoras y se basan en los hechos reales de la historia. Detalles tan extravagantes y escandalosos como los contenidos en las obras de Éliphas Lévi[238] o *Là-bas* de Huysmans son ofrecidos en forma documental por Margaret Alice Murray en su libro singularmente desapasionado centrado en las brujas de Escocia.[239]

El culto al mal es una realidad, no importa cómo intentemos explicarlo. Éliphas Lévi, aunque niega la existencia de Satán "como personalidad y poder superior", admite esta verdad fundamental: "El mal

---

[236] Talmud, tracto Sabbath.

[237] Hermann L. Strack, *The Jews and Human Sacrifice*, traducción inglesa, pp. 140, 141 (1900).

[238] Véanse las páginas 215 y 216 de *Los misterios de la magia*, de A.E. Waite.

[239] Véase también A.S. Turberville, *Mediæval Heresy and the Inquisition*, pp. 111-12 (1920), que termina con estas palabras: "Los voluminosos registros del santo tribunal, los eruditos tratados de sus miembros, son los grandes depositarios de los hechos verdaderos e indiscutibles relativos a las abominables herejías de la brujería y la magia.

existe; es imposible dudarlo. Podemos hacer el bien o el mal. Hay seres que hacen el mal a sabiendas y voluntariamente". [240] También hay personas que aman el mal. Lévi describió admirablemente el espíritu que anima a estos seres en su definición de la magia negra:

En realidad, la magia negra no es más que una combinación de sacrilegios y asesinatos graduados con vistas a la perversión permanente de la voluntad humana y a la realización en un hombre vivo del monstruoso fantasma del diablo. En sentido estricto, pues, es la religión del diablo, el culto a las tinieblas, el odio al bien exagerado hasta el paroxismo; es la encarnación de la muerte y la creación permanente del infierno.[241]

La Edad Media, que representaba al diablo huyendo del agua bendita, quizá no fuera tan miserable como nuestra superior cultura moderna nos ha hecho suponer. Pues ese "odio al bien exagerado hasta el paroxismo", ese impulso a profanar y mancillar que está en la raíz de la magia negra y que se manifestó en las fases sucesivas de la revolución mundial, nace del miedo. Así, por su propio odio, los poderes de las tinieblas proclaman la existencia de los poderes de la luz y su propia impotencia. En el grito del endemoniado: "¿Qué tenemos que ver contigo, Jesús de Nazaret? ¿Has venido a destruirnos? Yo sé quién eres, el Santo de Dios", ¿no oímos el homenaje involuntario del vencido al vencedor en el poderoso conflicto entre el bien y el mal?

LOS ROSACRUCES

Al abordar la cuestión de la Magia, es necesario comprender que si bien para el mundo en general la palabra es sinónimo de nigromancia, no tiene este significado en el lenguaje del ocultismo, en particular del ocultismo de los siglos XVI y XVII. En esa época, la magia era un término utilizado para cubrir muchas ramas de la investigación que Robert Fludd, el rosacruz inglés, clasificó bajo diferentes epígrafes, los tres primeros de los cuales son los siguientes: (1) "Magia *natural*,... ese departamento tan oculto y secreto de la física por el que se extraen las

---

[240] *Historia de la magia*, p. 15.

[241] *Los misterios de la magia*, p. 221.

propiedades místicas de las sustancias naturales"; (2) *magia matemática*, que permite a los adeptos a este arte "construir máquinas maravillosas por medio de sus conocimientos geométricos"; mientras que (3) la *magia venenosa* "está familiarizada con las pociones, los philtres y con las diversas preparaciones de venenos".[242]

Evidentemente, todas estas prácticas han pasado al ámbito de la ciencia y ya no se consideran artes mágicas, pero las demás categorías enumeradas por Fludd y agrupadas bajo el epígrafe general de *magia nigromántica* conservan el significado popular del término. Estas categorías se describen a continuación: (i) *Goética*, que consiste en "el comercio diabólico con espíritus impuros, ritos de curiosidad criminal, cantos e invocaciones ilícitas y la evocación de las almas de los muertos"; (2) *Maléfica*, que es la conjuración de demonios en virtud de nombres divinos; y (3) *Teúrgico*, que pretende "estar gobernado por ángeles buenos y por la voluntad divina, pero cuyos prodigios son realizados la mayoría de las veces por espíritus malignos, que toman los nombres de Dios y de los ángeles." (4) "La última especie de magia es la *Taumaturgia*, que engendra fenómenos ilusorios; fue por este arte que los Magos produjeron sus fantasmas y otras maravillas." Podríamos añadir a esta lista la *magia celeste*, o conocimiento de la influencia de los cuerpos celestes, en la que se basa la astrología.

Las formas de magia analizadas en la parte anterior de este capítulo pertenecen, por tanto, a la segunda mitad de estas categorías, es decir, a la magia nigromántica. Al mismo tiempo, sin embargo, fue tomando forma otro movimiento que se interesaba por la primera categoría enumerada anteriormente, es decir, las propiedades secretas de las sustancias naturales.

Un hombre cuyos métodos parecen haberse acercado más al concepto moderno de investigación científica es Theophrastus Bombastus von Hohenheim, comúnmente conocido como Paracelso, hijo de un médico alemán, nacido hacia 1493, quien, durante sus viajes por Oriente, habría adquirido conocimientos de una doctrina secreta que luego transformó en un sistema para curar enfermedades.

---

[242] A. E. Waite, *The Real History of the Rosicrucians*, p. 293.

Aunque sus ideas procedían sin duda de algunas de las mismas fuentes que las de la Cábala judía, Paracelso no parece haber sido un cabalista, sino un científico de primer orden, y, como pensador aislado, aparentemente vinculado a ninguna asociación secreta, tampoco entra en el ámbito de este libro.

Por lo tanto, Paracelso no debe identificarse con la escuela de los llamados "cabalistas cristianos" que, a partir de Raimundo Lulli, el "doctor illuminatus" del siglo XIII, se inspiraron en la Cábala judía. Esto no quiere decir que la influencia bajo la que cayeron fuera totalmente perniciosa, pues al igual que algunos judíos parecen haber adquirido verdaderas habilidades médicas, también parecen haber poseído verdaderos conocimientos de ciencias naturales, quizá heredados de antiguas tradiciones orientales o derivados de los escritos de Hipócrates, Galeno y otros grandes médicos griegos, y aún desconocidos en Europa. Por ejemplo, Eliphas Levi cuenta que el rabino Jechiel, un cabalista judío protegido por San Luis, poseía el secreto de las lámparas siempre encendidas,[243] reivindicado más tarde por los rosacruces, lo que sugiere la posibilidad de que los judíos conocieran una especie de gas luminoso o luz eléctrica. En alquimia, eran los líderes reconocidos; el alquimista más famoso del siglo XIV, Nicolas Flamel, descubrió el secreto de este arte en el libro de "Abraham el Judío, Príncipe, Sacerdote, Levita, Astrólogo y Filósofo", y este libro llegó más tarde a manos del Cardenal Richelieu.[244]

También fue de un judío florentino, Alemanus o Datylus, de quien Pico della Mirandola, el místico del siglo XV, recibió instrucciones sobre la Cábala [245] e imaginó que allí había descubierto las doctrinas del cristianismo. Esto hizo las delicias del Papa Sixto IV, que ordenó que los escritos cabalísticos se tradujeran al latín para uso de los estudiantes de teología. Por la misma época, la Cábala fue introducida en Alemania por Reuchlin, que había aprendido hebreo con el rabino Jacob b. Jechiel

---

[243] *Historia de la magia*, p. 266.

[244] John Yarker, *Las escuelas arcanas*, p. 205.

[245] Drach (*De l'Harmonie entre l'Église et la Synagogue*, II. p. 30) dice que Pico della Mirandola pagó a un judío 7.000 ducados por los manuscritos cabalísticos de los que extrajo su tesis.

Loans, médico de la corte. Jechiel Loans, médico de la corte de Federico III, y que publicó en 1494 un tratado cabalístico *titulado De Verbo Mirifico*, en el que demostraba que toda la sabiduría y la verdadera filosofía procedían de los hebreos. Sin embargo, la difusión de la literatura rabínica parece haber causado gran preocupación, y en 1509 un judío convertido al cristianismo llamado Pfefferkorn persuadió al emperador Maximiliano I para que quemara todos los libros judíos excepto el Antiguo Testamento. Reuchlin, que fue consultado al respecto, sólo aconsejó la destrucción de Toledot Yeshu y Sepher Nizzachon del rabino Lipmann, porque estas obras "estaban llenas de blasfemias contra Cristo y la religión cristiana", pero abogó por la conservación de los demás libros. En esta defensa de la literatura judía, contó con el apoyo del duque de Baviera, que lo nombró profesor en Ingoldstadt, pero fue duramente condenado por los dominicos de Colonia. En respuesta a sus ataques, Reuchlin lanzó su defensa *De Arte Cabalistica*, glorificando la Cábala, cuya "doctrina central era para él la mesianología en torno a la cual se agrupaban todas las demás doctrinas". [246] Todo su sistema filosófico, como él mismo admitió, era de hecho enteramente cabalístico, y sus puntos de vista eran compartidos por su contemporáneo Cornelius Agrippa de Nettesheim. A raíz de estas enseñanzas, se extendió la afición por el cabalismo entre los prelados, estadistas y guerreros cristianos, y varios pensadores cristianos adoptaron las doctrinas de la Cábala e "intentaron elaborarlas a su manera". Athanasius Kircher y Knorr, barón de Rosenroth, autor de la *Cábala Denudata*, durante el siglo XVII, "se esforzaron por difundir la Cábala entre los cristianos traduciendo obras cabalísticas que consideraban la sabiduría más antigua". La mayoría de ellos", prosigue burlonamente la *enciclopedia judía*, "albergaban la absurda idea de que la Cábala contenía pruebas de la verdad del cristianismo... Muchas cosas que parecen cristianas [en la Cábala] no son en realidad más que el desarrollo lógico de ciertas doctrinas esotéricas antiguas". [247]

Los Rosacruces parecen ser la culminación tanto de este movimiento cabalístico como de las enseñanzas de Paracelso. El primer indicio de su

---

[246] *Enciclopedia judía*, artículos sobre la Cábala y Reuchlin.

[247] Ibid. artículo sobre la Cábala.

existencia aparece en una serie de panfletos que publicó a principios del siglo XVII. El primero de ellos, titulado *Fama Fraternitatis; o A Discovery of the Fraternity of the Most Laudable Order of the Rosicrucian, se* publicó en Cassel en 1614 y la *Confessio Fraternitatis* a principios del año siguiente. Estas obras contienen lo que puede llamarse la "Gran Leyenda" del Rosacrucismo, que se ha repetido con ligeras variaciones hasta nuestros días. Brevemente, esta historia es la siguiente[248]:

"El piadosísimo e ilustrado Padre, nuestro hermano C. R., es decir, Christian Rosenkreutz, "alemán, jefe y original de nuestra Fraternidad", nació en 1378 y, dieciséis años más tarde, viajó a Oriente con un hermano P.A.L., que había decidido ir a Tierra Santa. Al llegar a Chipre, el hermano P.A.L. murió y "nunca llegó a Jerusalén". El hermano C. R., sin embargo, habiendo conocido a ciertos sabios de "Damasco en Arabia" y habiendo visto los grandes prodigios que realizaban, fue solo a Damasco. Allí le recibieron los sabios y comenzó a estudiar física y matemáticas y a traducir el Libro M al latín. Tres años más tarde, fue a Egipto, de donde partió hacia Fez, donde "conoció a los llamados habitantes elementales, que le revelaron muchos de sus secretos...". De los de Fez, admitió a menudo que su Magia no era del todo pura y que su Cábala estaba contaminada por su religión, pero que sin embargo sabía hacer buen uso de ella". Al cabo de dos años, el Hermano C. R. dejó la ciudad de Fez y se embarcó con muchas cosas costosas para España, donde conversó con hombres cultos y, estando "dispuesto a compartir generosamente todas sus artes y secretos", les mostró entre otras cosas cómo "podría haber una sociedad en Europa que tuviera suficiente oro, plata y piedras preciosas para que ellos las distribuyeran a los reyes para sus usos necesarios y fines legítimos...".

Christian Rosenkreutz regresó entonces a Alemania, donde "hoy en día no faltan eruditos, magos, cabalistas, médicos y filósofos". Allí "se

[248] El siguiente resumen está tomado de la reciente reimpresión de la *Fama* y la *Confessio publicada por la* "Societas Rosicruciana in Anglia" e impresa por W. J. Parrett (Margate, 1923). La historia, que, debido a la extraordinaria confusión del texto, es difícil de contar como una narración coherente, se da en la *Fama;* las fechas se dan en la *Confessio.*

construyó una vivienda adecuada y bien cuidada en la que meditó sobre su viaje y su filosofía y los redujo a un verdadero memorial". Tras cinco años de meditación, "la idea de la deseada Reforma volvió a su mente: así que eligió a unas cuantas personas para que se unieran a él", los hermanos G. V., I.A. e I. O. - el último de los cuales "era un gran experto y bien versado en la Cábala, como atestigua su libro H" - para formar un círculo de iniciados. "Así nació la Hermandad de la Rosacruz.

Se añadieron entonces otros cinco hermanos, todos alemanes excepto I.A., y estos ocho formaron su nuevo edificio llamado Sancti Spiritus.

Se llegó entonces al siguiente acuerdo: Primero, que ninguno de ellos hiciera otra profesión que la de curar enfermos, y eso gratuitamente.

En segundo lugar, no se debe obligar a ninguno de los descendientes a llevar un determinado tipo de vestimenta, sino a seguir la costumbre del país.

En tercer lugar, cada año en C. se reunirán en la casa de Sancti Spiritus, o anotarán la causa de su ausencia.

En cuarto lugar, cada Hermano debe buscar una persona digna que, tras su muerte, pueda sucederle.

En quinto lugar, la palabra C. R. debe ser su sello, su marca y su carácter.

En sexto lugar, la Hermandad debe permanecer secreta durante cien años.

Finalmente, el hermano C. R. murió, pero el lugar, la fecha y el país donde fue enterrado han permanecido en secreto. La fecha, sin embargo, se da generalmente como 1484. En 1604, los frailes que entonces formaban el círculo íntimo de la Orden descubrieron una puerta en la que estaba inscrito en grandes letras Post 120 Annos Patebo.

Cuando se abrió la puerta, se descubrió una bóveda donde, bajo un estante de latón, se encontró el cuerpo de Christian Rosenkreutz, "entero y sin consumir", con todos sus "ornamentos y vestiduras", y sosteniendo en la mano el pergamino "I" que, "junto a la Biblia, es nuestro mayor tesoro", mientras que a su lado yacían varios libros, entre ellos el *Vocabulario* de Paracelso, que, sin embargo, observa *la Fama*, "no era de nuestra Fraternidad".[249]

Los Hermanos sabían ahora que al cabo de cierto tiempo se produciría "una reforma general de las cosas divinas y humanas". Al tiempo que declaraban creer en la fe cristiana, los *Fama* explicaban que "nuestra filosofía no es una invención nueva, sino la que Adán recibió tras su caída y la que utilizaron Moisés y Salomón,... en la que Platón, Aristóteles, Pitágoras y otros dieron en el blanco y en la que sobresalieron Enoc, Abraham, Moisés y Salomón, pero sobre todo con la que concuerda este maravilloso libro que es la Biblia".

Veremos que, según este Manifiesto, el Rosacrucismo era una combinación de la antigua tradición secreta transmitida por los patriarcas a través de los filósofos griegos y la primera Cábala judía.

La "Gran Leyenda" del Rosacrucismo, sin embargo, no se basa en ninguna evidencia histórica; de hecho, no existe la más mínima razón para suponer que una persona como Christian Rosenkreutz haya existido alguna vez. En el siglo XVIII, el Illuminatus von Knigge afirmaba que: Ahora es reconocido por los hombres ilustrados que no hubo verdaderos Rosacruces, sino que todo lo contenido en la *Fama* y la *Reforma Universal del Mundo* [otro panfleto rosacruz publicado en el mismo año] no era más que una sutil alegoría de Valentine Andrea, que los engañadores (como los jesuitas) y los visionarios utilizaron más tarde para realizar este sueño.[250]

¿Cuál es el origen del nombre Rosacruz? Según la tradición rosacruz, la palabra "Rosa" no deriva de la flor representada en la cruz rosacruz, sino de la palabra latina *ros*, que significa "rocío", que se suponía era el disolvente más poderoso para el oro, mientras que *crux*, la cruz, era el jeroglífico químico para "luz".[251] Se dice que los rosacruces interpretaron

---

[249] Paracelso no nació hasta 1493, es decir, nueve años después de la supuesta muerte de Christian Rosenkreutz.

[250] *Nachtrag von weitern Originalschriften des Illuminatenordens* Part II p. 148 (Munich, 1787).

[251] Mackey, *Lexique de la franc-maçonnerie*, p. 265.

las iniciales de la cruz INRI como "Igne Nitrum Roris Invenitur".[252]

Suponiendo que esta derivación sea correcta, sería interesante saber si se puede establecer un vínculo entre la primera aparición de la palabra Cruz Rosada en la *Fama Fraternitatis en la* fecha de 1614 y el tratado cabalístico del famoso rabino de Praga, Shabbethai Sheftel Horowitz, titulado *Shefa Tal*, es decir "La efusión del rocío", que se publicó en 1612.[253] Aunque este libro se ha reimpreso muchas veces, no hay ningún ejemplar en el Museo Británico, por lo que no puedo seguir investigando este asunto. Una explicación más sencilla podría ser que el rosacrucismo deriva de la Cruz Roja de los templarios. Mirabeau, que, como masón e Illuminati, pudo descubrir muchos hechos sobre las sociedades secretas de Alemania durante su estancia en ese país, afirma inequívocamente que "los rosacruces masónicos del siglo XVII no eran más que la antigua Orden de los Caballeros Templarios perpetuada en secreto"...[254]

Lecouteulx de Canteleu es más explícito:

En Francia, los caballeros (templarios) que abandonaron la Orden, ahora escondidos y prácticamente desconocidos, formaron la Orden de la Estrella Flamígera y la Orden Rosacruz, que se extendió a Bohemia y Silesia en el siglo XV.

Cada Gran Oficial de estas Órdenes debía llevar la Cruz Roja toda su vida y repetir todos los días la oración de San Bernardo.[255]

Eckert afirma que el ritual, los símbolos y los nombres del rosacrucismo fueron tomados prestados de los Caballeros Templarios, y que la Orden se dividía en siete grados, según los siete días de la creación, lo que significaba al mismo tiempo que su "objetivo principal era el de lo misterioso, el de la investigación del Ser y de las fuerzas de la naturaleza".[256]

---

[252] Ibid. p. 150.

[253] *Encyclopédie juive*, artículo sobre Shabbethai Horowitz.

[254] Mirabeau, *Histoire de la Monarchie Prussienne*, V. 76.

[255] Lecouteulx de Canteleu, *Les Sectes et Sociétés Secrètes*, p. 97.

[256] Eckert, *La masonería en su verdadero sentido*, II. *48*.

El rosacruz Kenneth Mackenzie, en su *Masonic Cyclopædia*, parece sugerir la misma posibilidad de origen templario. Bajo el título de Rosacruces, se refiere enigmáticamente a una hermandad invisible que ha existido desde la antigüedad, hasta la época de las Cruzadas, "ligada por solemnes obligaciones de impenetrable secreto", y uniéndose para trabajar por la humanidad y para "glorificar el bien". En diferentes periodos de la historia, este cuerpo ha emergido en una especie de luz temporal; pero su verdadero nombre nunca ha sido revelado y sólo es conocido por los seguidores y líderes más íntimos de la sociedad. "Los Rosacruces del siglo XVI acabaron por desaparecer y volvieron a unirse a la hermandad invisible de la que presumiblemente habían surgido. Los incrédulos pueden preguntarse si tal organización existió realmente o si el relato anterior no es más que un intento de mistificación destinado a despertar la curiosidad. El autor señala aquí que sería indiscreto decir más, pero en otra parte da una pista que puede tener alguna relación con la cuestión, ya que en su artículo sobre los Caballeros Templarios dice que tras la supresión de la Orden ésta revivió en una forma más secreta y que sobrevive hasta nuestros días. Esto correspondería exactamente a la afirmación de Mirabeau de que los Rosacruces no eran más que la Orden de los Templarios perpetuada en secreto. Por otra parte, como veremos más adelante, según una leyenda conservada por la Real Orden de Escocia, el grado de Rosacruz fue instituido por dicha Orden conjuntamente con los Caballeros Templarios en 1314, y sería ciertamente una notable coincidencia que un hombre que llevaba el nombre de Rosenkreutz hubiera inaugurado en el mismo siglo una sociedad fundada, como los Caballeros Templarios, sobre doctrinas orientales secretas, sin que hubiera existido ningún vínculo entre ambas.

Por lo tanto, sugiero que Christian Rosenkreutz fue una figura puramente mítica y que toda la leyenda relativa a sus viajes fue inventada para ocultar las verdaderas fuentes de las que los rosacruces derivaron su sistema, que parece haber sido un compuesto de antiguas doctrinas esotéricas, magia árabe y siria y cabalismo judío, en parte heredado de los Caballeros Templarios pero reforzado por el contacto directo con los judíos cabalistas de Alemania. Los rosacruces, decía Mirabeau, "eran una secta mística, cabalística, teológica y mágica", y el rosacrucismo se convirtió así en el siglo XVII en el título genérico con el que se designaba todo lo que era del orden del cabalismo, la teosofía, la alquimia, la astrología y el misticismo. Por eso se decía que no se les podía considerar descendientes de los templarios. El Sr. Waite, refiriéndose a "la supuesta conexión entre los Caballeros Templarios y los Hermanos de la Rosacruz", observa:

Los Caballeros Templarios no eran alquimistas, no tenían pretensiones científicas y su secreto, por lo que se puede establecer, era un secreto religioso anticristiano. Los Rosacruces, en cambio, eran ante todo una sociedad científica y una secta cristiana.[257]

El hecho de que los templarios no hayan practicado la alquimia no tiene importancia; no se afirma que los rosacruces siguieran a los templarios en todos los aspectos, sino que eran herederos de una tradición secreta transmitida por la orden anterior. Por otra parte, no es seguro que se tratara de una sociedad científica, ni siquiera de una sociedad, ya que parece que no tenían una organización como los templarios o los francmasones, sino que estaban formados por ocultistas aislados unidos por un cierto conocimiento secreto de los fenómenos naturales. Este secretismo era sin duda necesario en una época en la que la investigación científica podía considerarse brujería, pero es muy dudoso que los rosacruces llegaran realmente a nada. Se dice que eran alquimistas, pero ¿lograron alguna vez transmutar los metales? Se dice que son eruditos, pero ¿acaso los folletos publicados por la Hermandad dan la más mínima prueba de conocimientos superiores? "El Matrimonio Químico de Christian Rosenkreutz, publicado en 1616, parece ciertamente la más pura tontería -imaginaciones mágicas de la clase más pueril; y el mismo Sr. Waite observa que la publicación de *la Fama* y *Confessio Fraternitalis* no añadirá ningún nuevo brillo a la reputación de los Rosacruces:

Estamos acostumbrados a considerar a los adeptos del Rosacrucismo como seres de sublime elevación y poderes físicos preternaturales, maestros de la Naturaleza, monarcas del mundo intelectual... Pero aquí, en sus propios manifiestos reconocidos, se confiesan como un mero vástago teosófico de la herejía luterana, reconociendo la supremacía espiritual de un príncipe temporal y llamando al Papa el anticristo... Los encontramos destemplados en su lenguaje, enfurecidos en sus prejuicios religiosos, y en lugar de elevarse como gigantes por encima de la media intelectual de su tiempo, los vemos sacudidos por las mismas pasiones e

---

[257] A. E. Waite, *The Real History of the Rosicrucians*, p. 216.

identificados con todas las opiniones de los hombres que los rodeaban. La voz que nos habla tras la máscara mística de los Rosacruces no procede de un trono intelectual...

Demasiado para la "sociedad erudita" de los Rosacruces.

¿Qué hay entonces de su pretensión de ser un cuerpo cristiano? El estudiante rosacruz de la Cábala, Julius Sperber, en su *Eco de la Hermandad Divinamente Iluminada de la Admirable Orden de la R.C.* (1615), indicó el lugar asignado a Cristo por los rosacruces. En palabras de De Quincey:

Después de apoyar la probabilidad de las afirmaciones rosacruces sobre la base de que tal magnalia *Dei* había sido confiada, desde la creación, al cuidado de unos pocos individuos -de acuerdo con esto, afirma que Adán fue el primer rosacruz del Antiguo Testamento y Simeón el último-, se pregunta a continuación si el Evangelio ha puesto fin a la tradición secreta. En absoluto, responde: Cristo estableció un nuevo "colegio de magia" entre sus discípulos, y los mayores misterios fueron revelados a San Juan y San Pablo.

John Yarker, citando este pasaje, añade: "El hermano Findel señala que ésta es una afirmación de los gnósticos carpocráticos; también es, como hemos visto, una parte de la tradición joánica que se dice que fue transmitida a los templarios. Encontramos esta misma idea del Cristo "iniciado" en todas las sociedades secretas hasta nuestros días.

Estas doctrinas no dejaron de atraer la sospecha de que los rosacruces eran una organización anticristiana. El autor de un panfleto contemporáneo, publicado en 1624, declaraba que "esta hermandad es una estratagema de los judíos y hebreos cabalistas, en cuya filosofía", decía Pico della Mirandola, "todas las cosas están... como ocultas en la majestad de la verdad o como... en los Misterios más sagrados".[258]

Otra obra, *Examination of the Unknown and Novel Cabala of the*

---

[258] *"Traicté des Athéistes, Déistes, Illuminez d'Espagne et Nouveaux Prétendus Invisibles, dits de la Confrairie de la Croix-Rosaire, élevez depuis quelques années dans le Christianisme"*, que forma la segunda parte de la " *Histoire Générale de Progrès et Décadence de l'Héréie Moderne-A la suite du Premier* " de M. Florimond de Raemond, Conseiller du Roy, etc.

Brethren of the Rose-Cross, confirma la afirmación de que el jefe de este "execrable colegio es Satanás, que su primera regla es la negación de Dios, la blasfemia contra la Trinidad más simple e indivisa, el pisoteo de los misterios de la Redención, el escupitajo en la cara de la madre de Dios y de todos los santos". También se acusa a la secta de pactar con el diablo, sacrificar niños, acariciar sapos, fabricar polvos envenenados, bailar con demonios, etc.

En el mismo siglo XVII, cuando se extendió la fama de los Rosacruces, la magia negra seguía siendo, como en la época de Gilles de Rais, una horrible realidad, no sólo en Francia, sino también en Inglaterra, Escocia y Alemania, donde los hechiceros de ambos sexos eran condenados a muerte continuamente.[259] Por mucho que deploremos los métodos utilizados contra estas personas o cuestionemos el origen sobrenatural de su culto, sería inútil negar la existencia misma del culto.

Hacia finales de siglo, además, tomó una forma muy tangible en Francia en la serie de misteriosos dramas conocidos como el "Affaire des Poisons", cuyo primer acto tuvo lugar en 1666, cuando la famosa marquesa de Brinvilliers se embarcó en su asombrosa carrera como criminal en colaboración con su amante Sainte-Croix. Esta extraordinaria mujer, que durante diez años se entretuvo probando los efectos de varios venenos lentos en sus allegados, causando la muerte de su padre y hermanos, podría haber parecido una simple criminal aislada de tipo anormal, si no fuera por sus hazañas en la epidemia de envenenamiento que siguió y que, durante veinte años, mantuvo a París en estado de terror. Las investigaciones policiales condujeron finalmente al descubrimiento de toda una banda de magos y alquimistas - "una vasta rama de criminales que cubría toda Francia"- que se habían especializado en el arte de envenenar sin temor a ser descubiertos.

Circulaban rumores aterradores sobre todos estos hechiceros, alquimistas y fabricantes de polvos mágicos y philtres: "se hablaba de pactos con el diablo, sacrificios de recién nacidos, encantamientos, misas

---

[259] Véase G.M. Trevelyan, *England under the Stuarts*, pp. 32, 33, y James Howell, *Familiar Letters* (edición de 1753), pp. 49, 435. James Holwell fue secretario del Consejo Privado de Carlos I.

sacrílegas y otras prácticas tan inquietantes como tenebrosas".[260] Incluso la amante del rey, Madame de Montespan, habría recurrido a misas negras para conservar el favor real a través de la tristemente célebre bruja La Voisin, con la que más tarde se vería implicada en una acusación de intento de asesinato del rey.

Todos los detalles extraordinarios de estos acontecimientos han sido descritos recientemente en el libro de Madame Latour, que muestra la íntima conexión entre los envenenadores y los magos. En opinión de los contemporáneos, no se trataba de individuos aislados:

"Sus métodos eran demasiado seguros, su ejecución del crimen demasiado hábil y fácil para no haber pertenecido, directa o indirectamente, a toda una organización de criminales que preparaban el camino y estudiaban el método de dar al crimen la apariencia de enfermedad, para formar, en una palabra, una escuela".[261]

El autor de la obra citada establece un interesante paralelismo entre esta organización y el comercio moderno de la cocaína, y pasa a describir los tres grados en que se dividía: en primer lugar, los Jefes, hombres cultos e inteligentes, que comprendían la química, la física y casi todas las ciencias útiles, "consejeros invisibles pero supremos, sin los cuales brujos y adivinos habrían sido impotentes"; en segundo lugar, los magos visibles que empleaban procedimientos misteriosos, ritos complicados y ceremonias terroríficas; y en tercer lugar, la multitud de nobles y plebeyos que se agolpaban a las puertas de los hechiceros y se llenaban los bolsillos a cambio de pociones mágicas, philtres y, en algunos casos, venenos insidiosos. La Voisin pertenece, pues, a la segunda categoría; "a pesar de su lujo, sus beneficios, su fama", "no es más que un agente subordinado en esta vasta organización de malhechores. Depende totalmente, para sus grandes empresas, de los dirigentes intelectuales de la corporación..."[262]

¿Quiénes eran estos líderes intelectuales? La primera persona que

---

[260] Th.-Louis Latour, *Princesses, Dames el Adventurières du Règne de Louis XIV,* p. 278 (Eugène Figutère, París, 1923).

[261] Ibid. p. 297.

[262] Ibid. p. 306.

inició a Sainte-Croix, amante de Madame de Brinvilliers, en el arte del envenenamiento fue un italiano llamado Exili o Eggidi; pero se dice que el verdadero iniciado del que Eggidi y otro envenenador italiano aprendieron sus secretos fue Glaser, descrito en algunos casos como un químico alemán o suizo que seguía los principios de Paracelso y era médico del Rey y del Duque de Orleans.[263] Este hombre, cuya historia es poco conocida, pudo ser por tanto una especie de Rosacruz. Puesto que, como hemos dicho, los líderes intelectuales que inspiraron a los envenenadores eran hombres versados en química, ciencia, física y tratamiento de enfermedades, y puesto que entre ellos también había alquimistas y personas que profesaban estar en posesión de la Piedra Filosofal, su parecido con los Rosacruces es inmediatamente obvio. En efecto, si nos remontamos a las ramas de la magia enumeradas por el rosacruz Robert Fludd, encontramos no sólo la Magia Natural, "ese departamento tan oculto y secreto de la física mediante el cual se extraen las propiedades místicas de las sustancias naturales", sino también la Magia Venérea, que "está familiarizada con las pociones, los philtres y las diversas preparaciones de venenos".

Por lo tanto, el arte del envenenamiento era conocido por los Rosacruces y, aunque no hay razón para suponer que alguna vez fue practicado por los líderes de la Fraternidad, es posible que los inspiradores de los envenenadores fueran Rosacruces pervertidos, es decir, estudiantes de las partes de la Cábala relativas a la magia, tanto de la variedad nigromántica como de la venenosa, que desviaron los conocimientos científicos que la Hermandad Rosacruz utilizaba para la curación precisamente hacia fines opuestos y mortíferos. Esto explicaría por qué contemporáneos como el autor del *Examen de la Cabale inconnue et nouvelle des Frères de la Rose-Croix identificaban a* estos hermanos con magos y los creían culpables de prácticas derivadas de la misma fuente que el conocimiento rosacruz: la Cábala de los judíos. Sus admiradores modernos argumentarían, por supuesto, que se trata de dos polos distintos, siendo la diferencia entre magia blanca y magia negra. Sin embargo, Huysmans se burla de esta distinción y afirma que el uso

---

[263] *Œuvres complètes de Voltaire*, vol. XXI, p. 129 (edición de 1785). XXI, p. 129 (edición de 1785); *Biographie Michaud*, artículo sobre Glaser.

del término "magia blanca" era un truco de los Rosacruces.

Pero nadie puede hablar con certeza sobre las verdaderas doctrinas de los Rosacruces. Toda la historia de la Hermandad está rodeada de misterio.

El misterio era claramente la esencia de su sistema; su identidad, sus objetivos, sus doctrinas se habrían mantenido en profundo secreto. De hecho, se dice que ningún verdadero Rosacruz permitió jamás ser conocido como tal. Como resultado de este método de ocultación sistemática, los escépticos declararon que los Rosacruces eran charlatanes e impostores o negaron su existencia, mientras que los románticos los exaltaron como depositarios de sabiduría sobrenatural. La cuestión se oscurece aún más por el hecho de que la mayoría de los relatos sobre la Hermandad -como, por ejemplo, los de Eliphas Levi, Hargrave Jennings, Kenneth Mackenzie, el Sr. Waite, el Dr. Wynn Westcott y el Sr. Cadbury Jones- son obra de hombres que afirman o creen estar iniciados en el rosacrucismo u otros sistemas ocultos de naturaleza similar y que, como tales, están en posesión de conocimientos especiales y exclusivos. Esta afirmación puede desecharse inmediatamente como un disparate; nada más fácil que hacer un compuesto de cabalismo judío y teosofía oriental y llamarlo rosacrucismo, pero no hay pruebas de ninguna afiliación entre los autoproclamados rosacruces de hoy y los "Hermanos de la Rosacruz" del siglo XVII.[264]

A pesar de la afirmación del Sr. Wake en "La verdadera historia de los rosacruces

aún no se ha escrito, al menos en inglés. El libro que ha publicado con ese nombre no es más que un estudio superficial del tema, consistente en gran parte en reimpresiones de folletos rosacruces disponibles para cualquier estudiante. El Sr. Wigston y la Sra. Pott se limitan a repetir lo que ha dicho el Sr. Waite. Así que todo lo que se ha publicado hasta ahora es una repetición de leyendas rosacruces o teorías no basadas en sus

---

[264] Esta afirmación se ve confirmada por el artículo de *la Encyclopædia Britannica* sobre los Rosacruces, que afirma: "En ningún caso los Rosacruces modernos derivan de la Fraternidad del siglo XVII": "En ningún caso los Rosacruces modernos derivan de la Fraternidad del siglo XVII".

doctrinas. Lo que necesitamos son hechos. Queremos saber quiénes fueron los primeros rosacruces, cuándo surgió la Hermandad y cuáles eran sus verdaderos objetivos. Esta investigación debe ser llevada a cabo, no por un ocultista que haya tejido sus propias teorías sobre el tema, sino por un historiador libre de cualquier prejuicio a favor o en contra de la Orden, capaz de sopesar las pruebas y demostrar un espíritu judicial recurriendo a los documentos que se pueden encontrar en las bibliotecas del continente, especialmente en la Bibliothèque de l'Arsenal de París. Una obra así constituiría una valiosa contribución a la historia de las sociedades secretas en nuestro país.

Pero si los hermanos continentales de los Rosacruces son un oscuro grupo de "Invisibles" cuya identidad sigue siendo un misterio, los adeptos ingleses de la Orden se presentan a la luz del día como filósofos bien conocidos en su época y en su país. El hecho de que Francis Bacon fuera iniciado en el rosacrucismo es ahora reconocido por los francmasones, pero un vínculo más definido con los rosacruces del continente fue Robert Fludd, quien después de viajar durante seis años por Francia, Alemania, Italia y España -donde estableció vínculos con cabalistas judíos[265] - recibió la visita del rosacruz judío alemán Michel Maier - médico del emperador Rodolfo- a través del cual parece haber sido iniciado en otros misterios.

En 1616, Fludd publicó su *Tractatus Apologeticus*, que defendía a los rosacruces de las acusaciones de Libavius de "magia detestable y superstición diabólica". Doce años más tarde, Fludd fue atacado por el padre Mersenne, a quien respondió "Fludd o un amigo de Fludd", con una nueva defensa de la Orden. "El libro", dice el Sr. Waite, "trata del noble arte de la magia, del fundamento y naturaleza de la Cábala, de la esencia de la verdadera alquimia y de la Causa Fratrum Rosae Crucis. Identifica el palacio o casa de los Rosacruces con la Casa de la Sabiduría en las Escrituras.

Otras obras de autores ingleses insisten en el origen oriental de la Hermandad. Así, Thomas Vaughan, conocido como Eugenius Philalethes, escribió en 1652 en alabanza de los Rosacruces que "su conocimiento no fue adquirido por sus propias investigaciones, pues lo

---

[265] *Enciclopedia Judía*, artículo sobre la Cábala.

recibieron de los árabes, entre quienes ha permanecido como monumento y herencia de los hijos de Oriente. Esto no es en absoluto improbable, ya que los países orientales siempre han sido famosos por sus sociedades mágicas y secretas".

Otro apologista rosacruz, John Heydon, que viajó por Egipto, Persia y Arabia, es descrito por un contemporáneo como habiendo estado en "muchos lugares extraños entre los rosacruces y en sus castillos, casas santas, templos, sepulcros, sacrificios". El propio Heydon, aunque declara que no es rosacruz, dice que conoce a miembros de la Hermandad y sus secretos, que son hijos de Moisés, y que "esta física o medicina rosacruz la he descubierto afortunada e inesperadamente en Arabia". Estas referencias a castillos, templos y sacrificios en Egipto, Persia y Arabia recuerdan inevitablemente a los templarios y a los ismaelitas. ¿No existe un vínculo entre las "montañas invisibles de los hermanos" mencionadas en otro lugar por Heydon y las montañas de los Asesinos y los Francmasones? ¿Entre la "Casa de la Sabiduría" de las Escrituras y el Dar-ul-Hikmat o Gran Logia de El Cairo, modelo de las logias masónicas occidentales?

Como precursores de la crisis de 1717, los rosacruces ingleses del siglo XVII tuvieron una importancia clave.

Ya no tenemos que preocuparnos por Hermanos tenebrosos que reivindican una sabiduría sobrenatural, sino por una asociación concreta de iniciados que profesan su existencia y la proclaman al mundo bajo el nombre de Masonería.

5. LOS ORÍGENES DE LA MASONERÍA

E l origen de la masonería", dice un autor masónico del siglo XVIII, "sólo lo conocen los masones".[266] Si este fue una vez el caso, ya no lo es, porque, aunque la cuestión ciertamente parece ser una sobre la que los iniciados deberían estar mejor cualificados para hablar, el hecho es que no hay una teoría oficial del origen de la Francmasonería; la gran masa de masones *no* saben o no les importa saber nada sobre la historia de su Orden, mientras que las autoridades masónicas están totalmente en desacuerdo sobre el tema. El Dr. Mackey admite que "el origen y la fuente de donde surgió la institución de la Francmasonería ha dado lugar a más diferencias de opinión y discusión entre los estudiosos masónicos que cualquier otro tema en la literatura de la institución."[267] Tampoco se mantiene esta ignorancia sólo en los libros destinados al público en general, ya que en los dirigidos específicamente a la Orden y en las discusiones en las logias, prevalece la misma diversidad de opiniones y no parece llegarse a ninguna conclusión decisiva. Así, el Sr. Albert Churchward, francmasón del trigésimo grado, que deplora la falta de interés mostrada en esta cuestión por los francmasones en general, observa:

Hasta ahora ha habido tantas opiniones y teorías contradictorias en el intento de proporcionar el origen y la razón de la aparición de la Fraternidad de la Masonería, y todas las "diferentes partes" y los diversos rituales de los "diferentes grados". Todo lo que se ha escrito sobre este tema hasta ahora no han sido más que *teorías*, sin hechos que las respalden.[268]

---

[266] *Respuesta de un francmasón al supuesto autor de un panfleto titulado "Jachin and Boaz", or an authentic key to Freemasonry*, p. 10 (1762).

[267] Citado en R.F. Gould, *History of Freemasonry*, I. 5, 6.

[268] *Signos y símbolos del hombre primordial*, p. 1 (1910).

A falta, pues, de un origen universalmente reconocido por la Orden, queda ciertamente abierto a los profanos especular sobre la cuestión y sacar conclusiones de la historia para determinar cuál de las numerosas explicaciones propuestas parece proporcionar la clave del misterio.

Según la *Royal Masonic Cyclopædia, se* han propuesto no menos de doce teorías sobre los orígenes de la Orden, a saber, que la masonería surgió de la tradición masónica:

"(1) De los patriarcas, (2) De los misterios de los paganos, (3) De la construcción del Templo de Salomón, (4) De las Cruzadas. (5) De los templarios. (6) De la colegiata romana de los artífices. (7) De los albañiles operativos de la Edad Media. (8) De los rosacruces del siglo XVI. (9) De Oliver Cromwell. (10) Del príncipe Carlos Estuardo con fines políticos. (11) Por Sir Christopher Wren, durante la construcción de la iglesia de San Pablo. (12) Por el Dr. Desaguliers y sus amigos en 1717".

Sin embargo, esta lista es engañosa, ya que implica que el verdadero origen de la masonería puede encontrarse en *una de* estas diferentes teorías.

En realidad, la masonería moderna es un sistema dual, una mezcla de dos tradiciones distintas: la masonería operativa, es decir, el arte concreto de la construcción, y la teoría especulativa sobre las grandes verdades de la vida y de la muerte. En palabras de un conocido francmasón, el conde Goblet d'Alviella: "La masonería especulativa" (es decir, el sistema dual que hoy conocemos como francmasonería) "es el legítimo vástago de una exitosa unión entre el gremio profesional de los masones medievales y un grupo secreto de adeptos filosóficos, el primero proporcionando la forma y el segundo el espíritu".[269] Al estudiar los orígenes del sistema actual, debemos por tanto (1) examinar la historia de cada una de estas dos tradiciones por separado, y (2) descubrir su punto de unión.

ALBAÑILERÍA OPERATIVA

Empezando por la primera de estas dos tradiciones, podemos ver que

---

[269] *Ars Quatuor Coronatorum*, XXXII. Parte I. p. 47.

los gremios de albañiles han existido desde la antigüedad. Sin remontarnos hasta el antiguo Egipto o Grecia, lo que excedería el ámbito de este libro, la historia de estas asociaciones puede rastrearse a lo largo de la historia de Europa occidental, desde el comienzo de la era cristiana. Según algunos escritores masónicos, los druidas vinieron de Egipto y trajeron consigo tradiciones relacionadas con el arte de la construcción. Se dice que los *culdees*, que más tarde crearon escuelas y colegios en este país para enseñar las artes, las ciencias y la artesanía, descienden de los druidas.

Pero una fuente más probable de inspiración en el arte de la construcción son los romanos, que establecieron los famosos colegios de arquitectos mencionados en la lista de teorías alternativas que figura en la *Cyclopædia masónica*.

Los defensores del origen romano de la masonería pueden tener razón en lo que se refiere a la masonería operativa, ya que es en el período posterior a la ocupación romana de Gran Bretaña donde nuestros gremios masónicos pueden ser rastreados con el mayor grado de certeza. Debido a la importancia que el arte de la construcción había adquirido entonces, se dice que muchos hombres distinguidos, como San Albano, el rey Alfredo, el rey Edwin y otros, se formaron en la masonería. San Albano, el rey Alfredo, el rey Edwin y el rey Athelstan se contaban entre sus mecenas,[270] de modo que con el tiempo los gremios llegaron a ocupar la posición de cuerpos privilegiados y se conocieron como "gremios libres"; además, York fue el primer centro masónico de Inglaterra, en gran parte bajo el control de los Culdees, que al mismo tiempo ejercían una gran influencia sobre los colegios masónicos de Escocia, en Kilwinning, Melrose y Aberdeen.[271]

Pero no hay que olvidar que todo esto son especulaciones. Nunca se ha presentado ningún documento que pruebe la existencia de gremios masónicos antes de la famosa Carta de York de 936, e incluso la fecha de este documento es dudosa. Sólo con el periodo de la arquitectura gótica llegamos a terreno firme. Es más que probable que los gremios de

---

[270] Preston's *Illustrations of Masonry*, pp. 143, 147, 153 (1804).

[271] John Yarker, *Las escuelas arcanas*, pp. 269, 327, 329.

albañiles, conocidos en Francia como "Compagnonnages" y en Alemania como "Steinmetzen", formaran entonces estrechos gremios y tal vez poseyeran secretos relacionados con su profesión. Que ahora ocupan una posición privilegiada gracias a su destreza en la construcción de las magníficas catedrales de esa época parece bastante seguro.

El abate Grandidier, escribiendo desde Estrasburgo en 1778, remontó todo el sistema de la francmasonería a estos gremios alemanes: "Esta tan cacareada Sociedad de Francmasones no es más que una imitación servil de una antigua y útil *hermandad de* verdaderos masones cuya sede estuvo una vez en Estrasburgo y cuya constitución fue confirmada por el emperador Maximiliano en 1498.[272]

Por lo que se desprende de los escasos testimonios documentales de los siglos XIV, XV y XVI, los mismos privilegios parecen haber sido concedidos a los gremios de masones de Inglaterra y Escocia, que, aunque presididos por poderosos nobles y admitiendo al parecer ocasionalmente a miembros ajenos a la Orden, seguían siendo organismos esencialmente operativos. No obstante, las asambleas de masones fueron suprimidas por una ley del Parlamento a principios del reinado de Enrique VI y, más tarde, la reina Isabel envió una fuerza armada para dispersar la Gran Logia Anual de York.

Es posible que la fraternidad, simplemente por el secretismo con que se rodeaba, despertara las sospechas de las autoridades, pues nada podía ser más respetuoso con la ley que sus estatutos publicados. Los masones debían ser "hombres fieles a Dios y a la Santa Iglesia", así como a los señores a los que servían. Debían ser honestos en su forma de vida y "no cometer ninguna vileza que pudiera calumniar a la Orden o a la Ciencia".[273]

Sin embargo, el autor del siglo XVII Plot, en su *Historia natural de*

---

[272] Publicado en el *Essai sur la Secte des Illuminés* del Marqués de Luchet, p. 236 (edición de 1792).

[273] Hermano Chalmers Paton, *The Origin of Freemasonry: the 1717 Theory Exploded*, citando antiguas acusaciones conservadas en un manuscrito en posesión de la Logia de la Antigüedad de Londres, escrito durante el reinado de Jacobo II, pero "se supone que en realidad es de fecha muy anterior".

Staffordshire, expresa ciertas sospechas sobre los secretos de la masonería. Que no se tratara simplemente de secretos comerciales relacionados con el arte de la construcción, sino que ya se hubiera introducido un elemento especulativo en las logias, parece tanto más probable cuanto que a mediados del siglo XVII no sólo había nobles mecenas a la cabeza de la Orden, sino que también se admitía en la fraternidad a caballeros corrientes sin ninguna relación con la construcción. La conocida anotación en el diario de Elias Ashmole, fechada el 16 de octubre de 1646, lo demuestra claramente: "Me hicieron masón en Warrington, Lancashire, con el coronel Henry Mainwaring de Karticham [...] en Cheshire.

Los nombres de los que entonces eran miembros de la Logia, Mr. Rich. Penket, Alcaide, Mr. James Collier, Mr. Rich. Sankey, Henry Littler, John Ellam, Rich. Ellam y Hugh Brewer. [274] "Ahora está establecido", dice Yarker, "que la mayoría de los miembros presentes no eran masones operativos".[275]

En 1682, Ashmole cuenta que asistió a una reunión celebrada en el Mason Hall de Londres, donde él y otros caballeros fueron admitidos en "la comunidad de los francmasones", es decir, en el segundo grado. Así pues, tenemos pruebas claras de que, en el siglo XVII, la masonería había dejado de ser una asociación compuesta exclusivamente por hombres relacionados con la construcción, aunque eminentes arquitectos ocupaban altos cargos en la Orden; se dice que Iñigo Jones fue Gran Maestre bajo Jacobo I, y que Sir Christopher Wren ocupó el mismo cargo desde 1685 hasta 1702. Pero no fue hasta 1703 cuando la Logia de San Pablo de Londres anunció oficialmente "que los privilegios de la masonería ya no se limitarían a los masones operativos, sino que se extenderían a hombres de diversas profesiones, siempre que fueran

---

[274] *Ars Quatuor Coronatorum*, XXV. p. 240, artículo de J.E.S. Tuckett sobre *el Dr. Rawlinson y las entradas masónicas en el diario de Elias Ashmole*, con un facsímil de la entrada del diario en la Biblioteca Bodleian (Ashmole MS. 1136, fol. 19).

[275] Yarker, *Escuelas arcanas*, p. 383.

regularmente aprobados e iniciados en la Orden".[276]

En 1717, *al* gran *golpe de Estado siguió la* fundación de la Gran Logia, y la masonería especulativa, tal como la conocemos hoy como francmasonería, se estableció sobre bases firmes, con un ritual, un reglamento y una constitución debidamente redactados. Es en esta importante fecha cuando comienza la historia oficial de la Francmasonería.

Pero antes de continuar la evolución de la Orden a través de lo que se conoce como la "era de la Gran Logia", es necesario volver atrás y examinar los orígenes de la filosofía que se asoció en adelante al sistema de la masonería operativa. Es en este punto donde las opiniones están divididas y donde se centran las distintas teorías resumidas en la *Cyclopcædia masónica*. Examinemos cada una de ellas.

ALBAÑILERÍA ESPECULATIVA

Según algunos escépticos de los misterios de la Francmasonería, el sistema inaugurado en 1717 no tenía existencia antes de esa fecha, sino que "fue concebido, promulgado y presentado al mundo por el Dr. Desaguliers, el Dr. Anderson y otros, que entonces fundaron la Gran Logia de Inglaterra". El Sr. Paton, en un pequeño y admirable panfleto,[277] ha demostrado la futilidad de esta afirmación y también la injusticia de representar a los fundadores de la Gran Logia como autores de un engaño tan burdo. Esta teoría de 1717 atribuye a hombres de la más alta calidad la invención de un sistema que no es más que una farsa... Fue presentada con afirmaciones que sus autores sabían que eran falsas y de gran antigüedad; mientras que... acababa de ser inventada en sus estudios. ¿Es esto plausible? ¿O es razonable atribuir tal conducta a hombres honorables, sin siquiera atribuirles una causa probable?

De hecho, un estudio del ritual masónico -que está abierto a todos- lleva a la misma conclusión, a saber, que no puede haber ningún motivo para esta impostura, y que no se puede suponer que estos dos eclesiásticos

---

[276] Preston's *Illustrations of Masonry*, p. 208 (1804).

[277] Los *orígenes de la masonería: la explosión de la teoría de 1717.*

inventaran todo el asunto por su cuenta. Es obvio que un movimiento similar debe haber conducido a esta crisis. Y puesto que el diario de Elias Ashmole prueba claramente que una ceremonia de iniciación masónica había existido en el siglo anterior, es ciertamente razonable concluir que el Dr. Anderson y el Dr. Desaguliers revisaron el ritual y las constituciones que escribieron, pero que no las originaron.

Ahora bien, aunque el ritual de la Francmasonería está escrito en un inglés moderno y en absoluto clásico, las ideas que lo recorren llevan ciertamente trazas de una antigüedad extrema. En efecto, la idea central de la Masonería, relativa a la pérdida sufrida por el hombre y a la esperanza de su recuperación final, no es otra que la antigua tradición secreta descrita en el primer capítulo de este libro. En efecto, algunos escritores masónicos atribuyen a la Masonería exactamente la misma genealogía que la de la Cábala primitiva, afirmando que desciende de Adán y de los primeros patriarcas de la raza humana, y de ahí a través de grupos de sabios entre los egipcios, caldeos, persas y griegos.[278] El Sr. Albert Churchward hace especial hincapié en el origen egipcio del elemento especulativo de la Francmasonería: "El Hermano Gould y otros Francmasones nunca comprenderán el significado y el origen de nuestros principios sagrados hasta que hayan estudiado y penetrado en los misterios del pasado. Este estudio revelará entonces el hecho de que "los druidas, los gimnosofistas de la India, los magos de Persia y los caldeos de Asiria tenían todos los mismos ritos y ceremonias religiosas practicadas por sus sacerdotes iniciados en su Orden, y que éstos habían jurado solemnemente guardar las doctrinas en un profundo secreto para el resto de la humanidad. Todo ello procedía de una misma fuente: Egipto."[279] William Dodd en la inauguración de un templo masónico en 1794, que remonta la masonería a "los primeros astrónomos de las llanuras de Caldea, los sabios y místicos reyes y sacerdotes de Egipto, los sabios de Grecia y los filósofos de Roma", etc.[280]

---

[278] The Rev. G. Oliver, *The Historical Landmarks of Freemasonry*, pp. 55, 57, 62, 318 (1845).

[279] *Signos y símbolos del hombre primordial*, p. 185 (1910).

[280] *Signos y símbolos del hombre primordial*, p. 8 (1910).

Pero, ¿cómo llegaron estas tradiciones a los masones de Occidente?

Según gran parte de la opinión masónica de este país, que reconoce una sola fuente de inspiración para el sistema que ahora conocemos como Francmasonería, las tradiciones especulativas y operativas de la Orden descienden de los gremios de la construcción y fueron importadas a Inglaterra a través de los Collegia romanos. El Sr. Churchward, sin embargo, se aparta fuertemente de este punto de vista: En la nueva edición revisada de las Ceremonias Perfectas, según nuestro E. de trabajo, se da la teoría de que la Francmasonería se originó a partir de ciertos gremios de obreros que son bien conocidos en la historia como el "Colegio Romano de Artesanos". Esta teoría no tiene ningún fundamento.

La masonería es ahora, y siempre lo ha sido, una escatología, como lo demuestran todos nuestros signos, símbolos, palabras y rituales.[281]

Pero lo que el Sr. Churchward no explica es cómo esta escatología llegó a los masones activos, y especialmente por qué, si, como él afirma, derivó de Egipto, Asiria, India y Persia, la masonería ya no lleva la impronta de estos países. En efecto, aunque en la decoración de las logias se encuentran vestigios de sabaísmo y en el ritual y las instrucciones de los grados del oficio se encuentran breves referencias a los misterios de Egipto y Fenicia, a las enseñanzas secretas de Pitágoras, a Euclides y Platón, la forma en que se reviste la antigua tradición, la fraseología y las contraseñas empleadas no son ni egipcias, ni caldeas, ni griegas, ni persas, sino judaicas. Así, aunque parte de la antigua tradición secreta pudo haber entrado en Gran Bretaña a través de los druidas o los romanos -que conocían las tradiciones de Grecia y Egipto-, otra vía de introducción fue claramente la Cábala judía. Algunos autores masónicos reconocen esta doble tradición, una descendiente de Egipto, Caldea y

---

[281] Ibid. p. 7. El francmasón alemán Findel no estaba de acuerdo con la teoría de los Colegios Romanos y Egipto y, al igual que el abate Grandidier, señalaba a los *Steinmetzen* del siglo XV como los verdaderos progenitores de la Orden: "Todos los intentos de trazar la historia de la francmasonería más allá de la Edad Media han sido un fracaso, y situar el origen de la Fraternidad en los misterios de Egipto debe rechazarse como una hipótesis descabellada e insostenible. "*Historia de la Francmasonería*" (trad. esp.), p. 25.

Grecia, la otra de los israelitas, y afirman que es de esta última fuente de donde deriva su sistema.[282] En efecto, después de trazar su origen desde Adán, Noé, Enoc y Abraham, continúan mostrando su línea de descendencia a través de Moisés, David y Salomón[283] - la descendencia de Salomón está de hecho oficialmente reconocida por la Orden y forma parte de las instrucciones dadas a los candidatos para la iniciación de primer grado. Pero, como ya hemos visto, se trata precisamente de la genealogía atribuida a la Cábala por los judíos. Además, la masonería moderna se basa totalmente en la leyenda salomónica, o más bien hirámica. Para los lectores poco familiarizados con el ritual de la Francmasonería, conviene dar aquí un breve *resumen de* esta "Gran Leyenda".

Cuando se estaba construyendo el Templo, Salomón recurrió a los servicios de un broncista llamado Hiram, hijo de una viuda de la tribu de Neftalí, que le había sido enviado por Hiram, rey de Tiro. Esto es lo que se desprende del Libro de los Reyes, pero la leyenda masónica continúa contándonos que Hiram, el hijo de la viuda, llamado Hiram Abiff y descrito como el maestro de obras, tuvo un final prematuro. Para preservar el orden, los albañiles que trabajaban en el templo se dividieron en tres clases: aprendices, oficiales y maestros albañiles; los dos primeros se distinguían por diferentes contraseñas y mangos y cobraban diferentes salarios; el último sólo comprendía tres personas: el propio Salomón, Hiram, rey de Tiro, que le había suministrado madera y piedras preciosas, e Hiram Abiff. Sin embargo, antes de que el templo estuviera terminado, quince de los compañeros conspiraron juntos para descubrir los secretos

---

[282] Oliver y Mackey se refieren así a la masonería verdadera y a la falsa, la primera desciende de Noé, a través de Sem, Abraham, Isaac, Jacob y Moisés hasta Salomón -de ahí el nombre de noajitas que a veces se aplica a los masones- y la segunda de Caín y los gimnosofistas de la India hasta Egipto y Grecia. Añaden que se produjo una unión entre ambos en la época de la construcción del Templo de Salomón a través de Hiram Abiff, miembro de ambos, judío de nacimiento y artífice de Tiro, y que de esta unión deriva la Masonería. Según Mackey, la masonería judía es, por tanto, la forma auténtica. - *A Lexicon of Freemasonry*, pp. 323-5; Oliver's *Historical Landmarks of Freemasonry*, I. 60.

[283] Reverendo G. Oliver, *The Historical Landmarks of Freemasonry*, pp. *55, 57 (1845)*.

de los maestros albañiles y decidieron traicionar a Hiram Abiff en la puerta del templo.

En el último momento, doce de los quince se retiraron, pero los otros tres llevaron a cabo el plan y, tras amenazar en vano a Hiram para obtener los secretos, lo mataron de tres golpes en la cabeza, asestados por cada uno de ellos por turno. Después se llevaron el cadáver y lo enterraron en el monte Moriah de Jerusalén. Salomón, informado de la desaparición del maestro de obras, envió a quince compañeros en su busca; cuando cinco de ellos llegaron al monte, observaron un lugar donde la tierra había sido removida y descubrieron el cuerpo de Hiram. Dejando una rama de acacia para señalar el lugar, regresaron con su informe a Salomón, quien les ordenó que fueran a exhumar el cuerpo, orden que se cumplió de inmediato.

El asesinato y exhumación, o "levantamiento", de Hiram, acompañado de extraordinarias lamentaciones, es el punto culminante de la Masonería; y cuando recordamos que, con toda probabilidad, tal tragedia nunca tuvo lugar, que es posible que nadie conocido como Hiram Abiff existiera jamás,[284] toda la historia sólo puede considerarse como la supervivencia de un antiguo culto relacionado no con un acontecimiento real, sino con una doctrina esotérica. Una leyenda y una ceremonia de este tipo pueden encontrarse en muchas mitologías anteriores; La historia del asesinato de Hiram estaba prefigurada por la leyenda egipcia del asesinato de Osiris y la búsqueda de su cuerpo por Isis, mientras que las lamentaciones en torno a la tumba de Hiram tenían su contrapartida en las ceremonias de duelo de Osiris y Adonis, ambas, y más tarde en las que tenían lugar en torno al catafalco de Manes que, como Hiram, fue bárbaramente ajusticiado y al que los maniqueos llamaban "el hijo de la viuda"." Pero en la forma que le da la Francmasonería, la leyenda es puramente judaica y por tanto parece proceder de la versión judaica de la antigua tradición. Los pilares del Templo, Jachin y Boaz, que desempeñan un papel tan importante en la Masonería, son símbolos que aparecen en la Cábala judía, donde se describen como dos de los diez

---

[284] *La Enciclopedia Judía* (artículo sobre la masonería) califica el nombre de Hiram Abifi de interpretación errónea de 2 Chron. ii. 13.

Sephiroth. [285] Un escritor del siglo XVIII, refiriéndose a "cinco curiosidades" que descubrió en Escocia, describe una de ellas como La Palabra Mason, que, aunque algunos hacen de ella un misterio, no ocultaré un poco de lo que sé. Es como una tradición rabínica que comenta sobre Jachin y Boaz, los dos pilares erigidos en el templo de Salomón, con un añadido suelto de una mano a la otra, por el que se conocen y se familiarizan entre sí. [286]

Éste es precisamente el sistema por el que la Cábala se transmitió a los judíos. La *enciclopedia judía refuerza* la teoría de la transmisión cabalística al sugerir que la historia de Hiram "posiblemente pueda remontarse a la leyenda rabínica relativa al templo de Salomón", según la cual "mientras todos los obreros fueron asesinados para que no construyeran otro templo dedicado a la idolatría, el propio Hiram fue elevado al cielo como Enoch". [287]

¿Cómo llegó esta leyenda rabínica a la masonería?

Los partidarios de la teoría de la Collegia Romana lo explican así.

Tras la construcción del Templo de Salomón, los albañiles que habían participado en la obra se dispersaron y algunos de ellos se fueron a Europa, algunos a Marsella, otros quizá a Roma, donde es posible que introdujeran leyendas judaicas en los Collegia, que luego pasaron a los maestros Comacini del siglo VII y, de ahí, a los gremios medievales de Inglaterra, Francia y Alemania. Se dice que, en la Edad Media, una historia sobre el Templo de Salomón se difundió entre los *Compagnonnages de* Francia. En uno de estos grupos, conocido como los "Hijos de Salomón", la leyenda de Hiram parece haber existido en su forma actual; según otro grupo, la víctima del asesinato no fue Hiram Abiff, sino uno de sus compañeros llamado Maître Jacques, quien, mientras trabajaba con Hiram en la construcción del Templo, murió a manos de cinco malvados compañeros, instigados por un sexto, el Père

---

[285] Clavel, *Histoire pittoresque de la Franc-Maçonnerie*, p. 340; Matter, *Histoire du Gnosticisme*, I. 145.

[286] *Citado en A.Q.C.*, XXXII. Parte I. p. 36.

[287] Artículo sobre la masonería, en referencia a Pesik, R. V. *25 a* (ed. Friedmann).

Soubise.[288]

Pero se desconoce la fecha de origen de esta leyenda. Clavel cree que los "Misterios hebreos" existían ya en los Colegios romanos, a los que califica de judaizados en gran parte[289]; Yarker expresa precisamente la opinión contraria: "No es tan difícil relacionar la Masonería con los Colegios; la dificultad estriba en atribuir tradiciones judías a los Colegios, y afirmamos, basándonos en las acusaciones más antiguas, que no existían tales tradiciones en la época sajona"[290]: "Por lo que respecta a este país, no sabemos nada, según los registros, de una masonería que datara del Templo de Salomón, hasta después de las Cruzadas, cuando la constitución que se cree sancionada por el rey Athelstan sufrió un cambio gradual.[291] En un reciente debate en la logia Quatuor Coronati, la leyenda hirámica sólo pudo remontarse -sin certeza absoluta- al siglo XIV, lo que coincidiría con la fecha dada por Yarker.[292]

Hasta esta época, los conocimientos de los gremios masónicos parecen haber contenido únicamente las doctrinas exotéricas de Egipto y Grecia, que pudieron llegarles a través de los colegios romanos, mientras que las tradiciones de la masonería se remontan a Adán, Jabal, Tubal Caín, Nimrod y la Torre de Babel, con Hermes y Pitágoras como sus progenitores más inmediatos.[293] Evidentemente, estas doctrinas eran en

---

[288] Clavel, op. cit. 364, 365; Lecouteulx de Canteleu, *Les Sectes et Sociétés Secrétes*, p. 120.

[289] Clavel, op. cit. p. 82.

[290] Yarker, *Escuelas arcanas*, p. 257.

[291] Ibídem, p. 242.

[292] "Según los Profesores Marks y Hayter Lewis, la historia de Hiram Abiff es por lo menos tan antigua como el siglo XIV" - J.E.S. *Tuckett en* The Origin of Additional Degrees, A.Q.C., *XXXII. Parte I. p. 14. Parte I. p. 14. Hay que* señalar que ningún francmasón que participó en la discusión dio pruebas de que fuera anterior a este periodo. Cf. Freemasonry Before the Existence of Grand Lodges *(1923), por Wor.* Bro. Lionel Vibert, I.C.S., p. 135, donde se sugiere que la leyenda hirámica se remonta a un incidente ocurrido en uno de los gremios franceses de la construcción en 1401.

[293] Yarker, op. cit., p. 348; Eckert, op. cit. II. 36.

su conjunto geométricas o técnicas, y en modo alguno cabalísticas. La afirmación de Eckert de que "los misterios judeocristianos no se han introducido todavía en los gremios masónicos está por tanto justificada hasta cierto punto; en ninguna parte encontramos el menor rastro de ellos. En ninguna parte encontramos la más mínima clasificación, ni siquiera la de maestros, oficiales y aprendices. No observamos ningún símbolo del Templo de Salomón; todo su simbolismo se relaciona con obras masónicas y con algunas máximas filosóficas de moralidad".[294] Eckert, al igual que Yarker, data la introducción de estos elementos judaicos en la época de las Cruzadas.

Aun reconociendo que la masonería moderna se basa en gran medida en la cábala, es necesario distinguir entre las distintas cábalas. De hecho, en esta fecha, no menos de tres cábalas parecen haber existido: En primer lugar, la antigua tradición secreta de los patriarcas, transmitida por los egipcios a los griegos y romanos, y tal vez por los Collegia romanos a los masones de Gran Bretaña; En segundo lugar, la versión judía de esta tradición, la primera Cábala de los judíos, en absoluto incompatible con el cristianismo, que desciende de Moisés, David y Salomón hasta los esenios y los judíos más ilustrados; y en tercer lugar, la Cábala pervertida, mezclada por los rabinos con magia, supersticiones bárbaras y, después de la muerte de Cristo, con leyendas anticristianas.

Los elementos cabalísticos introducidos en la masonería artesanal en la época de las Cruzadas parecen haber pertenecido a la segunda de estas tradiciones, la Cábala no pervertida de los judíos, conocida como los esenios. En efecto, existen similitudes sorprendentes entre la masonería y el esenismo: grados de iniciación, juramento de guardar el secreto, uso del delantal y un determinado signo masónico; mientras que las tradiciones sabaístas de los esenios quizá puedan relacionarse con el simbolismo solar y estelar de las logias.[295] La leyenda de Hiram pudo pertenecer a la misma tradición.

---

[294] Eckert, op. cit. II. 28.

[295] Los esenios, como otras sectas sirias, poseían y se adherían a los 'verdaderos principios' de la masonería". Bernard H. *Springett, Secret Sects of Syria and the Lebanon, p. 91.*

LA TRADICIÓN TEMPLARIA

Si, por lo tanto, no se puede aducir ninguna prueba documental que demuestre que la leyenda de Salomón o cualquier rastro de simbolismo y tradición judaica existiera ya sea en los monumentos de la época o en el ritual de los masones antes del siglo XIV, es ciertamente razonable aceptar como plausible la afirmación hecha por un gran número de escritores masónicos -especialmente en el continente- de que los elementos judaicos entraron en la masonería a través de los Caballeros Templarios. [296] Los Caballeros Templarios, como ya hemos visto, tomaron su nombre del Templo de Salomón en Jerusalén. ¿Qué podría ser más probable, entonces, que durante el tiempo que vivieron allí, aprendieran las leyendas rabínicas asociadas con el Templo? Según George Sand, buen conocedor de la historia de las sociedades secretas, la leyenda de Hiram fue adoptada por los templarios como símbolo de la destrucción de su Orden. "Lloraron su impotencia en la persona de Hiram. La palabra perdida y encontrada es su imperio..."[297]

El francmasón Ragon también afirmó que la catástrofe que lamentaban era la que había destruido su Orden.[298] Además, el Gran Maestre cuyo destino lamentaban era Jacques du Molay.

Así que había dos cuerpos en Francia al mismo tiempo, los Caballeros Templarios y los *Compañeros*, ambos poseedores de una leyenda relativa al Templo de Salomón y ambos de luto por un Maestro Santiago que había sido bárbaramente asesinado. Si aceptamos que la leyenda de Hiram existía entre los masones antes de las Cruzadas, ¿cómo explicar esta extraordinaria coincidencia? Ciertamente es más fácil creer que las tradiciones judaicas fueron introducidas en los masones por los templarios y que se injertaron en las antiguas tradiciones que los gremios masónicos habían heredado de los Colegios romanos.

---

[296] "Es evidente que la doctrina esotérica de los misterios judeocristianos sólo penetró en los gremios (talleres) masónicos con la entrada de los templarios tras la destrucción de su Orden" (Eckert, op. cit., II. 28).

[297] *La condesa de Rudolstadt*, II. 185.

[298] Ragon, *Cours philosophique des Initiations*, p. 34.

La nueva influencia en la construcción en esta época demuestra que existía un vínculo entre los templarios y los masones. Un masón moderno que compara "las marcas bellamente diseñadas y profundamente talladas del verdadero período gótico, digamos alrededor de 1150-1350".

El mismo autor demuestra a continuación que algunos de los símbolos masónicos más importantes, el triángulo equilátero y el cuadrado masónico sobre dos pilares, tienen su origen en la época gótica. El mismo autor continúa mostrando que algunos de los símbolos masónicos más importantes, el triángulo equilátero y el cuadrado masónico sobre dos pilares, se originaron en el periodo gótico.[299] Yarker sostiene que el nivel, la estrella flameante y la cruz Tau, que desde entonces han pasado al simbolismo de la masonería, pueden atribuirse a los templarios, al igual que la estrella de cinco puntas de la catedral de Salisbury, el doble triángulo de la abadía de Westminster, Jachin y Boaz, el círculo y el pentágono de la masonería del siglo XIV. Yarker citó posteriormente el ojo y la luna creciente, las tres estrellas y la escalera de cinco peldaños en 1556 como pruebas de la influencia templaria.[300]

"Los templarios eran grandes constructores, y Jacques du Molay invocó el celo de su Orden por decorar iglesias en el pleito entablado contra él en 1310. En consecuencia, la supuesta conexión entre el Temple y la masonería sólo puede tener un sustrato de verdad."[301]

Además, según la tradición masónica, en aquella época existía una alianza entre los templarios y los gremios masónicos.

Durante la persecución de la Orden del Temple en Francia, se dice que Pierre d'Aumont y otros siete caballeros huyeron a Escocia disfrazados de albañiles y desembarcaron en la isla de Mull. Celebraron su primer capítulo el día de San Juan de 1307.

Robert Bruce los tomó entonces bajo su protección y, siete años más tarde, lucharon bajo su estandarte en Bannockburn contra Eduardo II, que había abolido su Orden en Inglaterra. Tras esta batalla, que tuvo lugar el

---

[299] M. Sidney Klein en *Ars Quatuor Coronatorum*, XXXII. Parte I. pp. 42, 43.

[300] John Yarker, *Las escuelas arcanas*, pp. 195, 318, 341, 342, 361.

[301] Ibid. p. 196.

día de San Juan Bautista en verano (24 de junio), se dice que Robert Bruce instituyó la Real Orden de la H.R.M. (Heredom) y los Caballeros de la R.S.Y.C.S. (Rosy Cross). [302] Estos dos grados constituyen actualmente la Real Orden de Escocia, y no parece improbable que fueran realmente introducidos en Escocia por los templarios. Así, según uno de los primeros autores sobre la masonería, el grado rosacruz se originó con los templarios en Palestina ya en 1188[303]; mientras que el origen oriental de la palabra Heredom, supuestamente derivada de una montaña mítica en una isla al sur de las Hébridas[304] donde los culdees practicaban sus ritos, es indicado por otro autor del siglo XVIII, que lo remonta a una fuente judía.[305] Ese mismo año, 1314, Robert Bruce habría unido a los templarios y a la Real Orden de H.R.M. con los gremios de albañiles obreros, que también habían combatido en su ejército, en la famosa logia de Kilwinning, fundada en 1286,[306] que a partir de entonces añadió a su

---

[302] Historia oficial de la Orden de Escocia citada por Fr. Fred. H. Buckmaster en *The Royal Order of Scotland*, publicado en las oficinas de *The Freemason*, pp. 3, 5, 7; A.E. Waite, *Encyclopædia of Freemasonry*, II. 219; Yarker, *The Arcane Schools*, p. 330; Mackey, *Lexicon of Freemasonry*, p. 267.

[303] Barón Westerode en el *Acta Latomorum* (1784), citado por Mackey, op. cit. p. 265. Bernard H. Springett también afirma que este grado se originó en Oriente (*Secret Sects of Syria and the Lebanon*, p. 294).

[304] Chevalier de Bérage, *Les Plus Secrets Mystères des Hauts Grades de la Maçonnerie dévoilés, ou le vrai Rose-Croix* (1768); Waite, *The Secret Tradition in Freemasonry*, I. 3.

[305] En 1784, los francmasones franceses escribieron a sus colegas ingleses lo siguiente: "Es importante para nosotros saber si realmente existe en la Isla de Mull, antiguamente Melrose... en el norte de Escocia, un Monte Heredom, o si no existe". En respuesta, un eminente francmasón, el general Rainsford, les remitió a la palabra [hebreo: **] (Har Adonai), es decir, el Monte de Dios (*Notes on Rainsford's papers in A.Q.C.*, XXVI. 99). Una explicación más probable, sin embargo, parece ser que Heredom es una corrupción de la palabra hebrea 'Harodim', que significa príncipes o gobernantes.

[306] F. H. Buckmaster, *The Royal Order of Scotland*, p. 5. Lecouteulx de Canteleu dice, sin embargo, que Kilwinning fue el gran lugar de reunión de la masonería a partir de 1150 (*Les Sectes et Sociétés Secrètes*, p. 104). Eckert, op. cit, II. 33.

nombre el de Heredom y se convirtió en la sede principal de la Orden.[307]

Escocia era esencialmente un semillero de albañilería operativa y, dada la destreza de los templarios en el arte de la construcción, ¿qué podía ser más natural que ambos cuerpos unieran sus fuerzas? En Inglaterra, se dice que el Temple ya administraba la albañilería entre 1155 y 1199.[308] Así pues, fue en Heredom de Kilwinning, "la santa casa de la masonería" -la "Madre Kilwinning", como la siguen llamando los francmasones-, donde un nuevo tipo de elemento especulativo pudo abrirse paso en las logias. No es aquí, pues, donde podemos ver esa "fructífera unión entre el gremio profesional de los masones medievales y un grupo secreto de adeptos filosóficos" a la que aludía el conde Goblet d'Aviella y que el Sr. Waite describió en los siguientes términos: El misterio de los gremios de la construcción -lo que quiera que fuesen- era el de un artefacto utilitario simple, sin pulir, piadoso y; y esta hija de la Naturaleza, en ausencia de toda intención por su parte, sufrió o fue forzada a uno de los matrimonios más extraños que se han celebrado en la historia oculta. Sucede que su forma y figura particulares se prestaban a tal unión, etc.?[309]

M. Waite, con su habitual imprecisión, no explica cuándo y dónde tuvo lugar este matrimonio, pero la historia se aplicaría ciertamente a la alianza entre los Caballeros Templarios y los Gremios Escoceses de Masones, que, como hemos visto, es admitida por las autoridades masónicas, y presenta exactamente las condiciones descritas, Los templarios, por su iniciación en la leyenda de la construcción del Templo de Salomón, estaban particularmente dispuestos a cooperar con los masones, y éstos, por su iniciación parcial en los antiguos misterios, estaban preparados para recibir el influjo fresco de la tradición oriental de los templarios.

Otro indicio de la influencia templaria en la masonería artesanal es el sistema de grados e iniciaciones. Las denominaciones Entered

---

[307] Mackey, *Lexique de la franc-maçonnerie*, p. 267.

[308] Clavel, op. cit., p. 90; Eckert, op. cit. II. 27.

[309] A.E. Waite, *La Tradición Secreta en la Francmasonería*, I. 8.

Apprentice, Fellow Craft y Master Mason tienen su origen en Escocia,[310] y ya se ha demostrado la analogía entre estos grados y los de los Asesinos. De hecho, la similitud entre la organización externa de la masonería y el sistema ismailí ha sido demostrada por numerosos autores. Así, el Dr. Bussell observa "No cabe duda de que, con un cierto conocimiento de la geometría considerado como un secreto comercial esotérico, muchos símbolos actuales se han transmitido desde tiempos muy primitivos. Pero un modelo más seguro fue la Gran Logia de los ismailíes de El Cairo, la Dar-ul-Hikmat.[311] Syed Ameer Ali expresa también la opinión de que "el relato de Makrisi sobre los diferentes grados de iniciación adoptados en esta logia constituye un documento inestimable sobre la francmasonería". De hecho, la logia de El Cairo se convirtió en el modelo de todas las logias creadas posteriormente en la cristiandad".[312] El Sr. Bernard Springett, masón, citando este pasaje, añade: "Yo mismo estoy totalmente de acuerdo con esta última afirmación".[313]

Por tanto, es legítimo suponer que este sistema penetró en la masonería artesanal a través de los templarios, cuyos vínculos con los Asesinos -una rama del Dar-ul-Hikmat- eran de dominio público. La cuestión de la sucesión de los templarios en la masonería es quizás el punto más controvertido de la historia de la teoría de la Colegiata Romana, que los masones continentales aceptan más generalmente e incluso se glorían de ella.[314] Mackey, en su *Lexicon of Freemasonry*, resume así el caso:

La conexión entre los Caballeros Templarios y los Francmasones ha sido repetidamente afirmada por los enemigos de ambas instituciones, y

---

[310] "Nuestros nombres E.A., F.C. y M.M. proceden de Escocia" - *A.Q.C.*, XXXII. Parte I. p. 40. Clavel, sin embargo, afirma que estos nombres existían en los Collegia romanos (*Histoire pittoresque*, p. 82).

[311] *Pensamiento religioso y herejía en la Edad Media*, p. 372.

[312] *El espíritu del Islam*, p. 337.

[313] *Sectas secretas de Siria y Líbano*, p. 181 (1922).

[314] Véase, por ejemplo, el *Dictionnaire universel d'histoire et de géographie* (1860) *de* Bouillet, artículo sobre los templarios: "Los francmasones pretenden estar vinculados a esta secta".

a menudo admitida por sus amigos. Lawrie dice lo siguiente al respecto: "Sabemos que los templarios no sólo poseían los misterios, sino que realizaban las ceremonias e inculcaban los deberes de los francmasones", y atribuye la disolución de la Orden al descubrimiento de su pertenencia a la masonería y a su reunión en secreto para practicar los ritos de la Orden.[315]

Esto explica por qué los francmasones siempre han sido indulgentes con los templarios.

Es sobre todo la masonería [dice Findel] la que, por considerarse falsamente hija del templismo, ha puesto el mayor cuidado en presentar a la Orden de los Templarios como inocente y, por tanto, libre de todo misterio. Con este fin, no sólo se esgrimieron leyendas y hechos no históricos, sino que también se utilizaron maniobras para encubrir la verdad. Los reverendos masones de la Orden del Temple compraron toda la edición de *las Actas del Proceso de* Moldenhawer, porque demostraba la culpabilidad de la Orden; sólo unos pocos ejemplares llegaron a los libreros... Varias décadas antes, los francmasones ya habían sido culpables de auténticas falsificaciones en el marco de sus esfuerzos no históricos. Ya en 1654, Dupuy publicó en París su *Histoire du procès des Templiers,* para la que utilizó las *Actas* originales del Proceso, según las cuales la culpabilidad de la Orden no dejaba lugar a dudas... Pero cuando, a mediados del siglo XVIII, varias ramas de la francmasonería quisieron recordar la existencia de la Orden de los Templarios, la obra de Dupuy fue, naturalmente, muy mal acogida. Llevaba ya ciento años en el dominio público, por lo que ya no se podía comprar; así que la falsificaron.[316]

Así, en 1751, apareció una reimpresión de la obra de Dupuy, ampliada con una serie de notas y observaciones y mutilada de tal manera que no

---

[315] *Glosario de la Francmasonería*, p. 185.

[316] *Findel, Geschichte der Freimaurerei*, II. 156, 157 (edición de 1892). Bussell (op. cit., p. 804), refiriéndose a la obra de Dupuy, observa también: "Un editor de una edición posterior (Bruselas, 1751) era sin duda un francmasón que intentó borrar la acusación y afiliar a la nueva hermandad de deísmo especulativo, en rápido desarrollo, con la Orden Condenada".

demostraba la culpabilidad sino la inocencia de los templarios.

Ahora bien, aunque la masonería británica no desempeñó ningún papel en estas intrigas, la cuestión de la sucesión templaria ha sido muy mal tratada por los escritores masónicos de este país. Por regla general, han adoptado una de estas dos soluciones: o bien han negado obstinadamente cualquier relación con los Caballeros Templarios, o bien los han presentado como una Orden irreprochable cruelmente calumniada. Pero en realidad ninguno de estos dos expedientes es necesario para salvar el honor de la masonería británica, porque incluso el enemigo más acérrimo de la masonería nunca ha sugerido que los masones británicos hayan adoptado ninguna parte de la herejía templaria. Los Caballeros que se refugiaron en Escocia pueden haber sido perfectamente inocentes de los cargos presentados contra su Orden; de hecho, hay buenas razones para creer que este fue el caso. El *Manual de los Caballeros de la Orden del Temple* relata el incidente de la siguiente manera: Tras la muerte de Jacques du Molay, algunos templarios escoceses, que se habían convertido en apóstatas, a instigación de Robert Bruce, tomaron los estandartes de una nueva Orden[317] instituida por este príncipe y en la que las recepciones seguían el modelo de las de la Orden del Temple.

Este es el origen de la masonería escocesa e incluso el de los demás ritos masónicos. Los Templarios escoceses fueron excomulgados en 1324 por Larmenius, que los declaró *Templi desertores* y a los Caballeros de San Juan de Jerusalén, *Dominiorum Militiæ spoliatores*, colocados para siempre fuera del Templo: *Extra girum Templi, nunc et in futurum, volo, dico et jubeo.* Un anatema similar fue emitido desde entonces por varios Grandes Maestres contra los Templarios que se rebelaron contra la autoridad legítima. El cisma introducido en Escocia dio origen a numerosas sectas.[318]

Este relato constituye una exoneración completa de los Caballeros Templarios escoceses; como apóstatas de la falsa Iglesia cristiana y de las doctrinas del juanismo, fueron leales a la verdadera Iglesia y a la fe

----

[317] Real Orden de Escocia.

[318] *Manuel des Chevaliers de l'Ordre du Temple*, p. 10 (*edición de 1825*).

cristiana tal como se formula en los estatutos publicados de su Orden.

Lo que parecen haber introducido en la masonería es su modo de recepción, es decir, sus formas externas y su organización, y posiblemente ciertas doctrinas esotéricas orientales y leyendas judaicas relativas a la construcción del Templo de Salomón, que no son en absoluto incompatibles con la enseñanza cristiana.

También cabe destacar que la prohibición de la *Orden del Temple* a los Caballeros Templarios escoceses también incluye a los Caballeros de San Juan de Jerusalén. Esto es un tributo más a la ortodoxia de los Caballeros escoceses. En efecto, los Caballeros de San Juan de Jerusalén, a quienes se entregaron los bienes templarios, nunca fueron sospechosos de herejía. Tras la supresión de la Orden del Temple en 1312, varios caballeros se unieron a los Caballeros de San Juan de Jerusalén, a través de los cuales el sistema templario parece haber sido purgado de sus elementos heréticos. Todo esto sugiere que los templarios habían importado una doctrina secreta de Oriente que podía interpretarse como cristiana o anticristiana, que a través de su conexión con la Real Orden de Escocia y los Caballeros de San Juan de Jerusalén se conservó esta interpretación cristiana y, finalmente, que fue esta doctrina pura la que pasó a la francmasonería. Según las primeras autoridades masónicas, la adopción de los dos San Juanes como santos patrones de la masonería no se debió al juanismo, sino a la alianza entre los Caballeros Templarios y los Caballeros de San Juan de Jerusalén.[319]

Es importante recordar que la teoría de la conexión de los Templarios con la Francmasonería fue apoyada por los masones continentales del siglo XVIII, quienes, viviendo en el momento en que la Orden fue reconstituida sobre su base actual, estaban obviamente en mejor posición para conocer sus orígenes que nosotros, que estamos separados de esa fecha por una distancia de doscientos años. Pero como su testimonio aparece por primera vez en el momento de los altos grados, donde la influencia templaria es más claramente visible que en la masonería artesanal, debe reservarse para un capítulo posterior. Antes de pasar a esta etapa siguiente de la historia del Oficio, es necesario considerar otro

---

[319] Oraison du Chevalier Ramsay (1737); Baron Tschoudy, *L'Étoile Flamboyante*, I. 20 (1766).

eslabón de la cadena de la tradición masónica, el "Santo Vehm".[320]

LOS VEHMGERICHTS

Estos temibles tribunales, de los que se dice que fueron creados por Carlomagno en 772[321] en Westfalia, tenían el objetivo declarado de establecer la ley y el orden en las condiciones inestables e incluso anárquicas que imperaban entonces en Alemania. Poco a poco, sin embargo, el poder arrogado al "Santo Vehm" se hizo tan formidable que los sucesivos emperadores fueron incapaces de controlar su funcionamiento y se vieron obligados a convertirse en iniciados por razones de autoprotección. Durante el siglo XII, los Vehmgerichts, con sus incesantes ejecuciones, habían creado un auténtico "Terror Rojo", hasta el punto de que el este de Alemania era conocido como la "Tierra Roja". En 1371, cuenta Lecouteulx de Canteleu, se dio un nuevo impulso al "Santo Vehm" gracias a una serie de templarios que, tras la disolución de su Orden, habían encontrado el camino a Alemania y ahora buscaban ser admitidos en los Tribunales Secretos.[322] Es imposible saber hasta qué punto la tradición templaria pasó a manos de los Vehmgerichts, pero ciertamente existe un parecido entre los métodos de iniciación e intimidación empleados por los Vehms y los descritos por ciertos templarios, y más aún entre la ceremonia de los Vehms y el ritual de la masonería.

Así, los miembros de los Vehms, conocidos como *Wissende* (o iluminados), se dividían en tres grados de iniciación: jueces libres, verdaderos jueces libres y santos jueces del tribunal secreto. El candidato a la iniciación era conducido con los ojos vendados ante el temible Tribunal, presidido por un *Stuhlherr* (o Maestro de la Silla) o su sustituto,

---

[320] La siguiente descripción de los tribunales de Vehmic está tomada en gran parte de Lombard de Langres, *Les Sociétés Secrètes en Allemagne* (1819), citando documentos originales conservados en Dortmund.

[321] Clavel ridiculiza este primer origen y afirma que fueron los propios *franco-jugoses* quienes reivindicaron a Carlomagno como su fundador (*Histoire pittoresque*, p. 357).

[322] Lecouteulx de Canteleu, *Les Sectes et Sociétés Secrètes*, p. 100.

un *Freigraf*, con una espada y una rama de sauce a su lado. El iniciado quedaba entonces obligado por un terrible juramento a no revelar los secretos del "Santo Vehm", a no advertir a nadie del peligro que amenazaban sus decretos y a no denunciar a nadie, padre, madre, hermano, hermana, amigo o pariente, si había sido condenado por el Tribunal. A continuación se le entregaba la contraseña y la manilla por las que los confederados se reconocían entre sí. Si se convertía en traidor o revelaba los secretos que se le habían confiado, se le vendaban los ojos, se le ataban las manos a la espalda, se le arrancaba la lengua por la nuca y luego se le colgaba por los pies hasta que moría, con la solemne imprecación de que su cuerpo sería alimento de las aves del cielo.

Es difícil creer que los puntos de semejanza con el ritual masónico moderno[323] que pueden discernirse aquí puedan ser una simple cuestión de coincidencia, pero sería igualmente irrazonable remontar los orígenes de la masonería a los Vehmgerichts. Está claro que ambos derivaron de una fuente común, bien las antiguas tradiciones paganas sobre las que se fundaron los primeros Vehms, bien el sistema de los Caballeros Templarios. Esta última parece la hipótesis más probable por dos razones: en primer lugar, por la similitud entre los métodos de los Vehmgerichts y los Asesinos, que se explicaría si los Templarios formaran el vínculo; en segundo lugar, por el hecho de que en los documentos contemporáneos, los miembros de los Tribunales Secretos se denominaban a menudo Rosacruces.[324] Puesto que, como hemos visto, el grado de rosacrucismo fue introducido en Europa por los templarios, esto explicaría la persistencia del nombre entre los Vehmgerichts y los rosacruces del siglo XVII, de quienes se dice que continuaron la tradición templaria. Así pues, el templismo y el rosacrucismo parecen haber estado siempre estrechamente vinculados, lo que no es sorprendente, ya que

---

[323] Según el relato de Walter Scott sobre los Vehmgerichts en *Ana de Geierstein*, se advertía al iniciado de que los secretos que se le confiaban "no debían pronunciarse en voz alta, ni susurrarse, ni contarse con palabras o escribirse en caracteres, ni grabarse o pintarse, ni comunicarse de otro modo, ni directamente ni mediante parábolas y emblemas". Esta fórmula, si es exacta, establece otro punto de similitud.

[324] Lombard de Langres, *Les Sociétés Secrètes en Allemagne*, p. 341 *(1819); Lecouteulx de Canteleu*, Les Sectes et Sociétés Secrètes, *p. 99.*

ambos derivan de una fuente común, las tradiciones del Próximo Oriente.

Esto nos lleva a una teoría alternativa sobre el canal a través del cual las doctrinas orientales, y en particular el cabalismo, encontraron su camino en la Francmasonería. Porque hay que admitir que existe un obstáculo para la plena aceptación de la teoría de la sucesión templaria, a saber, que, aunque el elemento judaico no puede remontarse más allá de las Cruzadas, tampoco se puede decir con certeza que apareciera durante los tres siglos siguientes. De hecho, antes de la publicación de las "Constituciones" de Anderson en 1723, no existen pruebas formales de que la leyenda de Salomón se incorporara al ritual de la masonería británica. Así, aunque la posesión de la leyenda por los *Compañeros de la Edad Media* tiende a probar su antigüedad, todavía es posible que fuera introducida por un cuerpo de adeptos más reciente que los templarios.

Según los partidarios de otra teoría, estos seguidores son los Rosacruces.

ORÍGENES ROSACRUCES

Se dice que uno de los primeros y más eminentes precursores de la Francmasonería fue Francis Bacon. Como ya hemos visto, se sabe que Bacon era rosacruz, y el hecho de que la doctrina filosófica secreta que profesaba estaba estrechamente relacionada con la masonería se aprecia claramente en su *Nueva Atlántida*. La referencia a los "Sabios de la Sociedad de la Casa de Salomón" no puede ser una mera coincidencia. La elección de la Atlántida, la legendaria isla que se supone fue sumergida por el Océano Atlántico en un pasado remoto, sugiere que Bacon estaba al tanto de una tradición secreta descendiente de los primeros patriarcas de la raza humana, que él imaginaba, como el escritor moderno Le Plongeon, que habían habitado el hemisferio occidental y que habían sido los predecesores de los iniciados egipcios. Le Plongeon, sin embargo, sitúa esta primera sede de los misterios aún más al oeste que el océano Atlántico, en la región de Mayax y Yucatán.[325]

Bacon cuenta también que esta tradición fue conservada en su forma

---

[325] A. le Plongeon, *Mystères sacrés chez les Mayas et les Quichas* (1886).

pura por ciertos judíos que, si bien aceptaban la Cábala, rechazaban sus tendencias anticristianas. Así, en la isla de Bensalem hay judíos "de una disposición muy diferente a la de los judíos de otras regiones. En efecto, mientras ellos odian el nombre de Cristo y albergan un resentimiento secreto contra el pueblo entre el que viven, éstos, por el contrario, atribuyen muchas altas cualidades a nuestro Salvador", pero al mismo tiempo creen "que Moisés, a través de una Cábala secreta, ordenó las leyes de Bensalem que ellos usan ahora, y que cuando el Mesías venga y se siente en su trono en Jerusalén, el rey de Bensalem se sentará a sus pies, mientras que los otros reyes permanecerán a gran distancia". Este pasaje es particularmente interesante porque muestra que Bacon reconocía la divergencia entre la antigua tradición secreta descendiente de Moisés y la Cábala judía pervertida de los rabinos, y que era muy consciente de la tendencia, incluso entre los mejores judíos, a convertir la primera en beneficio de los sueños mesiánicos.

La señora Pott, que en su libro *Francis Bacon and his Secret Society se* propone demostrar que Bacon es el fundador del rosacrucismo y la masonería, ignora toda la historia anterior de la tradición secreta.

Bacon no es el creador, sino el heredero de las ideas sobre las que se fundaron estas dos sociedades. Y la afirmación de que Bacon fue al mismo tiempo el autor de los mayores dramas en lengua inglesa y de las *Bodas Químicas de Christian Rosengreutz* es patentemente absurda. Sin embargo, la influencia de Bacon sobre los *rosacruces* es evidente; el *Viaje al país de* los *rosacruces de* Heydon no es, de hecho, más que un plagio de la *Nueva Atlántida* de Bacon.

La Sra. Pott parece pensar que al proclamar que Bacon fue el fundador o incluso un miembro de la Orden de la Masonería, está revelando un gran secreto masónico que los masones han conspirado para mantener oscuro. Pero, ¿por qué querría la Orden repudiar a un progenitor tan ilustre o tratar de ocultar sus vínculos con la Orden, si es que existieron? De hecho, Findel admite francamente que *Nueva Atlántida* contenía alusiones inequívocas a la masonería y que Bacon contribuyó a su transformación final. [326] Esta transformación fue indudablemente provocada en gran parte por los rosacruces ingleses que lo siguieron.

---

[326] Findel, *History of Freemasonry* (trad. inglesa, 1866), pp. 131, 132.

Sugerir que la masonería nació con los rosacruces es ignorar la historia anterior de la tradición secreta. El rosacrucismo no es el principio, sino un eslabón de la larga cadena que conecta la masonería con asociaciones secretas muy anteriores. No se puede negar el parecido entre las dos Órdenes. Yarker escribe: "La disposición simbólica de los Rosacruces era un Templo cuadrado al que se llegaba por siete escalones...".

También están los dos pilares de Hermes, la estrella de cinco puntas, el sol y la luna, los compases, la escuadra y el triángulo. Yarker observa además que "incluso Wren era más o menos un estudiante de hermetismo, y si tuviéramos una lista completa de masones y rosacruces, probablemente nos sorprendería el número de los que pertenecían a ambos sistemas".[327]

El profesor Bühle afirma rotundamente que "la francmasonería no es ni más ni menos que el rosacrucismo modificado por quienes lo trasplantaron a Inglaterra". Chambers, que publicó su famosa *Cyclopædia* en 1728, observó: "Algunos, que no son amigos de la francmasonería, hacen de la floreciente sociedad actual de francmasones una rama de los *rosacruces*, o más bien los propios rosacruces bajo un nuevo nombre o relación, es decir, como ayudantes en la construcción. Y es cierto que hay francmasones que tienen todas las características de los rosacruces".

Sin embargo, el vínculo entre la masonería y el rosacrucismo no es menos controvertido que el vínculo entre la masonería y el templismo.

El Dr. Mackey refuta vehementemente esta teoría. Los Rosacruces", escribe, "como indica esta breve historia, no tenían conexión alguna con la fraternidad masónica. A pesar de este hecho, Barruel, el más maligno de nuestros réprobos, con un característico espíritu de deformación, intentó identificar las dos instituciones".[328] Pero la mencionada "breve historia" no indica tal cosa, y la referencia a Barruel como un reprobado maligno por sugerir una conexión, que, como hemos visto, muchos masones admiten, muestra de qué lado está este "espíritu de deformación". Es interesante notar, sin embargo, que a los ojos de

---

[327] John Yarker, *Las Escuelas Arcanas*, p. 216, 431.

[328] *Glosario de la Francmasonería*, p. 298.

algunos escritores masónicos, la conexión Rosacruz es considerada como altamente desacreditable; la fraternidad parecería por lo tanto haber sido menos irreprochable de lo que se nos ha hecho creer. El Sr. Waite se esfuerza también por demostrar que no existe "ninguna conexión rastreable entre la masonería y el rosacrucismo", y continúa explicando que la masonería nunca ha sido una sociedad erudita, que nunca ha reivindicado "ningún secreto trascendental de alquimia y magia, ni ninguna pericia en medicina", etc.[329]

La verdad puede estar entre las afirmaciones opuestas del profesor Bühle y sus dos antagonistas masones. Los francmasones no fueron claramente, por las razones dadas por el Sr. Waite, una mera continuación de los rosacruces, sino que más probablemente tomaron prestado de los rosacruces parte de su sistema y símbolos que adaptaron a su propio propósito.

Además, el hecho indiscutible es que en la lista de los Francmasones y Rosacruces ingleses, encontramos hombres que pertenecieron a ambas Órdenes y que, entre ellos, contribuyeron en gran medida a la constitución de la Francmasonería inglesa.

El primero de ellos es Robert Fludd, a quien Waite describe como "la figura central de la literatura rosacruz,... un gigante intelectual,... un hombre de inmensa erudición, espíritu exaltado y, a juzgar por sus escritos, de extrema santidad personal. Ennemoser lo describe como uno de los discípulos más distinguidos de Paracelso...".[330] Yarker añade esta pista: "En 1630 encontramos a Fludd, el líder de los Rosacruces, utilizando lenguaje arquitectónico, y hay pruebas de que su Sociedad estaba dividida en grados, y por el hecho de que la Compañía de Masones de Londres tenía una copia de los Cargos Masónicos 'presentada por el señor fflood', podemos suponer que era masón antes de 1620."[331]

Un eslabón aún más importante es Elias Ashmole, anticuario, astrólogo y alquimista, fundador del Museo Ashmolean de Oxford, que nació en 1617. Ashmole, rosacruz declarado y, como hemos visto,

---

[329] Waite, *The Real History of the Rosicrucians*, p. 403.

[330] Ibid. p. 283.

[331] Yarker, *Las escuelas arcanas*, p. 430.

también masón, demostró una gran energía en la reconstitución del oficio; se dice que perfeccionó su organización, añadió más símbolos místicos y, según Ragon, fue él quien redactó el ritual para los tres grados existentes del oficio -aprendiz, compañero y maestro masón-, que fue adoptado por la Gran Logia en 1717. ¿De dónde procedían estas nuevas inspiraciones, si no de los rosacruces de ? Porque, como también nos dice Ragon, el mismo año en que Ashmole fue admitido en la masonería, los rosacruces celebraron su reunión en la misma sala del Mason Hall.[332]

¿Cómo se puede afirmar entonces que no había "ninguna conexión rastreable entre la masonería y el rosacrucismo" y por qué sería el papel de un "pervertido maligno" vincularlos? No se sugiere que los rosacruces, como Fludd o Ashmole, importaran elementos mágicos a la masonería, sino simplemente el sistema y los símbolos rosacruces con un grado de aprendizaje esotérico. Por lo tanto, es innegable que el rosacrucismo es un eslabón importante en la cadena de la tradición secreta.

RABINOS DEL SIGLO XVII

Existe, sin embargo, un tercer canal a través del cual las leyendas judaicas de la masonería entraron en la Orden, a saber, los rabinos del siglo XVII. El escritor judío Bernard Lazare declaró que "había judíos alrededor de la cuna de la francmasonería".[333] Y si esta afirmación se aplica al periodo anterior a la institución de la Gran Logia en 1717, los hechos la confirman sin lugar a dudas. Por ejemplo, se dice que en el siglo anterior, el escudo de armas utilizado actualmente por la Gran Logia había sido diseñado por un judío de Amsterdam, Jacob Jehuda Leon

---

[332] "Yarker afirma que Elias Ashmole era hacia 1686 'el espíritu gobernante tanto de la Masonería del Oficio como del Rosacrucismo', y cree que su diario establece el hecho 'de que las dos sociedades cayeron en decadencia juntas en 1682'. Y añade: "Es pues evidente que los rosacruces... encontraron la Cofradía Operativa ya hecha, y le injertaron sus propios misterios... así, desde entonces, el rosacrucismo desapareció y la francmasonería renació con todas las posesiones de la primera". *"Speculative Freemasonry, an Historical Lecture"*, pronunciado el 31 de marzo de 1883, p. 9; citado en Gould, *History of Freemasonry*, II. 138.

[333] *L'Antisémitisme*, p. 339.

Templo, colega del amigo de Cromwell, el cabalista Manasseh ben Israel.[334] Citando a una autoridad judía en la materia, Lucien Wolf escribe que Templo "tenía una monomanía por... todo lo relacionado con el Templo de Salomón y el Tabernáculo del Desierto, y construyó modelos gigantescos de ambos. Construyó modelos gigantescos de estos dos edificios"[335] que expuso en Londres, donde había estado en 1675 y antes, y no es descabellado concluir que esto pudo ser una nueva fuente de inspiración para los masones que elaboraron el ritual masónico unos cuarenta años después. En cualquier caso, el escudo masónico que todavía utiliza la Gran Logia de Inglaterra es sin duda de diseño judío.

Este manto", dice Lucien Wolf, "está compuesto enteramente de símbolos judíos y es un intento de representación heráldica de las diferentes formas de los querubines representados en la segunda visión de Ezequiel -un buey, un hombre, un león y un águila- y pertenece, por tanto, al dominio más elevado y místico del simbolismo hebreo".[336] En otras palabras, esta visión, conocida por los judíos como "Mercaba",[337] pertenece a la Cábala, donde cada figura es objeto de una interpretación particular que le confiere un significado esotérico no perceptible para los no iniciados.[338]

Así pues, el escudo masónico es totalmente cabalístico, al igual que el sello de los diplomas de la Masonería, donde se reproduce otra figura cabalística, la de un hombre y una mujer reunidos.[339]

---

[334] *Encyclopédie juive*, artículos sobre León y Manasseh ben Israel.

[335] Artículo sobre "Anglo-Jewish Coats-of-arms" de Lucien Wolf en *Transactions of the Jewish Historical Society*, Vol. II. p. 157.

[336] *Transactions of the Jewish Historical Society of England*, Vol. II. p. 156. Una imagen del Templo constituye el frontispicio de este volumen, y una reproducción del escudo de armas de la Gran Logia figura frente a la p. 156.

[337] Zohar, sección Jethro, folio 70 *b* (trans. de Pauly, Vol. III. 311).

[338] La interpretación cabalística de la Mercaba se encuentra en el Zohar, sección Bereschith, folio 18 *b* (traducción de Pauly, Vol. I, p. 115).

[339] "Por figura del hombre se entiende siempre la del macho y la hembra juntos" (ibíd., p. 116).

Más adelante hablaré de la influencia judía en la masonería después de 1717.

En resumen, los orígenes del sistema que hoy conocemos como Masonería no se encuentran en una sola fuente. Las doce fuentes alternativas enumeradas en la *Masonic Cyclopædia* y citadas al principio de este capítulo pueden haber contribuido a su formación. Así, la masonería operativa puede haber provenido de los Colegios Romanos y de los masones operativos de la Edad Media, mientras que la masonería especulativa puede haber provenido de los patriarcas y de los misterios de los paganos. Pero la fuente de inspiración innegable es la Cábala judía. Si penetró en nuestro país a través de los Colegios Romanos, los *Compañeros*, los Templarios, los Rosacruces o los judíos de los siglos XVII y XVIII, cuyas actividades entre bastidores de la masonería veremos más adelante, es una cuestión de especulación. El hecho es que cuando se redactaron el ritual y las constituciones de la masonería en 1717, aunque se habían conservado algunos fragmentos de las antiguas doctrinas egipcias y pitagóricas, fue la versión judaica de la tradición secreta la que eligieron los fundadores de la Gran Logia para construir su sistema.

6. LA ERA DE LA GRAN LOGIA

S ean cuales sean los orígenes de la orden que hoy conocemos como masonería, está claro que en el siglo anterior a su reorganización bajo la égida de la Gran Logia de Londres, el sistema secreto de unir a los hombres para un fin común, basado en doctrinas esotéricas orientales, había sido anticipado por los rosacruces. ¿Este sistema secreto fue utilizado por otro grupo de hombres? Desde luego, es fácil imaginar cómo, en aquel siglo XVII tan importante, hombres de todas las tendencias conspiraron contra fuerzas opuestas: luteranos unidos contra el papado, católicos uniéndose contra el protestantismo invasor, republicanos conspirando a favor de Cromwell, Los monárquicos conspiraban a su vez para restaurar a los Estuardo, y los monárquicos conspiraban unos contra otros en nombre de dinastías rivales. Una organización de este tipo, con su capacidad para trabajar encubiertamente por una causa y mover a un gran número de personas de forma invisible, podía resultar inestimable para cualquier partido.

Así, según ciertos autores masónicos continentales, el sistema utilizado por los Rosacruces en su lucha contra el "papado" también fue utilizado por los Jesuitas para un fin directamente opuesto. En los manuscritos del Príncipe de Hesse publicados por Lecouteulx de Canteleu, se afirma que en 1714, los jesuitas utilizaron los misterios del rosacrucismo. Mirabeau relata también que "los jesuitas aprovecharon los problemas internos del reinado de Carlos I para obtener los símbolos, alegorías y esteras de los masones de la Orden Rosacruz, que no eran más que la antigua orden de los Templarios perpetuada secretamente. Podemos ver con qué imperceptibles innovaciones consiguieron sustituir la instrucción de los templarios por su catecismo."[340]

Otros autores continentales afirman que Cromwell, adversario jurado de la Iglesia católica, era "un iniciado superior en los misterios

---

[340] *Historia de la monarquía prusiana*, VI. 76.

masónicos" y que se sirvió del sistema para ascender al poder[341]; además, se encontró superado por los Niveladores; esta secta, cuyo nombre sugiere ciertamente una inspiración masónica, adoptó la escuadra y el compás como símbolos,[342] y, reivindicando la igualdad real, amenazó la supremacía del usurpador. Por último, se dice que Elias Ashmole, el rosacruz monárquico, puso al sistema masónico en contra de Cromwell, de modo que hacia finales del siglo XVII, la Orden se unió a la causa de los Estuardo.[343]

Pero todo esto es pura especulación basada en ningún hecho conocido. La acusación de que los jesuitas utilizaron el sistema rosacruz para encubrir intrigas políticas es descrita por el rosacruz Eliphas Levi como el resultado de la ignorancia, que "se refuta a sí misma". Es significativo señalar que emana principalmente de Alemania y de los Illuminati; el príncipe de Hesse era miembro de la *Estricta Observancia* y Mirabeau un Illuminatus en la época en que escribió el pasaje citado anteriormente. Que ciertos jesuitas en el siglo XVII desempeñaran el papel de intrigantes políticos, supongo que sus más cálidos amigos no lo negarán, pero que utilizaran cualquier tipo de sistema secreto o masónico me parece perfectamente indemostrable. Aunque volveré sobre este punto más adelante, en relación con los Illuminati.

En lo que respecta a Cromwell, la única circunstancia que da color a la posibilidad de su conexión con la masonería es su conocida amistad con Manasseh ben Israel, el colega del rabino Templo que diseñó el escudo de armas adoptado posteriormente por la Gran Logia. Por lo tanto, si los judíos de Amsterdam fueron una fuente de inspiración para los francmasones del siglo XVII, no es imposible que Cromwell fuera el canal a través del cual esta influencia penetró por primera vez.

Sin embargo, en lo que respecta a los Estuardo, pisamos terreno firme en lo que se refiere a la masonería. Es cierto que las logias de finales del siglo XVII eran monárquicas, y hay buenas razones para creer que

---

[341] Lecouteulx de Canteleu, op. cit. p. 105.

[342] Ibid. p. 106; Lombard de Langres, *Les Sociétés secrètes en Allemagne*, p. 67.

[343] Obispo George F. Dillon, *Anti-Christ's War Against the Church and Christian Civilization*, p. 24 (1885).

cuando la revolución de 1688 dividió la causa monárquica, los jacobitas que huyeron a Francia con Jacobo II se llevaron consigo la masonería.[344] Con la ayuda de los franceses, establecieron logias en las que, se dice, se utilizaron ritos y símbolos masónicos para promover la causa Estuardo. Así, la Tierra de Promisión significaba Gran Bretaña, Jerusalén representaba Londres y el asesinato de Hiram representaba la ejecución de Carlos I.[345]

Mientras tanto, la masonería inglesa no siguió apoyando la causa Estuardo como había hecho bajo Elias Ashmole y, en 1717, se dice que se hizo hannoveriana.

Es a partir de esta importante fecha cuando comienza la historia oficial del sistema actual; hasta ahora, todo se ha basado en documentos aislados, cuya autenticidad es a menudo cuestionable, y que no proporcionan una historia continua de la Orden. En 1717, la Francmasonería se asienta por primera vez sobre bases sólidas y experimenta un cambio fundamental. Hasta entonces parece haber conservado un elemento operativo, pero en la transformación que se produjo entonces éste fue eliminado por completo y toda la Orden se transformó en un cuerpo especulativo de las clases media y alta. Este *golpe de estado,* ya insinuado en 1703, tuvo lugar en 1716, cuando cuatro logias londinenses de francmasones se reunieron en la taberna Apple Tree de Charles Street, Covent Garden, "y, tras sentar en el trono al más antiguo de los maestros Mason (ahora maestro de una logia), se constituyeron en Gran Logia, *pro tempore*, en debida forma". El día de San Juan Bautista, el 24 de junio del año siguiente, se celebraron la reunión anual y el banquete en el Goose and Gridiron, en St. Paul's Churchyard, cuando el Sr. M. Mason, Maestro de la Logia, ocupó la presidencia.

Antony Sayer ha sido elegido Gran Maestre e investido con todas las

---

[344] Hermano Chalmers I. Paton, *The Origin of Freemasonry: the 1717 Theory Exploded*, p. 34.

[345] Lecouteulx de Canteleu, op. cit. p. 107; Robison's *Proofs of a Conspiracy*, p. 27; Dillon, op. cit. p. 24; Mackey, *Lexicon of Freemasonry*, p. 148.

insignias del cargo.[346]

De lo anterior se desprende claramente que en 1717 los elementos especulativos debían de predominar en las logias; de lo contrario, cabría esperar que los masones operativos participaran en estas deliberaciones y expresaran su opinión sobre si su asociación debía quedar bajo el control de hombres sin ninguna relación con el oficio. Pero no, los líderes del nuevo movimiento parecen pertenecer todos a la clase media y, a partir de entonces, ni los masones ni los arquitectos parecen haber desempeñado un papel significativo en la masonería.

Pero el punto que la historia oficial no intenta dilucidar es la razón de esta decisión. ¿Por qué los francmasones de Londres, que en aquel momento eran una asociación especulativa o sólo semiespeculativa, reconocieron de repente la necesidad de crear una Gran Logia y de redactar un ritual y una "Constitución"? Es evidente, pues, que debieron surgir ciertas circunstancias que les llevaron a dar este importante paso. Yo sugeriría que la siguiente podría ser la solución al problema.

La francmasonería, como hemos visto, era un sistema que podía utilizarse para cualquier causa y había llegado a ser utilizado por intrigantes de todo tipo -y no sólo intrigantes, sino simplemente organismos de convivencia, alegres Hermandades de la Botella, siguiendo el modelo de las asociaciones masónicas.[347] Pero los honrados ciudadanos de Londres que se reunían y festejaban en el Goose and Gridiron no eran, evidentemente, intrigantes, conspiradores monárquicos o republicanos, fanáticos católicos o luteranos, alquimistas o magos, y tampoco cabe suponer que fueran simples juerguistas. Si eran políticos, desde luego no eran partidarios de los Estuardo; al contrario, generalmente se dice que tenían simpatías hannoverianas, y el Dr. Bussell llega incluso a afirmar que la Gran Logia se instituyó para apoyar a la

---

[346] Preston's *Illustrations of Masonry*, p. 209 (1804); Anderson's *New Book of Constitutions* (1738).

[347] *Ars Quatuor Coronatorum*, XXV. p. 31. Véase el relato de algunas de estas sociedades masónicas convivenciales en este artículo titulado "Una convocatoria apolinar".

dinastía hannoveriana.[348] Quizás sería más cercano a la verdad concluir que si eran hannoverianos era porque eran constitucionales, y que estando ya establecida la dinastía Hannoveriana, deseaban evitar nuevos cambios. En una palabra, eran simplemente hombres de paz, deseosos de poner fin a las disensiones, que, viendo que el sistema de la masonería se utilizaba con el fin de promover la discordia, decidieron arrancarlo de las manos de los intrigantes políticos y restaurarlo a su carácter original de fraternidad, aunque no una fraternidad entre masones laboristas solamente, sino entre hombres de todas las clases y profesiones. Fundando una Gran Logia en Londres y redactando un ritual y unas "Constituciones", esperaban impedir la perversión de sus signos y símbolos y asentar la Orden sobre bases sólidas.

Según Nicolai, este objetivo pacífico ya había animado a los francmasones ingleses bajo la Gran Maestría de Sir Christopher Wren: "Su principal objetivo a partir de este periodo fue moderar los odios religiosos tan terribles en Inglaterra bajo el reinado de Jacobo II y tratar de establecer una especie de concordia o fraternidad, debilitando en la medida de lo posible los antagonismos resultantes de las diferencias de religión, rango e intereses". Un manuscrito del príncipe de Hesse del siglo XVIII, citado por Lecouteulx de Canteleu, expresa la opinión de que en 1717 *los misterios de la francmasonería fueron reformados y purificados en Inglaterra de toda tendencia política*.

En materia de religión, la Masonería ha adoptado una actitud igualmente no sectaria. Las primeras "Constituciones" de la Orden, escritas por el Dr. Anderson en 1723, contienen el siguiente párrafo SOBRE DIOS Y LA RELIGIÓN

Un Masón está obligado, por su tenencia, a obedecer la Ley Moral; y si entiende bien el Arte, nunca será un estúpido ateo, ni un libertino irreligioso. Pero si antiguamente se obligaba a los Masones en todos los países a ser de la religión de ese país o nación, cualquiera que fuese, ahora

---

[348] *Pensamiento religioso y herejía en la Edad Media*, p. 373. Un *"Past Grand Master"*, en un artículo titulado *"The Crisis in Freemasonry"*, que apareció en la English Review *en agosto de 1922, adopta el mismo punto de vista. "Es cierto que las logias Craft de Inglaterra eran originalmente clubes hannoverianos, al igual que las logias escocesas eran clubes jacobitas.*

se considera más apropiado obligarlos sólo a la religión en que todos los hombres están de acuerdo, dejándoles sus opiniones particulares, es decir, a ser hombres buenos y verdaderos, u hombres de honor y honradez, cualesquiera que sean las denominaciones o convicciones que los distingan; La masonería se convierte así en el centro de unión y el medio de reconciliar una verdadera amistad entre personas que deberían haber permanecido perpetuamente distantes unas de otras.

La frase "esa religión en la que todos los hombres están de acuerdo" ha sido censurada por los escritores católicos como la defensa de una religión universal en lugar del cristianismo. Pero no es así en absoluto. Se trata ciertamente de que los masones sean hombres que se adhieran a la ley del bien y del mal común a todas las religiones. La masonería artesanal puede, pues, calificarse de deísta, pero no en el sentido aceptado del término, que implica el rechazo de las doctrinas cristianas. Si la Francmasonería hubiera sido deísta en este sentido, ¿no cabría esperar encontrar un vínculo entre los fundadores de la Gran Logia y la escuela de deístas -Toland, Bolingbroke, Woolston, Hume y otros- que floreció precisamente en aquella época? ¿No podríamos detectar una cierta analogía entre la organización de la Orden y las Sodalidades descritas en el *Panteísmo* de Toland, publicado en 1720? Pero no encuentro ningún rastro de ello. Los principales fundadores de la Gran Logia eran, como hemos visto, clérigos, ambos dedicados a la predicación de las doctrinas cristianas en sus respectivas iglesias.[349] Por lo tanto, es ciertamente razonable concluir que la masonería, en el momento de su reorganización en 1717, era deísta sólo en la medida en que invitaba a los hombres a reunirse sobre la base común de una creencia en Dios. Además, algunos de los primeros rituales ingleses contienen elementos claramente cristianos. Así, tanto en *Jachin and Boaz* (1762) como en *Hiram or the Grand Master Key to the Door of Ancient and Modern Freemasonry by a Member of the Royal Arch* (1766), encontramos oraciones en las logias

---

[349] Anderson, natural de Aberdeen y por entonces ministro de la iglesia presbiteriana de Swallow Street, y el Dr. Desaguliers, de origen protestante francés, que había tomado las sagradas órdenes en Inglaterra y ese mismo año 1717 dio una conferencia ante Jorge I, quien le recompensó con un beneficio en Norfolk (*Dictionary of National Biography*, artículos sobre James Anderson y John Theophilus Desaguliers).

que terminan con el nombre de Cristo. Estos pasajes fueron sustituidos mucho más tarde por fórmulas puramente deístas bajo la Gran Maestría del duque de Sussex, librepensador, en 1813.

Pero a pesar de su inocuidad, el secretismo de la Francmasonería pronto causó preocupación pública. Ya en 1724, un libro titulado *The Grand Mystery of the Freemasons Discovered* había provocado una enérgica protesta de la Orden[350]; y cuando se aprobó el edicto francés contra la Orden, apareció una carta firmada "Jachin" en *The Gentleman's Magazine* declarando que los "francmasones que han sido suprimidos últimamente no sólo en Francia sino también en Holanda" eran "una raza peligrosa de hombres": Ningún gobierno debería tolerar tales asambleas clandestinas donde se pueden fomentar complots contra el Estado, bajo la apariencia de amor fraternal y buen entendimiento.

El autor, que desconoce claramente cualquier tradición templaria, observa a continuación que el centinela colocado a la puerta de la logia, espada desenvainada en mano, "no es la única marca de su pertenencia a una orden militar", y sugiere que el título de Gran Maestre se toma a imitación de los Caballeros de Malta. Además, "Jachin" tenía un tufillo a complot papista:

Admiten no sólo a turcos, judíos, infieles, sino incluso a jacobitas, no juristas y a los propios papistas... ¿cómo podemos estar seguros de que se admite en todos sus Misterios a gente que se sabe bien afectada? No tienen escrúpulos en reconocer que existe una distinción entre aprendices y Maestros Masones, y quién sabe si no tienen una orden superior de cabalistas, que guardan el gran secreto sólo para ellos.[351]

Más tarde, en Francia, el abate Pérau publicó sus sátiras sobre la masonería, *Le Secret des Francs-Maçons* (1742), *L'Ordre des Francs-*

---

[350] *The Free Mason's Vindication, being an answer to a scandalous libel entitled (sic) The Grand Mystery of the Free Masons discover'd*, etc. (Dublín, 1725). Es curioso que esta respuesta se encuentre en el Museo Británico (Press mark 8145, h. I. 44), pero no el libro en sí. Sin embargo, el Sr. Waite la considera lo suficientemente importante como para incluirla en una "Chronology of the Order", en su *Encyclopædia of Freemasonry*, I. 335.

[351] *Gentleman's Magazine* de abril de 1737.

Maçons trahi et le Secret des Mopses révélé, (1745), y *Les Francs-Maçons écrasés* (1746)[352] y, hacia 1761, otro escritor inglés que se decía masón hizo caer sobre su cabeza un torrente de invectivas al publicar The Ritual of the Craft Degrees bajo el nombre de *Jachin and Boaz*.[353]

Hay que decir que de toda esta controversia ninguna parte emerge bajo una luz muy caritativa, católicos y protestantes se permiten sarcasmos y acusaciones temerarias contra la francmasonería, los francmasones responden con una indulgencia nada fraternal.[354] Pero, una vez más, hay que recordar que todos estos hombres eran de su misma edad, una edad que, vista a través de los ojos de Hogarth, no parecería ciertamente haber sido señalada por su delicadeza. Sin embargo, cuando se lee en la literatura masónica sobre las "persecuciones" a las que se vio sometida la masonería, debe tenerse en cuenta que los ataques no se limitaron a un

---

[352] Fechas indicadas en *A.Q.C.*, XXXII. Parte I. pp. 11, 12, y Deschamps, *Les Sociétés Secrétes et la Société*, III. 29. El autor del artículo de *la A.Q.C.* parece no reconocer la autoría de la segunda obra *L'Ordre des Francs-Maçons trahi;* pero en la página xxix de este libro, la firma del Abbé Pérau aparece en el criptograma masónico de la época derivado de la palabra masónica LUX. Esta cifra es, por supuesto, ahora bien conocida. Aparece en la página 73 de la *Histoire pittoresque de* Clavel.

[353] El Museo Británico no tiene ninguna edición anterior de esta obra a la de 1797, pero la primera edición debe haber aparecido al menos treinta y cinco años antes, ya que *A Free Mason's Answer to the suspected Author of... Jachin and Boaz*, una copia de la cual se encuentra en el Museo Británico (Press mark 112, d. 41), está fechada en 1762. La portada de este libro lleva la siguiente cita de Shakespeare: "Oh, que el cielo pusiera en cada mano honesta un látigo para azotar al granuja desnudo por el mundo".

[354] En la edición de 1797, el autor de *Jachin et Boaz* declara que, a raíz de esta obra, ha recibido "varias cartas anónimas que contienen los más bajos insultos e invectivas calumniosas; algunas llegan incluso a amenazar su persona". Pide a todos los hermanos enfurecidos que decidan mostrar su talento en el futuro que tengan la amabilidad de pagar el franqueo de sus cartas, ya que no hay razón para que él tenga que soportar sus malos tratos y pagar el gaitero a cambio. Seguramente debe haber algo muy extraordinario en este libro, algo que no pueden digerir y que excita la ira y la cólera de esta alta burguesía con cerebro de albañil. Una carta que recibió lo describía como "Pow Catt (sic) escandaloso y apestoso".

solo bando en el conflicto; es más, los masones de este periodo estaban divididos entre ellos y expresaban hacia los grupos opuestos casi las mismas sospechas que los no masones expresaban hacia la Orden en su conjunto. De hecho, los años que siguieron a la supresión de la masonería en Francia estuvieron marcados por el acontecimiento más importante en la historia de la Orden moderna: la inauguración de los Grados Adicionales.

TITULACIONES ADICIONALES

El origen y la inspiración de los grados adicionales han suscitado apenas menos controversia en los círculos masónicos que el origen de la masonería misma. Conviene explicar que la Masonería del Oficio, o Masonería Azul, no es una Masonería por derecho propio, sino una Masonería en sí misma.

es decir, los tres primeros grados de Aprendiz, Compañero y Maestro Masón, cuya historia he intentado trazar, eran los únicos grados reconocidos por la Gran Logia en el momento de su fundación en 1717 y siguen constituyendo la base de todas las formas de masonería moderna. Fue sobre esta base que, en algún momento entre 1740 y 1743, se erigieron el grado del Arco Real y el primero de la serie de grados superiores conocidos hoy como el Rito Escocés o el Rito Antiguo y Aceptado. La aceptación o el rechazo de esta superestructura ha sido siempre objeto de violentas controversias entre los masones, unos afirmando que la masonería artesanal es la única masonería verdadera y auténtica, los otros declarando que el verdadero propósito de la masonería sólo se encuentra en los grados superiores. Fue esta controversia, centrada en el grado del Arco Real, la que, hacia mediados del siglo XVIII, dividió a la Masonería en dos bandos opuestos, los Antiguos y los Modernos, los Antiguos declarando que el R. A. era "la raíz, el corazón y la médula de la Masonería", [355] los Modernos rechazándolo. Aunque practicado por los Antiguos desde 1756, este grado fue definitivamente repudiado por la Gran Logia en 1792,[356] y no

---

[355] *A.Q.C.*, XXXII. Parte I. p. 34.

[356] Ibid.

fue hasta 1813 cuando se recibió oficialmente en la masonería inglesa.

El grado R. A., que sin embargo se dice que está contenido en embrión en el Libro de Constituciones de 1723,[357] es puramente judaico - una glorificación de Israel y conmemoración de la construcción del Segundo Templo. Parece probable que se derivara de la Cábala judía, y Yarker, comentando la frase del *Gentleman's Magazine* citada anteriormente - "Quién sabe si ellos (los masones) no tienen una orden superior de cabalistas, que guardan el Gran Secreto de todos completamente para sí mismos" - observa: "Esto suena mucho como una alusión al grado del Arco Real"[358] y en otra parte afirma que "el grado del Arco Real, cuando tenía los tres velos, debe haber sido el trabajo, aunque por instrucción, de un cabalista judío alrededor de 1740, y desde ese momento podemos esperar encontrar una tradición secreta injertada en el sistema de Anderson".[359]

Precisamente en ese mismo año, 1740, el Sr. Waite dice que "un vendedor ambulante del grado del Arco Real se dice que lo ha propagado en Irlanda, pretendiendo que se practicaba en York y Londres",[360] y en 1744 un tal Dr. Dassigny escribió que los Hermanos de Dublín habían sido recientemente perturbados acerca de la Masonería del Arco Real debido a las actividades en Dublín de "un número de comerciantes o mercachifles del grado del Arco Real". Dassigny escribió que las mentes de los hermanos de Dublín habían sido recientemente perturbadas acerca de la Masonería del Arco Real debido a las actividades en Dublín de "un número de mercaderes o mercachifles de la pretendida Masonería", que el autor vincula con los "italianos" o la "Orden Itálica".

Un francmasón que cita este pasaje en una reciente discusión sobre los grados superiores expresa la opinión de que estos mercachifles eran

---

[357] Ibid. p. 15. Mackey también cree que el R.A. se introdujo en 1740, pero que antes de esa fecha formaba parte del grado de Maestro (*Lexicon of Freemasonry, p. 299*).

[358] Yarker, *Las escuelas arcanas*, p. 437.

[359] Yarker's review of M. A. E. Waite's *The Secret Tradition in Freemasonry* in *The Equinox*, Vol. I. No. 7, p. 414.

[360] *Enciclopedia de la Francmasonería*, II. 56.

"emisarios jacobitas disfrazados bajo la apariencia de la llamada masonería", y que "por italianos y Orden Italiana quiere decir una referencia a la Corte del Rey Jacobo III, es decir, el Viejo Pretendiente en Roma, y a la Orden Escocesa (Italiana) de la Masonería".[361] Es mucho más probable que se refiriera a otra fuente de instrucción masónica en Italia, que indicaré en un capítulo posterior.

Pero es precisamente en el momento en que se sugiere que los jacobitas estaban intrigando para introducir el grado de Arco Real en la masonería cuando también se dice que participaron en el desarrollo del "Rito Escocés".

Analicemos esta afirmación.

LA MASONERÍA EN FRANCIA

A la fundación de la Gran Logia de Londres le siguió la inauguración de logias masónicas en el continente: en 1721 en Mons, en 1725 en París, en 1728 en Madrid, en 1731 en La Haya, en 1733 en Hamburgo, etcétera. Varias de ellas recibieron su mandato de la Gran Logia de Inglaterra. Sin embargo, no fue el caso de la Gran Logia de París, que no recibió su mandato hasta 1743.

Los hombres que fundaron esta logia, lejos de ser apolíticos, eran líderes jacobitas comprometidos en planes activos para restaurar la dinastía Estuardo. El líder del grupo, Charles Radcliffe, había estado encarcelado con su hermano, el malogrado lord Derwentwater, ejecutado en Tower Hill en 1716. Charles había logrado escapar de Newgate a Francia, donde tomó el título de lord Derwentwater, aunque el condado había dejado de existir en virtud de la acusación contra su hermano.[362] Fue este lord Derwentwater -más tarde ejecutado por participar en la rebelión de 1745 en - quien, junto con otros jacobitas, fundó la Gran

---

[361] *A.Q.C.*, Vol. XXXII, Parte I. p. 23.

[362] Correspondencia sobre Lord Derwentwater en el *Morning Post*, 15 de septiembre de 1922. El Sr. Waite (*The Secret Tradition in Freemasonry*, I. 113) incorrectamente da el nombre de Lord Derwentwater como John Radcliffe y en su *Encyclopædia of Freemasonry* como James Radcliffe. Pero James era el nombre del tercer conde, que fue decapitado en 1716.

Logia de París en 1725, y él mismo se convirtió en su Gran Maestre.

El carácter jacobita de la logia de París no se discute.

El Sr. Gould relata que "los colegas de Lord Derwentwater habrían sido un caballero Maskeline, un escudero Heguerty y otros, todos partidarios de los Estuardo".[363] Pero a continuación cuestiona la teoría de que utilizaran la masonería en la causa Estuardo, lo que considera equivalente a una acusación de mala fe. Esto no es razonable. Los fundadores de la Gran Logia de París no procedían de la Gran Logia de Londres, de la que no tenían ningún mandato,[364] pero, como hemos visto, se habían llevado su masonería a Francia antes de que se instituyera la Gran Logia de Londres; por lo tanto, no estaban en modo alguno obligados por sus reglamentos. Y hasta la publicación de las Constituciones de Anderson en 1723, no se había establecido ninguna regla para que las Logias fueran apolíticas. La masonería siempre había sido monárquica, como demostraban los antiguos cargos de que los miembros debían ser "verdaderos lugartenientes del Rey"; y si los partidarios de Jacobo Eduardo le veían como su legítimo gobernante, podían pensar que estaban utilizando la masonería para un fin legítimo adaptándola a su causa. Así pues, si bien podemos aplaudir la decisión de los masones londinenses de purgar la masonería de sus tendencias políticas y transformarla en un sistema armonioso de fraternidad, no podemos acusar a los jacobitas de Francia de mala fe por no acatar una decisión en la que no tenían nada que ver y establecer logias según su propio modelo.

Desgraciadamente, como sucede con demasiada frecuencia cuando los hombres forman confederaciones secretas con un propósito perfectamente honorable, sus filas fueron penetradas por confederados de

---

[363] Gould, op. cit. III. 138: "The founders were all British" - A.*Q.C.*, XXXII. Parte I. p. 6.

[364] "Si volvemos a nuestras listas inglesas grabadas, encontramos que cualquiera que fuera la Logia (o Logias) que pudiera haber existido en París en 1725 debía ser desconocida, pues la primera Logia francesa de nuestra lista está en la lista de 1730-32... Parece probable... que la Logia Derwentwater... fuera una Logia informal y no solicitara una orden hasta 1732" - Gould, History of Freemasonry, *III. 138.*

otro tipo. En un capítulo anterior se decía que, según los documentos presentados por la *Orden del Temple* a principios del siglo XIX, los Templarios nunca habían dejado de existir a pesar de su supresión oficial en 1312, y que una línea de Grandes Maestres se había sucedido sin interrupción desde Jacques du Molay hasta el duque de Cossé-Brissac, asesinado en 1792. El Gran Maestre nombrado en 1705 habría sido Philippe, Duque de Orleans, más tarde Regente. El Sr. Waite ha expresado la opinión de que todo esto fue una invención de finales del siglo XVIII, y que la Carta de Larmenius fue fabricada en esa fecha pero no publicada hasta 1811 por la renacida *Orden del Temple* bajo el Gran Maestre Fabré Palaprat. Pero las pruebas apuntan a una conclusión contraria. Matter, que, como hemos visto, no cree en la historia de la Orden del *Temple* ni en la autenticidad de la Carta de Larmenius en la medida en que pretende ser un documento auténtico del siglo XIV, afirma sin embargo que los *eruditos que* la han examinado afirman que data de principios del siglo XVIII, periodo en el que Matter cree que el Evangelio de San Juan utilizado por la Orden se dispuso para "acompañar las ceremonias de alguna sociedad masónica o secreta". Sin embargo, fue en torno a 1740 cuando se produjo un renacimiento del templarismo en Francia y Alemania, por lo que no cabe duda de que, si Matter está en lo cierto en esta hipótesis, la sociedad secreta en cuestión era la de los Caballeros Templarios, tanto si existían como descendientes directos de la Orden del siglo XII o simplemente como un renacimiento de la misma. Nadie discute la existencia de los templarios alemanes en esa fecha bajo el nombre de la *Estricta Observancia* (de la que hablaremos en otro capítulo); pero que también existiera una *Orden del Temple* en Francia a principios del siglo XVIII debe considerarse muy probable. Mackey, John Yarker y Lecouteulx de Canteleu (quien, por estar en posesión de documentos templarios, disponía de fuentes de información exclusivas) declaran que así fue y aceptan la Carta de Larmenius como auténtica.

"Es bastante seguro", dice Yarker, "que una *Orden del Temple* existía en Francia en esta época, con una carta de John Mark Larmenius, que afirmaba haber sido nombrado por Jacques du Molay. Philippe d'Orléans aceptó el Gran Maestrazgo en 1705 y firmó los Estatutos". [365]

---

[365] John Yarker, *Las escuelas arcanas*, p. 462.

Sin aceptar la autenticidad de la Carta de Larmenius, examinemos la probabilidad de esta afirmación con respecto al duque de Orleans.

Entre los jacobitas que apoyaron a Lord Derwentwater en la Gran Logia de París se encontraba un tal Andrew Michael Ramsay, conocido como el Caballero Ramsay, que nació en Ayr, cerca de la famosa Logia Kilwinning, donde se dice que los Caballeros Templarios formaron su alianza con los masones en 1314. En 1710 Ramsay fue convertido a la fe católica romana por Fenelon, y en 1724 se convirtió en tutor de los hijos del Pretendiente en Roma. El Sr. Gould ha relatado que durante su estancia en Francia, Ramsay entabló amistad con el Regente, Felipe, Duque de Orleans, que era Gran Maestre de la *Orden de San Lázaro*, instituida durante las Cruzadas como un cuerpo de Hospitalarios dedicados al cuidado de los leprosos y que en 1608 se había convertido en parte de la *Orden del Monte Carmelo*. Parece probable, por todos los indicios, que Ramsay fuera caballero de esta orden, pero no pudo ser admitido por el duque de Orleans, ya que el Gran Maestre de la Orden de San Lázaro no era el duque de Orleans, sino el marqués de Dangeau, quien, a su muerte en 1720, fue sustituido por el hijo del Regente, el duque de Chartres.[366] Por tanto, si Ramsay fue admitido en una orden por el Regente, se trató sin duda de la *Orden* del Temple, de la que el Regente habría sido Gran Maestre en esa fecha.

El carácter infame del duque de Orleans es bien conocido; además, durante la Regencia -ese periodo de impiedad y disolución moral sin precedentes en la historia de Francia-, el jefe del consejo era el duque de Borbón, quien más tarde puso al frente de los asuntos a su amante, la marquesa de Prie, y al financiero Paris Duverney, creando un escándalo de tal magnitud que fue desterrado en 1726 gracias a la influencia del cardenal Fleury. En 1737, el duque de Borbón se convirtió en Gran Maestre del Temple. Así es como", observó de Canteleu, "estos dos Grandes Maestres del Temple degradaron la autoridad real y no cesaron de aumentar el odio contra el gobierno".

Así que parecería extraño que un hombre tan recto como Ramsay

---

[366] Gautier de Sibert, *Histoire des Ordres Royaux, Hospitaliers-Militaires de Notre-Dame du Carmel et de Saint-Lazare de Jérusalem*, Vol. II. p. 193 (París, 1772).

parece haber sido, y un reciente converso a la Iglesia Católica, se hubiera hecho amigo del disoluto Regente de Francia, a menos que hubiera alguna conexión entre ellos. Pero aquí tenemos una posible explicación: el templarismo.

Sin duda, durante la juventud de Ramsay en Kilwinning, muchas tradiciones templarias habían llamado su atención, y si, en Francia, se encontró con la amistad del Gran Maestre en persona, ¿cómo sorprenderse de que entablara una alianza que condujo a su admisión en una Orden que había estado acostumbrado a venerar y que, además, se le presentaba como la *fons et origo* de la fraternidad masónica a la que también pertenecía? Así es como encontramos a Ramsay, el mismo año en que el duque de Borbón fue nombrado Gran Maestre del Temple, escribiendo hábilmente al cardenal Fleury para pedirle que extendiera su protección a la sociedad de francmasones de París y adjuntando a su carta una copia del discurso que iba a pronunciar al día siguiente, 21 de marzo de 1737. Es en este famoso discurso donde, para, encontramos por primera vez un rastro de la masonería en las Cruzadas: En la época de las Cruzadas en Palestina, muchos príncipes, señores y ciudadanos se asociaron y juraron restaurar el templo de los cristianos en Tierra Santa y trabajar para que su arquitectura volviera a su primera institución. Se pusieron de acuerdo en una serie de signos antiguos y palabras simbólicas extraídas del pozo de la religión para reconocerse entre los paganos y los sarracenos.

Estos signos y palabras sólo se comunicaban a quienes prometían solemnemente, a veces incluso al pie del altar, no revelarlos jamás. Esta promesa sagrada no era, pues, un juramento execrable, como se le ha llamado, sino un vínculo respetable para unir a cristianos de todas las nacionalidades en una sola cofradía. Algún tiempo después, nuestra Orden formó una íntima unión con los Caballeros de San Juan de Jerusalén.

Desde entonces, nuestras Logias se conocen como las Logias de Saint-Jean.[367]

---

[367] Este discurso se ha publicado varias veces y se ha atribuido a Ramsay y al duque de Antin. El autor de un artículo en *A.Q.C.*, XXXII. Parte I, dice en la página 7: "Si Ramsay pronunció o no su discurso es dudoso, pero es seguro que

El discurso de Ramsay ha levantado una tormenta de controversia entre los francmasones porque contiene una clara insinuación de una conexión entre el templismo y la francmasonería. El señor Tuckett, en el artículo mencionado anteriormente, señala que aquí sólo se menciona a los Caballeros de San Juan de Jerusalén, [368] pero Ramsay habla claramente de que "nuestra Orden" formará una unión con los Caballeros de San Juan de Jerusalén, y sabemos que los templarios acabaron formando dicha unión. El hecho de que Ramsay no mencione a los templarios por su nombre admite una explicación muy plausible. Hay que recordar que, como ha demostrado el Sr. Gould, Ramsay adjuntó una copia de la oración a su carta al cardenal Fleury en la que solicitaba que la protección real se extendiera a la masonería, por lo que es poco probable que estuviera proclamando una conexión entre la Orden que estaba ansioso por presentar bajo la luz más favorable y una Orden que había sido suprimida por el Rey y el Papa. Además, según la Carta de Larmenius, el Gran Maestre del Temple recién elegido era el duque de Borbón, que ya había provocado el disgusto del cardenal. Por tanto, está claro que la influencia templaria se mantuvo en un segundo plano. Esto no implica mala fe por parte de Ramsay, que sin duda consideraba que la Orden de los Templarios era totalmente loable; pero no podía esperar que

---

lo escribió. Fue impreso en una oscura y lasciva revista parisina llamada *Almanach des Cocus* en 1741 y dice que fue "pronunciado" por "Monsieur de R- Grand Orateur de l'Ordre". Fue impreso de nuevo en 1742 por el P. De la Tierce en su *Histoire, Obligations et Statuts, etc...* y De la Tierce dice que fue "pronunciado por el Gran Maestro de los Francmasones de Francia" en el año 1740... A. G. Jouast (*Histoire du G.O.*, 1865) dice que la oración fue pronunciada en la instalación del Duque de Antin como G.M. el 24 de junio de 1738, y la misma autoridad afirma que fue impresa por primera vez en La Haya en 1738, encuadernada con algunos poemas atribuidos a Voltaire, y algunos cuentos licenciosos de Piron... El P. Gould observa: "Si tal obra existía realmente en esa fecha, se trata probablemente del original de la "*Lettre philosophique par M. de V --, avec plusieurs piéces galantes*", Londres, 1757". El Sr. Gould, sin embargo, ha proporcionado muy buenas pruebas de que Ramsay fue el autor de la oración a través del descubrimiento por Daruty de la carta al cardenal Fleury, que reproduce con la propia oración (traducida de la versión de De la Tierce) en su *Historia de la Francmasonería*, Vol. III. p. 84.

[368] *A.Q.C., XXII*. Parte I. p. 10.

ni el Rey ni el Cardenal compartieran su punto de vista, por lo que pensó que era más prudente referirse a los progenitores de la masonería bajo la vaga descripción de un cuerpo cruzado.

Sin embargo, el bienintencionado esfuerzo de Ramsay no tuvo éxito. Ya fuera por esta desafortunada referencia por la que el cardenal pudo detectar la influencia de los templarios o por cualquier otra razón, la petición de protección real no sólo fue rechazada, sino que la nueva Orden, a la que hasta entonces se había permitido unirse a los católicos, fue prohibida por edicto real. Al año siguiente, en 1738, el Papa Clemente XII promulgó una bula, *In Eminenti*, prohibiendo la masonería y excomulgando a los católicos que participaran en ella.

Pero esta prohibición no parece haber tenido ningún efecto, porque la masonería no sólo prosperó, sino que pronto empezó a crear nuevos grados. Y en la literatura masónica de los treinta años siguientes, la tradición templaria aparece aún más claramente. Por ejemplo, el Caballero de Bérage, en un conocido opúsculo, cuya primera edición se dice que apareció en 1747,[369] relata los orígenes de la francmasonería de la siguiente manera:

Esta Orden fue instituida por Godofredo de Bouillon en Palestina en 1330,[370] después de la decadencia de los ejércitos cristianos, y sólo fue comunicada a los masones franceses algún tiempo después y a un número muy reducido, como recompensa por los serviciales servicios que prestaron a varios de nuestros Caballeros ingleses y escoceses, de los que procede la verdadera Masonería.

Su Logia Metropolitana se encuentra en el monte Heredom, donde se celebró la primera Logia de Europa y que aún existe en todo su esplendor. El Consejo General sigue celebrándose allí y es el sello del actual Gran Maestre Soberano. Esta montaña está situada entre el oeste y el norte de

---

[369] *Los misterios más secretos de los Altos Grados de la Masonería revelados, o la verdadera Rosacruz.* En Jerusalén. M.DCC.LXVII. (*A.Q.C.*, Vol. XXXII. Parte I. p. 13, se refiere sin embargo a una edición de 1747).

[370] Como Godofredo de Bouillon murió en 1100, concluyo que su nombre fue introducido aquí por error por de Bérage o que la fecha de 1330 es un error tipográfico.

Escocia, a sesenta millas de Edimburgo.

Aparte de la confusión histórica de la primera frase, este pasaje tiene la ventaja de demostrar que la teoría de una conexión entre ciertos caballeros cruzados y la logia Heredom de Kilwinning ya era corriente en 1747. El barón Tschoudy, en su *Étoile Flamboyante*, publicado en 1766, afirma que el origen cruzado de la francmasonería es el que se enseña oficialmente en las logias, donde se cuenta a los candidatos a la iniciación que varios caballeros que partieron para liberar los santos lugares de Palestina de los sarracenos "formaron una asociación con el nombre de francmasones", indicando que su principal deseo era la reconstrucción del Templo de Salomon", que también adoptaron ciertos signos, manillas y contraseñas para defenderse de los sarracenos, y finalmente que "nuestra Sociedad... fraternizó al pie de la iglesia...". confraternizó al pie de una Orden con los Caballeros de San Juan de Jerusalén, de donde se desprende que los Francmasones han tomado prestada la costumbre de considerar a San Juan como patrón de la Orden en general".[371] Después de las Cruzadas, "los francmasones conservaron sus ritos y métodos y perpetuaron así el arte real estableciendo logias, primero en Inglaterra, luego en Escocia", etc.[372]

En este relato, la masonería se presenta como instituida para defender las doctrinas cristianas. De Bérage expresa el mismo punto de vista y explica que el objetivo de estos cruzados al vincularse de este modo era proteger sus vidas contra los sarracenos cubriendo sus doctrinas sagradas con un velo de misterio. Para ello recurrieron a la simbología judía, a la que dotaron de significado cristiano. Así, el Templo de Salomón se utilizaba para designar la Iglesia de Cristo, la rama de acacia significaba la Cruz, la escuadra y el compás la unión entre el Antiguo y el Nuevo Testamento, etc. Así, "los misterios de la masonería no eran en principio, y siguen siendo, otra cosa que los de la religión cristiana".[373]

---

[371] Mackey lo confirma, *Lexicon of Freemasonry*, p. 304.

[372] *Étoile Flamboyante*, I. pp. 18-20.

[373] La misma teoría de que la masonería se originó en Palestina como un sistema para proteger la fe cristiana se repite casi textualmente en las instrucciones para el candidato a la iniciación al grado de "Príncipe del Real Secreto" publicadas en *Monitor of Freemasonry* (Chicago, 1860), donde se añade que "los hermanos

El barón Tschoudy declara, sin embargo, que todo esto está lejos de la verdad, que la francmasonería nació mucho antes de las Cruzadas en Palestina, y que los verdaderos "antepasados, padres, autores de los francmasones, esos hombres ilustres cuyas fechas no diré ni traicionaré", fueron un "cuerpo disciplinado" que Tschoudy describe como los "Caballeros de la Aurora y de Palestina". Tras la "destrucción casi total del pueblo judío", estos "Caballeros" siempre habían esperado recuperar la posesión de los dominios de sus padres y reconstruir el Templo, y conservaron cuidadosamente sus "reglas y su liturgia particular", así como un "sublime tratado" que fue objeto de su continuo estudio y especulación filosófica. Tschoudy añade que estudiaban las "ciencias ocultas", entre ellas la alquimia, y que habían "abjurado de los principios de la religión judía para seguir la ilustración de la fe cristiana". En la época de las Cruzadas, los Caballeros de Palestina salieron del desierto de la Tebaida, donde habían permanecido ocultos, y unieron sus fuerzas a las de algunos de los cruzados que se habían quedado en Jerusalén. Declarándose descendientes de los albañiles que habían trabajado en el Templo de Salomón, afirmaban dedicarse a la "arquitectura especulativa", lo que servía para ocultar un punto de vista más glorioso. A partir de entonces, tomaron el nombre de masones, se presentaron con este título a los ejércitos en cruzada y se reunieron bajo sus estandartes.[374]

Por supuesto, sería absurdo considerar cualquiera de los relatos anteriores como un hecho histórico; lo importante es que tienden a demostrar que es erróneo suponer que la teoría juanista-templaria se originó con la renacida *Orden del Temple*, ya que una teoría tan cercana a ella estaba en vigor a mediados del siglo anterior. Es cierto que las palabras "juanita" y "templario" no aparecen en estos relatos anteriores,

---

reunidos alrededor de la tumba de Hiram, es una representación de los discípulos lamentando la muerte de Cristo en la Cruz". Weishaupt, fundador de los Illuminati en el siglo XVIII, también mostró -aunque con espíritu de burla- cómo la leyenda de Hiram podía interpretarse fácilmente de este modo, y sugirió que en los tiempos en que los cristianos eran perseguidos, envolvían sus doctrinas en el secreto y el simbolismo. "Esto era necesario en tiempos y lugares en los que los cristianos vivían entre paganos, por ejemplo en Oriente en la época de las Cruzadas" (Nachtrag zur Originalschriften, *Parte II, p. 123).*

[374] *Étoile Flamboyante*, pp. 24-9.

pero el parecido entre la secta de judíos que profesaban la fe cristiana pero poseían una "liturgia particular" y un "sublime tratado" -al parecer una forma primitiva de la Cábala- que trataba de las ciencias ocultas, y los mandeos o juanitas con su cabalístico "Libro de Adán", su Libro de Juan y su ritual, es inmediatamente evidente. Además, las alusiones a la conexión entre los caballeros adoctrinados en Tierra Santa y las logias escocesas coinciden exactamente con la tradición templaria, publicada no sólo por la Orden del Temple sino transmitida en la Real Orden de Escocia.

De todo ello se desprenden los siguientes hechos: (1) mientras que la masonería artesanal británica tuvo su origen en los gremios de albañiles, los francmasones franceses, a partir de 1737, situaron el origen de la Orden en la caballería de las Cruzadas; (2) fue entre estos francmasones donde aparecieron los grados superiores conocidos como Rito Escocés; y (3) como ahora veremos, estos grados sugieren claramente una inspiración en los Caballeros Templarios.

La forma más antigua de los grados superiores parece haber sido la dada por de Bérage, como sigue:

1. Elegido perfecto masón.

2. Elegido en Perignan.

3. Elegidos por los Quince.

4. Pequeño Arquitecto.

5. Gran Arquitecto.

6. Caballero de la Espada y Rosacruz.

7. Caballero noajita o prusiano.

Se cree que el primero de ellos en aparecer es el asignado aquí en sexto lugar. Este grado, conocido en la masonería moderna como Príncipe de la Rosacruz de la Herencia o Caballero del Pelícano y el Águila, se convirtió en el decimoctavo y más importante grado de lo que más tarde se llamó Rito Escocés o, en la actual Inglaterra, Rito Antiguo y Aceptado.

¿Por qué se ha llamado escocés a este rito? "Nunca se insistirá bastante -dice el señor Gould- en que la masonería escocesa no tiene nada que ver con la Gran Logia de Escocia, y que, con una sola excepción, la de la

Real Orden de Escocia, nunca se originó en ese país."[375] En efecto, como ya hemos visto, según la tradición de la Real Orden de Escocia, este grado estaba contenido allí desde el siglo XIV, cuando se dice que los grados de H.R.M. (Heredom) y R.S.Y.C.S. (Rosy Cross) fueron instituidos por Robert Bruce en colaboración con los Caballeros Templarios después de la batalla de Bannockburn. El Dr. Mackey es uno de los pocos francmasones que admiten esta probable afiliación y, refiriéndose a la tradición de la Real Orden de Escocia, observa: "De esa Orden nos parece que existe una conexión entre los Caballeros Templarios y los Templarios: "No nos parece improbable que el actual grado rosacruz de Heredom tenga su origen en esa Orden".[376]

Pero el grado rosacruz, al igual que la tradición templaria de la que parece haber surgido, está abierto a dos interpretaciones, o más bien a múltiples interpretaciones, ya que ningún otro grado de la masonería ha sido objeto de tantas variaciones. Es más que probable que fuera transmitida al continente por los Rosacruces en forma alquímica. Ciertamente sería difícil creer que un grado de R.S.Y.C.S. fuera importado de Oriente e incorporado a la Real Orden de Escocia en 1314; que por mera coincidencia un hombre llamado Christian Rosenkreutz naciera -según la leyenda rosacruz- en el mismo siglo y transmitiera una doctrina secreta que había descubierto en Oriente a los Hermanos Rosacruces del siglo XVII; y, por último, que se fundara un grado de rosacrucismo en circ. 1741 sin que existiera ningún vínculo entre estos movimientos sucesivos. Aunque se niegue una filiación directa, hay que admitir ciertamente una fuente de inspiración común que produce, si no una continuación, al menos una renovación periódica de las mismas ideas. Oliver admite, en efecto, una filiación entre la fraternidad del siglo XVII y el grado del siglo XVIII, y después de señalar que la primera indicación del grado rosacruz aparece en la *Fama Fraternitatis* en 1613, continúa diciendo: Era conocida mucho antes, aunque probablemente no como un grado de la masonería, ya que existía como ciencia cabalística desde los primeros tiempos en Egipto, Grecia y Roma, así como entre los judíos y los moros en tiempos más recientes, y en nuestro propio país los

---

[375] Gould, *Historia de la Francmasonería*, III. 92.

[376] Mackey's *Lexicon of Freemasonry*, p. 267.

nombres de Roger Bacon, Fludd, Ashmole, y muchos otros se encuentran en su lista de adeptos.[377]

El Dr. Mackey, citando este pasaje, observa que "Oliver confunde a los Rosacruces masónicos con los Rosacruces alquímicos", y procede a dar cuenta del grado rosacruz tal como se practicaba en Inglaterra y América, al que realmente describe como "en el sentido más estricto, un grado cristiano".[378] Pero el Dr. Mackey pasa por alto que ésta es sólo una versión del grado, que, como veremos más adelante, se practicaba y se practica de manera muy diferente en el continente.

Sin embargo, es cierto que la versión del grado rosacruz adoptada por primera vez por los francmasones en Francia hacia 1741 no sólo era tan cristiana sino tan católica que dio lugar a la creencia de que había sido ideada por los jesuitas para contrarrestar los ataques contra el catolicismo.[379] En un artículo sobre los grados adicionales, el Sr. J. S. Tuckett escribe:

Hay pruebas innegables de que, en sus *primeras formas,* los Grados Escoceses o Escoceses eran católicos romanos; tengo un MS. Ritual en francés de lo que creo que es el *original* Chev. de l'Aigle o S∴P∴D∴R∴C∴ (Príncipe Soberano de los Rosacruces), en el que se declara que la Nueva Ley es "la foy Catholique", y el Barón Tschoudy en su *L'Étoile Flamboyante* de 1766 describe el mismo Grado como "le Catholicisme mis en grade" (Vol. I. p. 114). Sugiero que la masonería escocesa o escocesa pretendía ser una forma de masonería católica romana y estuardo, en la que sólo debían ser admitidos los devotos de las dos restauraciones.[380]

Pero, ¿es necesario leer esta intención política en el grado? Si hemos de creer la tradición de la Real Orden de Escocia, la idea del grado rosacruz era mucho más antigua que la causa de los Estuardo y se remonta a Bannockburn, cuando se instituyó el grado de Herencia con el que se

---

[377] Oliver's *Landmarks of Freemasonry,* II. 81, nota 35.

[378] *Glosario de la Francmasonería,* p. 270.

[379] Clavel, *Histoire pittoresque de la Franc-Maçonnerie,* p. 166.

[380] *A.Q.C.,* XXXII. Parte 1. p. 17.

asoció para "corregir los errores y reformar los abusos que se habían deslizado entre los tres grados de la masonería de San Juan" y para proporcionar una "forma cristianizada del tercer grado", "purificada de la escoria del paganismo e incluso del judaísmo".[381]

Se pueda o no probar la antigüedad atribuida a estos grados, parece ciertamente probable que la leyenda de la Real Orden de Escocia tuviera alguna base real y, por tanto, que las ideas encarnadas en el grado rosacruz del siglo XVIII pudieran haber sido extraídas del fondo de esa Orden y llevadas por los jacobitas a Francia. Al mismo tiempo, no hay pruebas que apoyen la afirmación de algunos escritores continentales de que Ramsay instituyera realmente este grado o cualquiera de los grados superiores. Por el contrario, en su Oración afirma expresamente que la masonería se compone únicamente de los grados del Oficio:

Tenemos entre nosotros tres clases de hermanos: los novicios o aprendices, los compañeros o hermanos profesos y los maestros o hermanos perfectos. A los primeros se les explican las virtudes morales, a los segundos las virtudes heroicas, a los últimos las virtudes cristianas...

Podría decirse, pues, que el Rosacruz prefigura al Maestro en el sentido de que éste inculca definitivamente el cristianismo. Esto correspondería perfectamente al punto de vista de Ramsay, tal como se expone en el relato de Fénelon sobre su conversión. En su primer encuentro con el arzobispo de Cambrai en 1710, Ramsay cuenta que había perdido la fe en todas las sectas cristianas y que había resuelto "refugiarse en un sabio deísmo limitado al respeto de la Divinidad y a las ideas inmutables de la pura virtud", pero que su conversación con Fénelon le llevó a aceptar la fe católica. A continuación, demuestra que "Monsieur de Cambrai transformó a los ateos en deístas, a los deístas en cristianos y a los cristianos en católicos mediante una cadena de ideas llenas de luz y sentimiento".[382]

¿No podría ser éste el proceso que Ramsay quería introducir en la Francmasonería, un proceso que, por otra parte, forma parte del sistema

---

[381] La Real Orden de Escocia, por Fr. Fred. H. Buckmaster, p. 3.

[382] Histoire de la Vie et des Ouvrages de Messire François de Salignac de la Mothe-Fenélon, arzobispo de Cambrai, pp. 105, 149 (1727).

masónico inglés actual, en el que el ateo debe convertirse, al menos por profesión, en deísta antes de ser admitido en los grados del Oficio, mientras que el grado de Rosacruz está reservado únicamente a los que profesan la fe cristiana? Esta fue sin duda la idea de los hombres que introdujeron el grado de Rosacruz en Francia; y Ragon, que da cuenta en de este "Antiguo Rosacruz Francés" -que es casi idéntico al grado actualmente en vigor en Inglaterra, pero abandonado hace tiempo en Francia- se opone a él por su mismo carácter cristiano.[383]

En este sentido, la Orden Rosacruz, de todos los grados superiores introducidos en Francia a mediados del siglo XVIII, es única, y sólo ella puede, con cierta probabilidad, atribuirse a la inspiración jacobita escocesa. En efecto, sólo tres o cuatro años después de Lord Derwentwater o de su misterioso sucesor Lord Harnouester [384] se introdujo la Orden Rosacruz en Francia.

No fue hasta ocho años después de que la causa Estuardo hubiera recibido su golpe final en Culloden, es decir, en 1754, cuando el Rito de Perfección al que se incorporaron los llamados grados escoceses se redactó de la siguiente forma:

RITO DE PERFECCIÓN

1. Empezar un aprendizaje.

2. Compañero de viaje.

3. Maestro albañil.

4. Maestro secreto.

5. Maestro perfecto.

6. Secretaria íntima.

---

[383] J. M. Ragon, *Orden Chapitral, Nuevo Grado de la Rosacruz*, p. 35.

[384] La identidad de Lord Harnouester sigue siendo un misterio. Se ha sugerido que Harnouester era simplemente un intento francés de deletrear Derwentwater y, por tanto, que los dos Grandes Maestres mencionados eran la misma persona.

7. Administrador del edificio.

8. Preboste y juez.

9. Elegido de Nueve.

10. Electo de Quince.

11. Jefe de las doce tribus.

12. Gran Maestro Arquitecto.

13. Caballero del Noveno Arco.

14. Ex Gran Cargo Electo.

15. Caballero de la espada.

16. Príncipe de Jerusalén.

17. Caballero de Oriente y Occidente.

18. Caballero de la Orden Rosacruz.

19. Gran Pontífice.

20. Gran Patriarca.

21. Gran Maestro de la Llave de la Masonería.

22. Príncipe de Libanus o Caballero del Hacha Real.

23. Príncipe Adepto Soberano.

24. Comandante del Águila Blanca y Negra.

25. Comandante del Secreto Real.[385]

---

[385] En 1786, los grados séptimo y octavo fueron transpuestos, el undécimo se convirtió en Caballero Sublime Elegido, el vigésimo en Gran Maestre de todos los Simbólicos, el vigésimo primero en Caballero Noajita o Prusiano, el vigésimo tercero en Cabeza del Tabernáculo, el vigésimo cuarto en Príncipe del Tabernáculo, el vigésimo quinto en Caballero de la Serpiente de Bronce. El decimotercero se conoce ahora como el Arco Real de Enoch y no debe confundirse con el Arco Real, que es el complemento del tercer grado. El decimocuarto es ahora el Caballero Escocés de la Perfección, el decimoquinto el Caballero de la Espada o del Este, y el vigésimo es el Venerable Gran Maestre.

Basta con echar un vistazo a la nomenclatura de los veintidós últimos grados para ver que, sobre la base de la masonería operativa simple, se construyó un sistema compuesto por dos elementos: la caballería de las Cruzadas y la tradición judaica. ¿Qué otra cosa es el templismo? Incluso el señor Gould, habitualmente tan reticente a la influencia templaria, lo admitió en su momento:

En Francia... algunas logias escocesas parecen haber creado muy pronto nuevos grados, vinculando a estos masones escoceses muy distinguidos con los templarios, y dando así origen a la corriente posterior del templismo. Se cree que los primeros de todos fueron los masones de Lyon, que inventaron el grado Kadosch, que representa la venganza de los templarios, en 1741. A partir de entonces, proliferaron nuevos ritos en Francia y Alemania, pero todos los de origen francés contenían grados caballerescos y casi todos templarios. En todos los casos, el nexo de unión consistía en uno o varios grados escoceses.[386]

El nombre Kadosch que se menciona aquí es una palabra hebrea que significa "santo" o "consagrado", y que se encuentra en la Cábala junto con el Tetragrammaton.[387] Se dice que el grado se desarrolló a partir del del Gran Elegido,[388] uno de los tres "grados de venganza" que celebraban con realismo sanguinario la venganza por el asesinato de Hiram. Pero en su forma final como Caballero Kadosch -que más tarde se convirtió en el trigésimo grado del Rito Escocés Antiguo y Aceptado- la leyenda de Hiram se transformó en la historia de los Caballeros Templarios, con Jacques du Molay como su víctima.[389] Así, la desaprobación del ataque a la autoridad personificada por el maestro de obras se convirtió en

---

[386] *Historia de la Francmasonería*, III. 93. Thory da como fecha del grado de Kadosch 1743, lo que parece correcto.

[387] Zohar, sección Bereschith, folio 18b.

[388] *A.Q.C.*, XXVI: "Leyendas templarias en la masonería".

[389] "Este grado está estrechamente vinculado a la antigua Orden de los Templarios, cuya destrucción, por los esfuerzos conjuntos de Felipe, rey de Francia, y el papa Clemente V, forma parte de las instrucciones dadas a los candidatos. Las túnicas de los caballeros son negras, en señal de luto por la extinción de los Templarios y la muerte de Jacques du Molay, su último Gran Maestre..." - Mackey, Lexicon of Freemasonry, *p. 172.*

aprobación del ataque a la autoridad en la persona del rey de Francia.

La introducción de los grados superiores con sus tendencias políticas y, más tarde, anticristianas, marcó así una ruptura total con el principio fundamental de la Francmasonería de que "nunca se discutirá en la logia nada relacionado con la religión o el gobierno". Es por esta razón por la que han sido atacados no sólo por escritores antimasónicos sino también por los propios francmasones.[390] Por lo tanto, es absolutamente falso presentar a Barruel y Robison como enemigos de la francmasonería; ninguno de estos hombres denunció la francmasonería tal como se practicaba en Inglaterra, sino sólo la superestructura erigida en el continente. En efecto, Barruel incurrió en los reproches de Mounier por su defensa de los francmasones ingleses: alababa su respeto por la opinión y la autoridad religiosas. Cuando habla de los francmasones en general, dice que son impíos, sucesores rebeldes de los Templarios y de los Albigenses, pero que *todos los de Inglaterra son inocentes*. Es más, todos los aprendices, oficiales y maestros masones de todas las partes del mundo son inocentes; sólo hay culpables en los grados superiores, que no son esenciales para la institución y a los que aspira un pequeño número de personas.[391]

Esta opinión de Barruel es compartida por un gran número de

---

[390] MR J.E.S. Tuckett, en el artículo antes mencionado, cita los Artículos de Unión de 1813, en los que se afirma que "la Masonería antigua pura consiste en tres grados y nada más", y continúa observando que: "Según este punto de vista, estos otros grados (que, por conveniencia, pueden llamarse grados suplementarios) no son verdadera Masonería en absoluto, sino un crecimiento ajeno y espontáneo que se desarrolla alrededor del "Oficio" propiamente dicho, posterior y principalmente extranjero, es decir, de origen no británico, y la existencia de estos grados es condenada por algunos escritores como una contaminación de la "*Masonería antigua* pura" de nuestros antepasados." Parte I. p. 5.

[391] J. J. Mounier, *De l'Influence attribuée aux Philosophes, aux Francs-Maçons et aux Illuminés sur la Révolution Française*, p. 148 *(1822)*. Véase también la carta del duque de Northumberland en Alnwick al general Rainsford, fechada el 19 de enero de 1799, defendiendo a Barruel de la acusación de atacar a la masonería y señalando que sólo había indicado los grados superiores, A.Q.C., *XXVI, p. 112*.

escritores masónicos: Clavel, Ragon, Rebold, Thory, Findel, y otros demasiado numerosos para mencionarlos; todos indican que la masonería artesanal es la única verdadera y que los grados superiores constituyen un peligro para la Orden. Rebold, que da una lista de estos escritores, cita una publicación masónica, autorizada por el Gran Oriente y el Supremo Consejo de Francia, en la que se dice que "de todos estos ritos resultan las concepciones más insanas,... las leyendas más absurdas,... los sistemas más extravagantes, los principios más inmorales, y los más peligrosos para la paz y la conservación de los Estados", y que por consiguiente, salvo los tres primeros grados de la Masonería, que son verdaderamente antiguos y universales, todo es "quimera, extravagancia, futilidad y falsedad".[392] ¿Usaron Barruel y Robison alguna vez un lenguaje más fuerte que éste?

Sería absurdo atribuir la perversión de la masonería a la influencia jacobita. ¿Cómo podría alguien suponer que Ramsay o Lord Derwentwater (que murió en el cadalso como católico devoto en 1746) podrían haber estado implicados en un intento de socavar la fe católica o la monarquía francesa? Por lo tanto, me gustaría sugerir que el término "masonería escocesa" se ha convertido simplemente en un velo para el templismo - un templismo, por otra parte, de un tipo muy diferente de aquel del que se derivó el grado rosacruz original. Fue esta llamada Masonería Escocesa la que, tras la dimisión de Lord Derwentwater, "se presentó audazmente y afirmó ser no sólo una parte de la Masonería, sino la verdadera Masonería, poseedora de un conocimiento superior y con derecho a mayores privilegios y el derecho a gobernar sobre la Masonería ordinaria, es decir, la Masonería del Oficio."[393] La Gran Logia de Francia, sin embargo, parece haberse dado cuenta del peligro de someterse a la dominación del elemento templario y, a la muerte del duque de Antin y su sustitución por el conde de Clermont en 1743, significó su adhesión a la masonería inglesa, se adhiere a la masonería inglesa proclamándose Gran Logia *inglesa* de Francia y reedita las "Constituciones" de Anderson, publicadas por primera vez en 1723, con la orden de que los

---

[392] Em. Rebold, *Histoire des Trots Grandes Loges de Francs-Maçons en France*, pp. 9, 10 (1864).

[393] *A.Q.C.*, XXXII. Parte I. 21.

Maestros escoceses sean equiparados a los simples Aprendices y Compañeros y autorizados a no llevar insignias de distinción.[394]

Parece que esta proclamación tranquilizó a la Gran Logia de Inglaterra en cuanto al carácter de la francmasonería francesa, ya que en 1743 expidió finalmente una orden a la Gran Logia de Francia. De hecho, fue a partir de ese momento cuando la masonería francesa degeneró más rápidamente. La Orden pronto se vio invadida por intrigantes. La apatía del conde de Clermont, nombrado Gran Maestre en 1743, que parece haberse interesado poco por la Orden y empleó como sustituto a un maestro de baile llamado Lacorne, hombre de mala reputación bajo cuya influencia las logias cayeron en un estado de anarquía, facilitó aún más la situación. La masonería quedó así dividida en facciones enfrentadas: Lacorne y la multitud de partidarios de bajo nivel que le habían seguido en las logias fundaron su propia Gran Logia (Gran Logia de Lacorne) y, en 1756, los primeros francmasones intentaron de nuevo convertir la masonería artesanal en la masonería nacional de Francia, eliminando la palabra "inglesa" del nombre de la Gran Logia y rebautizándola como "Gran Logia Nacional de Francia". Sin embargo, muchas logias continuaron trabajando en grados adicionales.

La rivalidad entre los dos grupos llegó a ser tan violenta que en 1767 el gobierno intervino y cerró la Gran Logia.

Sin embargo, los templarios habían formado dos asociaciones separadas, los "Caballeros de Oriente" (1756) y el "Consejo de los Emperadores de Oriente y Occidente" (1758). En 1761, un judío llamado Stephen Morin fue enviado a América por los "Emperadores", armado con una orden del duque de Clermont y de la Gran Logia de París y ostentando el jactancioso título de "Gran Elegido Perfecto y Sublime Maestro", con órdenes de establecer una Logia en ese país. En 1766, fue acusado por la Gran Logia de "propagar doctrinas extrañas y monstruosas" y se le retiró la patente de Gran Inspector.[395] Morin, sin embargo, había logrado establecer el Rito de Perfección en. Dieciséis

---

[394] *A.Q.C.*, XXXII. Parte I. 22. Es curioso que en esta discusión sobre los miembros de la logia Quatuor Coronati se ignore casi por completo la influencia de los templarios, que proporciona la única clave de la situación.

[395] Yarker, *Las escuelas arcanas*, pp. 479-82.

inspectores, casi todos judíos, fueron nombrados. Eran Isaac Iong, Isaac de Costa, Moses Hayes, B. Spitser, Moses Cohen, Abraham Jacobs y Hyman Long.

En Francia, el cierre de la Gran Logia no había impedido las reuniones del grupo de Lacorne que, a la muerte del duque de Clermont en 1772, instituyó el "Gran Oriente" con el duque de Chartres - el futuro "Philippe Égalité" - como Gran Maestre. El Gran Oriente invitó entonces a la Gran Logia a revocar el decreto de expulsión y a unirse a él, y habiendo sido aceptada esta oferta, el partido revolucionario arrasó inevitablemente con todo, y el duque de Chartres fue declarado Gran Maestre de todos los consejos, capítulos y logias escocesas de Francia.[396] En 1782, el "Consejo de los Emperadores" y los "Caballeros de Oriente" se unieron para formar el "Gran Capítulo General de Francia", que se unió al Gran Oriente en 1786. La victoria del partido revolucionario fue entonces completa.

Es necesario entrar en todos estos tediosos detalles para comprender la naturaleza de las facciones agrupadas bajo el estandarte de la masonería en esta época. El Papus Martinista atribuye las influencias revolucionarias que prevalecían entonces en las logias a su invasión por los Templarios, y continúa explicando que ello se debía a un cambio que se había producido en la *Orden del Temple*. Bajo la Gran Maestría del Regente y de su sucesor el duque de Borbón, los elementos revolucionarios entre los Templarios habían estado en pleno juego, pero a partir de 1741 los Grandes Maestres de la Orden fueron partidarios de la monarquía. Durante la Revolución, el duque de Cossé-Brissac, Gran Maestre desde 1776, murió entre los defensores del trono. Así, a mediados de siglo, la Orden del Temple dejó de ser una fuerza revolucionaria, y los elementos descontentos que había contenido, al no poder encontrar ya en ella un refugio, se lanzaron a la masonería y, accediendo a los grados superiores, los orientaron hacia su objetivo subversivo.

Según Papus, Lacorne era miembro del grupo templario, y las disensiones que se produjeron fueron principalmente una lucha entre los ex templarios y los verdaderos francmasones que acabó con el triunfo de

---

[396] Mackey, *Lexique de la franc-maçonnerie*, p. 119.

los primeros:

Los rebeldes victoriosos fundan el Gran Oriente de Francia.

Así, un masón contemporáneo puede escribir: "No es excesivo decir que la revolución masónica de 1773 fue el preludio y el precursor de la Revolución de 1789". Lo que hay que observar es la acción secreta de los Hermanos del Rito Templario. Ellos son los verdaderos fomentadores de la revolución, los demás no son más que sus dóciles agentes.[397]

Pero todo esto atribuye la influencia nefasta del templismo únicamente a los templarios franceses, y la existencia de tal cuerpo no se basa en ninguna prueba absolutamente cierta. Lo que es cierto y no puede ser negado por ningún historiador es la inauguración de una Orden Templaria en Alemania en el mismo momento en que los llamados grados escoceses estaban siendo introducidos en la masonería francesa. Volvamos ahora a 1738 y sigamos los acontecimientos que tuvieron lugar en este importante momento al otro lado del Rin.

---

[397] *Martines de Pasqually*, por Papus, Presidente del Consejo Supremo de la Orden Martinista, p. 144 (1895). Papus es el seudónimo del Dr. Gérard Encausse.

7. TEMPLARISMO ALEMÁN E ILUMINISMO FRANCÉS

Al año siguiente del discurso de Ramsay, 1738, Federico, príncipe heredero de Prusia, el futuro Federico el Grande, que había mantenido correspondencia con Voltaire durante dos años, sintió de pronto curiosidad por los secretos de la masonería, que hasta entonces había descrito como un "Kinderspiel", y se inició precipitadamente en ella en la noche del 14 al 15 de agosto, durante una visita a Brunswick.[398]

La ceremonia no tuvo lugar en una logia masónica, sino en un hotel, en presencia de una delegación convocada para la ocasión por el Graf von Lippe-Bückeburg, de la Gran Logia de Hamburgo. Evidentemente, algo insólito debió de ocurrir para que fueran necesarios estos rápidos e improvisados preparativos. Carlyle, en su relato del episodio, se esfuerza por hacerlo pasar por una "circunstancia muy insignificante", razón de más para considerarlo de la mayor importancia, ya que ahora sabemos, por hechos que han salido recientemente a la luz, con qué cuidado Carlyle fue alimentado con cuchara por Potsdam mientras escribía su libro sobre Federico el Grande.[399]

Pero sigamos la carrera masónica de Federico. En junio de 1740, tras su ascenso al trono, su interés por la masonería no había decaído, pues le vemos presidiendo una logia en Charlottenburg, donde recibió en la Orden a dos de sus hermanos, a su cuñado y a, el duque Federico Guillermo de Holstein-Beck. A petición suya, el barón de Bielfeld y su

---

[398] Gould, *Historia de la Francmasonería*, III. 241.

[399] Véase el importantísimo artículo sobre este tema en *The National Review*, febrero de 1923, que demuestra que Carlyle fue asistido gratuitamente durante toda su obra por un judío alemán llamado Joseph Neuberg y que fue informado y finalmente condecorado por el gobierno prusiano.

consejero privado Jordán fundaron una logia en Berlín, los "Tres Globos", que en 1746 contaba con no menos de catorce logias bajo su jurisdicción.

Ese mismo año, 1740, Voltaire, respondiendo a invitaciones apremiantes, hizo su primera visita a Federico el Grande en Alemania. Generalmente se dice que Voltaire aún no se había hecho francmasón, y se supone que la fecha de su iniciación es 1778, cuando fue recibido en la *Logia de las Nueve Hermanas* de París. Pero esto no excluye la posibilidad de que perteneciera a otra orden masónica en una fecha anterior. En cualquier caso, la visita de Voltaire a Alemania fue seguida de dos acontecimientos notables en el mundo masónico francés. El primero fue la institución de los grados suplementarios; el segundo -quizás no sin relación con el primero- fue la llegada a París de un delegado masónico de Alemania llamado von Marschall, que trajo consigo instrucciones para una nueva, o más bien resucitada, orden templaria, en la que intentó interesar al príncipe Carlos Eduardo y a sus partidarios.

Von Marschall fue seguido unos dos años más tarde por el barón von Hunt, que había sido iniciado en los tres grados de la masonería en Alemania en 1741 y ahora había consagrado una logia en París. Según el propio relato de von Hundt, fue recibido en la Orden del Temple por un desconocido Caballero de la Pluma Roja, en presencia de Lord Kilmarnock,[400] y fue presentado como Hermano distinguido al Príncipe Carlos Eduardo, a quien imaginaba como Gran Maestre de la Orden.[401] Pero todo esto resultó más tarde ser un puro fraude, ya que el príncipe Carlos Eduardo negó tener conocimiento alguno del asunto, y el propio von Hundt admitió más tarde que desconocía el nombre de la logia o capítulo en el que había sido recibido, pero que había sido dirigido desde "un centro oculto" y por Superiores desconocidos, cuyas identidades estaba obligado a no revelar.[402] De hecho, parece que el relato de von

---

[400] Ejecutado en 1746 como partidario de los Estuardo.

[401] Gould, op. cit. vol. III, p. 101, 110; *A.Q.C.*, vol. XXXII. XXXII. Parte I, p. 31.

[402] A. E. Waite, *The Secret Tradition in Freemasonry*, I. 296, 370, 415.

Hundt era exactamente lo contrario de la verdad[403] y que fue von Hundt quien, en apoyo de los esfuerzos de von Marschall, intentó enrolar al príncipe Carlos Eduardo en la nueva Orden alemana asegurándole que podría generar un poderoso apoyo para la causa Estuardo bajo el pretexto de reorganizar la Orden Templaria, cuyos verdaderos secretos, según él, habían sido transmitidos por los caballeros del siglo XIV.

Con el fin de rehabilitar la Orden, von Hundt declaró que todos los cargos presentados contra él por Felipe el Hermoso y el Papa se basaban en falsas acusaciones fabricadas por dos Caballeros recreadores llamados Noffodei y Florian en venganza por haber sido privados de sus mandos por la Orden debido a ciertos crímenes que habían cometido.[404] Según Lecouteulx de Canteleu, von Hundt consiguió finalmente -tras la derrota de Culloden- persuadir al príncipe Carlos Eduardo para que se uniera a su Orden. Pero esto es muy dudoso. En cualquier caso, cuando von Hundt fundó oficialmente su nueva Orden Templaria bajo el nombre de *Estricta Observancia* en 1751, el desafortunado Carlos Eduardo no participó en el proyecto. Como ha observado acertadamente el Sr. Gould, "ningún rastro de intriga jacobita entró jamás en la enseñanza de la Estricta *Observancia"*.[405]

La *Orden de la Estricta Observancia era en realidad* una asociación puramente alemana formada por hombres procedentes en su totalidad de las clases intelectuales y aristocráticas y que, al igual que las Órdenes caballerescas del pasado, se conocían entre sí por títulos caballerescos. Así, el príncipe Carlos de Hesse se convirtió en Eques a Leone Resurgente, el duque Fernando de Brunswick en Eques a Victoria, el ministro prusiano von Bischoffswerder en Eques a Grypho, el barón de Wachter en Eques a Ceraso, Christian Bode (consejero de la legación de Sajonia-Gotha) en Eques a Lilio Convallium, von Haugwitz (ministro del

---

[403] Clavel (*Histoire pittoresque de la Franc-Maçonnerie*, p. 185) dice que más tarde se descubrió que "el Pretendiente, lejos de haber hecho templario a Hundt, fue por el contrario hecho templario por él". Pero otras autoridades niegan que el príncipe Carlos Eduardo fuera iniciado en la masonería.

[404] Lecouteulx de Canteleu, *Les Sectes et Sociétés Secrètes*, p. 242; Clavel, op. cit. p. 184.

[405] Gould, op. cit. 100.

gabinete de Federico el Grande) en Eques a Monte Sancto, etc.

Pero según las declaraciones de la Orden, los líderes oficiales -los Caballeros de la Luna, la Estrella, el Sol de Oro o la Montaña Sagrada- eran meras figuras decorativas; los verdaderos líderes, conocidos como los "Superiores Desconocidos", permanecían en la sombra, sin título de caballero pero ejerciendo la jurisdicción suprema sobre la Orden.

El sistema había sido prefigurado por los "Invisibles" del Rosacrucismo del siglo XVII; pero ahora, en lugar de un grupo intangible cuya existencia misma sólo era vagamente conocida por el mundo, emergía a la luz del día una poderosa organización dirigida aparentemente por hombres de influencia y posición, pero secretamente dirigida por líderes ocultos.[406] Mirabeau describe el advenimiento de estos misteriosos directores en el siguiente pasaje:

Hacia 1756, aparecieron hombres como de la tierra, enviados, según decían, por superiores desconocidos, y armados de poderes para reformar la orden [de la francmasonería] y devolverle su antigua pureza. Uno de estos misioneros, llamado Johnston, llegó a Weimar y Jena, donde se estableció. Fue recibido de la mejor manera posible por los hermanos [masones], que se sintieron atraídos por la esperanza de grandes secretos e importantes descubrimientos que nunca les habían sido comunicados.[407]

Ahora bien, en los manuscritos del Príncipe de Hesse publicados por Lecouteulx de Canteleu, se dice que este hombre, Johnston, o más bien Johnson, que se autoproclamó "Gran Prior de la Orden", era un judío llamado Leicht o Leucht.[408] Gould dice que su verdadero nombre era Leucht o Becker, pero que profesaba ser inglés, aunque incapaz de hablar

---

[406] Ibid. III. 99, 103; Waite, *Secret Tradition in Freemasonry*, I. 289: "El Rito de Estricta Observancia fue el primer sistema masónico que afirmó derivar su autoridad de Superiores Desconocidos, ellos mismos irresponsables pero que reclamaban jurisdicción absoluta y obediencia infalible".

[407] *Historia de la monarquía prusiana*, V. 61 (1788).

[408] *Sectas y sociedades secretas*, p. 246.

la lengua inglesa, de ahí que adoptara el nombre de Johnson.[409] El Sr. Gould describió a Johnson como un "granuja consumado y vagabundo absoluto... de conducta casi repulsiva e inculta, pero dotado de una insolencia sin límites y una baja astucia". De hecho, el propio von Hundt, tras asegurarse los servicios de Johnson, lo consideró demasiado peligroso y lo declaró aventurero. Johnson fue arrestado por el consejero von Pritsch, amigo de von Hundt, y arrojado al castillo de Wartburg, donde una muerte repentina puso fin a su carrera.

Sin embargo, es poco probable que Mirabeau tuviera razón al designar a Johnson como uno de los "Superiores Desconocidos", que sin duda eran hombres de concepciones más trascendentales de lo que parece haber sido este aventurero.

Es más, la forma en que llegó a su fin demuestra claramente que ocupaba una posición subordinada en la *Estricta Observancia*.

Se trata de una secuencia de acontecimientos muy curiosa, que conviene recapitular brevemente para apreciar todo su significado:

1737. Discurso del Chevalier Ramsay indicando el origen templario de la francmasonería, pero sin mencionar los grados superiores.

1738. El duque de Antin se convierte en Gran Maestre de la Francmasonería francesa, en sustitución del señor "Harnouester".

1738. Federico, príncipe heredero de Prusia, se inicia en la masonería en Brunswick.

1740: Voltaire visita por primera vez a Frédéric, ahora rey.

1741. El barón von Marschall llega a París con un plan para resucitar la Orden de los Templarios.

Los grados templarios aparecieron por primera vez en Francia con el nombre de "masonería escocesa".

1743. Llegada a Francia del barón von Hundt, portador de un nuevo

---

[409] Gould, op. cit. 102. Waite (*Encyclopædia of Freemasonry*, II. 23) dice que Johnson "se llamaba en realidad Leucht, un inglés según él, que no sabía inglés y que se cree que era judío".

proyecto para resucitar la Orden de los Templarios.

El rango de Chevalier Kadosch, que celebra la venganza de los Templarios, fue instituido en Lyon.

1750. Voltaire se marchó para pasar tres años con Frédéric.

1751. Orden Templaria de la Estricta Observancia fundada por von Hundt.

1754. Se funda en Francia el Rito de Perfección (forma primitiva del Rito Escocés).

1761. Federico es reconocido como el jefe del Rito Escocés".

Morin fue enviado a fundar el Rito de Perfección en América.

1762. Se ratifican en Berlín las Grandes Constituciones Masónicas.[410]

Se verá, pues, que lo que el Sr. Gould describe como la "inundación del templismo", que él y el Sr. Tuckett atribuyen a los llamados masones escoceses,[411] corresponde precisamente al declive de los jacobitas y al auge de la influencia alemana. ¿No sería probable, entonces, que, excepto en el caso del grado rosacruz, los autores de los grados superiores no fueran ni escoceses ni jacobitas, que la masonería escocesa fuera un término utilizado para cubrir no sólo el templismo, sino más particularmente el templismo alemán, y que el verdadero autor e inspirador del movimiento fuera Federico el Grande? No, es significativo observar que en la historia de la *Orden del Temple*, publicada a principios del siglo XIX, Federico el Grande es citado como uno de los miembros más eminentes de esta Orden en el pasado,[412] y el abate Grégoire añade que fue "consagrado" en Remersberg (¿Rheinsberg?) en 1738, es decir, el mismo año en que fue iniciado en la masonería en Brunswick.[413]

---

[410] Mackey, op. cit., p. 331.

[411] Gould, *History of Freemasonry*, III. 93; *A.Q.C.*, XXXII. Parte I. p. 24.

[412] *Lévitikon*, p. 8 (1831); Fabré Palaprat, *Recherches historiques sur Los Templarios*, p. 28 (1835).

[413] M. Grégoire, *Histoire des Sectes Religieuses*, II. 401. Findel dice que muy poco después del regreso de Federico de Brunswick, "se organizó secretamente

Por lo tanto, sugiero que la verdad sobre la sucesión templaria puede encontrarse en una de estas dos teorías: 1. Que los documentos producidos por la Orden del Temple en el siglo XIX, incluida la Carta de Larmenius, eran auténticos. Que los documentos producidos por la *Orden del Temple* en el siglo XIX, incluida la Carta de Larmenius, eran auténticos; que la Orden nunca había dejado de existir desde la época de las Cruzadas; que la herejía templaria era el juanismo, pero que los templarios que escaparon a Escocia no eran partidarios de ella; que el grado de la Rosa - Cruz en su forma puramente cristiana fue introducido por los Templarios escoceses en Escocia y cuatrocientos años más tarde por Ramsay en Francia; que el Maestre del Temple en aquella época era el Regente, Felipe Duque de Orleans, como se indica en la Carta de Larmenius. Por último, que después de eso, nuevos grados templarios fueron introducidos desde Alemania por von Hundt, actuando en nombre de Federico el Grande.

2. Que los documentos elaborados por la *Orden del Temple en el* siglo XIX eran, como afirma Matter, fabricaciones de principios del siglo XVIII. Matter, fueron fabricaciones de principios del siglo XVIII; que si bien, dada la tradición conservada en la Real Orden de Escocia, parece haber buenas razones para creer en la historia de los Caballeros Templarios escoceses y en el origen del grado rosacruz, el resto de la historia de los Caballeros Templarios, incluida la Carta de Larmenius, es una invención de los "Superiores Ocultos" de la *Estricta Observancia* en Alemania, y que los más importantes de estos "Superiores Ocultos" son Federico el Grande y Voltaire.

No trataré de decidir cuál de estas dos teorías es la correcta; lo único que sostengo es que, en cualquiera de los dos casos, el protagonismo del templismo en aquella época correspondió a Federico el Grande, probablemente con la colaboración de Voltaire, quien, en su *Essai sur les Mœurs,* defendió la causa de los templarios. Sigamos las razones que nos llevan a esta conclusión.

El discurso de Ramsay en 1737 vinculando la masonería con los templarios pudo llegar a oídos de Federico y sugerirle la idea de utilizar

---

una logia en el castillo de Rheinsberg" (*History of Freemasonry,* trad. inglesa, p. 252). Esta logia parece haber sido una logia templaria y no masónica.

la masonería como tapadera para sus intrigas, de ahí su precipitada iniciación en Brunswick. Pero para ganar influencia en el seno de una sociedad secreta, siempre es necesario reivindicar conocimientos superiores, y el templismo parece ser una fructífera fuente de inspiración. Para ello, es necesario arrojar nueva luz sobre la Orden.

Y probablemente no había nadie mejor cualificado que Voltaire, con su conocimiento del mundo antiguo y medieval y su odio a la Iglesia católica, para emprender la construcción de una novela histórica subversiva de la fe católica; de ahí la urgente convocatoria del filósofo a Federico. Podemos imaginar a Voltaire hurgando en los archivos del pasado para reconstruir la herejía templaria. Esta herejía era claramente gnóstica, y los mandeos o los cristianos de San Juan podrían haber parecido tener las características requeridas. Si se pudiera demostrar que es en el juanismo donde se encuentra el verdadero "cristianismo primitivo", ¡qué golpe para los infames! Sería fácil encontrar un hábil falsificador para producir los documentos que se habrían guardado en los archivos secretos de la Orden. Además, von Marschall llegó a Francia al año siguiente para reorganizar a los templarios, y von Hundt afirmó más tarde estar en posesión de los verdaderos secretos de la Orden transmitidos desde el siglo XIV. El hecho de que ciertos documentos relativos a este asunto fueran descubiertos o fabricados bajo la dirección de Federico el Grande parece tanto más probable cuanto que existe una tradición masónica en este sentido. Oliver cita un informe del siglo XIX de los Grandes Inspectores Generales que afirma: Durante las Cruzadas, en las que estuvieron presentes 27.000 masones, se descubrieron MSS masónicos de gran importancia entre los descendientes de los antiguos judíos, y se encontraron otros documentos valiosos en varios periodos hasta el año de la Luz 5557 (es decir, 1553), cuando se desenterró un documento en caracteres sirios de la más remota antigüedad, del que parece desprenderse que el mundo es varios miles de años más antiguo de lo que dice el relato mosaico. Pocos de estos caracteres fueron traducidos hasta el reinado de nuestro ilustre y muy ilustrado hermano Federico II, rey de Prusia, cuyo conocido celo por la artesanía fue la causa de tantas mejoras en la sociedad que se dignó presidir. [414]

---

[414] Oliver, *Historical Landmarks in Freemasonry*, II. 110.

Por lo tanto, sugiero que los documentos aquí mencionados que contienen los secretos reivindicados por von Hundt pueden ser los publicados posteriormente por la Orden *del Temple* en el siglo XIX, y que si no son auténticos, son obra de Voltaire, probablemente ayudado por un judío capaz de falsificar manuscritos siríacos. Que Johnson fuera el judío en cuestión parece probable, ya que Findel afirma claramente que la historia de la continuación de la Orden Templaria fue obra suya.[415] Federico, como sabemos, tenía la costumbre de emplear a judíos para llevar a cabo negocios turbios, y bien podría haber utilizado a Johnson para falsificar documentos de la misma manera que había utilizado a Ephraim para acuñar dinero falso para él. Además, sería totalmente coherente con su política deshacerse del hombre tan pronto como hubiera completado su misión, para que no traicionara sus secretos.

Cualesquiera que fuesen los métodos empleados por Federico el Grande para hacerse con el control de la masonería, los fructíferos resultados de esta "muy insignificante circunstancia", su iniciación en Brunswick, se hicieron más y más evidentes a medida que avanzaba el siglo. Así, cuando en 1786 se reorganizó el Rito de Perfección y se rebautizó como "Rito Escocés Antiguo y Aceptado" -que seguía siendo la misma tapadera escocesa del prusianismo-, se dice que fue Federico quien dirigió las operaciones, redactó las nuevas Constituciones de la Orden y reorganizó los grados para elevar el número total a treinta y tres,[416] como sigue:

---

[415] Findel, *History of Freemasonry* (trad. inglesa), p. 290.

[416] Sobre este punto, véase Mackey, *Lexicon of Freemasonry*, pp. 91, 328. En Inglaterra y en el Gran Oriente de Francia, la mayoría de los grados superiores han caído en desuso y este rito, conocido en Inglaterra como Rito Antiguo y Aceptado y en Francia como Rito Escocés, comprende sólo cinco grados además de los tres grados del Oficio (conocidos como Masonería Azul), que forman la base de todos los ritos masónicos. Estos cinco grados son el decimoctavo Rosacruz, el trigésimo Kniqht Kadosch, y del trigésimo primero al trigésimo tercero. El francmasón inglés, cuando es admitido a los grados superiores, pasa así de golpe del tercer grado de Maestro Masón al decimoctavo de Rosacruz, que constituye así el primero de los grados superiores. Sin embargo, los grados intermedios se siguen practicando en América.

26. Príncipe de la misericordia.

27. Comandante Soberano del Templo.

28. Caballero del sol.

29. Gran Caballero Escocés de Saint-André.

30. Elegido Gran Caballero de Kadosch.

31. Gran Inspector Inquisidor Comandante.

32. El sublime príncipe del secreto real.

33. Soberano Gran Inspector General.

En los cuatro últimos grados, Federico el Grande y Prusia desempeñan un papel importante; en el trigésimo grado de Caballero Kadosch, inspirado en gran medida en los Vehmgerichts, los Caballeros llevan cruces teutónicas, el trono está coronado por el águila bicéfala de Prusia, y el Presidente, que se llama Gran Maestre Tres Veces Puissant, representa al propio Federico; En el trigésimo segundo grado de Sublime Príncipe del Secreto Real, Federico es descrito como la cabeza de la Francmasonería continental; en el trigésimo tercer grado de Soberano Gran Inspector General, la joya es de nuevo el águila bicéfala, y el Soberano Gran Comendador es Federico, quien, en el momento en que se instituyó este grado, figuraba con Felipe, Duque de Orleans, Gran Maestre del Gran Oriente, como su lugarteniente. La más importante de estas innovaciones fue el trigésimo segundo grado, que en realidad era un sistema más que un grado para unir a los masones de todos los países bajo un mismo líder, de ahí el inmenso poder adquirido por Federico. En 1786, la masonería francesa era totalmente prusiana y Federico se había convertido en el ídolo de la masonería de todo el mundo. Sin embargo, es probable que nadie haya despreciado tan profundamente a la masonería. Como sabiamente observó el masón norteamericano Albert Pike: "No cabe duda de que Federico llegó a despreciar la masonería: No cabe duda de que Federico llegó a la conclusión de que las grandes pretensiones de la masonería en los Grados Azules eran sólo imaginarias y engañosas. Ridiculizó a la Orden y pensó que sus ceremonias eran un juego de niños; se han conservado algunos de sus comentarios en este sentido. De ello no se deduce en absoluto que más tarde no le pareciera político ponerse a la cabeza de una Orden que se había convertido en una potencia... [417]

No es baladí observar que al año siguiente de la fundación oficial de la *Estricta Observancia, es decir,* en 1752, lord Holdernesse, en una carta al embajador británico en París, lord Albemarle, titulada "Muy secreto", habla de "la influencia que el rey de Prusia ha obtenido recientemente sobre todos los consejos franceses"; y unas semanas más tarde, lord Albemarle se refiere a "la gran influencia de la Corte de Prusia sobre los consejos franceses, por la cual están cegados hasta el punto de no poder juzgar por sí mismos".[418]

Pero es hora de pasar a otro ámbito de actividad que la albañilería ha abierto a las ambiciones de Frédéric.

El desarrollo de la *Encyclopédie,* que incluso los escritores más escépticos sobre las influencias secretas del movimiento revolucionario admiten que contribuyó al cataclismo final, es una cuestión sobre la que la historia oficial ha arrojado poca luz.

Según la versión autorizada de la historia -como se cuenta, por ejemplo, en el libro de Lord Morley sobre los enciclopedistas-, el proyecto de traducir la Cyclopædia de Ephraim Chambers, publicada en 1728, fue sugerido a Diderot "unos quince años más tarde" por un librero francés llamado Le Breton. La inteligencia fértil y enérgica de Diderot transformó el proyecto... Se decidió hacer de la obra de Chambers el simple punto de partida de una nueva empresa de alcance mucho más amplio". A continuación, leemos sobre las dificultades financieras que acosaron al editor, la vergüenza de Diderot, que "no se sentía capaz de organizar y supervisar todos los departamentos de un nuevo libro que debía abarcar todo el círculo de las ciencias", el afortunado reclutamiento de d'Alembert como colaborador, y más tarde de hombres pertenecientes a todo tipo de profesiones, "todos unidos en un trabajo tan útil como

---

[417] *Scottish Rite of Freemasonry: the Constitutions and Regulations of* 1762, por Albert Pike, Sovereign Grand Commander of the Supreme Council of the Thirty-third Degree for the Southern Jurisdiction of the United States, p. 138 (A.M. 5632).

[418] RO. State Papers, Foreign, France, Vol. 243, 2 de enero y 19 de febrero de 1752.

laborioso, sin ninguna visión de interés... sin ningún entendimiento ni acuerdo común con los demás...", luego de las crueles persecuciones sufridas por parte de los jesuitas, "que al menos esperaban ser dueños de los artículos teológicos", y finalmente de la supresión tiránica de la gran obra a causa de las tendencias anticristianas de estos mismos artículos.[419] Veamos ahora de nuevo la cuestión.

En el famoso discurso pronunciado por Chevalier Ramsay en la Gran Logia de París en 1737, encontramos el siguiente pasaje:

La cuarta cualidad requerida en nuestra Orden es el gusto por las ciencias útiles y las artes liberales. Así, la Orden requiere que cada uno de vosotros contribuya, con vuestra protección, vuestra generosidad o vuestro trabajo, a una vasta obra para la que ninguna academia puede bastar, ya que todas las sociedades de este tipo están compuestas por un número muy reducido de hombres, y su trabajo no puede abarcar un objeto tan vasto. Todos los Grandes Maestres de Alemania, Inglaterra, Italia y otras partes exhortan a todos los eruditos y artesanos de la Fraternidad a unirse para proporcionar los materiales para un Diccionario Universal de todas las artes liberales y todas las ciencias útiles, con la única excepción de la teología y la política. El trabajo ya ha comenzado en Londres y, gracias a la unión de nuestros hermanos, estará terminado dentro de pocos años.[420]

Así pues, no fue un librero emprendedor ni un filósofo brillantemente inspirado quien concibió la idea de la *Encyclopédie*, sino una poderosa organización internacional capaz de emplear a más hombres de los que podían proporcionar todas las academias, a la que se le ocurrió el proyecto al menos seis años antes de que Diderot supuestamente tuviera

---

[419] John Morley, *Diderot et les Encyclopédistes*, Vol. I. pp. 123-47 (1886).

[420] Gould, op. cit. 87. Gould añade ingenuamente en una nota a pie de página a este pasaje: "El diccionario propuesto es un nudo curioso. ¿Es posible que la Royal Society tuviera semejante idea? Chambers, que al año siguiente fue nombrado miembro de la Royal Society pero que no era masón, contaba con muchos masones entre sus amigos, incluido el fabricante de globos terráqueos Senex, con quien había sido aprendiz y que había publicado las *Constituciones* de Anderson en 1723 (véase A.Q.C., XXXII Parte I, p. 18). (Véase A.Q.C., *XXXII*. Parte I. p. 18.)

la idea. De este modo, toda la historia que se nos cuenta habitualmente parece ser una completa invención: editores esforzados, *literatos* trabajadores que desempeñan su tarea sobrehumana como "hombres de letras independientes" sin el patrocinio de los grandes -lo que Lord Morley señala como "uno de los hechos más importantes en la historia de la *Encyclopédie*"-, escritores de todo tipo unidos por ningún "entendimiento o acuerdo común", todos ellos se ven en realidad estrechamente asociados como "artesanos de la Fraternidad", cumpliendo las órdenes de sus superiores.

La *Encyclopédie* era, pues, esencialmente una publicación masónica, y Papus, aunque atribuye erróneamente la célebre oración y, por consiguiente, el plan de la *Encyclopédie* a la inspiración del duque de Antin, subraya la importancia de este hecho. Escribe

La Revolución se desarrolló en dos etapas: 1. Una revolución intelectual. Una *revolución intelectual*, con la publicación de la *Encyclopédie*, obra de la masonería francesa bajo la dirección del duque de Antin.

2e. *Revolución ocultista* en las Logias, debida en gran parte a miembros del Rito Templario y llevada a cabo por un grupo de francmasones expulsados y luego amnistiados. [421]

La autoría masónica de la *Encyclopédie* y la consiguiente difusión de las doctrinas revolucionarias nunca han sido cuestionadas por los francmasones de Francia; al contrario, se enorgullecen de ello. En el congreso del Gran Oriente de 1904, el francmasón Bonnet declaró:

En el siglo XVIII, la gloriosa estirpe de los Enciclopedistas formaba en nuestros templos un público fervoroso que entonces invocaba en solitario el radiante dispositivo aún desconocido por las masas: "Liberté, Égalité, Fraternité". La semilla revolucionaria germinó pronto en el seno de esta *élite*. Nuestros ilustres francmasones d'Alembert, Diderot, Helvétius, d'Holbach, Voltaire y Condorcet completaron la evolución de las mentes y prepararon el camino de la nueva era. Y cuando cayó la Bastilla, la Francmasonería tuvo el honor supremo de entregar a la humanidad la carta (es decir, la Declaración de los Derechos del Hombre)

---

[421] Papus, *Martines de Pasqually*, p. 146 (1895).

que tan devotamente había redactado. (*Aplausos*) Esta carta, prosigue el orador, fue obra del francmasón Lafayette, y fue adoptada por la Asamblea Constituyente, más de 300 de cuyos miembros eran francmasones.

Pero al utilizar las logias para sembrar las semillas de la revolución, los enciclopedistas traicionaron no sólo la causa de la monarquía, sino también la de la masonería. Cabe señalar que, de acuerdo con los verdaderos principios masónicos, Ramsay, en su discurso, declaró expresamente que la enciclopedia debía tratar de las artes liberales y las ciencias[422] y que la teología y la política debían quedar excluidas del proyecto previsto. ¿Cómo es posible, entonces, que estos fueran finalmente los dos temas a los que los enciclopedistas dedicaron más atención, de modo que su obra se convirtió principalmente en un ataque contra la Iglesia y la monarquía? Si Papus tenía razón al atribuir esta tendencia revolucionaria a la *Encyclopédie* desde la época de la famosa oración, entonces Ramsay sólo podía ser considerado como el más profundo de los hipócritas, o como el portavoz de hipócritas que profesaban intenciones muy contrarias a sus verdaderos propósitos. Una explicación mucho más probable parece ser que durante el intervalo entre el discurso de Ramsay y la fecha en que se comenzó en serio la *Encyclopédie*, el proyecto sufrió un cambio. Se observará que el año 1746, cuando se dice que Diderot y d'Alembert emprendieron su tarea, coincide con la decadencia de la francmasonería francesa bajo el conde de Clermont y la invasión de las logias por elementos subversivos; así, el proyecto propuesto con la mejor de las intenciones por los francmasones de 1737 fue secuestrado por sus sucesores revolucionarios y orientado hacia un propósito diametralmente opuesto.

Pero no es al maestro de baile Lacorne y a sus seguidores de clase media a quienes podemos atribuir la eficacia con la que se difundieron por toda Francia no sólo la *Encyclopédie*, sino también una multitud de publicaciones revolucionarias menores. Federico el Grande había aprovechado su oportunidad. Si estoy en lo cierto al suponer que el

---

[422] Se trata claramente de una referencia a las siete artes y ciencias liberales que figuran en el diploma de los oficiales: gramática, retórica, lógica, aritmética, geometría, música y astronomía.

discurso de Ramsay había llegado a oídos de Federico, la perspectiva de la *Encyclopédie* que contenía pudo parecerle un magnífico método para imponerse en los círculos intelectuales franceses; De ahí, sin duda, una razón adicional para su precipitada iniciación en la masonería, su convocatoria de Voltaire y sus subsiguientes propuestas a Diderot y d'Alembert, quienes, cuando apareció el primer volumen de la *Encyclopédie* en 1751, habían sido nombrados miembros de la Real Academia Prusiana. Al año siguiente, Federico ofreció a d'Alembert la presidencia de la Academia en sustitución de Maupertuis, oferta que fue rechazada; pero en 1755 y de nuevo en 1763, d'Alembert visitó a Federico en Alemania y recibió regularmente su pensión de Berlín. No es de extrañar, pues, que la *Encyclopédie, que* llegó a la letra P, incluyera, en un artículo sin firma sobre Prusia, un panegírico sobre las virtudes y talentos del ilustre monarca que presidía los destinos de este país favorecido.

El arte de Federico el Grande, como el de sus sucesores en el trono de los Hohenzollern, consistió en utilizar todos los movimientos que pudieran servir al propósito de la supremacía prusiana. Utilizó a los francmasones como utilizó a los filósofos y como utilizó a los judíos para lograr su gran proyecto: la destrucción de la monarquía francesa y la alianza entre Francia y Austria. Si a través de sus representantes en la Corte francesa pudo sembrar la discordia entre Versalles y Viena y desacreditar a María Antonieta, a través de sus aliados en las logias masónicas y las sociedades secretas pudo llegar al pueblo de Francia. El oro y las prensas de Federico el Grande se sumaron a las de los orleanistas para hacer circular literatura sediciosa en las provincias.[423]

Así, a medida que avanzaba el siglo, la asociación fundada por monárquicos y católicos fue transformada en un motor de destrucción por intrigantes revolucionarios; los ritos y símbolos fueron gradualmente pervertidos con un propósito directamente opuesto a aquel para el que

---

[423] En 1767, Voltaire escribe a Frédéric pidiéndole que haga imprimir en Berlín ciertos libros que circularán en Europa "a un precio moderado que facilite su venta". Frédéric le contesta: "Puedes utilizar mi imprenta como quieras", etc. (carta del 5 de mayo de 1767). He mencionado en otro lugar los libelos contra María Antonieta difundidos por los agentes de Federico en Francia. Véase mi *Révolution française*, pp. 27, 183.

habían sido instituidos, y los dos grados de Rosacruz y Caballero Kadosch llegaron a simbolizar respectivamente la guerra contra la religión y la guerra contra la monarquía de Francia.

No fue un católico ortodoxo, sino un ocultista y rosacruz quien describió así el papel de la masonería en la Revolución: No sólo se profanó la masonería, sino que sirvió de tapadera y pretexto para los complots de la anarquía, a través de la influencia ocultista de los vengadores de Jacques du Molay y de los continuadores de la obra cismática del Temple. En lugar de vengar la muerte de Hiram, vengaron a sus asesinos. Los anarquistas tomaron la plomada, la escuadra y el mazo e inscribieron libertad, igualdad y fraternidad. En otras palabras, libertad para la envidia, igualdad para la degradación, fraternidad para la destrucción. Estos son los hombres que la Iglesia condenó con razón y condenará siempre.[424]

Pero ahora toca hablar de otro poder masónico que entretanto ha entrado en las listas, los martinistas franceses o Illuminati.

ILUMINISMO FRANCÉS

Mientras Federico el Grande, los francmasones, los enciclopedistas y los orleanistas trabajaban materialmente para socavar la Iglesia y la monarquía en Francia, había surgido otra secta que, a mediados de siglo, había conseguido insinuarse en las logias.

Es un resurgimiento de la vieja moda de lo oculto, que se ha extendido como la pólvora por toda Europa, desde Burdeos hasta San Petersburgo.

Durante el reinado de Ana de Courland (1730-40), la corte rusa estaba impregnada de superstición, y se fomentaba la aparición de magos

---

[424] Éliphas Lévi, *Histoire de la Magie*, p 407. El papel de la Francmasonería en la preparación de la Revolución, generalmente negado por la conspiración de la historia, es sin embargo claramente reconocido en los círculos masónicos, aplaudido por los de Francia, deplorado por los de Inglaterra y América. Un libro de texto americano en mi posesión contiene el siguiente pasaje: "Los Francmasones... (ahora está bien establecido por la historia) *estuvieron en el origen de la Revolución* con el infame Duque de Orleans a la cabeza" - *A Ritual and Illustrations of Freemasonry*, p. 31 nota.

profesionales y charlatanes de todo tipo. En el siglo XVIII, las clases altas alemanas se mostraron igual de susceptibles a las atracciones de lo sobrenatural, y los príncipes que deseaban vivir mucho tiempo o aumentar su poder se embarcaron con avidez en la búsqueda de la piedra filosofal, el "elixir de la vida", y evocaron espíritus para que les sirvieran bajo la guía de ocultistas.

En Francia, el ocultismo, reducido a sistema, adoptó las formas externas de la masonería para servir de cobertura a la propagación de sus doctrinas. Fue en 1754 cuando Martines de Pasqually (o Paschalis), un masón rosacruz,[425] fundó su Orden de los Elegidos Cohens, más tarde conocida como los *Martinistas* Franceses o *Illuminati*. Aunque fue educado en la fe cristiana, Pasqually fue descrito a menudo como judío. El barón de Gleichen, él mismo martinista y miembro de Les Amis Réunis,[426] arroja alguna luz interesante sobre este pasaje:

"Pasqualis era de origen español, quizá de raza judía, pues sus discípulos heredaron de él un gran número de manuscritos judíos".[427]

Fue "esta secta cabalística",[428] los Martinistas, la que se convirtió en la tercera gran potencia masónica en Francia.

El rito Martinista se dividía a grandes rasgos en dos clases, la primera representando la caída del hombre y la segunda su restauración final - una variación más sobre el tema masónico de la pérdida y la recuperación. Después de los tres primeros grados del Oficio venían los grados Cohen - Aprendiz Cohen, Oficial Cohen y Maestro Cohen - luego los de Gran Arquitecto, Gran Elegido de Zorobabel o Caballero de Oriente: pero por encima de éstos se ocultaban los grados que conducían al Rosacruz, que era la piedra angular del edificio.[429] Pasqually estableció primero su rito en Marsella, Toulouse y Burdeos, luego en París, y pronto las logias martinistas se extendieron por toda Francia, con un centro en Lyon bajo

---

[425] Papus, *Martines de Pasqually, p.* 150.

[426] Benjamin Fabre, *Eques a Capite Galeato*, p. 88.

[427] *Recuerdos del barón de Gleichen*, p. 151.

[428] Henri Martin, *Histoire de France*, XVI. 529.

[429] Heckethorn, *Secret Societies*, I. 218; Waite, *Secret Tradition*, II. 155, 156.

la dirección de Willermoz, un próspero comerciante residente en esa ciudad. A partir de entonces, otras órdenes ocultas se desarrollaron en todas direcciones. En 1760, Dom Pernetti fundó en Lyon su secta de los "Iluminados de Avignon", declarándose muy iniciado en la masonería y enseñando las doctrinas de Swedenborg. Más tarde, un tal Chastanier fundó la "Illuminés Théosophes", una versión modificada del rito de Pernetti; y en 1783, el marqués de Thomé lanzó una variedad purificada del Swedenborgismo bajo el nombre de "Rito de Swedenborg".

En todas estas sectas ocultistas subyace una fuente de inspiración común: la pervertida y mágica Cábala de los judíos, ese conglomerado de salvajes imaginaciones teosóficas y bárbaras supersticiones fundado en antiguos cultos paganos y complementado a lo largo de diecisiete siglos por sucesivas generaciones de ocultistas judíos.[430]

Esta influencia es particularmente notable en las diversas formas del grado rosacruz, que en casi todas estas asociaciones es el grado más elevado y secreto. El ritual de la "Eminente Orden de los Caballeros del Águila Negra o Soberanos de la Orden Rosacruz", documento secreto e inédito del siglo XVIII que difiere totalmente de los rituales publicados, explica que nadie puede alcanzar el conocimiento de las ciencias superiores sin las "Clavículas de Salomón", cuyos verdaderos secretos nunca se han hecho públicos y que, según se dice, contienen toda la ciencia cabalística. [431] El catecismo de este mismo grado trata principalmente de la transmutación de los metales, de la piedra filosofal, etc.

En el Rito de Perfección tal como se practica en Francia y América, esta influencia cabalística se manifiesta en los grados conocidos como los "grados inefables", derivados de la creencia judía en el misterio que rodea al nombre inefable de Dios. Según la costumbre judía, el nombre sagrado Jehová o Jah-ve, compuesto por las cuatro letras yod, he, vau, he, que forman el Tetragrámaton, nunca debía ser pronunciado por los laicos, que

---

[430] "La magia ceremonial de Pasqually seguía este patrón, que yo relaciono con el cabalismo degradado de la judería. E. Waite, La *Tradición Secreta en la Francmasonería*, II. 175.

[431] Un manuscrito del siglo XVIII de *Las verdaderas clavículas del rey Salomón*, traducido del hebreo, se vendió en París en 1921.

se veían obligados a sustituirlo por la palabra "Adonai". El Tetragrámaton sólo podía ser pronunciado una vez al año, el Día de la Expiación, por el Sumo Sacerdote en el Lugar Santísimo, al son de trompetas y címbalos que impedían que el pueblo lo oyera. Se dice que debido a que el pueblo se abstuvo de pronunciar el nombre de esta manera, la verdadera pronunciación del nombre se perdió con el tiempo. Los judíos también creían que el Tetragrámaton estaba dotado de poderes ilimitados. "Quien lo pronuncia hace temblar el cielo y la tierra e inspira asombro y terror incluso en los ángeles". [432] El Nombre inefable confería así dones milagrosos; estaba grabado en la vara de Moisés y le permitía realizar prodigios, del mismo modo que, según el Toledot Yeshu, confería los mismos poderes a Cristo. Esta superstición formaba parte claramente de la tradición rosacruz, ya que el símbolo del Tetragrammaton en un triángulo, adoptado por las logias masónicas, aparece en el sistema cabalístico de Fludd. [433] En los "grados inefables", estaba investido de todo el sobrecogimiento místico del que está rodeado en la teología judía y, según las primeras obras americanas, "los hermanos y compañeros de estos grados recibían el nombre de Dios tal como le había sido revelado a Enoch y juraban pronunciarlo una sola vez en su vida": "Los hermanos y compañeros de estos grados recibían el nombre de Dios tal como le había sido revelado a Enoch y juraban pronunciarlo una sola vez en su vida".

En la versión alquímica del grado rosacruz antes mencionado, el Nombre Inefable está de hecho investido de poderes mágicos como en la Cábala judía. Ragon, después de describir la ceremonia judía en la que la palabra Jehová era pronunciada por el Sumo Sacerdote en el Santo de los Santos, continúa diciendo que "Schem-hamm-phorasch", otro término para el Tetragrammaton, es la palabra sagrada de un grado escocés, y que

---

[432] Mackev, *Lexique de la franc-maçonnerie*, p. 156.

[433] A. E. Waite, *The Doctrine and Literature of the Kabbalah*, p. 369. Ragon da en otra parte un relato del grado filosófico del Rosacrucismo, en el que la fórmula sagrada I.N.R.I., que desempeña un papel importante en la forma cristiana de este grado, se interpreta como Igne Natura Renovatur Integra-Naturaleza se renueva por el fuego.-Novueau *Grade de Rose-Croix*, p 69. Mackev da esta interpretación como alternativa a la de los Rosacruces. - *Lexicon of Freemasonry*, p. 150.

esta creencia en sus propiedades místicas "se encontrará a la cabeza de las instrucciones para el tercer grado del Caballero del Águila Negra, llamado Rosacruz", así:

Q. ¿Cuál es el nombre más poderoso de Dios en el pentáculo?

A. Adonaï.

Q. ¿Cuál es su potencia?

A. Mover el universo.

Que el caballero que tuviera la suerte de pronunciarla cabalísticamente tendría a su disposición los poderes que habitan los cuatro elementos y los espíritus celestes, y poseería todas las virtudes posibles para el hombre. [434]

Por lo tanto, está claro que esta forma de Rosacrucismo era de origen puramente judío. En el discurso dirigido al candidato a la iniciación en el grado de Rosacruz en la Logia del "Contrato Social", se dice que Este grado, que comprende una Orden de Perfectos Masones, fue sacado a la luz por el Hermano R., que lo sacó del tesoro cabalístico del Doctor y Rabino Neamuth, jefe de la sinagoga de Leyden en Holanda, que había conservado sus preciosos secretos y su traje, que veremos ambos en el mismo orden en que los colocó en su misterioso Talmud.[435]

Ahora bien, sabemos que en el siglo XVIII se estableció en Florencia una sociedad de magos rosacruces que, según se cree, se remontaba al siglo XV y estaba compuesta en parte, si no totalmente, por orientales, como veremos en el capítulo siguiente; pero parece probable que esta secta, al mismo tiempo que inspiraba secretamente a los masones de la Orden Rosacruz, era ella misma innominada u oculta bajo un disfraz.

Así, en 1782, un francmasón inglés escribía: "He encontrado en Argel algunos MSS bastante curiosos en hebreo relativos a la Sociedad Rosacruz, que existe actualmente bajo otro nombre con las mismas

---

[434] Ragon, *Mafonnerie Occulte*, p. 91.

[435] Gustave Bord, *La Franc-Maçonnerie en Francs, des Origines à* 1815, p. 212 (1908).

formas. Espero, además, ser admitido en su conocimiento".[436]

A menudo se ha afirmado que los judíos no podían desempeñar ningún papel en la Francmasonería en aquella época, ya que no eran admitidos en las logias. Pero esto no es del todo cierto; en el artículo *del Gentleman's Magazine* ya citado, se afirma que los judíos eran admitidos; de Luchet también cita el caso de David Moses Hertz, recibido en una logia de Londres en 1787; y el autor de Les *Francs-Maçons écrasés*, publicado en 1746, afirma que vio a tres judíos recibidos en una logia de Amsterdam. En las "logias Melchisedeck" del continente se admitía abiertamente a los no cristianos, y también en este caso el grado rosacruz ocupa el lugar más importante. Los grados más altos de este rito eran los Hermanos Iniciados de Asia, los Maestros de los Sabios y los Sacerdotes Reales, también conocidos como el grado Melchisedeck o verdaderos Hermanos de la Orden Rosacruz.

Esta orden, generalmente descrita como los Hermanos *Asiáticos*, cuyo centro estaba en Viena y cuyo líder era un tal Barón von Eckhoffen, se dice que fue una continuación de los "Hermanos de la Rosacruz de Oro", un renacimiento de los Rosacruces en el siglo XVII organizado en 1710 por un sacerdote sajón, Samuel Richter, conocido como Sincerus Renatus. Sin embargo, los orígenes reales de los Hermanos Asiáticos son oscuros y existe poca literatura sobre el tema en este país.[437] Su otro título, "los Caballeros y Hermanos de San Juan Evangelista", sugiere una inspiración juanina y era claramente una farsa, ya que incluían a judíos,

---

[436] Carta del general Rainsford, octubre de 1782, citada en *Transactions of the Jewish Historical Society*, Vol. VIII, p. 125.

[437] De Luchet (*Essai sur la Secte des Illuminés*, p. 212) menciona las siguientes obras en relación con la Orden: 1. Nouvelles *authentiques des Chevaliers et Frères Initiés d'Asie*. 2. *Reçoit-on, peut-on recevoir les Juifs parmi les Francs-Maçons?* 3. Nouvelles authentiques de l'Asie, *par Frederick de Bascamp, nommé Lazapolski (1787)*. Wolfstieg, en su *Bibliograpkie der Freimaurischer Ltteratur*, Vol. II. p. 283, *cita a Friedrich Münter como autor de la primera de estas obras, y menciona también, entre otras, una obra de Gustave Brabée*, Die Asiatischen Brüder in Berlin und Wien (Los hermanos asiáticos en Berlín y Viena). *Pero ninguna de estas obras se encuentra en el Museo Británico, como tampoco el libro de Rolling (publicado en 1787), que revela los secretos de la secta.*

turcos, persas y armenios. De Luchet, que como contemporáneo estaba en condiciones de adquirir información de primera mano, describe la organización de la orden, que, como veremos, era enteramente judaica, de la siguiente manera. "La dirección superior se llama el pequeño y constante Sanedrín de Europa. Los nombres que emplean para ocultar a sus inferiores son hebreos. Los signos del tercer grado principal (es decir, el Rosacruz) son el Urim y el Tumim... La Orden posee los verdaderos secretos y explicaciones, morales y físicas, de los jeroglíficos de la más venerable Orden de la Masonería".[438] El iniciado debía jurar sumisión absoluta y obediencia inquebrantable a las leyes de la Orden y seguir implícitamente sus leyes durante el resto de su vida, sin preguntar por quién habían sido dadas ni de dónde procedían.

"¿Quién dio a la Orden esos supuestos secretos?

Esta es la gran e insidiosa cuestión de las sociedades secretas. Pero el iniciado que permanece y debe permanecer eternamente en la Orden nunca la descubre, ni siquiera se atreve a preguntarla, debe prometer que nunca la preguntará. Así es como los que participan en los secretos de la Orden siguen siendo Maestros.

Una vez más, como en la *Estricta Observancia*, el mismo sistema de "superiores ocultos" - ¡la misma obediencia ciega a directores desconocidos!

Bajo el liderazgo de estas diversas sectas de Illuminati, una ola de ocultismo se extendió por toda Francia, y las logias se convirtieron en todas partes en centros de enseñanza de la Cábala, la magia, la adivinación, la alquimia y la teosofía[439]; Los ritos masónicos degeneraron en ceremonias de evocación de espíritus - las mujeres, ahora admitidas en estas asambleas, gritaban, se desmayaban, caían en convulsiones y se

---

[438] Los libros de la lista de Wolfstieg se refieren a la Orden como "la única masonería verdadera y auténtica" (die einzige wahre und echte Freimaurerei).

[439] Clavel, *Histoire pittoresque*, etc., p. 167.

prestaban a experimentos del tipo más horrible.[440]

Gracias a estas prácticas ocultas, los *Illuminés* se convirtieron en la tercera gran potencia masónica de Francia, y las Órdenes rivales comprendieron la importancia de unir sus fuerzas. Así, en 1771, todos los grupos masónicos se fusionaron en la nueva logia de Les *Amis Réunis*.

El fundador de esta logia fue Savalette de Langes, Garde du Trésor Royal, Gran Oficial del Gran Oriente y alto iniciado de la masonería, "versado en todos los misterios, en todas las logias y en todas las conspiraciones". Para unirlos, hizo de su logia una mezcla de todos los sistemas sofistas, martinistas y masónicos, "y para atraer a la aristocracia, organizó bailes y conciertos donde los adeptos, hombres y mujeres, bailaban y festejaban, o cantaban las bellezas de su libertad e igualdad, sin sospechar que por encima de ellos un comité secreto se las arreglaba para extender esta igualdad, más allá de la logia, al rango y la fortuna, a castillos y casas de campo, a marqueses y burgueses".[441]

Otro desarrollo de Les Amis Réunis fue el Rito de los *Philalèthes*, compuesto por Savalette de Langes en 1773 a partir de misterios suecosborgianos, martinistas y rosacruces, al que fueron iniciados los más altos iniciados de Les Amis Réunis: Court de Gebelin, el príncipe de Hesse, Condorcet, el vizconde de Tavannes, Willermoz y otros. Una forma modificada de este rito se instituyó en Narbona en 1780 con el nombre de "Masones Libres y Aceptados del Rito Primitivo", nomenclatura inglesa adoptada (según Clavel) para hacer creer que el rito era originario de Inglaterra. En realidad, su fundador, el marqués de Chefdebien d'Armisson, miembro del Gran Oriente y de los Amis Réunis, se inspiró en ciertos francmasones alemanes con los que siempre mantuvo estrechas relaciones y que probablemente eran miembros de la Estricta Observancia, ya que Chefdebien era miembro de esa Orden, en la que llevaba el título de "Eques a Capite Galeato".

La correspondencia entre Chefdebien y Salvalette de Langes,

---

[440] El barón de Gleichen, al describir a los "convulsionistas", dice que las jóvenes se dejaban crucificar, a veces cabeza abajo, en estas reuniones de fanáticos. (*Memorias del barón de Gleichen*, p. 185).

[441] Barruel, *Mémoires sur le Jacobinisme*, IV. 263.

recientemente descubierta y publicada en Francia, es uno de los documentos más esclarecedores jamás sacados a la luz sobre las ramificaciones masónicas existentes antes de la Revolución.[442] A juzgar por el tono de estas cartas, los dirigentes del Rito Primitivo parecen haber sido caballeros leales y respetuosos de la ley, devotos de la religión católica, pero que, en su pasión por las nuevas formas de masonería y su sed de conocimientos ocultos, estaban dispuestos a asociarse con todo tipo de aventureros y charlatanes susceptibles de iniciarlos en otros misterios. En las curiosas notas escritas por Savalette para el marqués de Chefdebien, vislumbramos el poder que se oculta tras los filósofos de *los salones* y los seguidores aristocráticos de las logias: los magos profesionales y los hombres del misterio; y tras ellos, de nuevo, los directores ocultos de las sociedades secretas, los *verdaderos iniciados*.

LOS MAGOS

El papel desempeñado por los magos en el periodo previo a la Revolución Francesa es, por supuesto, de dominio público y nunca ha sido cuestionado por la historia oficial. Pero al igual que las escuelas de filósofos, esta repentina oleada de magos se presenta siempre como un crecimiento esporádico provocado por la sociedad ociosa y curiosa de la época. Es importante comprender que, al igual que los filósofos eran todos masones, los principales magos no sólo eran masones, sino también miembros de sociedades secretas ocultas. Por tanto, no es como charlatanes aislados, sino como agentes de un poder oculto como debemos considerar a los hombres que ahora vamos a reseñar

---

[442] *Franciscus, Eques a Capite Galeato*, publicado por Benjamin Fabre con prefacio de Copin Albancelli. Un artículo sobre este libro aparece en *Ars Quatuor Coronatorum*, Vol. XXX. Parte II. El autor, el Sr. J. E. S. Tuckett, lo describe como un libro de extraordinario interés para los francmasones. Sin compartir la admiración del Sr. Tuckett por los miembros del Rit Primitivo, estoy de acuerdo con él en que M. Fabre les atribuye demasiados engaños y no consigue fundamentar su acusación de designios revolucionarios. Parecen haber sido los perfectamente honorables embaucadores de mentes más sutiles. Por cierto, el Sr. Tuckett da erróneamente el verdadero nombre de "Eques a Capite Galeato" como Chefdebien d'Armand; debería ser d'Armisson.

brevemente.

Uno de los primeros en aparecer en este campo fue Schroepfer, propietario de un café de Leipzig, que declaró que nadie podía ser un verdadero francmasón sin practicar la magia. Por ello se autoproclamó "reformador de la masonería" y creó una logia en su propia casa con un rito basado en el grado rosacruz, con el objetivo de evocar espíritus.

Las reuniones tenían lugar en plena noche, cuando, utilizando luces cuidadosamente colocadas, espejos mágicos y tal vez electricidad, Schroepfer se las ingeniaba para producir apariciones que sus seguidores, bajo la influencia de un potente ponche, confundían con visitantes del otro mundo.[443] Finalmente, Schroepfer, enloquecido por sus propios conjuros, se voló los sesos en un jardín cercano a Leipzig.

Según Lecouteulx de Canteleu, fue Schroepfer quien adoctrinó al famoso "Conde de Saint-Germain" - "el Maestro" de nuestras logias masónicas modernas. La identidad de este misterioso personaje nunca ha sido establecida[444]; algunos contemporáneos decían que era hijo natural del rey de Portugal, otros hijo de un judío y de una princesa polaca. El duque de Choiseul, a la pregunta de si conocía el origen de Saint-Germain, respondió: "Sin duda lo conocemos, es hijo de un judío portugués que explota la credulidad de la ciudad y de la Corte".[445] En 1780 circuló el rumor de que su padre era un judío de Burdeos, pero según los *Recuerdos de la marquesa de Créquy*, el barón de Breteuil había descubierto en los archivos de su ministerio que el supuesto conde de Saint-Germain era hijo de un médico judío de Estrasburgo, que su verdadero nombre era Daniel Wolf y que había nacido en 1704.[446] Así

---

[443] De Luchet, *Essai sur la Secte des Illuminés*, p. 208. Gould, op. cit. 116.

[444] Curiosamente, el Sr. Waite lo confunde con el legítimo portador del nombre, Claude Louis, Comte de Saint-Germain, Ministro de Guerra bajo Luis XVI, ya que en *The Secret Tradition in Freemasonry*, Vol. II, se adjunta una imagen del verdadero Comte a una descripción del aventurero.

[445] *Biografía de Michaud*, artículo sobre Saint-Germain.

[446] *Souvenirs de la Marquise de Créquy*, III. 65. François Bournand (*Histoire de la Franc-Maçonnerie*, p. 106) confirma esta historia: "El hombre que se hacía

pues, la opinión general parece haber sido favorable a su ascendencia judía.

Saint-German parece haberse dado a conocer por primera vez en Alemania hacia 1740, donde sus maravillosos poderes llamaron la atención del Maréchal de Belle-Isle, quien, siempre engañado por los charlatanes, se lo llevó consigo a la Corte francesa, donde rápidamente se ganó el favor de Madame de Pompadour. La marquesa no tardó en presentarle al rey, quien le dio un apartamento en Chambord y, encantado con su brillante mente, pasaba a menudo largas veladas conversando con él en las habitaciones de Madame de Pompadour. Entretanto, su invención de barcos de fondo plano para la invasión de Inglaterra le había granjeado la estima del Mariscal de Belle-Isle. En 1761, nos enteramos de que vivía con gran esplendor en Holanda y que afirmaba haber alcanzado la edad de setenta y cuatro años, aunque sólo aparentaba cincuenta; de ser así, debía de tener noventa y siete en el momento de su muerte, acaecida en Schleswig en 1784. Pero esta proeza de longevidad dista mucho de satisfacer a sus admiradores modernos, que afirman que Saint-Germain no murió en 1784, sino que sigue vivo hoy en algún rincón de Europa del Este. Esta afirmación coincide con la teoría, supuestamente difundida por el propio Saint-Germain, de que pasó por varias encarnaciones en el siglo XVIII, la última de las cuales se prolongó durante 1.500 años. Sin embargo, Barruel explica que Saint-Germain, al referirse a su edad, hablaba en lenguaje masónico, en el que se dice que un hombre que ha tomado el primer grado tiene tres años, después del segundo cinco, o el tercero siete, de modo que, mediante el enorme aumento que confieren los grados superiores, podría ser muy posible que un adepto exaltado alcanzara la edad de 1.500 años.

Saint-Germain ha sido retratado por los escritores modernos -y no sólo por los que componen su séquito- como un personaje extraordinario, una especie de superhombre que dominaba a los magos menores de su época. Sus contemporáneos, sin embargo, le tomaron menos en serio y le retrataron más como un experto charlatán que era el blanco de las bromas entre los espíritus de los *salones*. Sin embargo, su principal importancia

---

llamar conde de Saint-Germain era en realidad hijo de un judío alsaciano llamado Wolf".

para el tema de este libro reside en su influencia en las sociedades secretas. Según las *Mémoires authentiques pour servir à l'histoire du Comte de Cagliostro*, Saint-Germain era el "Gran Maestro de la Francmasonería"[447] y fue él quien inició a Cagliostro en los misterios de la masonería egipcia.

Joseph Balsamo, nacido en 1743, que adoptó el nombre de Conde de Cagliostro, eclipsó con creces a su maestro como mago. Al igual que Saint-Germain, tenía fama de ser judío -hijo de Pietro Balsamo, un comerciante siciliano de origen judío[448]- y no ocultaba su ardiente admiración por la raza judía. Tras la muerte de sus padres, escapó del monasterio en el que había sido internado en Palermo y se unió a un hombre conocido como Altotas, supuestamente armenio, con el que viajó a Grecia y Egipto.[449]

Los viajes de Cagliostro le llevaron después a Polonia y Alemania, donde se inició en la masonería,[450] y finalmente a Francia; pero fue en Inglaterra donde él mismo afirmó haber desarrollado su famoso "Rito Egipcio", que fundó oficialmente en 1782. Según el propio Yarker, este rito procedía de un manuscrito de un tal George Cofton -cuya identidad nunca se ha descubierto- que compró por casualidad en Londres.[451] Yarker, sin embargo, opina que "el rito de Cagliostro era claramente el de Pasqually", y que si lo adquirió de un manuscrito en Londres, ello indicaría que Pasquilly tenía seguidores en esa ciudad. Una explicación mucho más probable es que Cagliostro obtuviera su masonería egipcia de la misma fuente que Pasqually para su Orden de Martinistas, a saber, la Cábala, y que no fuera de un solo manuscrito, sino de un eminente cabalista judío de Londres, de donde extrajera sus instrucciones. Pronto veremos de quién se trataba. En cualquier caso, en un relato

---

[447] *Nouvelle Biographie Générale*, artículo sobre Saint-Germain.

[448] Frederick Bülau, *Geheime Geschichten und ràthselhafte Menschen*, I. 311 (1850); Eckert, *La Franc-Maçonnene dans sa véritable signification*, II. 80, citando la *Encyclopédie des Franc-Mafons de* Lening.

[449] Lecouteulx de Canteleu, op. cit. pp. 171, 172.

[450] Clavel, *Histoire pittoresque*, p. 175.

[451] Ibid. p. 175.

contemporáneo sobre Cagliostro, se le describe como "médico iniciado en el arte cabalístico" y rosacruz; pero tras fundar su propio rito, adquirió el nombre de Gran Copht, es decir, jefe supremo de la masonería egipcia, una nueva rama que deseaba injertar en la antigua masonería europea.[452] Volveremos sobre el resto de sus aventuras masónicas más adelante.

En una categoría superior a Saint-German y Cagliostro se encontraba el famoso médico suabo Mesmer, que dio su nombre a una importante rama de las ciencias naturales. Hacia 1780, Mesmer anunció su gran descubrimiento del "magnetismo animal, el principio vital de todos los seres organizados, el alma de todo lo que respira". Pero si hoy el mesmerismo se considera casi sinónimo de hipnotismo y en absoluto una rama del ocultismo, el propio Mesmer, agitando el fluido en su cubo mágico, alrededor del cual sus discípulos lloraban, dormían, entraban en trances o convulsiones, deliraban o profetizaban,[453] se atrajo, no sin razón, la reputación de charlatán. Los francmasones, deseosos de descubrir el secreto del cubo mágico, se apresuraron a inscribirlo en su orden, y Mesmer fue aceptado en el Rito Primitivo de los Francmasones en 1785.[454]

El espacio nos prohíbe describir a los magos menores que florecieron en esta época - *Schroeder*, fundador en 1776 de un capítulo de "Verdaderos y Antiguos Masones Rosacruces", que practicaban ciertos grados de magia, teosofía y alquimia; *Gassner,* un hacedor de milagros en los alrededores de Regensburg; el judío Léon, que formaba parte de una banda de charlatanes que ganaban grandes sumas de dinero con espejos mágicos en los que las personas imaginativas podían ver a sus amigos ausentes, y que finalmente fue desterrado de Francia por la policía; todos ellos y muchos otros explotaron la credulidad y la curiosidad de las clases altas de Francia y Alemania entre los años 1740 y 1790. De Luchet, escribiendo antes de la Revolución Francesa, describe el papel desempeñado en sus misterios por el alma de un judío cabalista llamado Gablidone, que había vivido antes de Cristo, y que predijo que "en el año 1800 habrá, en nuestro globo, una revolución muy notable, y

---

[452] Figuier, *Histoire du Merveilleux*, IV. 9-11 (1860).

[453] Mounier, *De l'influence attribuée*, etc., p. 140.

[454] Benjamin Fabre, *Franciscus eques a Capite Galeato*, p. 24.

ya no habrá más religión que la de los patriarcas".[455]

¿Cómo explicar esta extraordinaria oleada de cabalismo en Europa Occidental? ¿Quién la ha inspirado? Si, como nos aseguran los autores judíos, ni Marlines Pasqually, ni Saint-Germain, ni Cagliostro, ni ninguno de los ocultistas o magos visibles eran judíos, el problema se vuelve aún más insoluble. No podemos creer que el Sanedrín, los jeroglíficos hebreos, la contemplación del Tetragrammaton y otros ritos cabalísticos se originaran en las mentes de aristócratas, filósofos y masones franceses y alemanes. Así que volvamos la mirada a los acontecimientos actuales del mundo judío y veamos si pueden proporcionarnos algunas pistas.

---

[455] De Luchet, *Essai sur la Secte des Illuminés* (edición de 1792), p. 234.

8. CABALISTAS JUDÍOS

Los capítulos precedentes han demostrado que la Cábala judía desempeñó un papel importante en las sectas ocultistas y anticristianas desde el comienzo de la era cristiana. Ahora ha llegado el momento de considerar el papel que la influencia judía ha desempeñado en las revoluciones intermedias.

Plantear la pregunta es atraer la acusación de "antisemitismo". Sin embargo, el escritor judío Bernard Lazare ha demostrado la falsedad de esta acusación:

Esto [escribió] es lo que debe separar al historiador imparcial del antisemitismo. El antisemita dice: "El judío es el preparador, el maquinista, el ingeniero jefe de las revoluciones"; el historiador imparcial se limita a estudiar el papel que el judío, dado su espíritu, su carácter, la naturaleza de su filosofía y su religión, puede haber desempeñado en los procesos y movimientos revolucionarios.[456]

La queja de los antisemitas parece bien fundada: el judío tiene un espíritu revolucionario; conscientemente o no, es un agente de la revolución. Pero la queja se complica por el hecho de que el antisemitismo acusa a los judíos de ser la causa de las revoluciones. Veamos lo que vale esta acusación...[457]

A la luz de nuestros conocimientos actuales, sería ciertamente absurdo atribuir a los judíos la paternidad de la conspiración de Catilina o de los Gracos, de la sublevación de Jack Straw y Wat Tyler, de la rebelión de Jack Cade, de *las jacqueries* en Francia o de las guerras campesinas en Alemania, aunque la investigación histórica pueda conducir eventualmente al descubrimiento de ciertas influencias ocultas -no necesariamente judías- en el origen de las insurrecciones europeas aquí

---

[456] *L'Antisémitisme*, p. 335.

[457] Ibídem, p. 328.

mencionadas. Por otra parte, al margen de agravios u otras causas de rebelión, el espíritu revolucionario ha existido siempre independientemente de los judíos. En todas las épocas y en todos los países, ha habido hombres nacidos para agitar los problemas como saltan las chispas.

Sin embargo, en las revoluciones modernas no se puede ignorar el papel de los judíos, y la influencia que ejercieron demostrará, si se examina más de cerca, ser doble: financiera y oculta.

A lo largo de la Edad Media, fueron hechiceros y usureros por lo que incurrieron en los reproches del mundo cristiano, y es todavía en el mismo papel, bajo los términos más modernos de magos y usureros, que detectamos su presencia detrás de las escenas de la revolución desde el siglo XVII en adelante. Dondequiera que hubiera dinero que sacar de las convulsiones sociales o políticas, se encontraba a judíos ricos para apoyar al bando vencedor; y dondequiera que las razas cristianas se volvieran contra sus propias instituciones, rabinos, filósofos, profesores y ocultistas judíos les echaban una mano. Así pues, no fueron necesariamente los judíos quienes crearon estos movimientos, pero supieron utilizarlos para sus propios fines.

Así, durante la Gran Rebelión, no los encontramos entre los soldados de Cromwell ni entre los miembros de su Consejo de Estado, sino en suministrando dinero e información a los insurgentes, actuando como contratistas del ejército, prestamistas y superespías -o, por utilizar el término más eufónico de Lucien Wolf, como "astutos políticos" extraordinariamente eficaces. Así, el Sr. Lucien Wolf, hablando de Carvajal, "el gran judío de la Commonwealth", explica que "las vastas ramificaciones de sus transacciones comerciales y sus relaciones con otros criptojudíos de todo el mundo le situaban en una posición inigualable para obtener información sobre los enemigos de la Commonwealth".[458]

---

[458] Artículo de Lucien Wolf, "The First English Jew", en *Transactions of the Jewish Historical Society of England*, Vol. II, p. 18. Sobre esta cuestión, véanse también los folletos de Lucien Wolf: *Crypto-Jews under the Commonwealth* (1894), Cromwell's *Jewish Intelligencers* (1891), y *Manasseh* ben *Israel's*

Es obvio que tal "servicio secreto" convertía a los judíos en un formidable poder oculto, sobre todo porque su propia existencia era a menudo desconocida para el resto de la población de su entorno. Esta precaución era necesaria porque se suponía que los judíos no existían en Inglaterra en aquella época. En 1290, Eduardo I los había expulsado a todos y, durante tres siglos y medio, permanecieron en el exilio; los criptojudíos o marranos, llegados de España, consiguieron sin embargo permanecer en el país adoptando hábilmente el color de su entorno. El Sr. Wolf observa a continuación que los servicios judíos se celebraban regularmente en la sinagoga secreta, pero "en público, Carvajal y sus amigos seguían la práctica de los judíos secretos de España y Portugal, haciéndose pasar por católicos romanos y asistiendo regularmente a misa en la capilla del embajador español".[459] Pero cuando la guerra entre Inglaterra y España hizo inoportuno este recurso, los marranos abandonaron el disfraz de cristianos y se proclamaron seguidores de la fe judía.

En aquella época, sin embargo, los judíos creían en general que se acercaba la era mesiánica, y parece que pensaban que Cromwell podría desempeñar este papel. En consecuencia, se enviaron emisarios a buscar en los archivos de Cambridge para descubrir si el Protector podía ser de origen judío.[460]

Cuando esta búsqueda resultó infructuosa, el rabino cabalista de Ámsterdam, Manasseh ben Israel,[461] solicitó a Cromwell la readmisión de los judíos en Inglaterra, en la que hábilmente enfatizaba el castigo que

---

Mission to Oliver Cromwell (1901), así como los artículos sobre Cromwell, Carvajal y Manasseh ben Israel en la *Jewish Encyclopædia*.

[459] Lucien Wolf, "The First English Jew", en *Transactions of the Jewish Historical Society of England*, II. 20.

[460] Tovey, *Anglia Judaica*, p. 275.

[461] La Enciclopedia *Judía, en* su artículo sobre Manasseh ben Israel, dice: "Estaba lleno de opiniones cabalísticas, aunque se cuidó de no exponerlas en sus obras escritas en lenguas modernas y destinadas a ser leídas por paganos". En su artículo sobre "Magia", la *Enciclopedia Judía* se refiere a "Nishmat Hayyim", una obra de Manasseh ben Israel que "está llena de supersticiones y magia" y añade que "muchos eruditos cristianos han sido engañados".

caía sobre quienes afligían al pueblo de Israel y las recompensas que aguardaban a quienes los "apreciaban". Estos argumentos no dejaron indiferente a Cromwell, que albergaba la misma superstición, y aunque se dice que declinó la oferta de los judíos de comprar la catedral de San Pablo y la Biblioteca Bodleian porque consideraba insuficientes las 500.000 libras que ofrecían,[462] hizo todo lo posible para conseguir su readmisión en el país. Se encontró con una violenta oposición y parece que no se permitió a los judíos regresar en gran número, o en cualquier caso disfrutar de todos sus derechos y privilegios, hasta después de la ascensión de Carlos II, quien a su vez había solicitado su ayuda financiera.[463] Más tarde, en 1688, los judíos de Ámsterdam prestaron su crédito a la expedición de Guillermo de Orange contra Jaime II; a cambio, éste se llevó a muchos judíos con él a Inglaterra. Así es como un escritor judío puede jactarse de que "reinó un monarca que estaba en deuda con el oro hebreo para su diadema real".[464]

En todo esto, es imposible seguir un plan político consecutivo; el papel de los judíos parece haber sido no apoyar ninguna causa de forma coherente, sino hacerse un hueco en cada bando, apoyar cualquier empresa que ofreciera una oportunidad de beneficio. Sin embargo, estos proyectos materiales seguían mezclados con sus antiguos sueños mesiánicos. Es curioso observar que la misma idea mesiánica impregnaba a los Levellers, los rebeldes de la Commonwealth; frases como "Dejad libre a Israel", "La restauración de Israel está comenzando ahora", se repiten con frecuencia en la literatura de la secta. Gerard Winstanley, uno de los dos líderes principales, dirigió una epístola a las "doce tribus de Israel circuncidadas de corazón y esparcidas por todas las naciones de la tierra" y les prometió "David, su rey al que han estado esperando". El otro líder del movimiento, llamado Everard, llegó a declarar, cuando fue

---

[462] Tovey, *Anglia Judaica*, p. 259; Margoliouth, *History of the Jews in England*, II. 3.

[463] Mirabeau (*Sur la Réforme politique des Juifs*, 1787) cree que es posible que no se les permitiera regresar incondicionalmente hasta 1664. Sin duda, fue en esta fecha cuando obtuvieron formalmente el permiso libre para vivir en Inglaterra y practicar su religión (Margoliouth, op. cit., II. 26).

[464] Margohouth, op cit, II 43.

convocado ante Lord Fairfax en Whitehall, que "él era de la raza de los judíos".[465] Es cierto que los niveladores eran cristianos de profesión, pero a la manera de los Illuminati bávaros y de los socialcristianos dos siglos más tarde, reivindicando a Cristo como autor de sus doctrinas comunistas e igualitarias: "Porque Jesucristo, el Salvador de todos los hombres, es el más grande, el primero y el más verdadero nivelador de que se ha hablado en el mundo". Se dice que los niveladores descendían de los anabaptistas alemanes; pero Claudio Jannet, citando a las autoridades alemanas, demuestra que había judíos entre los anabaptistas. "Se dejaron llevar por su odio al nombre cristiano e imaginaron que sus sueños de restaurar el reino de Israel se harían realidad en medio de la conflagración".[466]

Sea así o no, está claro que a mediados del siglo XVII las ideas místicas del judaísmo habían penetrado en toda Europa. ¿Existía entonces un centro cabalístico desde el que irradiaban? Volvamos la mirada hacia el Este y averigüémoslo.

A partir del siglo XVI, la gran masa de judíos se estableció en Polonia y surgió una sucesión de hacedores de milagros, conocidos como Zaddikim o Baal Shems. Esta última palabra, que significa "Maestro del Nombre", se originó entre los judíos polaco-alemanes y deriva de la creencia cabalística en el uso milagroso del nombre sagrado de Jehová, conocido como el Tetragrámaton.

Según las tradiciones cabalísticas, ciertos judíos de especial santidad o conocimiento podían utilizar impunemente el nombre divino.

El Baal Shem era, por tanto, alguien que había adquirido este poder y lo utilizaba para escribir amuletos, invocar espíritus y recetar remedios para diversas enfermedades. Polonia y sobre todo Podolia -que aún no había sido cedida a Rusia- se convirtieron así en un centro de cabalismo donde se produjeron una serie de movimientos místicos extraordinarios. En 1666, cuando aún se creía cercana la era mesiánica, todo el mundo judío se vio sacudido por la repentina aparición de Shabbethai Zebi, hijo de un pollero de Esmirna llamado Mardoqueo, que se proclamó el Mesías

---

[465] *The Digger Movement in the Days of the Commonwealth*, por Lewis H. Berens, pp. 36, 74, 76, 98, 141 (1906).

[466] Claudio Jannet, *Los precursores de la masonería*, p. 47 *(1187)*.

prometido y reunió para su causa a una multitud de partidarios, no sólo entre los judíos de Palestina, Egipto y Europa del Este, sino también entre los aguerridos judíos de las bolsas continentales.[467] En su diario, Samuel Pepys recuerda las apuestas que hacían los judíos londinenses sobre las posibilidades de que "cierta persona que ahora se encuentra en Esmirna" fuera aclamado Rey del Mundo y verdadero Mesías.[468]

Shabbethai, que era un experto cabalista y tenía la temeridad de pronunciar el inefable nombre de Jehová, tenía fama de poseer poderes maravillosos, su piel exudaba un perfume exquisito, se daba baños de mar perpetuos y vivía en un estado de éxtasis crónico. Las pretensiones de Shabbethai al título de "Rey de los Reyes de la Tierra" partieron en dos a la judería; muchos rabinos lanzaron imprecaciones contra él, y los que habían creído en él se sintieron amargamente desilusionados cuando, desafiado por el sultán a demostrar su pretensión de ser el Mesías dejando que le lanzaran flechas envenenadas, renunció repentinamente a la fe judía y se proclamó mahometano. Su conversión, sin embargo, parece haber sido sólo parcial, ya que "a veces asumía el papel de un piadoso mahometano y vilipendiaba el judaísmo, otras entablaba relaciones con los judíos como si fuera de su misma fe".[469] De este modo, conservaba la lealtad tanto de musulmanes como de judíos. Pero los rabinos, alarmados por la causa del judaísmo, consiguieron que el sultán lo encarcelara en un castillo cerca de Belgrado, donde murió de un cólico en 1676.[470]

Sin embargo, este prosaico final de la carrera del Mesías no extinguió por completo el entusiasmo de sus discípulos, y el movimiento de la Cábala continuó en el siglo siguiente. En Polonia, el cabalismo experimentó un renacimiento; aparecieron nuevos Zaddikim y Ba'al Shem, el más famoso de los cuales fue Israel de Podolia, conocido como Ba'al Shem Tob, o por las letras iniciales de este nombre, Besht, que fundó su secta de jasidim en 1740.

---

[467] *Enciclopedia Harmsworth*, artículo sobre los judíos.

[468] *Diario de Samuel Pepys*, fechado el 19 de febrero de 1666.

[469] *Encyclopédie juive*, artículo sobre Shabbethai Zebi B. Mardoqueo

[470] Henry Hart Milman, *Historia de los judíos* (Everyman's Library), Vol. II. p. 445.

Besht, aunque se oponía al rabinismo intolerante y se inspiraba en el Zohar, no se adhirió estrictamente a la doctrina de la Cábala de que el universo era una emanación de Dios, sino que desarrolló una forma de panteísmo, declarando que todo el universo era Dios, que incluso el mal existe en Dios ya que el mal no es malo en sí mismo sino sólo en su relación con el hombre; el pecado, por tanto, no tiene existencia positiva. [471] Como resultado, los seguidores de Besht, que se autodenominaban los "nuevos santos" y que, en el momento de su muerte, no eran menos de 40.000, rechazaron no sólo los preceptos del Talmud, sino todas las restricciones de la moralidad e incluso de la decencia.[472]

Otro Baal Shem de la misma época fue Heilprin, alias Joel Ben Uri de Satanov, quien, al igual que Israel de Podolia, afirmaba obrar milagros utilizando el Nombre Divino y reunió a su alrededor a numerosos alumnos que, a la muerte de su maestro, "formaron una banda de charlatanes y explotaron descaradamente la credulidad de sus contemporáneos".[473]

Pero el más importante de estos grupos cabalísticos fue el de los Frankistas, que a veces eran conocidos como Zoharistas o Illuminati,[474] por su adhesión al Zohar o Libro de la Luz, o en su lugar de nacimiento, Podolia, como Zebistas Shabetanos, por su lealtad al falso Mesías del siglo anterior - una herejía que había sido "mantenida viva en círculos secretos que tenían algo parecido a una organización masónica".[475] El fundador de esta secta fue Jacob Frank, un destilador de aguardiente profundamente versado en las doctrinas de la Cábala que, en 1755, reunió a su alrededor un gran número de adeptos en Podolia y vivió en un estilo de magnificencia oriental, sostenido por una vasta riqueza cuya fuente nadie ha descubierto jamás. La persecución de que fue objeto por parte de los rabinos llevó al clero católico a abrazar su causa. Frank se puso a merced del obispo de Kaminick y quemó públicamente el Talmud,

---

[471] *Encyclopédie juive*, artículo sobre Baal Shem Tob.

[472] Milman, op. cit. 446.

[473] *Encyclopédie juive*, artículo sobre Heilprin, Joel Ben Uri.

[474] Heckethorn, *Sociedades secretas*, I. 87.

[475] *Encyclopédie juive*, artículo sobre Jacob Frank.

declarando que sólo reconocía el Zohar, que, según él, admitía la doctrina de la Trinidad. Así, los zoharistas "afirmaban que consideraban al Mesías-Libertador como una de las tres divinidades, pero no especificaban que por Mesías entendían a Shabbethai Zebi".[476] Al parecer, el obispo se dejó engañar por esta maniobra y, en 1759, los zoharitas se declararon convertidos al cristianismo y fueron bautizados, incluido el propio Frank, que adoptó el nombre de José. "Sin embargo, la falta de sinceridad de los frankistas pronto se hizo patente, pues continuaron casándose sólo entre ellos y reverenciando a Frank, llamándole 'el santo maestro'".[477] Pronto quedó claro que, aunque abrazaban abiertamente la fe católica, en realidad habían mantenido en secreto su judaísmo.[478] Además, se descubrió que Frank había intentado hacerse pasar por mahometano en Turquía; "por ello fue arrestado en Varsovia y entregado al tribunal eclesiástico acusado de falsa conversión al cristianismo y de propagar una herejía perniciosa".[479] A diferencia de su predecesor en la apostasía, Shabbethai Zebi, Frank no tuvo un final prematuro, pero tras su salida de la cárcel siguió explotando la credulidad de los cristianos y viajó con frecuencia a Viena con su hija Eva, que consiguió embaucar a la piadosa María Teresa. Pero también en este caso, "los planes sectarios de Frank fueron descubiertos"[480] y tuvo que abandonar Austria.

Finalmente, se instaló en Offenbach y, apoyado por las liberales subvenciones de otros judíos, reanudó su antiguo esplendor[481] con un séquito de varios centenares de apuestos jóvenes judíos de ambos sexos; Constantemente le traían carros con tesoros, principalmente de Polonia - salía todos los días con gran pompa a hacer sus devociones al aire libre - montaba en una carroza tirada por caballos nobles; diez o doce hulanos con uniformes rojos o verdes, relucientes de oro, a su lado, con picas en

---

[476] *Encyclopédie juive*, artículo sobre Jacob Frank.

[477] Ibid.

[478] Milraan, op. cit. 447.

[479] *Encyclopédie juive*, artículo sobre Jacob Frank.

[480] Ibid.

[481] Ibid: Heckethorn. *Secret Societies*, I. 87.

las manos e insignias en las gorras, águilas, o ciervos, o el sol y la luna... Sus partidarios le creían inmortal, pero en 1791 murió; su funeral fue tan espléndido como su estilo de vida: 800 personas le siguieron hasta la tumba.[482]

Hoy es imposible estudiar las carreras de estos magos en Polonia y Alemania sin acordarse de sus homólogos en Francia.

El parecido familiar entre el "Barón de Offenbach", el "Conde de Saint-Germain" y el "Conde de Cagliostro" salta inmediatamente a la vista.

Todos ellos afirmaban realizar milagros, todos vivían con extraordinaria magnificencia gracias a riquezas de origen desconocido, uno era ciertamente judío, los otros dos pasaban por ello, y todos eran conocidos por ser cabalistas. Además, los tres pasaron muchos años en Alemania, y fue mientras Frank vivía como barón von Offenbach cerca de Frankfurt cuando Cagliostro fue recibido en la Orden de la Estricta Observancia en una cámara subterránea a pocos kilómetros de esa ciudad. Antes, sabemos que visitó Polonia, de donde era originario Frank. ¿Debemos creer que todos estos hombres, tan extrañamente similares en sus orígenes, viviendo al mismo tiempo y en los mismos lugares, no tenían ninguna conexión entre sí? ¿Es una mera coincidencia que este grupo de taumaturgos cabalistas judíos existiera en Alemania y Polonia en la misma época en que los magos cabalistas aparecían en Francia? ¿Fue también casualidad que Martines Pasqually fundara su "secta cabalística" de los Illuminés en 1754 y Jacob Frank su secta de los Zoharitas (o Illuminés) en 1755?

Además, cuando sabemos por fuentes puramente judías que el Baal Shem Heilprin tenía muchos alumnos "que formaban una banda de charlatanes que explotaban descaradamente la credulidad de sus contemporáneos", y que el Baal Shem Tob y Jacob Frank tenían ambos muchos seguidores, es sin duda aquí donde podemos encontrar el origen

---

[482] Milman, op. cit. 448. Cf. la descripción de la pompa desplegada por otro miembro de la raza oprimida, Fränkel, que apareció en un desfile de judíos en Praga en 1741 en un carruaje tirado por seis caballos y rodeado de ayuda de cámara y guardias a caballo - *Jewish Encyclopædia*, artículo sobre Fränkel, Simon Wolf.

de estos misteriosos magos que se extendieron por toda Europa en aquella época.

Inmediatamente se planteará la pregunta: "Pero, ¿cuál es la evidencia de que alguno de estos Ba'al Shem o cabalistas estuviera relacionado con sociedades masónicas o secretas?". La respuesta es que el Ba'al Shem más importante de la época, conocido como el "Gobernante de Todos los Judíos", está demostrado por pruebas documentales que fue un iniciado de la masonería y estuvo en contacto directo con los líderes de las sociedades secretas. Suponiendo que ni Saint-Germain ni Cagliostro puedan ser probados como judíos, tenemos aquí a un hombre implicado en el movimiento, más importante que cualquiera de ellos, cuya nacionalidad está fuera de toda duda.

Este extraordinario personaje, conocido como el "Baal Shem de Londres", era un cabalista judío llamado Hayyim Samuel Jacob Falk, también conocido como Dr. Falk, Falc, de Falk o Falkon, nacido en 1708, probablemente en Podolia.

El hecho de que fuera considerado por sus compañeros judíos como seguidor del Mesías Shabbethai Zebi muestra claramente su conexión con los zoharitas podolianos. Por lo tanto, Falk no era un fenómeno aislado, sino un miembro de uno de los grupos descritos en las páginas precedentes. Lo que sigue es un resumen del relato que se hace del Ba'al Shem de Londres en la *Enciclopedia Judía:* Falk afirmaba poseer poderes taumatúrgicos y ser capaz de descubrir tesoros ocultos. Archenholz (*England und Italien*, I. 249) relata ciertas maravillas que vio realizar a Falk en Brunswick, que atribuye a un conocimiento especial de química. En Westfalia, Falk fue condenado a la hoguera por brujo, pero escapó a Inglaterra. Allí fue acogido con hospitalidad y rápidamente adquirió fama de cabalista y taumaturgo.

Hay muchos relatos sobre sus poderes. Podía hacer que una pequeña vela permaneciera encendida durante semanas; un conjuro llenaba su sótano de carbón; un plato dejado en una casa de empeños se deslizaba hasta su casa. Cuando un incendio amenazó con destruir la Gran Sinagoga, evitó el desastre escribiendo cuatro letras hebreas en los pilares de la puerta.[483] [Obviamente el Tetragrammaton].

A su llegada a Londres en 1742, Falk parecía estar en la indigencia, pero en poco tiempo se vio en posesión de una riqueza considerable. Vivía en una cómoda casa de Wellclose Square, donde tenía su propia sinagoga, y su mesa estaba adornada con platos de oro y plata. Su diario, que aún se conserva en la Biblioteca de la Sinagoga Unida, hace referencia a "viajes misteriosos" hacia y desde Epping Forest, reuniones, una sala de reuniones en el bosque y cofres de oro enterrados allí. Se dice que en una ocasión, mientras conducía hacia allí por Whitechapel Road, una rueda trasera de su coche se desprendió, alarmando al cochero, pero Falk le ordenó continuar y la rueda siguió al coche hasta el bosque.

Los relatos sobre los poderes milagrosos de Falk son demasiado numerosos para relatarlos aquí, pero una carta escrita por un entusiasta admirador judío, Sussman Shesnowzi, a su hijo en Polonia, servirá para mostrar la reputación de la que gozaba:

Escucha, mi amado hijo, los maravillosos dones confiados a un hijo de hombre, que en verdad no es un hombre, luz del cautiverio... una luz santa, un hombre santo... que ahora vive en la gran ciudad de Londres. Aunque no pude entenderle del todo debido a su volubilidad y a que hablaba como un habitante de Jerusalén... Su habitación está iluminada por candelabros de plata colocados en las paredes, con una lámpara central de ocho brazos de plata pura labrada. Contenía aceite para un día y una noche, pero permanecía encendida durante tres semanas. En una ocasión, permaneció aislado en su casa durante seis semanas, sin comer ni beber.

Cuando, al final de este período, diez personas fueron invitadas a entrar, lo encontraron sentado en una especie de trono, la cabeza cubierta

---

[483] *Encyclopédie juive*, artículo sobre Falk, de quien se ofrece un buen retrato de Copley. Sobre Falk, véase también *Ars Quatuor Coronatorum*, Vol. XXVI. Parte I. pp. 98-105, y Vol. XXX. Parte II; *Transactions of the Jewish Historical Society*, Vol. V. p. 148, artículo sobre "The Ba'al Shem of London", por el Reverendo Dr. H. Adler, Gran Rabino, y Vol. VIII, "Notes on some Contemporary References to Dr. Falk, the Ba'al Shem of London, in the Rainsford MSS. at the British Museum", por Gordon P.G. Hills. Las páginas siguientes proceden íntegramente de estas fuentes.

con un turbante de oro, una cadena de oro alrededor del cuello con una estrella de plata como colgante en la que estaban inscritos nombres sagrados. En verdad, este hombre es el único de su generación que conoce los santos misterios.

No puedo contarles todas las maravillas que realiza. Estoy agradecido por haber sido juzgado digno de ser recibido entre los que viven bajo la sombra de su sabiduría... Sé que muchos creerán mis palabras, pero que otros, a quienes no interesan los misterios, se reirán de ellas.

Así que, hijo mío, ten mucho cuidado y sólo muestra esto a hombres sabios y discretos. Porque aquí en Londres, este maestro no ha sido revelado a nadie que no pertenezca a nuestra hermandad.

La estima en que Falk era tenido por la comunidad judía, incluidos el rabino jefe y el rabino de la nueva sinagoga, parece haber despertado el resentimiento de su correligionario Emden, que lo denunció como seguidor del falso Mesías y explotador de la credulidad cristiana.

Falk [escribió en una carta a Polonia] se había hecho un lugar fingiendo ser un adepto de la Cábala práctica, a través de la cual afirmaba poder descubrir tesoros ocultos; con sus pretensiones había engañado a un rico capitán cuya fortuna había estafado, de modo que se vio reducido a depender de la caridad del rabino, y a pesar de ello, los cristianos ricos gastan su dinero en él, mientras que Falk gasta su generosidad en los hombres de su cofradía para que difundan su fama.

En general, Falk parece haber sido extremadamente cauto en sus tratos con cristianos que buscaban conocimientos ocultos, como señala la *Enciclopedia Judía: "*Archenholz menciona a un príncipe real que se acercó a Falk en su búsqueda de la piedra filosofal, pero se le negó la entrada. Sin embargo, Hayyum Azulai menciona (Ma'gal Tob, p. 13 *b*):

Durante su estancia en París en 1778, la Marquesa de Crona le contó que el Ba'al Shem de Londres le había enseñado la Cábala. Falk también parece haber mantenido buenas relaciones con aquel extraño aventurero, el barón Theodor de Neuhoff... Los principales amigos de Falk eran los banqueros londinenses Aaron Goldsmid y su hijo.[484] El empeño y la

---

[484] Falk no parece haber traído buena suerte a la familia Goldsmid, ya que Margoliouth, en un pasaje que evidentemente se refiere a Falk, dice que, según

especulación le permitieron hacerse con una fortuna considerable. Dejó grandes sumas de dinero para obras de caridad, y los supervisores de la Sinagoga Unida de Londres aún distribuyen cada año parte de los pagos que dejó para los pobres.

Nada de esto sugiere que Falk pudiera ser considerado un mago negro, por lo que resulta sorprendente que el Dr. Adler observe que el horrible relato de un cabalista judío en el *Gentleman's Magazine* de septiembre de 1762 "se refiere evidentemente al Dr. Falk, aunque no se menciona su nombre".[485] Este hombre es descrito como "un judío bautizado y el mayor bribón y villano del mundo" que "había sido encarcelado en todas partes y desterrado de todos los países de Alemania".[486] Este hombre es descrito como "un judío bautizado y el mayor pícaro y villano del mundo", que "había sido encarcelado en todas partes y desterrado de todos los países de Alemania, y también a veces azotado públicamente, de modo que su espalda perdía toda la piel vieja y volvía a ser nueva, y sin embargo nunca cesaba en su maldad, sino que siempre la agravaba." El autor continúa relatando que el cabalista se ofreció a enseñarle ciertos misterios, pero le explicó que antes de comenzar cualquier "experimento sobre dichos piadosos misterios, primero debemos evitar todas las iglesias y lugares de culto por impuros"; entonces ató a su iniciado con un juramento muy fuerte y le dijo que debía robar una Biblia hebrea a un protestante y también procurarse "una libra de sangre de las venas de un honesto

---

la leyenda judía, el suicidio de Abraham Goldsmid y de su hermano se atribuyó a la siguiente causa: "Un Baal Shem, cabalista activo, es decir, taumaturgo y profeta, vivía con el padre de Goldsmid, que era un hombre de letras: 'Un Baal Shem, cabalista activo, es decir, taumaturgo y profeta, vivía con el padre de Goldsmid. En su lecho de muerte, convocó al patriarca Goldsmid y le entregó una caja que se le ordenó estrictamente no abrir antes de un cierto período especificado por el Baal Shem. En caso de desobediencia ( ), un torrente de espantosas calamidades descendería sobre la familia Goldsmid. La curiosidad del patriarca no se despertó durante algún tiempo; pero pocos años después de la muerte del Baal Shem, Goldsmid, el anciano, medio escéptico, medio curioso, forzó la apertura de la caja fatal, y fue entonces cuando los Goldsmid empezaron a aprender lo que era no creer en las palabras de un Baal Shem.

[485] *Transacciones de la Sociedad Histórica Judía*, V. 162.

[486] Benjamin Fabre, *Eques a Capite Galeato*, p. 84.

protestante". El iniciado robó entonces todas las pertenencias de un protestante, pero se hizo sangrar unos tres cuartos de libra de sangre, que entregó al mago. Describe la ceremonia de la siguiente manera:

A la noche siguiente, hacia las once, fuimos los dos a mi jardín, y el cabalista colocó una cruz, manchada con mi sangre, en cada esquina del jardín, y en medio del jardín un triple círculo... en el primer círculo estaban escritos todos los nombres de Dios en hebreo; en el segundo todos los nombres de los ángeles; y en el tercero el primer capítulo del santo Evangelio de San Juan.

Las crueldades infligidas por el cabalista a una cabra son demasiado repugnantes para ser transcritas. Toda la historia, de hecho, parece ser una farandula de absurdos y no valdría la pena citarla excepto que parece ser tomada en serio por el Dr. Adler como una descripción del gran Baal Shem.

Falk murió el 17 de abril de 1782, y el epitafio de su tumba en el cementerio de Globe Road, en Mile End, "atestigua su excelencia y ortodoxia": "Aquí yace enterrado... el anciano y honorable hombre, gran personaje de Oriente, sabio consumado, seguidor de la Cábala... Su nombre era conocido hasta los confines de la tierra y hasta islas lejanas", etc.

He aquí, pues, el retrato de un personaje extraordinario, un hombre conocido por sus poderes en Inglaterra, Francia y Alemania, visitado por un príncipe real en busca de la piedra filosofal y aclamado por un hombre de su propia raza como el único de su generación con tales conocimientos. Y sin embargo, mientras que Saint-Germain y Cagliostro figuran en todos los relatos de magos del siglo XVIII, sólo en obras exclusivamente judaicas o masónicas, no destinadas al gran público, encontramos una referencia a Falk. ¿No es esto una prueba contundente de la veracidad de la sentencia de André Baron: "Recordemos que la regla constante de las sociedades secretas es que los verdaderos autores nunca se dejan ver"?

Se plantea entonces la cuestión de qué pruebas existen de que Falk estuviera vinculado a sociedades masónicas o secretas. Es cierto que en los relatos de la *Enciclopedia Judía* no se menciona ni una sola vez la palabra masonería.

Pero en el curioso retrato del gran Baal Shem adjunto, lo vemos sosteniendo el par de compases en la mano, y frente a él, sobre la mesa donde está sentado, el doble triángulo o Sello de Salomón, conocido por los judíos como el "Escudo de David", que es un emblema importante en la masonería.

Además, es significativo encontrar en la *Royal Masonic Encyclopædia del* rosacruciano Kenneth Mackenzie un largo y detallado artículo dedicado a Falk, aunque de nuevo sin ninguna referencia a su conexión con la masonería. ¿No podemos concluir de esto que en ciertos círculos masónicos internos, la importancia de Falk es reconocida pero no debe ser revelada a los no iniciados? El Sr. Gordon Hills, en el mencionado artículo publicado en el *Ars Quatuor Coronatorum*, se permite algunas especulaciones inocentes sobre el papel que Falk pudo haber desempeñado en el movimiento masónico. "Si", observa, "los Hermanos judíos introdujeron el conocimiento cabalístico en los llamados altos grados, tenemos aquí a alguien que, de haber sido masón, habría estado eminentemente cualificado para hacerlo".

Falk Inded era mucho más que un francmasón, era un alto iniciado, el oráculo supremo al que las sociedades secretas acudían en busca de orientación. Todo esto fue revelado hace unos años en la correspondencia entre Savalette de Langes y el marqués de Chefdebien mencionada en el capítulo anterior. Así, en los *archivos de los* principales ocultistas suministrados por Savalette, encontramos la siguiente nota sobre el Baal Shem de Londres:

Muchos alemanes conocen al Dr. Falk. Es un hombre extraordinario desde todos los puntos de vista. Algunos lo consideran el líder de todos los judíos y atribuyen a proyectos puramente políticos todo lo maravilloso y singular de su vida y conducta. Se le menciona de forma muy curiosa y como rosacruz en las *Memorias del Caballero de Rampsow* (es decir, Rentzov). Tuvo amoríos con el Maréchal de Richelieu, gran buscador de la Piedra Filosofal. Tuvo una extraña aventura con el príncipe de Rohan Guéménée y el Caballero de Luxemburgo en relación con Luis XV, cuya muerte predijo.

Es casi inaccesible. En todas las sectas de científicos secretos, se le considera un hombre superior. Actualmente se encuentra en Inglaterra. El Barón de Gleichen puede dar buena información sobre él. Trate de obtener más de Frankfurt.

De nuevo, en las notas sobre otros personajes, el nombre de Falk aparece con la misma insistencia en su importancia como alto iniciado:

Leman, alumno de Falk... El barón de Gleichen... íntimamente relacionado con Wecter [Waechter] y Wakenfeldt... Conoce a Falk... El barón de Waldenfels... es, por lo que sé del barón de Gleichen, los príncipes de Daimstadt,... y otros, el hombre más interesante para que tú y yo lo conozcamos. Si llegáramos a conocerlo, podría darnos la mejor información sobre todos los temas más interesantes de la instrucción. Conoce a Falk y a Wecter.

El Príncipe Louis d'Haimstadt... es también miembro de Les Amis Réunis, 12° y responsable de los Annuaires. En su juventud, trabajó con un judío que, según cree, recibió clases de Falk...[487]

Es aquí, pues, tras la organización de la Estricta Observancia, los Amigos Unidos y los Filaleteos, donde por fin vislumbramos a uno de esos *verdaderos iniciados* cuya identidad se ha mantenido tan cuidadosamente en la sombra. Porque Falk, como vemos en estas notas, no era un sabio aislado; tenía alumnos, y ser uno de ellos era ser admitido en los misterios interiores. ¿Fue Cagliostro uno de estos adeptos? ¿Es aquí donde podemos buscar la explicación del "Rito Egipcio" que ideó en Londres, y de su descubrimiento casual en una librería londinense de un documento cabalístico escrito por el misterioso "George Cofton", cuya identidad nunca ha sido revelada?

Yo diría que toda la historia de la librería era una fábula y que no fue de ningún manuscrito, sino de Falk, de donde Cagliostro recibió sus instrucciones. Así que el rito de Cagliostro era en realidad un cabalismo oculto.

La intrigante correspondencia de Savalette de Langes también sugiere que Falk no era más que uno de los muchos superiores ocultos.

Schroeder", leemos, "tenía como maestro a un anciano de Suabia, a través del cual se dice que el barón de Waechter fue instruido en la masonería y se convirtió en uno de los iniciados más importantes de Alemania. En consecuencia, Waechter fue enviado por su Orden a Florencia para informarse sobre otros secretos y ciertos tesoros famosos sobre los que Schroepfer, el barón de Hundt y otros habían oído que Aprosi, el secretario del Pretendiente, podía darles información.

---

[487] Benjamin Fabre, op cit, pp. 88, 90, 98, 110.

Waechter, sin embargo, escribió para decir que todo lo que les habían contado sobre este último era fabuloso, pero que había conocido a ciertos "Hermanos de Tierra Santa" en Florencia que le habían iniciado en secretos maravillosos; uno en particular, que es descrito como "un hombre que no es europeo", le había "instruido perfectamente". Además, de Waechter, que se había marchado pobre, regresó cargado de riquezas atribuidas por sus compañeros masones a los "Hermanos asiáticos" que había frecuentado en Florencia y que poseían el arte de fabricar oro.[488] Por lo tanto, yo sugeriría que se trataba de miembros de la "Orden Italiana" mencionada por el Sr. Tuckett, quien, al igual que Schroepfer y de Hundt, se imaginaba vinculado a los jacobitas.

Pero todas estas fuentes secretas de instrucción están rodeadas de misterio. Mientras que Saint-Germain y Cagliostro - a los que se alude en esta correspondencia con leve sorna - aparecen en primer plano, los verdaderos iniciados permanecen ocultos en un segundo plano. Falk "¡es casi inaccesible! Sin embargo, otro documento casi olvidado de la época puede arrojar luz sobre el importante papel que desempeñó entre bastidores en la masonería.

Se recordará que Archenholz había hablado de ciertas maravillas que había visto ejecutadas por Falk en Brunswick. En 1770, el poeta alemán Gotthold Ephraim Lessing fue nombrado bibliotecario del duque de Brunswick en esa ciudad. Es posible que la fama de Falk llegara entonces a sus oídos. En cualquier caso, en 1771 Lessing, tras burlarse de la masonería, fue iniciado en una logia masónica de Hamburgo y, en 1778, publicó no sólo su famoso drama masónico *Nathan der Weise*, en el que el judío de Jerusalén se muestra en admirable contraste con los cristianos y mahometanos, sino que también escribió cinco diálogos sobre la masonería que dedicó al duque de Brunswick, Gran Maestre de todas las logias alemanas, y que tituló *"Ernst und Falk: Gespräche fur Freimaurer" (Ernst y Falk: diálogos para francmasones)*.[489]

La amistad de Lessing con Moses Mendelssohn ha dado lugar a una

---

[488] Clavel, *Histoire pittoresque*, pp. 188, 390; Robison's *Proofs of a Conspiracy*, p. 77.

[489] *La Royal Masonic Cyclopædia* describe *Nathan der Weise* y *Ernst und Falk* como obras importantes sobre albañilería.

teoría popular, sin pruebas reales, según la cual el filósofo judío de Berlín inspiró el personaje de Natán, pero ¿no fue también el taumaturgo de Brunswick la fuente de esta inspiración? El diálogo, en cambio, deja menos lugar a dudas. Falk es mencionado por su nombre y presentado como iniciado en los más altos misterios de la masonería. Obviamente, los comentaristas de Lessing no lo explican ni dan pistas sobre su identidad.[490] Es obvio que Lessing cometió un gran error al dejar escapar una charla tan importante, pues tras la publicación de los tres primeros diálogos y mientras los dos últimos circulaban privadamente en forma de manuscrito entre los francmasones, una orden del duque de Brunswick prohibió su publicación por considerarla peligrosa.

A pesar de esta prohibición, el resto de la serie se imprimió, sin el permiso de Lessing, en 1870, con un prefacio de un desconocido que se describía a sí mismo como no masón.

Los diálogos entre Ernst y Falk arrojan una curiosa luz sobre las influencias en juego en la masonería de la época, y ganan enormemente en interés cuando comprendemos las identidades de los dos hombres en cuestión. Por ejemplo, Ernst, a través del cual Lessing obviamente se representa a sí mismo, no es inicialmente masón y, sentado con Falk en un bosque, interroga al gran iniciado sobre los objetivos de la Orden.

Falk explica que la masonería siempre ha existido, pero no con ese nombre. Nunca se ha revelado su verdadera finalidad. En apariencia, es una asociación puramente filantrópica, pero en realidad la filantropía no forma parte de su plan, siendo su objetivo crear un estado de cosas que haga innecesaria la filantropía.

(*"Was man gemeinlich gute Thaten zu nennen pflegt entbehrlich zu machen"*). Para ilustrar su argumento, Falk muestra un hormiguero al pie

---

[490] Es posible, sin embargo, que Lessing tuviera en mente a otro Falk que vivía en la misma época, a saber, "John Frederick Falk, nacido en Hamburgo de padres judíos, de quien se dice que fue director de un colegio cabalístico en Londres y que murió hacia 1824" (*Tranactions of the Jewish Historical Society*, VIII. 128). Pero dado el papel que la correspondencia de Savalette de Langes muestra que el Ba'al Shem londinense desempeñó en el trasfondo de la masonería, parece más probable que se trate del Falk en cuestión. En cualquier caso, ambos eran judíos y cabalistas.

del árbol bajo el que están sentados los dos hombres. "¿Por qué, se pregunta, no podrían existir los seres humanos sin gobierno, como las hormigas o las abejas? Falk describe a continuación su idea de un Estado universal, o más bien de una federación de Estados, en el que las personas ya no estarían divididas por prejuicios nacionales, sociales o religiosos, y en el que reinaría una mayor igualdad.

Al final del tercer diálogo, Ernst se marcha y se hace masón, pero a su regreso expresa a Falk su decepción por el hecho de que tantos masones se dediquen a actividades tan fútiles como la alquimia y la evocación de espíritus. Otros intentan revivir el * * *. Falk le responde que, aunque los grandes secretos de la francmasonería no pueden ser revelados por ningún hombre, aunque quisiera hacerlo, una cosa, sin embargo, se ha mantenido en la oscuridad y ahora debería hacerse pública, a saber, la relación entre los francmasones y el * * *.

"Los * * * eran de hecho los francmasones de su época. Parece probable, por el contexto y las referencias de Falk a Sir Christopher Wren como fundador de la Orden moderna, que los asteriscos se refieran a los rosacruces.

El punto más interesante de estos diálogos, sin embargo, es la continua alusión de Falk al hecho de que hay algo detrás de la masonería, algo mucho más antiguo y mucho más amplio en sus objetivos que la Orden actualmente conocida con ese nombre - los masones modernos en su mayoría sólo "juegan a ello". Así, cuando Ernst se queja de que no se ha logrado una verdadera igualdad en las logias, ya que no se admite a los judíos, Falk observa que él mismo no las frecuenta, que la verdadera francmasonería no existe en formas externas - "Una logia tiene la misma relación con la francmasonería que una iglesia con la creencia". En otras palabras, los verdaderos iniciados no aparecen en escena. Aquí es donde vemos el papel de los "Superiores Ocultos". No es de extrañar que los diálogos de Lessing fueran considerados demasiado peligrosos para ser publicados.

Además, en la concepción de Falk del orden social ideal y en su acusación de lo que él llama "sociedad burguesa", encontramos pruebas de movimientos de inmensa importancia. ¿Acaso el sistema del hormiguero o de la colmena no ha demostrado ser, como he indicado en otra parte, el modelo en el que los anarquistas modernos, desde Proudhon en adelante, han basado sus planes para la reorganización de la vida humana? La idea del "Estado mundial", de la "República universal", ¿no se ha convertido en el grito de guerra de los socialistas internacionalistas, de los francmasones del Gran Oriente, de los teósofos y de los revolucionarios mundiales de nuestro tiempo?

¿Era Falk un revolucionario? Esta cuestión volverá a ser controvertida. Falk pudo haber sido cabalista, masón, alto iniciado, pero ¿qué pruebas hay de que tuviera vínculos con los líderes de la Revolución Francesa? Volvamos a la *Encyclopédie juive*: Falk... se... supone que entregó al duque de Orleans, para asegurar su sucesión al trono, un talismán consistente en un anillo, que Philippe Égalité envió a una judía, Juliette Goudchaux, antes de ir al cadalso, quien se lo pasó a su hijo, que se convirtió en Louis Philippe.

El barón de Gleichen, que "conocía a Falk", se refiere a un talismán de lapislázuli que el duque de Orleans había recibido en Inglaterra del "famoso Falk Scheck, primer rabino de los judíos", y dice que cierta ocultista, Madame de la Croix, imaginaba haberlo destruido por "el poder de la oración". Pero la teoría de su supervivencia se ve además confirmada por la información suministrada por fuentes judías al Sr. Gordon Hills, quien afirma que Falk estaba "en contacto con la Corte francesa en la persona del 'Príncipe Emanuel'[491] a quien describe como sirviente del Rey de Francia", y añade que el anillo talismánico que regaló al Duque de Orleans "sigue en posesión de la familia, habiendo pasado al Rey Luis Felipe y de ahí al Conde de París".[492]

Un hecho emerge de la oscuridad que envuelve el poder secreto de la conspiración orleanista, un hecho de suprema importancia, y basado en pruebas puramente judías: el Duque estuvo en contacto con Falk cuando

---

[491] ¿De quién estamos hablando?

[492] La duquesa de Gontaut cuenta en *sus Memorias* que un día el duque de Orleans atravesaba el bosque de Fontainebleau cuando un hombre, a medio vestir y con aspecto de demente, se precipitó hacia el carruaje haciendo una mueca horrible. El séquito del Duque, confundiéndolo con un loco, trató de mantenerlo a raya, pero el Duque despertó de su sueño, se desabrochó la camisa y mostró a su agresor un anillo de hierro que colgaba de su cuello. Ante esta visión, el hombre cogió sus piernas y desapareció en el bosque. El misterio de este incidente nunca se ha resuelto, y el duque, al ser interrogado al respecto, no quiso dar una explicación. ¿Podría haber sido este anillo el talismán de Falk?

éste se encontraba en Londres, y Falk apoyó su plan de usurpación. Así, detrás del archiconspirador de la revolución se encontraba "el líder de todos los judíos". ¿Quizás sea aquí, en las "bóvedas de oro" de Falk, donde podríamos encontrar la fuente de algunos de los préstamos obtenidos en Londres por el duque de Orleans para financiar los disturbios de la Revolución, tan absurdamente descritos como "el oro de Pitt"?

La relación directa entre el ataque a la monarquía francesa y los círculos judíos de Londres queda también demostrada por la curiosa secuela de los disturbios de Gordon. En 1780, el medio loco lord George Gordon (como lo describe un escritor judío), líder de la llamada turba "protestante", marchó hacia la Cámara de los Comunes para protestar contra el proyecto de ley para aliviar a los inválidos católicos romanos y luego procedió a poner en práctica su plan de incendiar Londres. En los cinco días de disturbios que siguieron, se destruyeron propiedades por valor de 180.000 libras. Después de esto, "el descendiente de la casa ducal de Gordon demostró la durabilidad de su amor por el protestantismo profesando la fe hebrea" y fue recibido con los más altos honores en la sinagoga.

El mismo escritor judío que antes lo describió como medio tonto cita este panegírico sobre su ortodoxia: "Era muy regular en sus observancias judías; todas las mañanas se le veía con las filacterias entre los ojos y delante del corazón... Su pan del sábado se horneaba a la manera judía, su vino era judío, sus comidas eran judías. Su pan de los sábados era horneado a la manera judía, su vino era judío, su carne era judía, y era el mejor judío de la congregación de Israel". Y fue inmediatamente después de su conversión al judaísmo cuando publicó el libelo contra María Antonieta en *The Public Advertiser*, por el que fue encarcelado en Newgate.[493]

Ahora sabemos que Lord George Gordon conoció a Cagliostro en Londres en 1786.[494] ¿No es probable que el autor del panfleto difamatorio

---

[493] Margoliouth, op. cit. 121-4. Véase también *Life of Lord George Gordon* de Robert Watson (1795), pp. 71, 72.

[494] Friedrich Biilau, *Geheime Geschichten und räthselhafte Menschen*, I. 325 (1850). *The Public Advertiser*, 22 y 24 de agosto de 1786.

y el mago implicado en el atentado contra el honor de la Reina por el asunto del collar -uno judío de profesión, el otro, según se dice, judío de raza- tuvieran alguna relación con el partidario judío de Philippe Égalité, el taumaturgo de Wellclose Square?

Pero ya había surgido un genio más grande que Falk o Cagliostro, que Pasqually o Savalette de Langes, que, reuniendo en sus manos los hilos de todas las conspiraciones, era capaz de entretejerlos en un gigantesco proyecto para la destrucción de Francia y del mundo.

9. LOS ILLUMINATI BÁVAROS

La cuestión del sistema al que en adelante me referiré simplemente como Iluminismo es de tal importancia para la comprensión del movimiento revolucionario moderno que, aunque ya lo he descrito en detalle en *Revolución Mundial*, es necesario dedicarle otro capítulo para responder a las objeciones hechas a mi anterior descripción de la Orden y mostrar sus vínculos con sociedades secretas anteriores.

Los principales argumentos de los autores que, consciente o inconscientemente, intentan engañar al público sobre la verdadera naturaleza y existencia del Iluminismo son los siguientes:

> ➤ En primer lugar, el argumento contra el iluminismo se basa únicamente en la obra de Robison, Barruel y posteriores autoridades católicas.
> ➤ En segundo lugar, todos estos autores han malinterpretado o citado erróneamente a los Illuminati, que sólo deben ser juzgados por sus propias obras.
> ➤ En tercer lugar, los Illuminati eran de hecho perfectamente inofensivos e incluso loables.
> ➤ En cuarto lugar, son irrelevantes porque dejaron de existir en 1786.

En este capítulo, por tanto, me propongo responder a todas estas afirmaciones y, al mismo tiempo, examinar más de cerca los orígenes de la Orden.

ORÍGENES DE LOS ILLUMINATI

El hecho de que Weishaupt no originó el sistema que llamó Iluminismo es ya evidente para cualquier lector de este libro; de hecho, fueron necesarios todos los capítulos precedentes para rastrear la fuente de las doctrinas de Weishaupt a través de la historia del mundo.

De ello se deduce que los hombres que pretendían derrocar el orden social existente y todas las religiones aceptadas han existido desde los tiempos más remotos, y que los cainitas, carpocratianos, maniqueos, batinis, fatimíes y kármatas ya habían prefigurado muchas de las ideas de Weishaupt. Es a los maniqueos a quienes debemos la palabra "Illuminati": "gloriantur Manichæi se de caelo illuminatos".[495]

Es en la secta de Abdullah ibn Maymūn donde debemos buscar el modelo del sistema de organización de Weishaupt. Así, de Sacy describió en los siguientes términos la forma en que los ismailíes inscribían a los prosélitos: No admitían ni iniciaban nuevos prosélitos sino por grados y con gran reserva; pues, como la secta tenía al mismo tiempo un objeto y ambiciones políticas, su interés era ante todo tener un gran número de adeptos en todos los lugares y en todas las clases de la sociedad. Era, pues, necesario adaptarse al carácter, al temperamento y a los prejuicios del mayor número posible de personas; lo que se revelaba a unos repugnaba a otros y alejaba para siempre a las mentes menos audaces y a las conciencias más fácilmente alarmables.[496]

Este pasaje describe exactamente los métodos establecidos por Weishaupt para sus "Hermanos Insinuantes": la necesidad de proceder con cautela al reclutar adeptos, de no revelar a los novicios doctrinas susceptibles de sublevarle, de "hablar unas veces de una manera, otras de otra, de modo que su verdadero propósito permanezca impenetrable" para los miembros de los rangos inferiores.

¿Cómo influyeron estos métodos orientales en el profesor bávaro?

Según algunos autores, a través de los jesuitas. El hecho de que Weishaupt fuera educado por esta Orden ha proporcionado a los enemigos de los jesuitas el argumento de que ellos fueron los inspiradores secretos de los Illuminati. De hecho, Gould ha atribuido la mayoría de los errores de los Illuminati a esta fuente; Weishaupt, escribe, incurrió en "la implacable enemistad de los jesuitas, a cuyas intrigas estaba constantemente expuesto".[497] En realidad, ocurrió precisamente lo

---

[495] Barruel, Vol. III, p. xi, citando a Gaultier.

[496] Silvestre de Sacy, "Mémoires sur la Dynastie des Assassins", en *Mémoires de l'Institut Royal de France*, Vol. IV (1818).

[497] *Historia de la Francmasonería*, III. 121.

contrario, ya que, como veremos, fue Weishaupt quien intrigó perpetuamente contra los jesuitas. Que Weishaupt, sin embargo, se inspiró hasta cierto punto en los métodos de formación de los jesuitas, es reconocido incluso por Barruel, él mismo jesuita, quien, citando a Mirabeau, dice que Weishaupt "admiraba sobre todo esas leyes, ese *régimen* jesuita, que, bajo el mismo líder, hacía que los hombres dispersos por todo el universo tendieran hacia el mismo objetivo; sentía que uno podía imitar sus métodos mientras sostenía opiniones diametralmente opuestas".[498] Y de nuevo, basándose en Mirabeau, Luchet y von Knigge, Barruel dice en otra parte: "Es aquí donde Weishaupt parece haber querido especialmente asimilar el régimen de la secta al de las órdenes religiosas y especialmente al de los jesuitas, por el abandono total de su voluntad y de su juicio que exige a sus adeptos...". Pero Barruel muestra a continuación "la enorme diferencia que existe entre la obediencia religiosa y la obediencia iluminista". En todas las órdenes religiosas, los hombres saben que la voz de su conciencia y de su Dios es escuchada incluso más que la de sus superiores.

No hay uno de ellos que, en el caso de que sus superiores le ordenen hacer algo contrario a los deberes de un cristiano o de un hombre de bien, no vea una excepción a la obediencia que ha jurado. Esta excepción se expresa a menudo y se anuncia siempre claramente en todas las instituciones religiosas; es especialmente formal y se repite positivamente varias veces en la de los jesuitas. Se les ordena obedecer a sus superiores, pero sólo si no ven pecado en obedecer, ubi *non cerneretur peccatum* (*Constitución de los Jesuitas*, parte 3, capítulo I, par. 2, vol. i., edición de Praga).[499]

De hecho, la obediencia implícita y el abandono total de la propia voluntad y juicio forman la base de toda disciplina militar; "les corresponde no razonar, les corresponde no responder" es reconocido en todas partes como el deber de los soldados. Los Jesuitas, siendo en cierto modo una Orden militar, reconociendo a un General a su cabeza, están sujetos a la misma obligación. El sistema de Weishaupt era completamente diferente. En efecto, mientras que todos los soldados y

---

[498] *Mémoires sur le Jacobinisme* (edición de 1819), Vol. III. p. 9.

[499] Ibid. III. 55, 56.

todos los jesuitas, al obedecer a sus superiores, son perfectamente conscientes de la meta hacia la que se esfuerzan, los discípulos de Weishaupt fueron reclutados por los métodos más sutiles de engaño y conducidos hacia una meta que les era totalmente desconocida. Esta es, como veremos, la diferencia entre las sociedades secretas honestas y las deshonestas. El hecho es que la acusación de intrigas jesuitas detrás de las sociedades secretas ha emanado principalmente de las propias sociedades secretas y parece haber sido un medio adoptado por ellas para cubrir sus propias huellas. Nunca se han aportado pruebas sólidas que respalden esta afirmación. Los jesuitas, a diferencia de los Caballeros Templarios y los Illuminati, fueron simplemente suprimidos en 1773 sin la formalidad de un juicio, por lo que nunca han tenido la oportunidad de responder a los cargos que se les imputan, ni, como en el caso de esas otras Órdenes, sus estatutos secretos -si es que existen- han salido a la luz. El único documento que se ha presentado en apoyo de estas acusaciones es la "Monita Secreta", que desde hace tiempo se ha demostrado que es una falsificación. En cualquier caso, es la correspondencia de los Illuminati la que mejor los exculpa. El marqués de Luchet, que no era amigo de los jesuitas, demuestra lo absurdo de confundir sus objetivos con los de los francmasones o los Illuminati, y describe a los tres como movidos por objetivos completamente diferentes.[500]

En todos estos asuntos es necesario buscar un motivo. No tengo ningún interés personal en defender a los jesuitas, pero pregunto: ¿qué motivo podrían tener los jesuitas para formar o apoyar una conspiración contra todos los tronos y altares? Se me ha dicho que los jesuitas, en aquella época, no se preocupaban por tronos y altares, sino sólo por el poder temporal; sin embargo, aun aceptando esta injustificable hipótesis, ¿cómo podría ejercerse este poder si no es a través de tronos y altares?

¿No era a través de los príncipes y de la Iglesia como los jesuitas podían ejercer su influencia en los asuntos del Estado? En una República irreligiosa, como los acontecimientos demostraron más tarde, el poder del clero en su conjunto sólo podía ser destruido. La verdad es, entonces, que lejos de apoyar a los Illuminati, los Jesuitas eran sus adversarios mas

---

[500] *Essai sur la Secte des Illuminés*, pp. 28-39.

formidables, el unico grupo de hombres suficientemente eruditos, astutos y bien organizados para frustrar los planes de Weishaupt. Al suprimir a los jesuitas, el Antiguo Régimen pudo haber eliminado la única barrera capaz de resistir la marea revolucionaria.

De hecho, Weishaupt, como sabemos, odiaba a los jesuitas,[501] y tomó de ellos sólo ciertos métodos de disciplina, para asegurar la obediencia o adquirir influencia sobre las mentes de sus discípulos; sus objetivos eran completamente diferentes.

Entonces, ¿dónde encontró Weishaupt su inspiración inmediata? Aquí es donde Barruel y Lecouteulx de Canteleu proporcionan una pista que no se encuentra en otras fuentes. En 1771, relatan, un comerciante de Jutlandia llamado Kölmer, que había pasado muchos años en Egipto, regresó a Europa en busca de conversos a una doctrina secreta basada en el maniqueísmo que había aprendido en Oriente. De camino a Francia, hizo escala en Malta, donde conoció a Cagliostro y estuvo a punto de provocar una insurrección entre la población. Kölmer fue expulsado de la isla por los Caballeros de Malta y se dirigió a Avignon y Lyon. Allí hizo algunos discípulos entre los Illuminati y, ese mismo año, viajó a Alemania, donde conoció a Weishaupt y le inició en todos los misterios de su doctrina secreta. Según Barruel, Weishaupt pasó entonces cinco años desarrollando su sistema, que fundó bajo el nombre de Illuminati el 1 de mayo de 1776, y adoptó el nombre "ilustrado" de "Espartaco".

Kölmer sigue siendo el más misterioso de todos los hombres misteriosos de su época; a primera vista, uno se inclina a preguntarse si no es otro judío cabalista que actúa como inspirador secreto de los magos que aparecen en el candelero. El nombre de Kölmer bien podría ser una corrupción del conocido nombre judío Calmer.

Lecouteulx de Canteleu, sin embargo, sugiere que Kölmer era idéntico a Altolas, descrito por Figuier como "ese genio universal, casi divino, del que Cagliostro nos hablaba con tanto respeto y admiración". Este Altotas no era un personaje imaginario. La Inquisición de Roma recogió numerosas pruebas de su existencia sin poder descubrir cuándo empezó

---

[501] "Nuestros peores enemigos son los jesuitas". - Carta de Espartaco, *Originalschriften*, p. 306.

o terminó, porque Altotas desapareció, o más bien se desvaneció como un meteoro, lo que, según la fantasía poética de los novelistas, nos autorizaría a declararlo inmortal". [502] Es curioso observar que los ocultistas modernos, al atribuir tanta importancia a Saint-Germain y a la leyenda de su inmortalidad, no mencionan a Altotas, que parece haber sido mucho más notable. Pero, una vez más, hay que recordar que "la regla invariable de las sociedades secretas es que los verdaderos autores nunca se dejan ver". Así pues, si Kölmer era la misma persona que Altotas, parece que no era ni judío ni cabalista, sino un iniciado de una sociedad secreta de Oriente Próximo, tal vez un ismailí. Lecouteulx de Canteleu describe a Altotas como armenio y afirma que su sistema derivaba de los de Egipto, Siria y Persia. Esto concuerda con la afirmación de Barruel de que Kölmer procedía de Egipto y que sus ideas se basaban en el maniqueísmo.

Habría que descartar estas afirmaciones como meras teorías de Barruel o Lecouteulx, si los escritos de los Illuminati no traicionaran la influencia de una secta próxima al maniqueísmo. Así, "Espartaco" escribió a "Catón" que pensaba "recalentar el antiguo sistema de los ghebers y los parsis", [503] y se recordará que los ghebers eran una de las sectas en las que Dozy relata que Abdullah ibn Maymūn encontró a sus verdaderos partidarios. Más adelante, Weishaupt explica que la alegoría de la que han de revestirse los Misterios y los grados superiores es el culto del fuego y toda la filosofía de Zoroastro o de los antiguos parsis, que hoy en día sólo sobreviven en la India; por eso, en grados posteriores, la Orden se llama "culto del fuego" (Feuer-dienst), "Orden del fuego" u "Orden persa", es decir, algo magnífico que supera todas las expectativas. [504]

Al mismo tiempo, el calendario persa fue adoptado por los

---

[502] Figuier, *Histoire de Merveilleux*, IV. 77.

[503] *Originalschriften des Illuminatenordens*, p. 230.

[504] Ibid. p. 331.

Illuminati.[505]

Es obvio que esta reivindicación del Zoroastrismo era tan falsa como la posterior reivindicación de Weishaupt del Cristianismo; él no muestra ninguna concepción de las verdaderas doctrinas de Zoroastro - ni insiste en ello; Pero el pasaje anterior ciertamente daría color a la teoría de que su sistema estaba parcialmente basado en el maniqueísmo, es decir, en un zoroastrismo pervertido, transmitido a él por un hombre de Oriente, y que los métodos de los batinis y fatimíes pueden haber sido comunicados a él a través del mismo canal. De ahí el extraordinario parecido entre su plan de organización y el de Abdullah ibn Maymūn, que consistía en intrigas políticas más que en especulaciones esotéricas. Así, en el sistema de Weishaupt, la fraseología del judaísmo, las leyendas cabalísticas de la masonería, las imaginaciones místicas de los martinistas no desempeñan ningún papel en primer lugar. Para todas las formas de "teosofía", ocultismo, espiritismo y magia, Weishaupt no expresa nada más que desprecio, y los masones de los Rosacruces están entre paréntesis con los Jesuitas por los Illuminati como enemigos que deben ser frustrados a cada paso.[506] En consecuencia, ningún grado de rosacrucismo encontró su lugar en el sistema de Weishaupt, como en todas las demás órdenes masónicas de la época que extraían su influencia de fuentes orientales o cabalísticas.

Es cierto que los "Misterios" desempeñan un papel importante en la fraseología de la Orden - "Grandes y Pequeños Misterios", tomado del antiguo Egipto-, mientras que los iniciados superiores son condecorados con títulos como "Epoptus" y "Hierofante", tomados de los Misterios Eleusinos. Sin embargo, las teorías de Weishaupt no parecen tener nada que ver con estos antiguos cultos. Al contrario, cuanto más profundizamos en su sistema, más claro queda que todas las fórmulas que emplea y que derivan de una fuente religiosa -ya sea persa, egipcia o

---

[505] En *Revolución Mundial*, sugerí una similitud entre el calendario judío y el de los Illuminati. Esto fue un error; el calendario judío fue adoptado por el Rito Escocés que, como hemos visto, derivó en parte de fuentes judaicas.

[506] Zwack (alias Cato) escribió: "No sólo hemos impedido el alistamiento de rosacruces, sino que hemos hecho despreciable su propio nombre" - *Originalschriften*, p. 8.

cristiana- sirven para ocultar un objetivo puramente material, un plan para destruir el orden existente en la sociedad. Así pues, lo único verdaderamente antiguo del Iluminismo era el espíritu destructor que lo animaba y el método de organización que había importado de Oriente.

El Iluminismo marcó así un nuevo punto de partida en la historia de las sociedades secretas europeas. El propio Weishaupt señala que éste es uno de los grandes secretos de la Orden. "Sobre todo", escribe a "Cato" (alias Zwack), "guarda el origen y la novedad de ☉ la manera más prudente".[507] "El mayor misterio", vuelve a decir, "debe ser que la cosa sea nueva; cuanta menos gente la conozca, mejor...". Ni uno solo de los Eichstadt lo sabe, pero viviría o moriría por saber que la cosa es tan antigua como Matusalén".[508]

Esta pretensión de haber descubierto un fondo de sabiduría antigua es la artimaña invariable de los adeptos de las sociedades secretas; lo único que nunca se admite es la identidad de los individuos de quienes se reciben instrucciones. El propio Weishaupt declara que lo ha sacado todo de los libros a costa de un arduo y duro trabajo. "Lo que me cuesta leer, estudiar, pensar, escribir, tachar y reescribir", se queja ante Marius y Cato.[509] Así, según Weishaupt, todo el sistema es obra de su propio genio y la dirección suprema queda sólo en sus manos. Insistió en este punto una y otra vez en su correspondencia.

Si este es realmente el caso, entonces Weishaupt -en vista de la eficacia alcanzada por la Orden- debe haber sido un genio de primer orden, y es difícil entender por qué un hombre tan notable no se distinguió de otras maneras, sino que permaneció prácticamente desconocido para la posteridad. Por lo tanto, parece posible que Weishaupt, aunque sin duda un hombre de inmensa capacidad organizativa y extraordinaria sutileza, no fuera de hecho el único autor del Iluminismo, sino uno de los miembros de un grupo que, reconociendo su talento y el valor de su incansable actividad, le confió su dirección. Examinemos esta hipótesis

---

[507] *Originalschriften*, p. 363. La palabra Iluminismo se representa siempre con este símbolo en la correspondencia Illuminati.

[508] Ibid. p. 202.

[509] Ibid. p. 331.

a la luz de un documento que me era desconocido cuando escribí mi anterior relato sobre los Illuminati.

Barruel señaló que el gran error de Robison fue describir el Iluminismo como derivado de la Francmasonería, ya que Weishaupt no se hizo Francmasón hasta después de haber fundado su Orden. Es cierto que Weishaupt no fue recibido oficialmente en la masonería hasta 1777, cuando fue iniciado al primer grado en la Logia "Teodoro del Buen Consejo" de Munich. A partir de ese momento lo encontramos continuamente ocupado en tratar de aprender más acerca de los secretos de la francmasonería, mientras que al mismo tiempo él mismo reclamaba un conocimiento superior.

Pero, al mismo tiempo, no es en absoluto seguro que un círculo interno de la Logia Theodore no fuera el primero en actuar y que Weishaupt no fuera su agente inconsciente. *Las Memorias de* Mirabeau arrojan una luz muy curiosa sobre esta cuestión.

Ahora bien, en *La Revolución Francesa* y luego en La *Revolución Mundial*, cité la opinión generalmente aceptada de que Mirabeau, que ya era masón, había sido recibido en la Orden de los Illuminati durante su visita a Berlín en 1786. A lo que el Sr. Waite respondió: "Todo lo que se ha dicho sobre Mirabeau, su visita a Berlín y su complot para 'iluminar' la masonería francesa puede resumirse en una frase: no hay pruebas de que Mirabeau se hiciera masón. La provincia de Barruel era colorearlo todo...".[510] La afirmación del Sr. Waite también puede eliminarse en una frase: es pura invención. La provincia del Sr. Waite es negar todo lo que le incomoda. La prueba de que Mirabeau era masón no descansa únicamente en Barruel. M. Barthou, en su Vie de Mirabeau, habla de ello como de un asunto de notoriedad pública, y relata que se encontró un documento en casa de Mirabeau en el que se describía una nueva Orden que debía injertarse en la Francmasonería. Este documento se encuentra íntegro en las *Memorias de* Mirabeau, que afirman que:

Mirabeau ingresó muy joven en una asociación masónica.

Esta afiliación le había acreditado ante una logia holandesa, y parece

---

[510] A. E. Waite, "Freemasonry and the Jewish Peril", en *The Occult Review* de septiembre de 1920, p. 152.

que, espontáneamente o en respuesta a una petición, pensó en proponer una organización de la que tenemos el plan, escrito no de su puño y letra... sino de la mano de un copista que Mirabeau se había hecho acompañar... Esta obra parece haber sido de Mirabeau; contiene todas sus opiniones, todos sus principios, todo su estilo.[511]

El mismo proceso continúa para el documento completo, cuyo encabezamiento es:

"Mémoire concernant une association intime à établir dans l'ordre de la franc-maçonnerie pour la ramener à ses vrais principes et la faire tendre réellement au bien de l'humanité, rédigé par le F. Mi --, actuellement nommé Arcesilas, en 1776."

Como esta Memoria es demasiado larga para reproducirla íntegramente aquí, *el resumen de* M. Barthou servirá para dar una idea de su contenido[512]: Él [Mirabeau] fue masón desde su juventud. Hemos encontrado entre sus papeles, redactado por un copista, un proyecto de organización internacional de la francmasonería, que probablemente dictó en Amsterdam. Este proyecto contiene puntos de vista sobre la solidaridad de los hombres, los beneficios de la educación y la "corrección del sistema de gobiernos y legislaciones" que son muy superiores a los del "Ensayo sobre el despotismo" (1772). La mente de Mirabeau había madurado. Los deberes que esbozaba para los "hermanos de la clase alta" constituían incluso todo un plan de reformas que, en algunos aspectos, se asemejaba mucho a la obra realizada más tarde por la Asamblea Constituyente: abolición de las servidumbres territoriales y de los derechos de mano muerta, supresión de las corvées, de los gremios

---

[511] *Mémoires de Mirabeau escritas por él mismo, su padre, su tío y su hijo adoptivo, y precedidas de un estudio de Mirabeau por Victor Hugo*, Vol. III. p. 47 (1834).

[512] He utilizado expresamente el resumen de M. Barthou, en lugar de hacer uno yo mismo, para que no se diga que he hecho elecciones juiciosas, con el fin de mostrar la semejanza entre esta Memoria y el siguiente pasaje de otros escritos de Mirabeau. Pero no se puede dudar de la imparcialidad de M. Barthou, que parece no saber nada de los Illuminati ni de las relaciones de Mirabeau con ellos, y que sólo ve en la Memoria en cuestión el resultado de la "maduración" del espíritu de Mirabeau desde 1772.

de trabajadores y de los maestros gremiales, derechos de aduana e impuestos especiales, reducción de los impuestos, libertad de opinión religiosa y de prensa, desaparición de las jurisdicciones de excepción. Para organizar, desarrollar y alcanzar sus objetivos, Mirabeau invoca el ejemplo de los jesuitas: "Tenemos puntos de vista muy opuestos", dice, "el de ilustrar a los hombres, el de hacerlos libres y felices, pero debemos y podemos hacerlo por los mismos medios, y ¿quién nos impedirá hacer para el bien lo que los jesuitas hicieron para el mal?[513]

Mirabeau no mencionó a Weishaupt en su Memoria, pero en su *Historia de la Monarquía Prusiana* elogió a los Illuminati de Baviera, mencionando a Weishaupt por su nombre y mostrando que la Orden había descendido de la Francmasonería. Veremos que este relato se corresponde punto por punto con la Memoria que él mismo escribió en 1776, el mismo año en que se fundaron los Illuminati:

La Logia Theodore del Buen Consejo de Múnich, donde había unos pocos hombres con cerebro y corazón, estaba cansada de ser zarandeada por las promesas vacías y las peleas de la masonería.

Los dirigentes decidieron injertar en su rama otra asociación secreta a la que dieron el nombre de Orden de los Iluminados. La inspiraron en la Compañía de Jesús, pero proponiendo ideas diametralmente opuestas.

Mirabeau continuó diciendo que el objetivo principal de la Orden era mejorar el sistema actual de gobierno y legislación, que una de sus reglas fundamentales era no admitir "a ningún príncipe cualesquiera que sean sus virtudes"[514], que se proponía abolir la esclavitud de los campesinos, la servidumbre de los hombres a la tierra, los derechos de mano muerta y todas las costumbres y privilegios que rebajan a la humanidad, las corvées bajo condición de un equivalente equitativo, todas las corporaciones, todas las maestrías, todas las cargas impuestas a la

---

[513] F. Barthou, *Mirabeau*, p. 57.

[514] En las Memorias *de Mirabeau* citadas anteriormente, encontramos este pasaje: "Debe ser una regla fundamental no permitir nunca a ningún príncipe entrar en la asociación, aunque fuera un dios de la virtud: "Debe ser una regla fundamental no permitir nunca a ningún príncipe entrar en la asociación, aunque fuera un dios de la virtud"- *Memorias de Mirabeau*, III. 60.

industria y al comercio por las aduanas, los impuestos especiales y los tributos... la tolerancia universal para todas las opiniones religiosas... eliminar todas las armas de la superstición, promover la libertad de prensa, etc...[515]

De todo ello se desprende que Mirabeau no se convirtió en Illuminatus en 1786, como yo había supuesto antes de que este documento llegara a mis manos, sino que había pertenecido a la Orden desde el principio, al parecer como uno de sus fundadores, primero bajo el nombre "ilustrado" de Arcésilas y más tarde bajo el de Léonidas. La Memoria encontrada en su domicilio no era, pues, otra cosa que el programa Illuminati elaborado por él en colaboración con un pequeño círculo de masones pertenecientes a la Logia Theodore. La correspondencia Illuminati contiene varias referencias a un círculo interno conocido como el "Capítulo Secreto de la Logia de San Teodoro", que Weishaupt, tras su iniciación en la masonería, indicó la necesidad de poner enteramente bajo el control de los Illuminati. Es probable que Weishaupt estuviera en contacto con este capítulo secreto antes de su admisión formal en la logia.

Por lo tanto, es imposible saber si las ideas del Iluminismo se originaron en este capítulo secreto de la Logia Theodore independientemente de Weishaupt, o si fueron transmitidas por Weishaupt a la Logia Theodore después de que Kölmer le hubiera instruido; pero en cualquiera de los dos casos, la afirmación de Robison de que el Iluminismo surgió de la Francmasonería, o más bien que surgió en el seno de un grupo de masones cuyos objetivos no eran los de la Orden en general, estaría en cierto modo justificada.

¿Cuáles eran esos objetivos? Un plan de "reformas" sociales y políticas que, como señala M. Barthou, se asemejaba mucho al trabajo realizado más tarde por la Asamblea Constituyente en Francia. Esta admisión es de gran importancia; en otras palabras, el programa llevado a cabo por la Asamblea Constituyente en 1789 había sido formulado en gran medida en una logia de francmasones alemanes que formaban el núcleo de los Illuminati, en 1776. Y sin embargo, ¡se nos dice que los Illuminati no tuvieron ninguna influencia en la Revolución Francesa!

---

[515] *Historia de la monarquía prusiana*, V. 99.

Se objetará que las reformas aquí esbozadas eran totalmente admirables. Ciertamente, la abolición de *la corvée*, de la *mano muerta* y de las servidumbres fueron medidas que contaron con la aprobación de todos los hombres de buena voluntad, incluido el propio rey de Francia. Pero, ¿qué decir de la abolición de los "gremios obreros" y de "todos los gremios", es decir, de los "sindicatos" de la época, que se llevó a cabo mediante la tristemente célebre Ley Chapelier en 1791, decreto que hoy se reconoce generalmente como una de las anomalías más extrañas de la Revolución? Una vez más, ¿quién tenía interés en suprimir los derechos de aduana y los impuestos especiales en Francia? ¿Establecer la libertad absoluta y sin trabas de la prensa y de las opiniones religiosas? Los beneficios que podían esperarse de estas medidas para el pueblo francés eran ciertamente problemáticos, pero no podía dudarse de su utilidad para hombres que, como Federico el Grande, deseaban arruinar a Francia y romper la alianza franco-austriaca mediante la circulación sin restricciones de libelos contra María Antonieta, que, como Mirabeau, esperaban provocar una revolución, o que, como Voltaire, deseaban eliminar todos los obstáculos a la difusión de la propaganda anticristiana.

Por tanto, no es imposible que Weishaupt fuera inicialmente el agente de conspiradores más experimentados, cuyos objetivos puramente políticos se ocultaban tras un plan de reforma social, y que vieron en el profesor bávaro a un hábil organizador al que utilizar para promover sus objetivos.

Sea así o no, el hecho es que desde el momento en que Weishaupt tomó el control de la Orden, se puso en marcha el plan de "reforma social".

El sistema descrito por Mirabeau desaparece por completo, porque en los escritos de los Illuminati no se encuentra ni una palabra sobre un supuesto proyecto de mejora de la suerte del pueblo, y el Iluminismo se convierte simplemente en un proyecto de filosofía anárquica. El historiador francés Henri Martin ha resumido admirablemente el sistema desarrollado por "Espartaco": Weishaupt había hecho una teoría absoluta de las *ocurrencias* misantrópicas de Rousseau *sobre la* invención de la propiedad y la sociedad, y sin tener en cuenta la afirmación tan claramente formulada por Rousseau sobre la imposibilidad de abolir la propiedad y la sociedad una vez establecidas, propuso como fin del Iluminismo la abolición de la propiedad, de la autoridad social, de la nacionalidad, y el retorno de la raza humana al feliz estado en que formaba una sola familia sin necesidades artificiales, sin ciencias inútiles, siendo cada padre sacerdote y magistrado.

Un sacerdote de quién sabe qué religión, pues a pesar de sus frecuentes invocaciones al Dios de la Naturaleza, hay muchos indicios de que Weishaupt, como Diderot y d'Holbach, no tenía otro Dios que la Naturaleza misma. El ultrahegelianismo alemán y el sistema de anarquía recientemente desarrollado en Francia, cuya fisonomía sugiere un origen extranjero, se derivarían naturalmente de su doctrina.[516]

Este resumen de los objetivos de los Illuminati, que corrobora absolutamente las opiniones de Barruel y Robison, es confirmado en detalle por el librepensador socialista del siglo XIX Louis Blanc, quien en su notable capítulo sobre los "revolucionarios místicos" se refiere a Weishaupt como "uno de los conspiradores más profundos que jamás hayan existido".[517] También George Sand, socialista e *íntima de* los masones, escribió sobre "la conspiración europea del iluminismo" y la inmensa influencia ejercida por las sociedades secretas de la "Alemania mística". Decir que Barruel y Robison fueron los únicos en proclamar el peligro del Iluminismo es simplemente una perversión deliberada de la verdad, y es difícil entender por qué los francmasones ingleses se dejaron engañar en este asunto.

Así, la *Masonic Cyclopædia* observa que los Illuminati "eran, por regla general, hombres de la más estricta moralidad y humanidad, y las ideas que trataban de inculcar eran las que han llegado a ser universalmente aceptadas en nuestro tiempo". Preston, en sus *Ilustraciones de la masonería*, también hace todo lo posible por pasar por alto los defectos de la Orden, e incluso "el historiador de la masonería" dedica esta asombrosa apología a su fundador. Tras describir a Weishaupt como víctima de una intriga jesuita, Gould continúa diciendo:

Concibió la idea de combatir a sus enemigos con sus propias armas y formar una sociedad de hombres jóvenes, entusiastas por la causa de la humanidad, que gradualmente serían entrenados para trabajar como un solo hombre por un fin: la destrucción del mal y el aumento del bien en

---

[516] Henry Martin, *Histoire de France*, XVI. 533.

[517] Louis Blanc, *Histoire de la Révolution Française*, II. 84.

este mundo. Desgraciadamente, se había imbuido inconscientemente de la doctrina más perniciosa de que el fin justifica los medios, y todo su plan revela los efectos de sus enseñanzas juveniles... El hombre en sí era cándido, ignorante de los hombres, conociéndolos sólo por los libros, un maestro erudito, un entusiasta que inocentemente tomó el camino equivocado, y las faltas de su cabeza pesaban mucho en su memoria a pesar de las raras cualidades de su corazón.[518]

Sólo se puede concluir que estas extraordinarias exoneraciones de una Orden amargamente hostil a los verdaderos objetivos de la Masonería provienen de la ignorancia de la verdadera naturaleza del Iluminismo. Para juzgarlo, basta consultar los escritos de los propios Illuminati, contenidos en las siguientes obras:

1. *Einige Originalschriften des Illuminatenordens* (Múnich, 1787).

2. *Nachtrag von weitern Originalschriften, etc.* (Munich, 1787).

3. *Die neuesten Arbeiten des Spartacus und Philo in dem Illuminaten-Orden* (Múnich, 1794).

Todo esto se puede encontrar en la correspondencia y los documentos de la Orden, incautados por el gobierno bávaro a dos de sus miembros, Zwack y Bassus, y publicados por orden del Elector.

La autenticidad de estos documentos nunca ha sido negada, ni siquiera por los propios Illuminati; Weishaupt, en su defensa publicada, se limitó a explicar los pasajes más incriminatorios.

Los editores se cuidan de precisar al principio del primer volumen: "Quienes tengan dudas sobre la autenticidad de esta colección pueden dirigirse aquí, a los Archivos Secretos, donde, previa petición, se les entregarán los documentos originales".

Esta precaución hacía imposible cualquier desafío.

Dejando de lado a Barruel y Robison, veremos ahora, basándonos en sus propios escritos, hasta qué punto los Illuminati pueden ser considerados una orden digna de alabanza y cruelmente calumniada.

---

[518] *Historia de la Francmasonería*, III. 121.

Comencemos por su actitud frente a la masonería.

ILUMINISMO Y MASONERÍA

Desde el momento de la admisión de Weishaupt en la masonería, toda su conducta fue una violación del código masónico. En lugar de proceder de acuerdo con el método reconocido de etapas sucesivas de iniciación, se propuso descubrir otros secretos por métodos solapados, para luego convertirlos en ventaja de su propio sistema.

Aproximadamente un año después de su iniciación, escribió a Cato (alias Zwack):

"He logrado conocer profundamente el secreto de los francmasones. Conozco todo su propósito y lo transmitiré en el momento oportuno en uno de los grados superiores."[519]

A continuación, se pidió a Catón que realizara nuevos descubrimientos por mediación de un francmasón italiano, el abate Marotti, de los que dejó constancia triunfal en su diario:

Entrevista con el abad Marotti sobre el tema de la masonería, en la que me explicó todo el secreto, que se basa en la religión antigua y en la historia de la Iglesia, y me transmitió todos los grados superiores hasta el escocés. He informado de ello a Espartaco.[520]

Espartaco, que no se dejó impresionar por esta comunicación, replicó secamente:

Dudo que conozcas el propósito de la masonería. Yo mismo he incluido un esbozo de esta estructura en mi plan, pero lo he reservado para grados posteriores.[521]

Weishaupt decidió entonces que todos los iluminados "areopagitas"

---

[519] *Originalschriften*, p. 258.

[520] Ibid. p. 297.

[521] Ibid. p. 285.

debían cursar los tres primeros grados de la masonería[522]; pero además: que tendríamos nuestra propia logia masónica. La consideraremos nuestro jardín de infancia. Que no revelaremos inmediatamente a algunos de estos masones que tenemos algo más que masones. Que en cada oportunidad nos cubriremos con esta [masonería]...

Todos los que no son aptos para el trabajo deben permanecer en la logia masónica y progresar en ella sin saber nada del sistema posterior.[523]

Encontraremos este proyecto de un círculo interno secreto oculto dentro de la masonería, que continúa hasta nuestros días.

Sin embargo, Weishaupt admitió que estaba desconcertado por el pasado de la masonería e invitó a "Porcius" a averiguar más con el abate Marotti:

A ver si gracias a él descubres la verdadera historia, origen y primeros fundadores de la masonería, porque sólo en este punto sigo indeciso.[524]

Pero fue en "Philo", barón de Knigge, masón y miembro de la Observancia de la Zancada, en la que era conocido como Eques a Cygno, donde Weishaupt encontró a su investigador más eficaz. Philo" escribió a Spartacus: "Ahora he encontrado al hombre más competente en Cassel, a quien no puedo felicitar demasiado: es Mauvillon, Gran Maestro de una de las Logias Reales de York. Con él, tenemos a toda la logia en nuestras manos. También ha obtenido de allí todos sus miserables grados [*Er hat auch von dort aus* alle *ihre elenden Grade*].[525]

No es de extrañar, entonces, que Weishaupt exclamara alegremente:

---

[522] Ibid. p. 286.

[523] *Originalschriften*, p. 300. Parece que cuando un francmasón parecía susceptible de adherirse al proyecto iluminista, se le permitía rápidamente familiarizarse con el otro sistema. Así, en el caso de "Savioli", "Catón" escribe: "Ahora que es masón, le he presentado todo lo que concierne a este ⊙, le he mostrado lo que no es importante, y en esta ocasión he tocado el plan general de nuestro ⊙, y como esto le agradó, le dije que tal cosa existía realmente, y me dio su palabra de que entraría en él"- *Originalschriften*, p. 289.

[524] Ibid. p. 303.

[525] Ibid. p. 361.

"Philo está haciendo más de lo que todos esperábamos, y él es el único hombre que llevará todo a buen término".[526] Weishaupt se afana entonces por obtener una "Constitución" de Londres, evidentemente sin éxito, y también por arrancar la Logia Theodore de Munich del control de Berlín para sustituirla por su propio dominio, de modo que "todo el capítulo secreto se someterá a nuestro ☉, le dejará todo a él y esperará otros grados sólo de él".[527]

En todo esto, Weishaupt demostró ser no sólo un intrigante, sino también un charlatán, inventando misterios y grados para abusar de la credulidad de sus discípulos. "Los misterios, o las llamadas verdades secretas, son las más bellas de todas", escribió a Philipo Strozzi, "y me dan muchos problemas".[528] Así, aunque despreciaba sinceramente la masonería, la teosofía, el rosacrucismo y el misticismo de todo tipo, su asociación con Filón le hizo ver la utilidad de todo ello como cebo, y permitió que Filón elaborara los planos para un grado de caballero escocés. Pero el resultado es lamentable: la composición de Philo, un "discurso semi-teosófico y una explicación de jeroglíficos", es descrita por Weishaupt como galimatías (*kauderwelsche*).[529]

Philo [dice de nuevo] está lleno de tales locuras, que traicionan su pequeña mente... Sobre el Illuminatus Major sigue el miserable grado de Caballero Escocés enteramente de su propia composición, y sobre el grado de Sacerdote un grado igualmente miserable de Regente,... pero ya he compuesto otros cuatro grados comparados con el peor de los cuales el grado de Sacerdote será un juego de niños, pero no se lo diré a nadie hasta que vea cómo van las cosas...[530]

La perfidia de los Illuminati hacia los francmasones es, pues, evidente. Incluso Mounier, que se comprometió a refutar a Barruel basándose en la información que le proporcionó el Illuminatus Bode, admite su

---

[526] Ibid. p. 363.

[527] Ibídem, p. 360.

[528] *Originalschriften*, p. 200.

[529] *Nachtrag von... Originalschriften*, I. 67.

[530] *Ibid*, p. 95.

duplicidad a este respecto.

Weishaupt [conocido como Mounier] conoció a un hannoveriano, el barón von Knigge, un intrigante notorio que llevaba mucho tiempo experimentado en la charlatanería de las logias masónicas. Siguiendo su consejo, se añadieron nuevos grados a los antiguos, y resolvieron sacar provecho de la masonería al tiempo que la despreciaban profundamente. Decidieron que los grados de aprendiz, oficial, maestro masón y caballero escocés se añadirían a los de los Illuminati, y que se jactarían de poseer exclusivamente los verdaderos secretos de los francmasones y afirmarían que el iluminismo era la verdadera masonería primitiva.

"Los papeles de la Orden incautados en Baviera y publicados -dice de nuevo Mounier- demuestran que los Illuminati empleaban las formas de la Francmasonería, pero que la consideraban en sí misma, fuera de sus propios grados, como un absurdo infantil y que odiaban a los rosacruces." Mounier, buen discípulo de Bode, va en la misma dirección y se compadece de la *ingenuidad* de los francmasones que, "como tantos niños, pasan gran parte de su tiempo en sus logias jugando en la capilla".

¿Por qué, frente a todo esto, los francmasones británicos deben tomar la causa de los Illuminati y vilipendiar a Robison y Barruel por denunciarlos? El americano Mackey, como masón consecuente, muestra poca simpatía por este traidor en el campo masónico. Weishaupt", escribe, "era un radical en política y un infiel en religión, y organizó esta asociación, no más con el propósito de engrandecerse a sí mismo que para derrocar el cristianismo y las instituciones de la sociedad". En una nota a pie de página, añade que *Proofs of a Conspiracy* de Robison "contiene una excelente exposición de la naturaleza de esta institución pseudo-masónica".[531]

---

[531] *Lexicon of Freemasonry*, p. 142. Ver también Oliver's *Historical Landmarks of Freemasonry*, I. 26, donde los Illuminati están correctamente incluidos entre los enemigos de la Masonería. Sin embargo, tanto Mackey como Oliver proceden a injuriar a Barruel y Robison como enemigos de la Masonería, y para apoyar esta acusación Oliver se permite la cita errónea más atroz. En efecto, si buscamos en el original los pasajes que cita en la página 382 de Robison y en la página 573 de Barruel como prueba de su calumnia a la Masonería, ¡encontraremos que se refieren respectivamente a los cabalistas rosacruces y a los Illuminati y no a los francmasones en absoluto! Ver Robison's *Proofs of a*

La verdad es que Weishaupt es uno de los mayores enemigos de la masonería británica que jamás haya existido, y los verdaderos masones no se harán ningún bien defendiéndole a él o a su abominable sistema.

Veamos ahora hasta qué punto, aparte de su papel en la masonería, los Illuminati pueden ser considerados como nobles idealistas que luchan por el bienestar de la raza humana.

IDEALISMO ILLUMINATI

La línea de defensa adoptada por los apologistas de los Illuminati es siempre citar los admirables principios profesados por la Orden, las "bellas ideas" que recorren sus escritos, y mostrar qué excelentes personas había entre ellos.

Por supuesto, a primera vista, los Illuminati parecen absolutamente admirables; por supuesto, es fácil encontrar en sus escritos innumerables pasajes que respiran el espíritu de las más altas aspiraciones; y por supuesto, muchos hombres excelentes se encuentran entre los mecenas de la Orden. Todo esto forma parte de la panoplia del líder de una sociedad secreta, así como del promotor de una empresa fraudulenta, para quien lo esencial es un brillante prospecto y una larga lista de mecenas muy respetables que no saben nada del funcionamiento interno de la empresa.

Estos métodos, aplicados desde el siglo IX por Abdullah ibn Maymūn, desempeñaron un papel importante en la política de Federico el Grande, Voltaire y sus "hermanos" de filosofía -o de masonería-.

Las similitudes entre la correspondencia de Weishaupt y la de Voltaire y Federico el Grande son ciertamente sorprendentes. Todos ellos, en, profesan respeto por el cristianismo mientras trabajan para destruirlo.

Así, del mismo modo que Voltaire, en una carta a d'Alembert, expresaba su horror por la publicación de un panfleto anticristiano, *Le*

Conspiracy, p. 93, y Barruel's *Mémoires sur le Jacobinisme* (edición de 1818), II. 244.

Testament de Jean Meslier,[532] y en otra le instaba a hacerlo circular por millares por toda Francia,[533] así Weishaupt se cuidaba generalmente de mostrar el rostro de un filósofo benévolo e incluso de un evangelista cristiano; Sólo en ciertos momentos deja caer la máscara y revela al sátiro que hace muecas detrás de él.

En los estatutos publicados de los Illuminati, por ejemplo, no hay ningún indicio de intenciones subversivas; de hecho, la "Obligación" declara expresamente que "no se emprenderá nada contrario al Estado, la religión o la moral".

Pero, ¿cuál es la verdadera teoría política de Weishaupt? Nada más que la de la anarquía moderna, según la cual el hombre debe gobernarse a sí mismo y los gobernantes deben ser eliminados gradualmente. Pero se cuida de descartar cualquier idea de revolución violenta: el proceso debe llevarse a cabo por los métodos más pacíficos. Veamos con qué delicadeza llega a la conclusión final:

La primera etapa en la vida de toda la raza humana es el salvajismo, la naturaleza bruta, en la que la familia es la única sociedad, y donde el hambre y la sed se satisfacen fácilmente,... en la que el hombre disfruta de los dos bienes más excelentes, la Igualdad y la Libertad, en su plena medida... Dichosos los hombres, que aún no estaban suficientemente ilustrados para perder la tranquilidad de espíritu y darse cuenta de los desafortunados resortes y causas de nuestra miseria, el amor al poder... la envidia... la enfermedad y todos los resultados de la imaginación.

A continuación se describe la forma en que el hombre cayó de este estado primitivo de dicha:

A medida que las familias crecían, empezaron a faltar los medios de subsistencia, cesó la vida nómada, se instituyó la propiedad, los hombres se afianzaron, y gracias a la agricultura las familias se acercaron unas a otras, por lo que se desarrolló el lenguaje y al convivir los hombres empezaron a medirse entre sí, etc... Pero he aquí la causa de la caída de la libertad: la igualdad desapareció. El hombre sintió necesidades nuevas

---

[532] *Obras Completas de Voltaire* (edición de 1818). Vol. XLI. p. 153.

[533] Ibid. pp. 165, 168.

y desconocidas...[534]

Los seres humanos se han vuelto tan dependientes como los menores bajo la tutela de los reyes; los seres humanos deben llegar a la mayoría de edad y gobernarse a sí mismos: ¿Por qué habría de ser imposible que la raza humana alcanzara su máxima perfección, la capacidad de guiarse a sí misma?

¿Por qué debería alguien ser eternamente guiado si no sabe guiarse a sí mismo?[535]

Además, los hombres deben aprender a ser independientes no sólo de los reyes, sino también entre sí:

Quien necesita a otro depende de él y ha renunciado a sus derechos. Así pues, tener pocas necesidades es el primer paso hacia la libertad, razón por la cual el salvaje y el más ilustrado son quizá los únicos hombres libres. El arte de limitar cada vez más las propias necesidades es al mismo tiempo el arte de alcanzar la libertad...[536]

Weishaupt continúa mostrando cómo surgió el mal adicional del patriotismo:

Con el origen de las naciones y los pueblos, el mundo dejó de ser una gran familia, un reino: se rompió el gran vínculo de la naturaleza... El nacionalismo ocupó el lugar del amor humano...

En adelante, era una virtud engrandecer la propia patria a expensas de todos los que no estuvieran confinados dentro de sus límites y, para lograr este estrecho objetivo, estaba permitido despreciar y superar a los extranjeros, incluso insultarlos. Esta virtud se llamaba Patriotismo...[537]

Y así reduciendo el afecto a los conciudadanos, a los miembros de la familia e incluso a uno mismo: Del patriotismo surgió el localismo, el espíritu de familia y finalmente el egoísmo... Reduzcan el patriotismo, y

---

[534] *Nachtrag von... Originalschriften.* II. 54-57.

[535] Ibid. p. 82.

[536] Ibid. p. 59.

[537] Ibid. p. 63.

los hombres aprenderán a conocerse como hombres, se perderá su dependencia mutua y crecerá el vínculo de unión...[538]

Se verá que toda la teoría de Weishaupt era en realidad una nueva interpretación de la antigua tradición secreta relativa a la caída del hombre y a la pérdida de su dicha primitiva; pero mientras que las antiguas religiones enseñaban la esperanza de un Redentor que iba a restaurar al hombre a su estado anterior, Weishaupt dejaba sólo en manos del hombre la restauración del hombre. Los hombres", observó, "ya no amaban a los hombres, sino sólo a tales o cuales hombres. La palabra se había perdido por completo..." [539] Así, en el sistema masónico de Weishaupt, la "palabra perdida" es "Hombre", y su restauración se interpreta por la idea de que el Hombre debe reencontrarse a sí mismo. Más adelante, Weishaupt muestra cómo "debe lograrse la redención de la raza humana".

Estos medios son escuelas secretas de sabiduría, han sido siempre los archivos de la naturaleza y de los derechos del hombre, a través de ellos el hombre se salvará de su caída, los príncipes y las naciones desaparecerán de la tierra sin violencia, la raza humana se convertirá en una sola familia y el mundo en el hogar de los hombres razonables. Sólo la moral permitirá que este cambio se produzca imperceptiblemente. Cada padre de familia será, como lo fueron Abraham y los patriarcas en el pasado, el sacerdote y el señor sin trabas de su familia, y la Razón será el único código para el Hombre. Este es uno de nuestros mayores secretos...[540]

Pero al tiempo que eliminaba por completo cualquier idea de poder divino externo al hombre y concebía su sistema sobre bases puramente políticas, Weishaupt tuvo cuidado de no escandalizar la sensibilidad de sus seguidores con un repudio abierto de las doctrinas cristianas; al contrario, invocó a Cristo en todo momento y a veces incluso en un lenguaje tan aparentemente serio y hasta bello que uno casi se siente tentado a creer en su sinceridad. Así, escribe:

---

[538] Ibid. p. 65.

[539] *Nachtrag von... Originalschriften*, II. 67.

[540] Ibid. pp. 80 y 81.

Este gran e inolvidable Maestro, Jesús de Nazaret, apareció en una época en que el mundo se hundía en la depravación... Los primeros seguidores de su enseñanza no fueron sabios, sino gente sencilla, elegida entre la clase más baja del pueblo, para mostrar que su enseñanza debía ser posible y comprensible para todas las clases y condiciones de hombres... Puso en práctica esta enseñanza viviendo una vida intachable y conforme, que selló y confirmó con su sangre y su muerte. Las leyes que muestra como camino de salvación son sólo dos: el amor a Dios y el amor al prójimo. No pide nada más a nadie.[541]

Hasta aquí, ningún pastor luterano podría haberse expresado mejor. Pero el alcance total de la creencia de Weishaupt en las enseñanzas de Cristo sólo puede medirse estudiando sus escritos en conjunto.

Ahora, como ya hemos visto, su primera idea fue hacer del culto al fuego la religión del Iluminismo, por lo que la profesión del cristianismo parece haber sido una idea tardía. Weishaupt descubrió claramente, como otros, que el cristianismo se presta más fácilmente a las ideas subversivas que cualquier otra religión. Y en los pasajes que siguen, lo vemos adoptar el viejo truco de presentar a Cristo como comunista y seguidor de sociedades secretas.

Explica que "si Jesús predica el desprecio de las riquezas, quiere enseñarnos su uso razonable y prepararnos para la comunidad de bienes que introdujo"[542] y en la que, añade más tarde Weishaupt, vivió con sus discípulos.[543] Pero esta doctrina secreta sólo puede ser comprendida por los iniciados:

Nadie... ha ocultado tan hábilmente el significado superior de su enseñanza, y nadie ha conducido finalmente a los hombres con tanta seguridad y facilidad por el camino de la libertad como nuestro gran maestro Jesús de Nazaret. Él ocultó completamente este significado secreto y la consecuencia natural de su enseñanza, porque Jesús tenía una

---

[541] Ibid. pp. 98, 99.

[542] *Nachtrag von... Originalschriften*, II. 100-101.

[543] Ibid. p. 105: "Él mismo vivía con sus discípulos en comunidad de bienes".

doctrina secreta, como vemos en más de un lugar de las Escrituras. [544]

Weishaupt se esfuerza así por dar una interpretación puramente política a la enseñanza de Cristo:

El secreto conservado por la Disciplinam Arcani, y el objetivo evidente en todas sus palabras y obras, es devolver a la humanidad su libertad e igualdad originales... Ahora podemos comprender hasta qué punto Jesús fue el Redentor y Salvador del mundo.[545]

La misión de Cristo era, por tanto, a través de la Razón, hacer a los hombres capaces de libertad[546]: "Cuando la razón se convierta por fin en la religión del hombre, el problema estará resuelto".[547]

Weishaupt continúa mostrando que la masonería puede interpretarse de la misma manera. La doctrina secreta oculta en la enseñanza de Cristo fue transmitida por iniciados que "se ocultaron a sí mismos y a su doctrina bajo la cubierta de la masonería"[548] y, en una larga explicación de los jeroglíficos masónicos, señala las analogías entre la leyenda de Hiram y la historia de Cristo. Digo, pues, que Hiram es Cristo", y después de dar una de las razones de esta afirmación, añade: "Digo que Hiram es Cristo":

Weishaupt procede entonces a hacer otras interpretaciones propias del ritual masónico, incluyendo una traducción imaginaria de ciertas palabras supuestamente derivadas del hebreo, y concluye diciendo: "Muchas otras similitudes pueden ser mostradas entre Hiram y la vida y muerte de Cristo, o pueden ser dibujadas por los cabellos".[549] Demasiado para el

---

[544] Ibid. p. 101. Esta fue una de las primeras herejías de la era cristiana en ser refutada por Orígenes: "Además, él [Celso] frecuentemente llama a la doctrina cristiana un sistema secreto, y debemos refutarlo en este punto... hablar de la doctrina cristiana como un sistema secreto es bastante absurdo" -Origen, *Contra Celsum*, en *The Ante-Nicene Christian Library*, p. 403 (1869).

[545] Ibid. p. 106.

[546] Ibid. p. 113.

[547] Ibid. p. 96.

[548] *Nachtrag von... Originalschriften*, II. 111.

[549] Ibid. II. 123.

respeto de Weishaupt por la Gran Leyenda de los Francmasones: "Muchas otras similitudes pueden ser mostradas entre Hiram y la vida y muerte de Cristo, o pueden ser dibujadas por el pelo".[550] Demasiado para el respeto de Weishaupt por la Gran Leyenda de la Francmasonería.

Weishaupt demuestra así que "la masonería es un cristianismo oculto, al menos mis explicaciones de los jeroglíficos corresponden perfectamente a ello; y en la forma en que explico el cristianismo, nadie tiene por qué avergonzarse de ser cristiano, porque dejo el nombre y lo sustituyo por la razón".[551]

Pero esto no es, por supuesto, más que el secreto de lo que Weishaupt llama "verdadera masonería",[552] en oposición a la forma oficial, que considera totalmente desprovista de luz: "Si los nobles y los elegidos no hubieran permanecido en un segundo plano [...] una nueva depravación habría estallado en la raza humana y, a través de los regentes, sacerdotes y masones, la razón habría sido desterrada de la tierra".[553]

En el sistema masónico de Weishaupt, los objetivos de la Orden en materia de religión no se confían a los masones ordinarios, sino únicamente a los Illuminati. Bajo el título "Misterios Superiores

Weishaupt escribe:

El hombre que no es bueno en nada sigue siendo un caballero escocés. Si, por el contrario, es un coordinador [*Sammler*], un observador, un trabajador especialmente diligente, se convierte en un Sacerdote... Si entre estos [sacerdotes] hay altas mentes especulativas, se convierten en magos. Éstos reúnen y ponen en orden el sistema filosófico superior y trabajan en la Religión del Pueblo, que luego la Orden dará al mundo. Si estos altos genios son también aptos para gobernar el mundo, se convierten en Regentes. Este es el grado final.[554]

---

[550] Ibid. II. 124.

[551] Ibid. I. 68.

[552] Ibid. II. 113.

[553] Ibid. II. 115.

[554] *Nachtrag von... Originalschriften*, II. 13, 14.

Filón (barón de Knigge) también arroja una luz interesante sobre los designios religiosos de los Illuminati. En una carta a Catón, explica la necesidad de idear un sistema que satisfaga tanto a los fanáticos como a los librepensadores: "Para trabajar sobre estas dos clases de hombres y unirlas, debemos encontrar una explicación para la religión cristiana... convertirla en el secreto de la masonería y orientarla hacia nuestro objetivo".[555]

Continúa Philo:

Por eso decimos: Jesús no quiso introducir ninguna religión nueva, sino sólo devolver a la religión natural y a la razón sus antiguos derechos. Quería unir a los hombres en una gran asociación universal y, mediante la difusión de una moral más sabia, la ilustración y la lucha contra todos los prejuicios, hacerlos capaces de gobernarse a sí mismos; el sentido secreto de su enseñanza era, pues, conducir a los hombres, sin revolución, a la libertad y a la igualdad universales. Muchos pasajes de la Biblia pueden ser utilizados y explicados, y así cesan todas las querellas entre sectas si podemos encontrar un sentido razonable a las enseñanzas de Jesús, sean verdaderas o no. Sin embargo, como esta sencilla religión fue distorsionada posteriormente, estas enseñanzas nos fueron transmitidas a través de la Disciplinam Arcani y finalmente a través de la Francmasonería, y todos los jeroglíficos masónicos pueden ser explicados con este propósito.

Espartaco recopiló muy buenos datos al respecto y yo mismo los completé,... y así conseguí los dos grados listos... Ahora que la gente ve que somos los únicos cristianos verdaderos, podemos decir una palabra más contra los sacerdotes y los príncipes, pero he conseguido que después de las pruebas preliminares, pueda recibir a los pontífices y a los reyes en este grado. En los Misterios Superiores, debemos entonces (a) revelar el fraude piadoso y (b) revelar de todos los escritos el origen de todas las mentiras religiosas y su conexión...[556]

Esta artimaña tuvo tanto éxito que Espartaco escribió triunfalmente:

---

[555] Ibid. I. 104.

[556] Ibid. I. 104-106.

No os podéis imaginar la consideración y el sentimiento que despierta nuestro grado sacerdotal. Lo más maravilloso es que grandes teólogos protestantes y reformados que pertenecen al ☉ [Iluminismo] siguen creyendo que la enseñanza religiosa que allí se imparte contiene el verdadero y auténtico espíritu de la religión cristiana. Oh hombres, ¿de qué no pueden ser persuadidos? Nunca pensé que llegaría a ser el fundador de una nueva religión.[557]

Weishaupt confiaba principalmente en el clero y en los maestros "ilustrados" para el trabajo de la Orden.

Gracias a la influencia de los Hermanos [escribe], los jesuitas han sido eliminados de todas las cátedras, y la Universidad de Ingoldstadt se ha librado completamente de ellos...[558]

El camino estaba así despejado para los seguidores de Weishaupt.

El Instituto de Cadetes también está bajo el control de la Orden: todos los profesores son miembros de los Illuminati, por lo que [...] todos los alumnos se convertirán en discípulos de los Illuminati.[559]

Más sobre:

Hemos proporcionado a nuestros clérigos buenas prestaciones, buenas parroquias y buenos puestos en la Corte.

Gracias a nuestra influencia, Arminio y Cortés han sido nombrados profesores en Éfeso.

Las escuelas alemanas están completamente bajo [la influencia de] ☉ y solo los miembros están al mando.

La beneficencia también está dirigida por ☉. Pronto atraeremos hacia nosotros a todo el Instituto Bartolomé para jóvenes clérigos; ya se han hecho los preparativos y las perspectivas son muy buenas; así podremos

---

[557] *Nachtrag von... Originalschriften*, I. 76.

[558] *Originalschriften*, p. 8.

[559] Ibid. p. 9.

proveer a toda Baviera de sacerdotes idóneos.[560]

Pero la religión y la masonería no fueron los únicos medios de difusión del Iluminismo.

Debemos examinar [dice Weishaupt] cómo podemos empezar a trabajar de otra forma. Si sólo se logra el objetivo, no importa bajo qué encubrimiento tenga lugar, y un encubrimiento siempre es necesario. Pues es en la ocultación donde reside gran parte de nuestra fuerza. Por eso debemos cubrirnos siempre con el nombre de otra sociedad. Mientras tanto, las logias que pertenecen a la Masonería son el manto más apropiado para nuestro elevado objetivo, porque el mundo ya está acostumbrado a no esperar de ellas nada grande que merezca atención... Así como en las Órdenes espirituales de la Iglesia romana, la religión era, por desgracia, sólo un simulacro, así nuestra Orden debe, de una manera más noble, tratar de ocultarse detrás de una sociedad erudita o algo por el estilo... Una sociedad oculta de esta manera no puede ser combatida. En caso de persecución o traición, los superiores no podrán ser descubiertos... Los espías y emisarios de otras sociedades nos envolverán en una oscuridad impenetrable. [561]

Para dar una buena apariencia a la Orden, Weishaupt indicó en particular la necesidad de alistar a personas estimadas y "respetables",[562] pero sobre todo a hombres jóvenes, a quienes consideraba los sujetos más probables. No puedo utilizar a los hombres tal como son", observó, "sino que primero debo formarlos".[563] "Weishaupt escribió a Ajax: "Busca la compañía de hombres jóvenes, obsérvalos y, si alguno te agrada, ponle las manos encima".[564] "Busca gente que sea joven y ya hábil... Nuestra gente debe ser atractiva, emprendedora, intrigante y hábil. Sobre todo lo primero".[565] Si es posible, también deben ser guapos - "gente guapa,

---

[560] Ibídem, p. 10.

[561] *Neuesten Arbeiten des Spartacus und Philo*, pp. 143, 163.

[562] *Nachtrag von... Originalschriften*, I. 3.

[563] *Originalschriften*, p. 215.

[564] Ibid. p. 173.

[565] Ibid. p. 175.

cæteris paribus..."

Estas personas son generalmente de modales suaves y corazón tierno, y son, cuando están bien ejercitadas en otros campos, de la mayor utilidad en los negocios, pues su primera mirada atrae; pero sus mentes *no tienen la profundidad de las fisonomías oscuras.*

Pero también son menos propensos a los disturbios y los problemas que los rostros más oscuros. Por eso hay que saber utilizar a la gente. Sobre todo, me gustan los ojos altos y con alma y la frente libre y abierta.[566]

Con estos novatos, el Iluminista debe proceder lentamente, hablando de atrás hacia adelante:

Tienes que hablar, primero de una manera y luego de otra, para no comprometerte y hacer que tus verdaderos pensamientos sean impenetrables para tus inferiores.[567]

Weishaupt también subrayó la importancia de despertar la curiosidad del candidato y luego retirarse, a la manera de la *plataforma fatimí*:

No tengo nada en contra de tus [métodos de] recepción ["Espartaco" escribe a "Catón"], excepto que son demasiado rápidos... Hay que proceder gradualmente, de manera indirecta, a través del suspense y la expectación, para despertar primero una curiosidad indefinida y vaga, y luego, cuando el candidato se declare, presentar el objeto, que entonces cogerá con ambas manos.[568]

De este modo, su vanidad también se verá halagada, ya que experimentará el placer de "saber algo que no todo el mundo sabe, y sobre lo que la mayor parte del mundo anda a tientas en la oscuridad".[569]

Por la misma razón, los candidatos deben quedar impresionados por la importancia de las sociedades secretas y el papel que han desempeñado

---

[566] Ibid. p. 237-8.

[567] *Nachtrag von... Originalschriften,* I. 12.

[568] *Originalschriften,* p. 231.

[569] *Nachtrag von... Originalschriften,* II. 2.

en la configuración del destino del mundo:

Se ilustra con la Orden de los Jesuitas, los francmasones y las asociaciones secretas de los antiguos; se afirma que todos los acontecimientos del mundo proceden de cien fuentes y causas secretas, a las que pertenecen especialmente las asociaciones secretas; despierta el placer del poder tranquilo y oculto y la intuición de secretos ocultos.[570]

En esta fase, hay que empezar a "dar atisbos y soltar comentarios aquí y allá que puedan interpretarse de dos maneras", para conseguir que el candidato diga: "Si tuviera la oportunidad de unirme a una asociación así, me uniría enseguida". Estos discursos, dice Weishaupt, deben repetirse a menudo.[571]

En el discurso de recepción de los "Illuminatus Dirigens", la apelación al amor al poder desempeña el papel más importante: ¿Sois suficientemente conscientes de lo que significa gobernar, gobernar en una Sociedad Secreta? ¿No sólo sobre los menos importantes o los más importantes de la población, sino sobre los mejores hombres, sobre hombres de todos los rangos, naciones y religiones, para reinar sin fuerza externa, para unirlos indisolublemente, para infundirles un solo espíritu y una sola alma, hombres esparcidos por todas las partes del mundo?[572]

Por último, ¿sabes qué son las sociedades secretas? ¿Qué lugar ocupan en el gran reino de los acontecimientos mundiales? ¿Cree realmente que son apariciones sin importancia y fugaces?[573] etc.

Pero la admisión de objetivos políticos está reservada sólo a los grados superiores de la Orden. "Con el principiante", dice Weishaupt, "debemos prestar atención a los libros sobre la religión y el Estado, que he reservado en mi plan para los grados superiores". Los he reservado en mi plan para los grados superiores".[574] En consecuencia, el discurso al "Minerval" está

---

[570] *Originalschriften*, p. 51.

[571] Ibid. p. 52.

[572] *Nachtrag von... Originalschriften*, II. 45.

[573] *Nachtrag von... Originalschriften*, II. 51.

[574] *Originalschriften*, p. 210.

expresamente destinado a ponerle en camino. El iniciador debe, pues, decirle:

Después de dos años de reflexión, experiencia, discusión, lectura de escritos graduados e información, necesariamente habrás llegado a la idea de que el objetivo último de nuestra Sociedad es nada menos que conquistar el poder y la riqueza, socavar los gobiernos seculares o religiosos, obtener el control del mundo, etc. Si usted ha imaginado nuestra Sociedad bajo esta luz, o ha entrado en ella con esta expectativa, usted se ha engañado gravemente...[575]

El iniciador, sin informar al Minerval del verdadero propósito de la Compañía, dijo entonces que ahora era libre de abandonarla si lo deseaba.

De este modo, los líderes podían eliminar a los hombres ambiciosos que podrían convertirse en sus rivales por el poder, y formar sus filas con hombres que aceptarían la guía ciega de directores invisibles.

"Las circunstancias exigen", escribió Espartaco a Catón, "que permanezca oculto a la mayoría de los miembros mientras viva. Estoy obligado a hacerlo todo a través de cinco o seis personas".[576] Este secreto estaba tan cuidadosamente guardado que, hasta la incautación de los documentos de los Illuminati en 1786, nadie fuera de este círculo íntimo sabía que Weishaupt era el líder de la Orden. Sin embargo, según sus propias declaraciones, siempre ejerció el control supremo. Insistió repetidamente ante sus *íntimos en la* necesidad de la unidad de mando dentro de la Orden: "Debe demostrarse lo fácil que sería para un líder inteligente dirigir a cientos y miles de hombres",[577] e ilustró este sistema con la tabla reproducida en la página siguiente, a la que adjuntó la siguiente explicación:

Tengo dos inmediatamente debajo de mí a los que insuflo todo mi espíritu, y cada uno de estos dos tiene dos más, y así sucesivamente. Así es como puedo conseguir que mil hombres se muevan y ardan de la forma

---

[575] Ibid. p. 72.

[576] Ibid. p. 271.

[577] Ibid. p. 50.

más sencilla, y así es como se dan órdenes y se influye en la política.[578]

Así, como en el caso de la sociedad de Abdullah ibn Maymūn, "el extraordinario resultado se alcanzó por el hecho de que una multitud de hombres de diversas creencias trabajaban todos juntos por un objeto conocido sólo por unos pocos de ellos".

Hemos citado suficiente correspondencia de los Illuminati para mostrar sus objetivos y métodos por su propia admisión. Ahora veremos hasta qué punto sus apologistas están justificados al describirlos como "hombres de la más estricta moralidad y humanidad".[579]

No cabe duda de que había muchas personas excelentes en las filas de la Orden, pero eso no es lo que dice el Sr. Gould, cuando afirma expresamente en que "todos los miembros eminentes de esta asociación eran hombres estimables, tanto en la vida pública como en la privada". Estos extractos adicionales de su correspondencia pueden dejarse para sí mismos.

CARÁCTER DE LOS ILLUMINATI

En junio de 1782, Weishaupt escribió lo siguiente a "Cato": Oh, en política y moral estáis muy atrasados, caballeros. Juzguen más bien si un hombre como Marco Aurelio[580] descubriera cuán miserable aparece [el Iluminismo] en Atenas [Munich], qué colección de hombres inmorales, prostitutas, mentirosos, deudores, fanfarrones y tontos engreídos hay entre ellos. Si viera todo esto, ¿qué pensaría? ¿No se avergonzaría de encontrarse en una asociación así, cuyos dirigentes suscitan las mayores esperanzas y llevan a cabo los mejores proyectos de una manera tan miserable? ¿Y todo por capricho, conveniencia, etc.? Juzguen si no estoy en lo cierto.[581]

[Ilustración: Diagrama del sistema Weishapt. De *Nachtrag von*

---

[578] *Nachtrag von... Originalschriften*, I. 32.

[579] *Royal Masonic Cyclopædia*, artículo sobre los Illuminati.

[580] Feder, un predicador de la corte que se unió a los Illuminati.

[581] *Nachtrag von... Originalschriften*, I. 42.

weitern Originalschriften der Illuminatensekte, p. 32, München, 1787].

De Tebas [Freysing] me llegan noticias desastrosas; han recibido en la logia al escándalo de toda la ciudad, el disoluto deudor Propercio, que es pregonado por todo el "personal" de Atenas [Munich], Tebas y Erzerum [Eichstadt]; también D. [Pg 234] parece ser un malvado.

Sócrates, que sería un hombre capital [*ein Capital Mann*], está continuamente borracho, Augusto tiene la peor reputación, y Alcibíades se pasa todo el día con la mujer del posadero suspirando y suspirando: Tiberio intentó violar a la hermana de Demócrito en Corinto y vino el marido. En nombre del cielo, ¿qué son estos areópagos? Nosotros, los superiores, escribimos, leemos y nos matamos, ofrecemos ☉ nuestra salud, nuestra fama y nuestra fortuna, mientras que estos señores se entregan a sus debilidades, se prostituyen, provocan escándalos y, sin embargo, son areopagitas que quieren saberlo todo.[582]

Sobre Arminius, hay grandes quejas... ¡Es un insufrible, obstinado, arrogante y engreído tonto![583]

Dejemos que Celso, Mario, Escipión y Áyax hagan lo que quieran... nadie nos hace tanto daño como Celso, nadie se deja razonar menos que Celso, y tal vez pocas personas podrían habernos sido tan útiles como Celso... Mario es terco y no ve ningún gran plan, Escipión es descuidado y no mencionaré a Áyax en absoluto... Confucio no vale mucho: es demasiado curioso y un terrible *charlatán* [*ein grausamer Schwatzer*].[584]

Agripa debe ser tachado de nuestra lista, ya que se rumorea [...] que robó un reloj de oro y plata y un anillo a nuestro mejor compañero de trabajo Sulla.[585]

Sin duda se dirá aquí que todas estas cartas no hacen más que mostrar al noble idealista lamentándose de las debilidades de sus descarriados discípulos, pero escuchemos lo que Weishaupt tiene que decir de sí

---

[582] *Nachtrag von... Originalschriften*, I. 39, 40.

[583] Ibid. I. 47.

[584] *Originalschriften*, pp. 370, 371.

[585] Ibid. pp. 257 y 258.

mismo. En una carta a Marius (Hertel), escribe:

Y ahora, en el más estricto secreto, un asunto que me toca de cerca, que me priva de todo descanso, me incapacita para todo y me lleva a la desesperación. Corro el riesgo de perder el honor y la reputación que me han dado tanto poder sobre nuestro pueblo. Mi cuñada espera un hijo.[586] Con este motivo, he enviado a Eurifonte, a Atenas, para pedir a Roma la licencia matrimonial y la Promotoría; ya ves cómo todo depende de esto y que no debemos perder tiempo; cada minuto es precioso. Pero si la dispensa no llega, ¿qué haré? ¿Cómo puedo enmendarlo si soy el único culpable? Ya hemos intentado varias formas de deshacernos de la niña, y ella misma estaba decidida a todo. Pero Eurifonte es demasiado tímido y, sin embargo, no se me ocurre otra manera. Si pudiera asegurar el silencio de Celso, él podría ayudarme y, además, ya prometió hacerlo hace tres años...[587] Si puedes ayudarme a salir de este dilema, me devolverás mi vida, mi honor, mi paz y el poder de trabajar... No sé qué diablo me ha llevado por mal camino, a mí que, en estas circunstancias, siempre he extremado las precauciones.[588]

Un poco más tarde, Weishaupt escribió de nuevo:

Todas las muertes me ocurrieron al mismo tiempo. ¡Mi madre ha muerto! Cadáver, boda, bautizo, todo en un corto espacio de tiempo, uno encima del otro. ¡Qué maravillosa combinación [*mischmasch*]![589]

Hasta aquí lo que Gould llama las "raras cualidades" del corazón de Weishaupt. Escuchemos ahora el testimonio del principal coadjutor de Weishaupt, Philo (Barón von Knigge), a quien el "historiador de la Francmasonería" describe como un "amable entusiasta". En todas las asociaciones subversivas, abiertas o secretas, dirigidas por hombres que

---

[586] Dado en el criptograma Illuminati: "Denken sie, meine 18. 10. 5. 21. 12. 6. 8. 17. 4. 13. ist 18. 10. 5. 21. 12. 13. 6. 8. 17 (meine Schwägerin ist schwanger)". Véase el criptograma en la página 1 de *los Originalschnften*.

[587] Por lo tanto, cabe señalar que no se trató de un lapsus repentino por parte de Weishaupt.

[588] *Nachtrag von... Onginalschrtften*, I. 14-16.

[589] Ibid. I. 21.

aspiran al poder, siempre llega un momento en que las ambiciones de los dirigentes entran en conflicto. Esta ha sido la historia de todas las organizaciones revolucionarias de los últimos 150 años. Fue cuando se alcanzó el inevitable clímax entre Weishaupt y Knigge cuando "Filón" escribió al "amabilísimo Catón" en los siguientes términos: No son tanto Mahomed y A. los culpables de mi ruptura con Espartaco, como la conducta jesuítica de este hombre que tantas veces nos ha enfrentado para gobernar despóticamente a hombres que, si no tienen una imaginación tan rica como la suya, tampoco poseen tanta cutrez y astucia, etc.[590]

En otra carta, Philo enumera los servicios que había prestado a Weishaupt en el pasado:

Por orden de Espartaco, he escrito contra antiguos jesuitas y rosacruces, he perseguido a personas que nunca me han hecho ningún daño, he sumido a la *Estricta Observancia* en la confusión, he atraído a los mejores de ellos hacia nosotros, les he hablado del valor de la ☉, de su poder, de su antigüedad, de la excelencia de sus líderes, de la irreprochabilidad de sus más altos dirigentes, de la importancia de sus conocimientos, y he dado grandes ideas de la rectitud de sus puntos de vista; a aquellos de nosotros que ahora trabajan tan activamente para nosotros pero que se aferran mucho a la religiosidad [*sehr an Religiosität kleben*] y que temían que nuestra intención fuera difundir el deísmo, traté de persuadirlos de que los Superiores tenían nada menos que esta intención. Poco a poco, sin embargo, actuaré como crea conveniente [*nach und nach wirke ich dock was ich will*]. Si ahora... diera una indicación a los jesuitas y a los rosacruces acerca de quienes los persiguen... si yo diera a conocer (a algunas personas) el carácter jesuítico del hombre que tal vez nos lleva a todos de las narices, utilizándonos para sus ambiciosos proyectos, sacrificándonos tan a menudo como su obstinación lo exige, [si yo les diera a conocer] lo que tienen que temer de tal hombre, de tal máquina detrás de la cual los jesuitas pueden tal vez esconderse u ocultarse; si asegurara a los que buscan secretos que no tienen nada que esperar; si confiara a los que tienen la religión en el corazón, los principios del General;... si llamara la atención de las logias sobre una asociación detrás de la cual se esconden los Illuminati; si me

---

[590] Ibid. I. 99.

asociara una vez más con príncipes y masones... pero retrocedo ante este pensamiento, la venganza no me arrastrará tan lejos...[591]

Ahora hemos visto suficientemente los objetivos y métodos de los Illuminati y los verdaderos caracteres de sus líderes a partir de sus propias confesiones. En aras de la exhaustividad, también sería necesario dar un resumen de las confesiones hechas por los ex-Illuminati, los cuatro profesores Cosandey, Grünberger, Utzschneider y Renner, así como las otras obras publicadas por los Illuminati, pero el tiempo y el espacio lo impiden.

Necesitamos una obra completa sobre el tema, con traducciones de los pasajes más importantes de todas las publicaciones alemanas contemporáneas.

A partir de los extractos citados, ¿podemos sostener seriamente que Barruel o Robison exageraron la culpabilidad de la Orden? ¿Difieren materialmente mis traducciones literales en su significado de las traducciones y paráfrasis ocasionales dadas por la tan denostada pareja?

Incluso los contemporáneos, Mounier y el miembro de los Illuminati,[592] que se comprometieron a refutar a Barruel y a Lombard de Langres, no hacen sino confirmar su punto de vista. Así, Mounier se ve obligado a admitir que el verdadero propósito del Iluminismo era "socavar todo el orden civil"[593] y el "Antiguo Iluminado" afirma en un lenguaje no menos contundente que el de Barruel que Weishaupt "hizo un código de maquiavelismo", que su método era "una profunda ciencia del arte" y que no tenía intención de utilizarlo, que su método era "una profunda perversidad, halagando todo lo que era vil y rencoroso en la naturaleza humana para lograr sus fines", que no estaba inspirado por "un sabio espíritu de reforma" sino por una "enemistad fanática contra toda autoridad en la tierra"." Los únicos puntos esenciales en los que difieren las partes enfrentadas es que, mientras Mounier y los Antiguos

---

[591] *Nachtrag von... Originalschriften*, I. 112.

[592] Autor de la interesantísima obra *La Vérité sur les Sociétés Secrétes en Allemagne,* par un Ancien Illuminé (París, 1819).

[593] *De l'Influence attribuée aux Philosophes, aux Francs-Maçons et aux Illuminés sur la, Révolution de France,* por J. J. Mounier (1822), p. 181.

Iluminados niegan la influencia de los Illuminati en la Revolución Francesa y sostienen que dejaron de existir en 1786, Barruel y Lombard de Langres los presentan como los inspiradores de los jacobinos y los declaran todavía activos después del fin de la Revolución. Veremos en otro capítulo que, al menos en este punto, tenían razón.

La gran pregunta que surge tras estudiar los escritos de los Illuminati es: ¿cuál fue la fuerza impulsora de la Orden? Si aceptamos que Federico el Grande y la Estricta Observancia, a través de un círculo interno de francmasones en la Logia de San Teodoro, pudieron haber proporcionado el impulso inicial y que Kölmer introdujo a Weishaupt en los métodos orientales de organización, la fuente de inspiración de la que Weishaupt extrajo posteriormente su filosofía anárquica permanece oscura. A menudo se ha sugerido que sus verdaderos inspiradores fueron judíos, y el escritor judío Bernard Lazare afirma con certeza que "había judíos, judíos cabalistas, alrededor de Weishaupt".[594] Un escritor de *La Vieille France* llegó a identificar a estos judíos con Moses Mendelssohn, Wessely y los banqueros Itzig, Friedlander y Meyer. Pero nunca se han presentado pruebas documentales que respalden estas afirmaciones. Por lo tanto, es necesario examinarlas a la luz de la probabilidad.

Ahora bien, como ya he demostrado, las ideas teosóficas de la Cábala no desempeñan ningún papel en el sistema del Iluminismo; el único rastro de cabalismo que se encuentra en los papeles de la Orden es una lista de recetas para obtener el aborto, hacer afrodisíacos, Aqua Toffana, vapores pestilentes, etc., titulada "Cábala Mayor".[595] Por lo tanto, es posible que los Illuminati aprendieran algo de "magia venérea" y del uso de ciertas sustancias naturales de los cabalistas judíos; al mismo tiempo, los judíos parecen haber sido admitidos en la Orden sólo en contadas ocasiones. De hecho, todo tiende a demostrar que Weishaupt y sus primeros coadjutores, Zwack y Massenhausen, eran alemanes puros.

No obstante, existe un claro parecido entre las ideas de Weishaupt y

---

[594] Se ha afirmado en varias ocasiones que el propio Weishaupt era judío. No he encontrado la menor prueba de esta afirmación.

[595] *Originalschriften*, pp. 107-10.

las del "Falk" de Lessing;[596]en los escritos de los Illuminati y en *los Diálogos de Lessing*, encontramos la misma vena de ironía hacia la masonería, el mismo deseo de sustituirla por un sistema más eficaz, las mismas denuncias del orden social existente y de la sociedad burguesa, la misma teoría de que "los hombres deben gobernarse a sí mismos", el mismo proyecto de borrar toda distinción entre naciones, e incluso el simulacro de la colmena aplicado a la vida humana[597] que, como he mostrado en otro lugar, fue retomado más tarde por el anarquista Proudhon. Sin embargo, se puede argumentar legítimamente que estas ideas eran las del círculo masónico interno al que pertenecían Lessing y Weishaupt, y que, aunque puestas en boca de Falk, no eran en modo alguno judaicas.

Pero Lessing era también amigo y admirador de Moses Mendelssohn, que ha sido presentado como uno de los inspiradores de Weishaupt. A primera vista, nada parece más improbable que un judío ortodoxo como Mendelssohn pudiera haber mostrado alguna simpatía por el proyecto anárquico de Weishaupt. Sin embargo, algunas de las doctrinas de Weishaupt no son incompatibles con los principios del judaísmo ortodoxo. Así, por ejemplo, la teoría de Weishaupt -tan extrañamente en desacuerdo con sus denuncias del sistema familiar- de que, tras el Iluminismo, "el cabeza de cada familia será lo que fue Abraham, el patriarca, sacerdote y señor sin trabas de su familia, y la Razón será el único código del Hombre",[598] es esencialmente una concepción judía.

Se objetará que el sistema patriarcal, tal como lo conciben los judíos ortodoxos, no puede incluir en modo alguno la religión de la Razón, tal

---

[596] "La previsión indica", dice Falk, "que todo el esquema actual de la Masonería [*dem ganzen jetzigen Schema der Freimaurerei ein Ende zu machen*] debe ser llevado a su fin, y continúa mostrando que esto debe ser hecho por hombres escogidos de las sociedades secretas que conocen los verdaderos secretos de la Masonería". Esta es precisamente la idea de Weishaupt.

[597] En 1779, Espartaco escribió a Marius y a Catón sugiriendo que, en lugar de Illuminati, la Orden se llamara "Orden de las Abejas [Bienenorden oder Bienengesellschaft]" y que todos los estatutos llevaran esta alegoría - *Originalschriften*, p. 320.

[598] *Nachtrag von... Originalschriften*, II. 81.

como la propugnaba Weishaupt. No debe olvidarse, sin embargo, que para la mente judía la raza humana tiene un aspecto dual, estando dividida en dos categorías distintas: la raza privilegiada a la que se han hecho las promesas de Dios, y la gran masa de la humanidad que permanece fuera del ámbito de aplicación. Mientras que de los primeros se espera que se adhieran estrictamente a los mandamientos del Talmud y a las leyes de Moisés, la más indefinida de las creencias religiosas basta para las naciones excluidas de los privilegios conferidos por el nacimiento judío. Así escribió Moses Mendelssohn al pastor Lavater, que había intentado ganarlo para el cristianismo:

Según los principios de mi religión, no debo tratar de convertir a nadie que no haya nacido de acuerdo con nuestras leyes. Esta propensión a la conversión, que algunos quieren atribuir a la religión judía, es en realidad diametralmente opuesta a ella. Nuestros rabinos enseñan unánimemente que las leyes escritas y orales que juntas forman nuestra religión revelada sólo son vinculantes para nuestra nación. "Moisés prescribió una ley para nosotros, la herencia de la comunidad de Jacob". Creemos que Dios ha ordenado a todas las demás naciones de la tierra que se adhieran a las leyes de la naturaleza y a la religión de los patriarcas. Aquellos que basan sus vidas en los preceptos de esta religión *de la naturaleza y la razón*[599] son llamados los hombres virtuosos de las otras naciones y son los hijos de la salvación eterna.[600] Nuestros rabinos están tan alejados de la proselitomanía que nos ordenan disuadir, con enérgicas amonestaciones, a todos aquellos que se acercan para convertirse (El Talmud dice... "los prosélitos son tan molestos para Israel como una costra").[601]

¿Pero no era esta "religión de la naturaleza y la razón" la concepción precisa de Weishaupt?

Queda por saber si Weishaupt se inspiró directamente en

---

[599] Énfasis añadido.

[600] ¿Dónde se les llama así? La Cábala afirma claramente que sólo Israel debe poseer el mundo futuro (Zohar, sección Vayschlah, folio 177b), mientras que el Talmud excluye incluso a las tribus perdidas: "Las diez tribus no tienen parte en el mundo venidero" (Tract Sanhedrin, traducción de Rodkinson, p. 363).

[601] *Memorias de Moses Mendelssohn*, por M. Samuels, pp. 56, 57 (1827).

Mendelssohn o en otro judío. Pero las conexiones judías de otros Illuminati son indiscutibles. El más importante de ellos fue Mirabeau, que llegó a Berlín justo después de la muerte de Mendelssohn y fue recibido por sus seguidores en el salón judío de Henrietta Herz. Fueron estos judíos, "ardientes partidarios de la Revolución Francesa"[602] en sus primeros días, quienes persuadieron a Mirabeau para que escribiera su gran apología de su raza en forma de panegírico de Mendelssohn.

En resumen, no veo el Iluminismo como una conspiración judía para destruir el Cristianismo, sino más bien como un movimiento que encontró su principal fuerza dinámica en el antiguo espíritu de revuelta contra el orden social y moral existente, ayudado e instigado quizás por judíos que vieron en él un sistema que podía convertirse en su propio beneficio. Mientras tanto, el Iluminismo se sirvió de todos los demás movimientos que podían servir a sus fines. Como dijo un contemporáneo de Luchet: El sistema de los Illuminati no consiste en abrazar los dogmas de una secta, sino en convertir todos los errores en su propio beneficio, en concentrar en sí mismos todo lo que los hombres han inventado de duplicidad e impostura.

Es más, el Iluminismo no era sólo una colección de todos los errores, todos los trucos, todas las sutilezas teóricas, era también una colección de todos los métodos prácticos utilizados para incitar a la gente a la acción. Porque, como dijo von Hammer de los Asesinos, nunca se repetirá lo suficiente:

Las opiniones son impotentes mientras se limiten a confundir el cerebro sin armar la mano. El escepticismo y el libre pensamiento, mientras sólo han ocupado las mentes de los indolentes y filósofos, no han causado la ruina de ningún trono... Lo que la gente crea no es importante para el hombre ambicioso, pero lo es todo saber cómo puede convertirlos en ejecutores de sus proyectos.

Esto es lo que Weishaupt entendió tan admirablemente; supo tomar de cada asociación, pasada y presente, las porciones que necesitaba y soldarlas en un sistema de trabajo de terrible eficiencia - las doctrinas desintegradoras de los gnósticos y maniqueos, de los filósofos y

---

[602] Carta al *Jewish Chronicle*, 1 de septiembre de 1922, citando a Henrietta Herz.

enciclopedistas modernos, los métodos de los ismaelitas y asesinos, la disciplina de los jesuitas y templarios, la organización y secreto de los francmasones, la disciplina de los jesuitas y los templarios, la organización y el secreto de los francmasones, la filosofía de Maquiavelo, el misterio de los rosacruces, la filosofía del hombre y la filosofía del hombre, la disciplina de los jesuitas y los templarios, la organización y el secreto de los francmasones, la filosofía de Maquiavelo, el misterio de los rosacruces - también sabía cómo reclutar a los buenos elementos en todas las asociaciones existentes, así como a individuos aislados, y dirigirlos hacia su objetivo. Así, en el ejército Illuminati encontramos hombres de todos los matices de pensamiento, desde el poeta Goethe[603] hasta el más mezquino intrigante - grandes idealistas, reformadores sociales, visionarios, y al mismo tiempo ambiciosos, resentidos y descontentos, hombres influidos por la lujuria o amargados por el agravio, todos diferentes en sus objetivos pero, gracias al admirable sistema de compartimentos estancos de Weishaupt, impedidos de conocer estas diferencias y todos marchando, inconscientemente o no, hacia el mismo objetivo.

Aunque no fue una invención de Weishaupt, sino una prefiguración que se remonta siglos atrás en Oriente, fue Weishaupt, por lo que sabemos, quien lo transformó en un sistema operativo para Occidente, un sistema al que se han adherido sucesivos grupos de revolucionarios mundiales hasta nuestros días. Todos los trucos, toda la hipocresía, todos los sutiles métodos de camuflaje que caracterizaban a la Orden se encontrarán en la insidiosa propaganda de las modernas sociedades secretas y organizaciones revolucionarias abiertas cuyo objeto es subvertir todo orden, toda moral y toda religión.

Sostengo, pues, con más convicción que nunca, la importancia del

---

[603] Goethe fue iniciado en la masonería en la víspera del solsticio de verano de 1780. *La Royal Masonic Cyclopædia* observa: "Hay dos grandes escritores masónicos clásicos, Lessing y Goethe. Stauffer, en *New England and the Bavarian Illuminati* (p. 172), señala además que la conexión de Goethe con los Illuminati está plenamente establecida tanto por Engel (*Geschichte des Illuminatenordens*, pp. 355ff) como por Le Forestier (*Les Illuminés de Baviére*, pp. 396ff). Es posible que *Fausto* sea la historia de una iniciación por parte de un Illuminatus desilusionado.

Iluminismo en la historia de la revolución mundial. Sin esta coordinación de métodos, los filósofos y enciclopedistas podrían haber seguido fulminando contra tronos y altares, los martinistas evocando espíritus, los magos tejiendo hechizos, los francmasones declamando la fraternidad universal - ninguno de ellos habría "armado la mano" y llevado a las multitudes exasperadas a las calles de París; Sólo cuando los emisarios de Weishaupt se aliaron con los líderes orleanistas, la vaga teoría subversiva se transformó en una revolución activa.

10. EL CLIMAX

El primer cuerpo masónico con el que los Illuminati formaron una alianza fue la Estricta Observancia, a la que pertenecían los Illuminati Knigge y Bode. Cagliostro también había sido iniciado en la Estricta Observancia cerca de Frankfurt y ahora estaba empleado como agente de la orden combinada. Según su propia confesión, su misión "era trabajar de tal manera que la masonería se orientara en la dirección de los proyectos de Weishaupt"; y los fondos que utilizaba eran los de los Illuminati.[604]

Cagliostro también estableció un vínculo con los Martinistas, cuyas doctrinas, aunque ridiculizadas por Weishaupt, fueron útiles para su plan al atraer con su carácter místico a aquellos que se habrían sentido desanimados por el cinismo de los Illuminati. Según Barruel, fueron los Martinistas quienes, siguiendo los pasos de los Rosacruces, sugirieron a Weishaupt que presentara a Cristo como un "Illuminatus", lo que produjo resultados tan triunfantes entre el clero protestante.

Pero si Weishaupt se sirvió de las diversas asociaciones masónicas, éstas encontraron en él un valioso aliado. En efecto, en aquella época, los francmasones franceses y alemanes estaban muy divididos sobre el tema de la masonería y necesitaban a alguien que diera un punto de vista a sus deliberaciones. Así fue como en el Congreso de Wilhelmsbad, convocado el 16 de julio de 1782 y que reunió a representantes de los cuerpos masónicos de todo el mundo, la primera pregunta formulada por el Gran Maestre de los Caballeros Templarios (es decir, de la Estricta Observancia) fue: "¿*Cuál es el verdadero objeto de la Orden y su verdadero origen?*". Así, dice Mirabeau al relatar este incidente, "este mismo Gran Maestre y todos sus ayudantes llevaban más de veinte años trabajando con increíble ardor en algo de lo que no conocían ni el

---

[604] Henri Martin, *Histoire de France*, Vol. XVI. p. 531.

verdadero objeto ni el origen."[605]

Dos años más tarde, los francmasones franceses no parecen haber sido menos ignorantes sobre este tema, ya que escribieron al general Rainsford, uno de los francmasones ingleses presentes en el Congreso de Wilhelmsbad, lo siguiente:

Puesto que usted dice que la masonería nunca ha conocido variación alguna en su propósito, ¿sabe con certeza cuál es ese único propósito? ¿Es útil para la felicidad de la humanidad? ¿Dinos si es histórico, político, hermético o científico? ¿Moral, social o religiosa? ¿Las tradiciones son orales o escritas? [606]

Pero Weishaupt tenía en mente un objetivo muy concreto, que era hacerse con el control de toda la masonería, y aunque no estuvo presente en el Congreso, su coadjutor Knigge, que había viajado por toda Alemania proclamándose reformador de la masonería, se presentó en Wilhelmsbad, armado con todos los poderes de Weishaupt, y consiguió alistar como Illuminati a varios magistrados, eruditos, eclesiásticos y ministros de estado y aliarse con los diputados de Saint-Martin y Willermoz. Derrotada por este poderoso rival, la Estricta Observancia dejó de existir temporalmente y el Iluminismo siguió en posesión del país.

El 15 de febrero de 1785 se celebró en París un nuevo congreso, esta vez convocado por los Philalèthes, al que asistieron los Illuminati Bode (alias Amelius) y el barón de Busche (alias Bayard), así como, según se dice, el "mago" Cagliostro, el magnetizador Mesmer, el cabalista Duchanteau y, por supuesto, los líderes de los Philalèthes, Savalette de Langes, que fue elegido presidente, el marqués de Chefdebien y algunos miembros alemanes de la misma Orden.

Este congreso no produjo resultados muy concretos y al año siguiente se convocó otro, más secreto, en Fráncfort, donde se había creado una Gran Logia en 1783. Se dice que allí se decretó la muerte de Luis XVI y Gustavo III de Suecia.

---

[605] *Historie de la Monarchie prussienne*, V. 73.

[606] *Ars Quatuor Coronatorum*, Vol. XXVI. p. 98.

Pero en 1785 se representó el primer acto del drama revolucionario. El famoso "asunto del collar" nunca podrá ser comprendido en las páginas de la historia oficial; sólo un examen del mecanismo proporcionado por las sociedades secretas puede explicar este extraordinario episodio que, en opinión de Napoleón, contribuyó más que ninguna otra causa a la explosión de 1789. Al atacar tanto a la Iglesia como a la monarquía, el asunto del collar cumplió los objetivos de Federico el Grande y de los Illuminati.

Cagliostro, como sabemos, recibió tanto dinero como instrucciones de la Orden para llevar a cabo este complot, y después de que resultara en su propia exoneración y en el exilio del cardenal de Rohan, le vemos embarcarse en nuevas actividades de sociedad secreta en Londres, adonde llegó en noviembre del mismo año. Identificándose como el conde Sutkowski, miembro de una sociedad de Aviñón, "visitó a los Swedenborgianos en la reunión de su sociedad teosófica en las habitaciones del Middle Temple y demostró que estaba perfectamente familiarizado con sus doctrinas, al tiempo que afirmaba tener un conocimiento superior". [607] Según la opinión generalmente aceptada, Cagliostro fue el autor de una misteriosa proclama que apareció en el *Morning Herald de la época bajo* la sigla de la Rosacruz. [608]

Pero el año anterior a estos sucesos había ocurrido algo extraordinario. Un predicador evangélico Illuminati llamado Lanze había sido enviado en julio de 1785 como emisario Illuminati a Silesia, pero durante su viaje fue alcanzado por un rayo. Se le encontraron las instrucciones de la Orden, y las intrigas de ésta fueron reveladas de forma concluyente al gobierno bávaro.[609] Siguió una minuciosa investigación, se registraron las casas de Zwack y Bassus, y fue entonces cuando se incautaron los documentos y otras pruebas incriminatorias mencionadas en el capítulo anterior de este libro y se hicieron públicos como *Los escritos originales de la Orden de los Illuminati* (1787). Pero antes de eso, el testimonio de cuatro ex Illuminati, profesores en Munich, había sido publicado en dos

---

[607] "Notes on the Rainsford Papers" en *A.Q.C.*, Vol. XXVI. p. 111.

[608] *Morning Herald*, 2 de noviembre de 1786.

[609] Eckert, *La Francmasonería en su verdadero significado*, Vol. II, p. 92.

volúmenes separados. [610]

La naturaleza diabólica del Iluminismo ya no estaba en duda y la Orden fue oficialmente suprimida. Los adversarios de Barruel y Robison declararon por tanto que el Iluminismo había llegado definitivamente a su fin. Más adelante veremos, con pruebas que lo corroboran, que nunca dejó de existir y que, veinticinco años después, no sólo los Illuminati, sino también el propio Weishaupt, seguían igual de activos entre bastidores en la masonería.

Pero por ahora, debemos seguir su trayectoria desde el momento de su aparente extinción en 1786. Este recorrido puede rastrearse no sólo a través de la "Unión Alemana", que se cree que fue una reorganización de los Illuminati originales, sino también a través de las sociedades secretas de Francia. En realidad, el Iluminismo es menos una Orden que un principio, y un principio que puede funcionar mejor bajo la apariencia de otra cosa. El propio Weishaupt estableció el precepto de que la mejor manera de llevar a cabo la obra del Iluminismo era "bajo otros nombres y otras ocupaciones", y en adelante siempre la encontraremos llevada a cabo mediante este hábil sistema de camuflaje.

La primera tapadera adoptada fue la logia "Amis Réunis" de París, con la que, como ya hemos visto, los Illuminati habían establecido relaciones. En 1787 se produjo la alianza definitiva entre los Illuminati ya mencionados, Bode y Busche, quienes, en respuesta a una invitación del comité secreto de la logia, llegaron a París en febrero de ese año. Allí encontraron al viejo Illuminati Mirabeau -que, junto con Talleyrand, había sido decisivo para convocar a estos Hermanos alemanes- y, según Gustave Bord,[611] a dos importantes miembros de la Estricta Observancia,

---

[610] *Drei merkwürdige Aussagen,* etc., pruebas de Grünberger, Cosandey y Renner (Múnich, 1786); *Grosse Absichten des Ordens der Illuminaten,* etc., ídem, con Utzschneider (Múnich, 1786).

[611] Gustave Bord, *La Franc-Maçonnerie en France,* etc., p. 351 (1908). Este conde australiano se menciona en la correspondencia Illuminati más como agente que como seguidor. Así Weishaupt escribió: "Debo tratar de curarlo de la teosofía y traerlo a nuestros puntos de vista" (*Nachtrag von... Originalschnften,* I. 71); y Philo, antes del Congreso de Wilhelmsbad, observó: "Numenius no es todavía de mucha utilidad. Lo tomo sólo para que mantenga la boca cerrada en

el marqués de Chefdebien d'Armisson (*Eques a Capite Galeato*) y un austriaco, el conde Léopold de Kollowrath-Krakowski (*Eques ab Aquila Fulgente*), que también pertenecía a la Orden de los Illuminati de Weishaupt, en la que utilizaba el seudónimo de Numenius.

Es importante reconocer aquí el papel particular desempeñado por la Logia de los *Amigos Reunidos*. Mientras que la *Loge des Neuf Sœurs* estaba compuesta en gran parte por revolucionarios burgueses como Brissot, Danton, Camille Desmoulins y Champfort, y la *Loge de la Candeur* por revolucionarios aristocráticos - Lafayette así como los Orléanistes, el marqués de Sillery, el duque de Aiguillon, el marqués de Custine, los Lameth-, la Logia del *Contrato Social* estaba compuesta principalmente por visionarios honestos que no tenían planes revolucionarios pero que, según Barruel, eran fuertemente monárquicos. El papel de los "Amigos Reunidos" consiste en reunir a los subversivos de todas las demás logias: filaletanos, rosacruces, miembros de la *Logia de los Nueve Sueros* y de *la Logia del Candor* y de los comités más secretos del Gran Oriente, así como a los diputados de los *Illuminés* provinciales.

Fue allí, en la logia de la calle de la Sordière, bajo la dirección de Savalette de Langes, donde se encontraban los discípulos de Weishaupt, Swedenborg y Saint-Martin, así como los artífices de la revolución, los agitadores y demagogos de 1789.

La influencia del Iluminismo alemán sobre todos estos elementos heterogéneos fue enorme. A partir de este momento, dice otro informe bávaro del asunto, se produjo un cambio completo en la Orden de los "Amigos Unidos". Hasta entonces vagamente subversivos, los Caballeros Benévolos se convirtieron en los Caballeros del Mal. Hasta entonces vagamente subversivos, los Chevaliers Bienfaisants se convirtieron en los Chevaliers Malfaisants, los Amis Réunis se convirtieron en los Ennemis Réunis. La llegada de los dos alemanes, Bode y Busche, puso el broche final a la conspiración. "El propósito declarado de su viaje era obtener información sobre el magnetismo, que estaba haciendo mucho ruido en ese momento", pero en realidad, "atrapados en el gigantesco plan

---

el Congreso [*um ihn auj dem Convente das Meul zu stopfen*]; sin embargo, si está bien dirigido, podemos hacer algo con él". (ibíd., p. 109).

de su Orden", su verdadero objetivo era hacer proselitismo. El siguiente pasaje confirma exactamente el relato de Barruel:

Como la Logia de los *Amigos* Unidos reunía todo lo que podía descubrirse en todos los demás sistemas masónicos del mundo, pronto se abrió el camino al Iluminismo. No pasó mucho tiempo antes de que esta logia y todos los que dependían de ella se impregnasen de Iluminismo. El antiguo sistema de todos estos elementos fue aniquilado, de modo que a partir de entonces, el marco de los Filaleteos desapareció por completo y en lugar de la antigua extravagancia cabalístico-mágica [*Schwärmerei*] apareció la filosófico-política. [612]

Así pues, no fueron el martinismo, el cabalismo o la masonería los que, en sí mismos, proporcionaron la verdadera fuerza revolucionaria. Muchos francmasones no ilustrados, como declara el propio Barruel, permanecieron fieles al trono y al altar, y en cuanto se consideró que la monarquía estaba en peligro, los Hermanos Realistas del *Contrato Social* convocaron audazmente a las logias para unirse en defensa del Rey y de la Constitución; incluso algunos Altos Masones, que en el grado de Caballero Kadosch habían jurado odio al Papa y a la monarquía borbónica, se unieron también a la causa real. "El espíritu francés triunfó sobre el espíritu masónico entre la mayoría de los Hermanos. Las opiniones y los corazones seguían estando a favor del Rey". Fueron necesarias las doctrinas devastadoras de Weishaupt para socavar este espíritu y hacer que los "grados de venganza" dejaran de ser un vano ceremonial para convertirse en un hecho terrible.

Si, pues, se dice que la Revolución se preparó en las logias francmasónicas -y muchos francmasones franceses se han jactado de ello-, que se añada siempre que fue *la Francmasonería ilustrada la que* hizo la Revolución, y que los masones que la aclamaron eran masones ilustrados, herederos de la misma tradición introducida en las logias francesas en 1787 por los discípulos de Weishaupt, el "patriarca de los jacobinos".

Muchos francmasones franceses de 1787 no eran, pues, aliados

---

[612] *Die Neuesten Arbeiten des Spartacus und Philo in dem Illuminaten-Orden. p.* viii (1794).

conscientes de los Illuminati. Según Cadet de Gassicourt, sólo había veintisiete verdaderos iniciados en todas las logias; el resto eran en su mayoría ilusos que poco o nada sabían sobre el origen de la nueva influencia que se ejercía sobre ellos. Lo más asombroso es que los partidarios más entusiastas del movimiento eran hombres de las clases altas e incluso de las familias reales de Europa. Un contemporáneo cuenta que no menos de treinta príncipes -reinantes o no- habían tomado bajo su protección una confederación de la que se arriesgaban a perderlo todo, y se habían imbuido tanto de sus principios que los hacían inaccesibles a la razón.[613] Embriagados por los halagos que les prodigaban los sacerdotes del Iluminismo, adoptaron una religión de la que no entendían nada. Weishaupt, por supuesto, se había asegurado de que ninguno de estos incautos reales conociera los verdaderos objetivos de la Orden, y en un principio se había adherido al plan de excluirlos por completo; pero el valor de su cooperación pronto se hizo evidente y, en una ironía suprema, fue en un Gran Duque donde él mismo se refugió.

Pero aunque la gran mayoría de los príncipes y nobles estaban cegados por esta crisis, unas pocas mentes preclaras reconocieron el peligro y advirtieron al mundo de la inminencia del desastre. En 1787, el cardenal Caprara, nuncio apostólico en Viena, envió al Papa un memorándum confidencial en el que señalaba que las actividades de las diversas sectas de illuminati, perfeccionistas, masones, etc. estaban aumentando en Alemania.

El peligro se acerca, porque de todos estos sueños dementes del Iluminismo, el Swedenborgianismo y la Masonería surgirá una realidad aterradora. Los visionarios tienen su tiempo; la revolución que anuncian también tendrá su tiempo.[614]

Pero una profecía más asombrosa es el *Essai sur la Secte des Illuminés*, del Marqués de Luchet,[615] un noble liberal que participó en el

---

[613] De Luchet, *Essai sur la Secte des Illuminés*, p. vii.

[614] Crétineau Joly, *L'Église Romaine en face de la Révolution*, I. p. 93.

[615] En mi *Revolución Mundial*, acepté erróneamente la opinión de varios autores conocidos que atribuyen este panfleto a Mirabeau. El hecho de que se imprimiera al final de la *Historia secreta de la Corte de Berlín de Mirabeau* y de que en 1792 se publicara una nueva edición revisada por Mirabeau, sin duda dio pie a

movimiento revolucionario, pero que sin embargo se dio cuenta de los peligros del Iluminismo en. Así, ya en 1789, antes de que la Revolución despegara realmente, de Luchet pronunció estas palabras de advertencia:

El pueblo engañado... aprende que existe una conspiración a favor del despotismo contra la libertad, de la incapacidad contra el talento, del vicio contra la virtud, de la ignorancia contra la ilustración... El objetivo de esta sociedad es dominar el mundo...

Su objetivo es la dominación universal. Este proyecto puede parecer extraordinario, increíble, pero no es ninguna quimera... nunca antes una calamidad semejante había golpeado al mundo.

Describe la posición de un rey que debe reconocer amos por encima de él y autorizar su "régimen abominable", convirtiéndose en el juguete de una horda ambiciosa y fanática que se ha apoderado de su voluntad.

Verle condenado a servir a las pasiones de cuantos le rodean... a elevar al poder a hombres degradados, a prostituir su juicio con decisiones que deshonran su prudencia...

Todo esto sucedió bajo el reinado del ministerio girondino de 1792. La campaña de destrucción llevada a cabo en el verano de 1793 se anunció de la siguiente manera:

No queremos decir que el país donde reinan los Illuminati dejará de existir, sino que caerá en tal grado de humillación que ya no contará en política, que la población disminuirá, que los habitantes que resistan la inclinación de trasladarse a un país extranjero ya no disfrutarán de la felicidad de la consideración, ni de los encantos de la sociedad, ni de las ventajas del comercio.

Y de Luchet termina con este llamamiento desesperado a las potencias de Europa:

Amos del mundo, posad vuestros ojos sobre una multitud desolada,

---

esta suposición. Pero, aparte de que era poco probable que Mirabeau, como Illuminatus, denunciara él mismo a la Orden, la prueba de que no fue él el autor se encuentra en el Museo Británico, donde el ejemplar de la edición de 1792 lleva en la portada la anotación a tinta "Dado por el autor", y Mirabeau murió en la primavera del año anterior.

escuchad sus gritos, sus lágrimas, sus esperanzas. Una madre os pide que le devolváis a su hijo, una esposa a su marido, vuestras ciudades las bellas artes que han huido de ellas, el campo los ciudadanos, los campos los agricultores, la religión las formas de culto, la Naturaleza los seres que merece.

Cinco años después de estas palabras, la campiña francesa estaba desolada, el arte y el comercio habían sido destruidos, y las mujeres que siguieron al montículo que llevó a Fouquier-Tinville a la guillotina gritaban:

"¡Devuélveme a mi hermano, a mi hijo, a mi marido! Y así se cumplió esta asombrosa profecía. Sin embargo, la historia no ha dicho una palabra al respecto.

La advertencia de De Luchet cayó en saco roto, tanto en la posteridad como entre los hombres de su tiempo.

El propio De Luchet reconoció el obstáculo que le impedía ser escuchado: había demasiadas "pasiones interesadas en apoyar el sistema de los Iluminados", demasiados gobernantes engañados que se imaginaban iluminados y estaban dispuestos a hundir a sus pueblos en el abismo, mientras que "los dirigentes de la Orden nunca renunciarán a la autoridad que han adquirido, ni al tesoro que poseen". Fue en vano que de Luchet apelara a los francmasones para que salvaran a su Orden de la secta invasora. ¿No sería posible", preguntó, "dirigir a los propios francmasones contra los Illuminati mostrándoles que mientras ellos trabajan para mantener la armonía en la sociedad, estos otros siembran la discordia por todas partes" y preparan la destrucción final de su Orden? Hasta ahora, no es demasiado tarde; si sólo los hombres creen en el peligro, se puede evitar: "Desde el momento en que se convencen, se asesta el golpe necesario a la secta". De lo contrario, de Luchet profetiza "una serie de calamidades cuyo final se pierde en la oscuridad de los tiempos, [...] un fuego subterráneo que arde eternamente y estalla periódicamente en explosiones violentas y devastadoras". ¿Qué palabras podrían describir mejor la historia de los últimos 150 años?

El *Ensayo sobre la secta de* los Illuminati es uno de los documentos más extraordinarios de la historia y, al mismo tiempo, uno de los más misteriosos. Por qué lo escribió el marqués de Luchet, de quien se dice que colaboró con Mirabeau en la *Galerie* de *Portraits* publicada al año siguiente, por qué se adjuntó a la *Histoire Secrète de la Cour de Berlin de* Mirabeau, y se atribuyó así al propio Mirabeau, por qué Barruel lo denunció como polvo arrojado a la opinión pública, cuando corroboraba plenamente su propio punto de vista, son preguntas a las que no encuentro respuesta. Que fue escrito con seriedad y de buena fe, es imposible dudarlo; mientras que el hecho de que apareciera antes, y no después, de los acontecimientos descritos, lo convierte en una prueba aún más valiosa de la realidad de la conspiración que la propia y admirable obra de Barruel.

Lo que Barruel vio, de Luchet lo previó con igual claridad. En cuanto al papel de Mirabeau en esta crisis, sólo puede explicarse por su habitual inconstancia. Unas veces intentaba hablar con los ministros del rey para advertirles del peligro que se avecinaba, otras fomentaba enérgicamente la insurrección. Por tanto, no es imposible que animara a de Luchet a descubrir la conspiración, aunque entretanto él mismo hubiera participado en el plan para destruirla.

Según un folleto publicado en 1791 y titulado *Mystères de la* Conspiration (*Misterios de la* Conspiración), [616] se encontró entre sus papeles el plan completo de la revolución. El editor de este *folleto* explica que el documento que aquí se hace público, titulado *Croquis ou Projet de Révolution de Monsieur de Mirabeau*, fue incautado en casa de Madame Lejai, esposa del editor de Mirabeau, el 6 de octubre de 1789. El documento, que comienza con una diatriba contra la monarquía francesa, afirma que "para triunfar sobre este monstruo con cabeza de hidra, he aquí mis ideas":

Debemos derrocar todo orden, abolir toda ley, anular todo poder y dejar al pueblo en la anarquía. Puede que las leyes que establezcamos no entren en vigor inmediatamente, pero en cualquier caso, habiendo devuelto el poder al pueblo, éste resistirá en nombre de la libertad que cree preservar. Debemos acariciar su vanidad, halagar sus esperanzas, prometerles la felicidad una vez cumplida nuestra obra; debemos escapar a sus caprichos y a sus sistemas a voluntad, porque el pueblo como legislador es muy peligroso; sólo establece leyes que coinciden con sus pasiones, y su falta de conocimientos sólo dará lugar a abusos.

---

[616] British Museum press mark F. 259 (14).

Pero como el pueblo es una palanca que los legisladores pueden mover a su antojo, debemos necesariamente utilizarlo como apoyo, haciéndole odiar todo lo que queremos destruir y sembrando ilusiones a su paso; debemos también comprar todas las plumas mercenarias que propaguen nuestros procedimientos y eduquen al pueblo sobre los enemigos que atacamos. El clero, el más poderoso en la opinión pública, sólo puede ser destruido ridiculizando la religión, haciendo odiosos a sus ministros y representándolos sólo como monstruos hipócritas, pues Mahoma, para establecer su religión, difamó primero el paganismo profesado por los árabes, los sármatas de y los escitas. Los libelos deben llevar constantemente nuevas huellas de odio contra el clero.

Exagerar sus riquezas, hacer pasar los pecados de un individuo por comunes a todos, atribuirles todos los vicios, calumnias, asesinatos, irreligiones, sacrilegios, todo está permitido en tiempos de revolución.

Debemos degradar a la nobleza y atribuirle un origen odioso, establecer un germen de igualdad que nunca podrá existir, pero que halagará al pueblo; [debemos] inmolar a los más obstinados, quemar y destruir sus propiedades para intimidar a los demás, de modo que, si no podemos destruir por completo este prejuicio, podamos debilitarlo y el pueblo se vengue de su vanidad y sus celos con todos los excesos que le lleven a someterse.

Tras describir cómo hay que seducir a los soldados para que sean leales, y cómo los magistrados deben ser representados ante el pueblo como déspotas, "ya que el pueblo, brutal e ignorante, sólo ve el mal y nunca el bien de las cosas", el escritor explica que sólo hay que darles un poder limitado en las comunas.

Sobre todo, debemos tener cuidado de no darles demasiado poder; su despotismo es demasiado peligroso; debemos halagar al pueblo con justicia gratuita, prometerle una gran reducción de impuestos y una distribución más equitativa, más extensión en las fortunas y menos humillación. Estas fantasías [vértigo] fanatizarán al pueblo, que aplastará toda resistencia. ¿Qué importan las víctimas y su número? los despojos, las destrucciones, los incendios y todos los efectos necesarios de una revolución? nada debe ser sagrado y podemos decir con Maquiavelo:

"¿Qué importan los medios con tal de llegar al fin?

¿Todas estas ideas eran propias de Mirabeau o eran, como el otro documento Illuminati encontrado entre sus papeles, el programa de una conspiración? Me inclino por esta última hipótesis. En cualquier caso, el plan de campaña era el que seguían los conspiradores, como confesó Chamfort, amigo y confidente de Mirabeau, en su conversación con Marmontel:

La nación es un gran rebaño que sólo piensa en pastar, y con buenos perros pastores, los pastores pueden conducirlo a su antojo... El dinero y la esperanza de saqueo son todopoderosos entre la gente... Mirabeau afirma alegremente que con 100 luises se puede hacer un buen motín. [617]

Otro contemporáneo describió así los métodos de los dirigentes: Mirabeau, en la exuberancia de una orgía, exclamó un día: "¡Esta *canalla* merece tenernos como legisladores!". Como podemos ver, no hay nada democrático en estas profesiones de fe; la secta utiliza a la población como *forraje* para la *revolución*, como materia prima para el bandolerismo, tras lo cual se apodera del oro y abandona a las generaciones al tormento. Este es verdaderamente el código del infierno. [618]

Es este "código del infierno" expuesto en el "Proyecto de Revolución" el que encontraremos en los documentos que siguieron a lo largo de los últimos cien años: en la correspondencia de la "Alta Vendita", en los *Diálogos al Infierno entre Maquiavelo y Montesquieu* de Maurice Joly, en el Catecismo Revolucionario de Bakunin, en los Protocolos de los Sabios de Sión y en los escritos de los bolcheviques rusos actuales.

Independientemente de las dudas que puedan existir sobre la autenticidad de cualquiera de estos documentos, el hecho es que, ya en 1789, se había formulado el maquiavélico plan de organizar la revolución y utilizar al pueblo como palanca para llevar al poder a una minoría tiránica; además, los métodos descritos en ese primer "Protocolo" se han aplicado según lo previsto desde aquel día hasta hoy. Y cada vez que ha estallado la revolución social, se ha sabido que los autores del movimiento estaban vinculados a sociedades secretas.

Fue Adrien Duport, autor del "Gran Miedo" que se extendió por

---

[617] *Œuvres posthumes de Marmontel*, IV. 77.

[618] Lombard de Langres, *Histoire des Jacobins*, p. 31 (1820).

Francia el 22 de julio de 1789, Duport, iniciado íntimo de las sociedades secretas, "teniendo en sus manos todos los hilos de la conspiración masónica", quien, el 21 de mayo de 1790, esbozó el vasto proyecto de destrucción ante el Comité de Propaganda.

M. de Mirabeau ha establecido claramente que la feliz revolución que ha tenido lugar en Francia debe ser y será para todos los pueblos de Europa el despertar de la libertad y para los Reyes el sueño de la muerte.

Pero Duport continúa explicando que, aunque Mirabeau consideraba conveniente no preocuparse por el momento de lo que ocurría fuera de Francia, él mismo pensaba que el triunfo de la Revolución Francesa conduciría inevitablemente a "la ruina de todos los tronos... Debemos, pues, acelerar en nuestros vecinos la misma revolución que se está produciendo en Francia". [619]

El proyecto de la masonería ilustrada era, pues, nada menos que una revolución mundial.

Es necesario responder aquí a un crítico que sugirió que, al hacer hincapié en el papel de las sociedades secretas en la *Revolución* Mundial, yo había abandonado mi tesis anterior sobre la conspiración orleanista. Por lo tanto, me gustaría dejar claro que no estoy retirando ni una palabra de lo que escribí en *La Revolución Francesa* sobre la conspiración orleanista, simplemente estoy proporcionando una explicación adicional de su eficacia al elaborar la ayuda que recibió del partido al que me referí como los Subversivos - el resultado de las logias masónicas. Fue porque los orleanistas tenían a su disposición toda la organización masónica por lo que pudieron llevar a cabo sus planes con extraordinaria habilidad y minuciosidad, y fue porque tenían detrás de ellos a hombres únicamente empeñados en la destrucción por lo que pudieron reclutar partidarios que no se habrían unido a un simple proyecto de usurpación. Incluso Montjoie, que veía en la Revolución principalmente la obra del duque de Orleans, indica en un pasaje muy curioso de una obra posterior la existencia de una trama aún más oscura detrás de la conspiración que él

---

[619] Deschamps, *Les Sociétés Secrètes et la Société*, II. 151, citando un documento entre los papeles del cardenal Bernis titulado: *Discours prononcé au comité de la Propagande par M. Duport, un de ses mémoires*, le 21 mai 1790.

había puesto toda su energía en desvelar: No examinaré si este malvado príncipe, creyendo que actuaba en su interés personal, no fue movido por esa mano invisible que parece haber creado todos los acontecimientos de nuestra revolución para conducirnos a una meta que aún no vemos, pero que creo que pronto veremos. [620]

Por desgracia, después de esta misteriosa frase, Montjoie no volvió a tratar el tema.

Al comienzo de la Revolución, el orleanismo y la masonería formaban, pues, un cuerpo unido. Según Lombard de Langres: En 1789, Francia contaba con más de 2.000 logias afiliadas a le Grand Orient; el número de miembros superaba los 100.000. Los primeros acontecimientos de 1789 no fueron más que la masonería en acción. Todos los revolucionarios de la Constituyente fueron iniciados al tercer grado. Incluimos en esta clase al duque de Orleans, Valence, Syllery, Laclos, Sièyes, Pétion, Menou, Biron, Montesquieu, Fauchet, Condorcet, Lafayette, Mirabeau, Garat, Rabaud, Dubois-Crancé, Thiébaud, Larochefoucauld y otros. [621]

Entre ellos no sólo estaban los brissotinos, que formaban el núcleo del partido girondino, sino también los hombres del Terror: Marat, Robespierre, Danton y Desmoulins.

Fueron estos elementos más feroces, verdaderos discípulos de los Illuminati, los que barrerían a los visionarios masones que soñaban con la igualdad y la fraternidad. Siguiendo el precedente sentado por Weishaupt, estos líderes de los jacobinos adoptaron seudónimos clásicos: Chaumette era conocido como Anaxágoras, Clootz como Anacharsis, Danton como Horacio, Lacroix como Publicola y Ronsin como Scaevola[622]. De nuevo a la manera de los Illuminati, se cambiaron los nombres de las ciudades y se adoptó un calendario revolucionario. El gorro rojo y el pelo suelto de los jacobinos también parecen haber sido

---

[620] Galart de Montjoie, *Histoire de Marie-Antoinette de Lorraine*, p. *156 (1797)*.

[621] Lombard de Langres, *Histoire des Jacobins*, p. 117 (1820).

[622] Ibid. p. 236.

prefigurados en las logias Illuminati.[623]

Sin embargo, si los terroristas ejecutaron fielmente el plan de los Illuminati, parece que ellos mismos no habían sido iniciados en los secretos más íntimos de la conspiración. Detrás de la Convención, detrás de los clubes, detrás del Tribunal Revolucionario, existía, dice Lombard de Langres, esta "convención *secretista* que dirigió todo después del 31 de mayo, un poder oculto y terrible del que la otra Convención se convirtió en esclava y que estaba compuesto por los primeros iniciados del Iluminismo. Este poder estaba por encima de Robespierre y de los comités gubernamentales, [...] fue este poder oculto el que se apropió de los tesoros de la nación y los distribuyó entre los hermanos y amigos que habían contribuido a la gran obra".[624]

¿Cuál era el propósito de este poder oculto? ¿Era simplemente el plan de destrucción que se había originado en el cerebro de un profesor bávaro veinte años antes, o era algo mucho más antiguo, una fuerza viva y terrible que había permanecido latente durante siglos, que Weishaupt y sus aliados no habían creado, sino simplemente desatado sobre el mundo? El Reinado del Terror, al igual que la aparición del satanismo en la Edad Media, no puede explicarse por ninguna causa material -la orgía de odio, lujuria y crueldad dirigida no sólo contra los ricos, sino aún más contra los pobres e indefensos, la destrucción de la ciencia, el arte y la belleza, la profanación de iglesias, la campaña organizada contra todo lo noble, todo lo sagrado, todo lo apreciado por la humanidad- ¿qué otra cosa era el satanismo?

Al profanar iglesias y pisotear crucifijos, los jacobinos habían seguido de hecho la fórmula precisa de la magia negra: "Para la evocación infernal [...] hay que [...] profanar las ceremonias de la religión a la que se pertenece y pisotear sus símbolos más sagrados".[625] Fue el preludio del

---

[623] Véase *Die Neuesten Arbeiten des Spartacus und Philo*, p. 71, donde se describe a los Illuminati como portadores de "fliegende Haare und kleine vierekte rothe samtne Hute". Otra teoría es que el "gorro de la libertad" fue copiado del que llevaban los galeotes.

[624] *Historia de los Jacobinos*, p. 117.

[625] A. E. Waite, *Los misterios de la magia*, p. 215.

"Gran Terror", cuando, para quienes lo vivieron, parecía que Francia estaba bajo el dominio de los poderes de las tinieblas.

Así, en el "gran naufragio de la civilización", como lo describió un contemporáneo, encontraron su cumplimiento los proyectos de los cabalistas, los gnósticos y las sociedades secretas que, durante casi dieciocho siglos, habían socavado los cimientos del cristianismo. ¿Acaso no encontramos un eco del Toledot Yeshu en las blasfemias del Marqués de Sade sobre "el esclavo judío" y "la mujer adúltera, la cortesana de Galilea"? ¿Y en las imprecaciones de los adoradores de Marat: "Cristo era un falso profeta", repetición de la doctrina secreta atribuida a los templarios: "Jesús no es el verdadero Dios, es un falso profeta, no fue crucificado por la salvación de la humanidad, sino por sus propias fechorías"? ¿Son estas similitudes accidentales, o son el resultado de un complot en curso contra la fe cristiana?

¿Qué papel desempeñaron los judíos en la Revolución? A este respecto, es necesario comprender la situación de los judíos en Francia en aquella época.

Tras el decreto de destierro de Carlos VI en 1394, el judaísmo como cuerpo había dejado de existir; pero hacia finales del siglo XV, se permitió a una serie de judíos, expulsados de España y Portugal, establecerse en Burdeos. Estos judíos españoles y portugueses, conocidos como *sefardíes*, parecían aceptar la religión cristiana y no se les consideraba oficialmente judíos, pero gozaban de considerables privilegios que les había conferido Enrique II. No fue hasta principios del siglo XVIII, bajo la Regencia, cuando los judíos de empezaron a reaparecer en París. Mientras tanto, la anexión de Alsacia a finales del siglo anterior había añadido a la población francesa los judíos alemanes de esa provincia, conocidos como *asquenazíes*.

Es importante distinguir entre estas dos razas de judíos al considerar la cuestión de la emancipación judía en la época de la Revolución. Mientras que los sefardíes habían demostrado ser buenos ciudadanos y, por tanto, no eran objeto de ninguna persecución, los asquenazíes, por su extorsión y opresión, se habían hecho odiar por el pueblo, por lo que se establecieron leyes estrictas para frenar su rapacidad. Las discusiones en la Asamblea Nacional sobre la cuestión judía afectan principalmente a los judíos de Alsacia. Ya en 1784, los judíos de Burdeos habían obtenido nuevas concesiones de Luis XVI; en 1776, todos los judíos portugueses habían obtenido la libertad religiosa y el permiso para vivir en todas las partes del reino. El decreto de 28 de enero de 1790, que concedía a los judíos de Burdeos los derechos de los ciudadanos franceses, puso fin a este proyecto de liberación. Sin embargo, la propuesta de extender este privilegio a los judíos de Alsacia desencadenó una fuerte polémica en la Asamblea y violentos levantamientos entre los campesinos alsacianos. Así pues, varios diputados protestaron contra el decreto en nombre del pueblo. Los judíos", dijo el abate Maury, "han pasado diecisiete siglos sin mezclarse con otras naciones. Nunca han hecho otra cosa que comerciar con dinero, han sido el azote de las provincias agrícolas, ni uno solo de ellos ha sabido ennoblecer sus manos guiando el arado." Continuó diciendo que los judíos "no deben ser perseguidos, deben ser protegidos como individuos y no como franceses, porque no pueden ser ciudadanos... Hagan lo que hagan, siempre seguirán siendo extranjeros en nuestro país".

Monseñor de la Fare, obispo de Nancy, adoptó el mismo argumento:

Debemos darles protección, seguridad y libertad; pero ¿debemos admitir en la familia a una tribu que le es ajena, que vuelve constantemente los ojos hacia un país común, que aspira a abandonar la tierra que la sustenta? Mi *diario* me ordena protestar contra la moción que se os ha presentado. Los propios intereses de los judíos exigen esta protesta. El pueblo los aborrece; en Alsacia son a menudo víctimas de revueltas populares. [626]

Como veremos, no se trata de persecución, sino de precauciones contra una raza que se aísla voluntariamente del resto de la comunidad para perseguir sus propios intereses y ventajas.

Los judíos de Burdeos reconocieron la odiosa contribución que los judíos alemanes debían aportar a la causa judía y, en un discurso pronunciado ante la Asamblea el 22 de enero de 1790, se desmarcaron de las agresivas exigencias de los asquenazíes:

Nos atrevemos a creer que nuestra condición en Francia no sería hoy discutible si ciertas reivindicaciones de los judíos de Alsacia, Lorena y los Tres Obispados no hubieran provocado una confusión de ideas que parece reflejarse en nosotros. Todavía no sabemos exactamente cuáles

---

[626] *Moniteur*, tomo II, sesión del 23 de diciembre de 1789.

son estas demandas, pero a juzgar por los periódicos públicos, parecen ser bastante extraordinarias, ya que estos judíos aspiran a vivir en Francia bajo un régimen especial, a tener sus propias leyes y a constituir una clase de ciudadanos separados de todos los demás.

En cuanto a nosotros, nuestra situación en Francia está resuelta desde hace mucho tiempo. Somos ciudadanos franceses naturalizados desde 1550; poseemos todo tipo de propiedades y tenemos derecho ilimitado a adquirir fincas. No tenemos leyes, tribunales ni funcionarios propios.[627]

Al adoptar esta actitud, los sefardíes han sentado un precedente que, de haber sido seguido sistemáticamente por sus correligionarios, podría haber contribuido a disipar los prejuicios contra la raza judía. Lo que inquieta a los ciudadanos franceses es la solidaridad que, en general, muestran los judíos hacia el resto de la comunidad.

Treinta años antes, los comerciantes de París, en una petición contra la admisión de judíos en sus gremios, indicaban mediante una admirable analogía el peligro que esta solidaridad suponía para la libertad de comercio.

El comerciante francés comercia solo; cada casa comercial está en cierto modo aislada, mientras que los judíos son partículas de azogue que, a la menor inclinación, se juntan en bloque.[628]

A pesar de todas las protestas, en septiembre de 1791 se aprueba el decreto de emancipación de los judíos de Alsacia y se entonan himnos de alabanza en las sinagogas.

Es imposible determinar el papel real desempeñado por los judíos en los problemas de la Revolución, por la razón de que rara vez se hace referencia a ellos como tales en los escritos de los contemporáneos. Sobre este punto, los escritores judíos parecen mejor informados que el resto del mundo, pues Monsieur Léon Kahn, en su panegírico sobre el papel

---

[627] Théophile Malvezin, *Histoire des Juifs à Bordeaux*, p. 262 (1875).

[628] *Petición de los seis cuerpos de mercaderes y comerciantes de París contra la admisión de judíos* en los Archivos Nacionales, citada por Henri Delassus, *La Question Juive*, p. 60 (1911).

desempeñado por sus correligionarios en la Revolución,[629] encuentra judíos donde ni siquiera Drumont los detectaba. Así, leemos que fue un judío, Rosenthal, quien dirigió la legión conocida por su nombre, que fue enviada contra la Vendée pero huyó,[630] y que fue objeto de quejas cuando fue empleada para custodiar a la familia real en el Templo[631]; que entre los que trabajaron más enérgicamente para privar al clero de sus bienes se encontraba un antiguo vendedor de ropa judío, Zalkind Hourwitz; que fue un judío llamado Lang quien asesinó a tres de los cinco guardias suizos al pie de la escalera de las Tullerías el 10 de agosto[632]; que hubo judíos implicados en el robo de las joyas de la Corona el 16 de septiembre de 1792 y que un hombre llamado Lyre fue ejecutado a consecuencia de este robo; que fueron Clootz y el judío Pereyra, y no, como ya he dicho, Hébert, Chaumette y Momoro, quienes fueron a ver al arzobispo Gobel en noviembre de 1793 y le incitaron, mediante amenazas, a abjurar de la fe cristiana.[633]

Todos estos hechos me eran desconocidos cuando escribí mi relato de estos acontecimientos; se verá entonces que, lejos de exagerar el papel de los judíos en *la Revolución Francesa*, lo subestimé enormemente. En efecto, la cuestión de su complicidad no se me había ocurrido en absoluto cuando escribí el libro, y el único judío al que me referí fue Efraín - enviado a Francia por los Illuminati Federico Guillermo II y Bischoffswerder-, de quien M. Kahn indica que desempeñó un papel aún más importante del que yo le había atribuido.

Pero, por esclarecedores que sean estos incidentes, sigue siendo dudoso que demuestren un intento concertado de los judíos de derrocar la monarquía francesa y la religión católica. Es cierto, sin embargo, que ellos mismos alardeaban de su celo revolucionario. En un discurso de presentación de sus reivindicaciones ante la Asamblea Nacional en 1789,

---

[629] Léon Kahn, *Les Juifs de Paris pendant la Révolution* (1898).

[630] Ibid. p. 167. Cf. Arthur Chuquet, *La Légion Germanique*, p. 139 (1904).

[631] Archivos Nacionales, F*. 2486.

[632] Ma *Révolution française*, p. 274.

[633] Kahn, op. cit. pp. 140, 141, 170, 201, 241.

declararon:

Regeneradores del Imperio francés, no querréis que nosotros dejemos de ser ciudadanos, puesto que desde hace ya seis meses cumplimos asiduamente todos los deberes de esta calidad, y que la recompensa por el celo que hemos demostrado en acelerar la revolución no sea condenarnos a no participar de ninguna de sus ventajas, ahora que se ha consumado...

Señorías, todos somos muy buenos ciudadanos, y en esta memorable revolución nos atrevemos a decir que no hay ninguno de nosotros que no haya demostrado su valía.[634]

En todas estas actividades, sin embargo, el sentimiento religioso parece haber desempeñado un papel totalmente secundario; los judíos, como se ha dicho, eran libres antes de la Revolución de practicar los ritos de su fe. Y cuando comenzó la gran campaña antirreligiosa, muchos de ellos participaron de todo corazón en el ataque a todas las religiones, incluida la suya. Así, el 21 de Brumario, cuando las fiestas de la Razón tenían lugar en las iglesias de París, vemos a "una diputación de israelitas" presentarse en la Asamblea Nacional y "colocar en el seno de la Montaña los ornamentos de los que habían despojado un pequeño templo que tenían en el Faubourg Saint-Germain". Al mismo tiempo, un comité revolucionario de La Reunión llevó al Consejo General cruces, soles, cálices, copas y muchos otros ornamentos religiosos, y un miembro de este comité señaló que varios de ellos pertenecían a individuos de raza judía. Otro miembro del mismo comité rindió homenaje al celo patriótico de los ciudadanos que habían sido judíos,... casi todos los cuales se habían anticipado a los deseos del comité revolucionario trayendo ellos mismos sus relicarios y ornamentos, incluida la famosa capa que se dice que perteneció a Moisés.[635].

El 20 de febrero, en el "Templo de la Libertad", antigua iglesia benedictina, "el ciudadano Alexandre Lambert *fils*, judío educado en los

---

[634] *Nuevo discurso de los judíos a la Asamblea Nacional*, 24 *de diciembre de 1789*.

[635] *Moniteur*, tomo XVIII, sesiones del 21 y 22 brumario, año 2 (noviembre de 1793).

prejuicios de la religión judía", pronuncia una violenta arenga contra todas las religiones:

Os probaré, ciudadanos, que todos los cultos son igualmente imposturas degradantes para el hombre y para las divinidades; no lo probaré con la filosofía, que no la conozco, sino sólo con la luz de la razón.

Tras denunciar las iniquidades de las religiones católica y protestante, Lambert demuestra "los absurdos de la religión judía, de esta religión dominadora"; truena contra Moisés "que gobierna un pueblo simple y agrario como todos los astutos impostores", contra "el respeto servil de los judíos por sus reyes... las abluciones de las mujeres", etc. Finalmente, declara: "No soy judío, pero soy judío". Por último, declara:

La mala fe de la que se acusa a la nación judía no procede de ella misma, sino de sus sacerdotes. Su religión, que sólo les permite prestar el 5% a los de su nación, les dice que tomen todo lo que puedan de los católicos; incluso es una costumbre consagrada en nuestras oraciones matutinas pedir ayuda a Dios para echar a un cristiano. Hay más, ciudadanos, y esto es el colmo de la abominación: si se comete un error en el comercio entre judíos, se les ordena que lo reparen; pero si, de 100 luises, un cristiano ha pagado 25 de más, no están obligados a devolverlos. ¡Qué abominación! ¡Qué horror! ¿Y de dónde viene todo esto, sino de los rabinos? ¿Quién incitó las proscripciones contra nosotros? ¡Nuestros sacerdotes! Ah, ciudadanos, más que nada en el mundo debemos abjurar de una religión que, al someternos a prácticas dolorosas y serviles, nos impide ser buenos ciudadanos.[636]

Así pues, el apoyo de los judíos a la Revolución Francesa no parece haber estado motivado por el fanatismo religioso, sino por el deseo de obtener ventajas nacionales. Es innegable que el derrocamiento del antiguo orden les reportó considerables ventajas, pues además de las leyes aprobadas a su favor por la Asamblea Nacional, el desorden

---

[636] *Discours de morale, prononcé le 2ième décadi, 20 frimaire, l'an 2ième de la république... an temple de la Vérité, ci-devant l'église des bénédictins à Angely Boutonne... fait par le citoyen Alexandre Lambert, fils, juif et élevé dans les préjugés du culte judaïque* (1794), British Museum press mark F. 1058 (4).

financiero de 1796 era tal que, como cuenta Léon Kahn, un periódico contemporáneo se preguntaba: "¿La Revolución no era más que un plan financiero? una especulación de los banqueros? "¿La Revolución no era más que un plan financiero? ¿Una especulación de los banqueros?[637] Sabemos por Prudhomme a qué raza pertenecían los financieros que se beneficiaron principalmente de este desorden.[638]

Pero si el papel de los judíos en la Revolución permanece oscuro, no cabe duda de que las sociedades secretas desempeñaron un papel en la revuelta contra toda religión, toda ley moral y todo orden social, reducidos a sistema en los consejos de los Illuminati.

Esta conspiración se reafirmó en el levantamiento de Babeuf de 1796, directamente inspirado por las sociedades secretas. Tras la muerte de Babeuf, su amigo e inspirador Buonarotti, con la ayuda del hermano de Marat, fundó en Ginebra una logia masónica, los *Amis Sincères*, afiliada a los *Filadelfos,* y creó, como "Diácono Móvil" de la "Orden de los Sublimes y Perfectos Masones", tres nuevos grados secretos, en los que el símbolo de la I.N.R.I. rosacruz se interpretaba en el sentido de "Justum necare reges injustos".[639]

El papel desempeñado por cada intriga en la preparación del movimiento mundial del que la Revolución Francesa fue la primera expresión es una cuestión sobre la que nadie puede pronunciarse con certeza. Pero, en el momento actual, no debemos perder nunca de vista el carácter compuesto de este movimiento. Es probable que, sin los orleanistas, el complot contra la monarquía francesa no hubiera tenido éxito, mientras que, sin su posición a la cabeza de la francmasonería ilustrada, es dudoso que el duque de Orleans hubiera podido dirigir las fuerzas de la revolución.

Además, queda por ver hasta qué punto este movimiento, que, al igual que la moderna conspiración bolchevique, parece haber dispuesto de fondos ilimitados, fue financiado por los judíos. Hasta ahora, sólo se han dado los primeros pasos para dilucidar la verdad sobre la Revolución

---

[637] Kahn, op. cit. p. 311.

[638] *Crímenes de la Revolución*, III. 44.

[639] Archives Nationales, *Pièce remise par le Cabinet de Vienne* (1824), F* 7566.

Francesa.

En opinión de un escritor de principios del siglo XIX, la secta que estaba detrás de la Revolución Francesa era absolutamente internacional: Los autores de la Revolución no son más franceses que alemanes, italianos, ingleses, etc. Forman una nación particular que se originó y desarrolló en la oscuridad, en medio de todas las naciones civilizadas, con el objetivo de someterlas a su dominio. Forman una nación particular que se originó y desarrolló en la oscuridad, en medio de todas las naciones civilizadas, con el objetivo de someterlas a su dominio.[640]

Es curioso notar que casi exactamente la misma idea fue expresada por el Duque de Brunswick, anteriormente "Eques a Victoria" de la Estricta Observancia, "Aaron" de los Illuminati y Gran Maestro de la Francmasonería Alemana, quien, ya sea porque la Revolución había hecho su trabajo destruyendo la monarquía francesa y ahora amenazaba la seguridad de Alemania, o porque estaba realmente desilusionado con las Órdenes a las que había pertenecido, publicó un Manifiesto a todas las Logias en 1794, declarando que en vista de la forma en que la Masonería había sido penetrada por esta gran secta, toda la Orden debería ser suprimida temporalmente. Es imprescindible citar textualmente parte de este importante documento:

En medio de la tormenta universal producida por las actuales revoluciones en el mundo político y moral, en este período de suprema ilustración y profunda ceguera, sería un crimen contra la verdad y la humanidad dejar por más tiempo envueltas en un velo cosas que pueden proporcionar la única clave de los acontecimientos pasados y futuros, cosas que deberían mostrar a miles de hombres si el camino que se les ha hecho seguir es el camino de la locura o el de la sabiduría. Eres tú, VV. FF. de todos los grados y de todos los sistemas secretos. La cortina debe al fin descorrerse, para que vuestros ojos cegados puedan ver esa luz que siempre habéis buscado en vano, pero de la que sólo habéis percibido unos pocos rayos engañosos...

Hemos levantado nuestro edificio bajo las alas de las tinieblas; las tinieblas se disipan, y una luz más aterradora que las mismas tinieblas

---

[640] Chevalier de Malet, *Recherches politiques et historiques*, p. 2 *(1817)*.

golpea de pronto nuestra vista. Vemos cómo nuestro edificio se desmorona y cubre el suelo de ruinas; vemos una destrucción que nuestras manos ya no pueden detener. Así que enviamos a los constructores de vuelta a sus talleres.

Con un último golpe de martillo, derribamos las columnas salariales. Dejamos el templo desierto y lo legamos como una gran obra a la posteridad, que lo levantará de sus ruinas y lo completará.

A continuación, Brunswick explica las causas de la caída de la Orden: la infiltración de conspiradores secretos en la masonería:

Ha surgido una gran secta que, tomando como lema el bien y la felicidad del hombre, ha trabajado en la oscuridad de la conspiración para hacer de la felicidad de la humanidad una presa para sí misma. Esta secta es conocida por todos: sus hermanos no son menos conocidos que su nombre. Son ellos quienes han socavado los cimientos de la Orden hasta derribarla por completo; es a través de ellos que la humanidad entera ha sido envenenada y llevada por mal camino durante varias generaciones. La efervescencia que reina entre los pueblos es obra suya. Han basado los planes de su insaciable ambición en el orgullo político de las naciones.

Sus fundadores lograron introducir este orgullo en la mente de los pueblos. Empezaron por oprobiar la religión... Inventaron derechos humanos que es imposible descubrir ni siquiera en el libro de la Naturaleza, e instaron a los pueblos a arrancar a sus príncipes el reconocimiento de esos supuestos derechos. Su plan de romper todo vínculo social y destruir todo orden se revelaba en todos sus discursos y acciones. Inundaron el mundo con multitud de publicaciones; reclutaron aprendices de todo rango y posición; engañaron a los hombres más perspicaces prestándoles falsamente intenciones distintas. Han sembrado la semilla de la codicia en el corazón de los jóvenes y los han excitado con el señuelo de las pasiones más insaciables. El orgullo indomable y la sed de poder eran los únicos motivos de esta secta: sus amos sólo tenían en mente los tronos de la tierra, y el gobierno de las naciones debía ser dirigido por sus garrotes nocturnos.

Esto es lo que se ha hecho y se sigue haciendo. Pero observamos que los príncipes y el pueblo ignoran cómo y por qué medios se logra esto. Por eso les decimos con toda franqueza: El mal uso de nuestra Orden, la incomprensión de nuestro secreto, han producido todos los problemas políticos y morales de los que hoy está lleno el mundo. Vosotros, los iniciados, debéis uniros a nosotros y alzar vuestra voz para enseñar a los pueblos y a los príncipes que los sectarios, los apóstatas de nuestra Orden, han sido y serán los únicos autores de las revoluciones presentes y futuras. Debemos asegurar a los príncipes y a los pueblos, por nuestro honor y nuestro deber, que nuestra asociación no es en absoluto culpable de estos males. Pero para que nuestras atestaciones tengan fuerza y sean dignas de fe, debemos hacer un sacrificio completo a los príncipes y a los pueblos; para cortar de raíz el abuso y el error, debemos disolver desde este momento toda la Orden. Por eso la destruimos y aniquilamos completamente por el momento; preservaremos sus cimientos para la posteridad, que los liberará cuando la humanidad, en tiempos mejores, pueda obtener algún beneficio de nuestra santa alianza.[641]

Así, para el Gran Maestre de la Francmasonería alemana, una secta secreta que operaba en el seno de la Francmasonería había provocado la Revolución Francesa y estaría en el origen de todas las revoluciones futuras. Seguiremos ahora la trayectoria de esta secta tras el final de la primera revuelta.

Tres años después de que el duque de Brunswick publicara su Manifiesto a las Logias, aparecieron los libros de Barruel, Robison y otros, que ponían al descubierto toda la conspiración. Se ha dicho que todos estos libros "fracasaron",[642], lo cual es totalmente contrario a la verdad. El libro de Barruel tuvo no menos de ocho ediciones, y ya he descrito en otro lugar la alarma que su obra y la de Robison despertaron en América. En Inglaterra, condujeron al resultado muy concreto de que el Parlamento inglés aprobó en 1799 una ley que prohibía todas las sociedades secretas excepto la masonería.

Está claro, por tanto, que el Gobierno británico reconocía la existencia de estas asociaciones y el peligro que representaban para el mundo. Este hecho debe tenerse en cuenta cuando se nos asegura que Barruel y Robison inventaron un engaño que no recibió la seria atención de los hombres responsables. Pues el propósito principal del libro de Barruel es

---

[641] Eckert, *La masonería en su verdadero sentido*, II. *125.*

[642] Lucien Wolf, "The Jewish Peril", artículo publicado en el *Spectator* el 12 de junio de 1920.

demostrar que no sólo el Iluminismo y la Masonería del Gran Oriente contribuyeron de forma importante a la Revolución Francesa, sino que tres años después de aquella primera explosión siguen tan activos como siempre.

Este es el punto clave que los defensores de la teoría del "hombre del saco" están más ansiosos por refutar. "La orden bávara de los Illuminati", escribe el Sr. Waite, "fue fundada por Adam Weishaupt en 1776 y suprimida por el Elector de Baviera en 1789... Quienes afirman que continuó en formas más secretas nunca han aportado una pizca de pruebas reales".[643] Ahora, como hemos visto, los Illuminati no fueron suprimidos por el Elector de Baviera en 1789, sino en 1786 - el primer error del Sr. Waite. Pero una confusión mental aún más extraordinaria aparece en su *Encyclopædia of Freemasonry*, donde, en una cronología masónica, da, esta vez bajo la fecha de 1784, "Suppression of the Illuminati", pero bajo 1793: "J.J.C. Bode se unió a los Illuminati bajo la dirección de Weishaupt". De hecho, este es el año en que murió Bode.

Estos ejemplos servirán para demostrar la confianza que puede depositarse en la afirmación del Sr. Waite sobre los Illuminati.

Ahora veremos que no sólo los Illuminati, sino también el propio Weishaupt, siguieron intrigando mucho después del final de la Revolución Francesa.

Tan pronto como el Reinado del Terror llegó a su fin, las logias masónicas, que habían sido sustituidas por clubes durante la Revolución, comenzaron a reabrir, y a principios del siglo XIX florecían como nunca antes. "Fue la época más brillante de la masonería", escribe el masón Bazot en su Historia de la masonería. En Francia, bajo el Imperio, existían cerca de 1.200 logias; generales, magistrados, artistas, científicos y notables de todo tipo se iniciaban en la Orden.[644] El más eminente de ellos fue el príncipe Cambacérès, Gran Maestre del Gran Oriente.

Fue a mediados de este período cuando encontramos a Weishaupt trabajando entre bastidores en la Francmasonería. Así, en la notable

---

[643] A.E. Waite, "Occult Freemasonry and the Jewish Peril", en *The Occult Review*, septiembre de 1920.

[644] Deschamps, op. cit. 197, citando *Tableau historique de la Maçonnerie*, p. 38.

correspondencia masónica publicada por Benjamin Fabre en su *Eques a Capite Galeato* -cuya autenticidad, como ya hemos señalado, es aceptada por eminentes francmasones británicos- se reproduce una carta de Pyron, representante en París del Gran Oriente de Italia, al marqués de Chefdebien, fechada el 9 de septiembre de 1808, en la que se afirma que "un miembro de la secta Bav" había pedido información sobre cierto punto del ritual.

El 29 de diciembre de 1808, Pyron volvió a escribir: "Con las palabras 'secta de B...', me refería a W..."; y el 3 de diciembre de 1809, dejó las cosas claras: "La otra palabra que quedó al final de mi pluma se refiere enigmáticamente a Weishaupt".

Como señala el Sr. Fabre:

Ya no cabe duda de que se trata de Weishaupt, aunque su nombre aún no ha sido deletreado. Hay que decir que Pyron era muy cuidadoso cuando se trataba de Weishaupt.

Y nos lleva a preguntarnos por la extraordinaria importancia del papel desempeñado en aquella época en la masonería del Primer Imperio por este Weishaupt, ¡que se suponía había permanecido al margen del movimiento masónico desde el proceso de los Iluministas en 1786![645]

Pero el marqués de Chefdebien no se hacía ilusiones sobre la calidad de su trabajo. En una carta fechada el 12 de mayo de 1806 al francmasón Roettiers, que había planteado el peligro de las logias masónicas aisladas, preguntaba: "De buena fe, reverendísimo hermano, ¿fue en logias aisladas donde se formó la horrible conspiración de Philippe [el duque de Orleans] y Robespierre? ¿De buena fe, reverendísimo hermano, fue en logias aisladas donde se formó la atroz conspiración de Philippe [el duque de Orleans] y Robespierre? ¿Salieron estos eminentes hombres de logias aisladas y, reunidos en el Hôtel de Ville, incitaron a la revuelta, a la devastación y al asesinato?

¿Y no fue en las logias vinculadas entre sí, co- y subordinadas, donde el monstruo Weishaupt estableció sus pruebas e hizo preparar sus

---

[645] *Eques a Capite Galeato*, pp. 362, 364, 366.

horribles principios?[646]

Así pues, si, como afirma el Sr. Gustave Bord, el propio marqués de Chefdebien había pertenecido a los Illuminati antes de la Revolución, ¡se trata de una prueba iluminista en favor de Barruel! Y sin embargo, aunque el "Eques a Capite Galeato" parece haberse desilusionado con el iluminismo, conservó no obstante su fidelidad a la masonería. Ello tendería a demostrar que, por muy subversivas que fueran las doctrinas del Gran Oriente -y sin duda lo eran-, no fue la Francmasonería en sí misma sino el Iluminismo quien organizó el movimiento del que la Revolución Francesa fue la primera manifestación. Como dijo Monseñor Dillon:

Si Weishaupt no hubiera vivido, la masonería podría haber dejado de ser un poder después de la reacción a la Revolución Francesa. Él le dio una forma y un carácter que le han permitido sobrevivir a esa reacción, florecer hasta el día de hoy, y que la llevarán adelante hasta que su conflicto final con el cristianismo determine si Cristo o Satanás reinará en esta tierra hasta el final.[647]

Si añadimos a la palabra masonería el Gran Oriente, es decir, la masonería no de Gran Bretaña sino del continente, estaremos aún más cerca de la verdad.

A principios del siglo XIX, el iluminismo estaba más vivo que nunca. Joseph de Maistre, que escribía en aquella época, se refería constantemente al peligro que representaba para Europa. ¿No es también al Iluminismo al que se refiere un misterioso pasaje de una obra reciente de M. Lenôtre? En el curso de una conversación con amigos del falso Dauphin Hervagault. Se dice que Monseigneur de Savine "aludió en términos cautelosos y casi aterrorizados a una secta internacional... a un poder superior a todos los demás... que tiene brazos y ojos en todas partes y que hoy gobierna Europa".[648]

---

[646] Ibid. p. 423.

[647] *La guerra del Anticristo contra la Iglesia y la civilización cristiana*, p. 30 (1885).

[648] G. Lenôtre, *Le Dauphin* (traducción inglesa), p. 307.

Cuando, en *Revolución Mundial*, afirmé que, durante el período en que Napoleón llevó las riendas del poder, el fuego devastador del Iluminismo se había extinguido temporalmente, escribía sin conocimiento de ciertos documentos importantes que prueban que el Iluminismo continuó sin interrupción desde la fecha de su fundación hasta el final del período del Imperio. Así pues, lejos de exagerar al afirmar que el Iluminismo no cesó en 1786, he subestimado al sugerir que cesó incluso durante ese breve intervalo. Los documentos en los que se encuentra esta evidencia son mencionados por Lombard de Langres, quien, escribiendo en 1820, observó que los jacobinos fueron invisibles desde 18 Brumaire hasta 1813, y añadió: "Aquí desaparece la secta; la vemos desaparecer; no la vemos más: aquí desaparece la secta; no encontramos para guiarnos durante este período más que nociones inciertas, fragmentos dispersos; las tramas del Iluminismo están enterradas en las cajas de la policía imperial.

Pero el contenido de estas cajas ya no está enterrado; transportados a los Archivos Nacionales, los documentos en los que se ponen al descubierto las intrigas del Iluminismo son finalmente entregados al público. No se trata de abades imaginativos, profesores escoceses o teólogos norteamericanos que inventan un cuento chino para alarmar al mundo; estos secos informes oficiales preparados para el ojo vigilante del Emperador, nunca destinados y nunca utilizados para su publicación, relatan con calma y desapasionadamente lo que los propios autores han oído y observado sobre el peligro que el Iluminismo representa para todas las formas de gobierno establecido.

El autor del informe más detallado[649] fue un tal François Charles de Berckheim, comisario especial de policía en Maguncia hacia el final del Imperio, quien, como francmasón, no era naturalmente proclive a tener prejuicios contra las sociedades secretas. En octubre de 1810, sin embargo, escribió que le había llamado la atención sobre los Illuminati un panfleto que acababa de caer en sus manos, el *Essai sur la Secte des Illuminés*, que, como muchos contemporáneos, atribuyó originalmente a Mirabeau. Se pregunta entonces si la secta sigue existiendo y, en caso afirmativo, si se trata realmente de una "asociación de villanos espantosos

---

[649] Archivos nacionales, F* 6563.

cuyo objetivo, como afirma Mirabeau, es derrocar toda ley y toda moral y sustituir la virtud por el crimen en todos los actos de la vida humana". También pregunta si las dos sectas de *Illuminés se han* unido en una sola y cuáles son sus planes actuales. Las conversaciones con otros francmasones aumentaron aún más la ansiedad de Berckheim sobre el tema; uno de los mejor informados comentó: "Sé mucho, lo suficiente en cualquier caso para estar convencido de que los *Iluminados* han jurado el derrocamiento de los gobiernos monárquicos y de toda autoridad sobre la misma base".

Berckheim emprendió entonces una investigación que le permitió afirmar que los *Illuminati* tenían iniciados en toda Europa, que no habían escatimado esfuerzos para introducir sus principios en las logias y "difundir una doctrina subversiva de todo gobierno establecido [...] con el pretexto de regenerar la moral social y mejorar la suerte y la condición de los hombres mediante leyes fundadas en principios y sentimientos hasta entonces desconocidos y contenidos únicamente en la cabeza de los dirigentes". El iluminismo", declaró, "se está convirtiendo en un poder grande y formidable, y temo, en mi alma y en mi conciencia, que los reyes y los pueblos tendrán mucho que sufrir por su causa, si la previsión y la prudencia no rompen su espantoso mecanismo [*sus espantosas restauraciones*]".

Dos años más tarde, el 16 de enero de 1813, Berckheim escribió de nuevo al Ministro de Policía:

Mi Señor, me han dicho desde Heidelberg... que hay un gran número de iniciados en los misterios del Iluminismo.

Estos caballeros llevan un anillo de oro en el tercer dedo de la mano izquierda como signo de reconocimiento; en el dorso de este anillo hay una pequeña rosa, en cuyo centro hay una línea casi imperceptible; al presionar esta línea con la punta de un alfiler se toca un resorte, que desprende los dos círculos de oro. En el interior del primero de estos círculos figura la inscripción: "Sé alemán como debes ser"; en el interior del segundo de estos círculos están grabadas las palabras "Pro Patria".

Por muy subversivas que fueran las ideas Illuminati, no lo eran para el patriotismo alemán. Esta aparente paradoja puede observarse en todo el movimiento Illuminati hasta nuestros días.

En 1814, Berckheim escribió su gran informe sobre las sociedades secretas de Alemania, que es de tal importancia para arrojar luz sobre el funcionamiento del movimiento revolucionario moderno, que deben darse aquí largos extractos.[650] Está claro, por tanto, que no extrajo sus ideas de Robison o Barruel -a los que no se refiere ni una sola vez-, sino de la información recogida localmente en Alemania. Por último, los primeros párrafos refutan la falacia según la cual la secta se extinguió en 1786.

La asociación más antigua y peligrosa es la conocida generalmente como los *Illuminati*, fundada a mediados del siglo pasado.

Baviera fue su cuna; se dice que fue fundada por varios dirigentes de la orden de los jesuitas; pero esta opinión, que puede haber sido expresada al azar, se basa en fundamentos inciertos; en cualquier caso, progresó rápidamente en poco tiempo, y el gobierno bávaro reconoció la necesidad de utilizar medidas represivas contra ella e incluso de expulsar a varios de sus principales sectarios.

Pero no pudo arrancar de raíz las semillas del mal. Los *Illuminati que* permanecieron en Baviera, obligados a ocultarse en la oscuridad para escapar a la mirada de las autoridades, se volvieron aún más formidables: las rigurosas medidas a las que fueron sometidos, adornadas con el título de persecución, les ganaron nuevos prosélitos, mientras que los miembros desterrados fueron a llevar los principios de la Asociación a otros estados.

Así, en pocos años, el iluminismo había multiplicado sus centros por todo el sur de Alemania y, en consecuencia, en Sajonia, Prusia, Suecia e incluso Rusia.

Durante mucho tiempo, los ensueños de los pietistas se confundieron con los de los Illuminati. Este error puede provenir del nombre de la secta, que al principio sugiere la idea de un fanatismo puramente religioso, y de las formas místicas que se vio obligada a adoptar en su nacimiento para ocultar sus principios y proyectos; pero la Asociación siempre ha tenido una tendencia política. Si aún conserva algunos rasgos místicos, es para apoyarse si es necesario en el poder del fanatismo religioso, y veremos a continuación lo bien que sabe aprovecharse de ello.

---

[650] Archives Nationales F* 6563 N° 2449, Serie 2. N° 49.

La doctrina del Iluminismo es subversiva de todas las formas de monarquía; libertad ilimitada, nivelación absoluta, tal es el dogma fundamental de la secta; romper los lazos que unen al Soberano con el ciudadano de un Estado, tal es el objeto de todos sus esfuerzos.

Sin duda, algunos de los principales dirigentes, entre los que había hombres distinguidos por su riqueza, su nacimiento y las dignidades con las que estaban investidos, no se dejaron engañar por estos sueños demagógicos: esperaban encontrar en las emociones populares que suscitaban los medios para hacerse con las riendas del poder o, en todo caso, para aumentar su riqueza y su crédito; pero la multitud de seguidores creía religiosamente en ellos y, para alcanzar el objetivo que se les indicaba, mantenían constantemente una actitud hostil hacia los soberanos.

Así pues, los *Illuminati* acogieron con entusiasmo las ideas que prevalecieron en Francia de 1789 a 1804. Tal vez no fueron ajenos a las intrigas que prepararon las explosiones de 1789 y de los años siguientes; pero si no tomaron parte activa en estas maniobras, es por lo menos indudable que aplaudieron abiertamente los sistemas que de ellas resultaron; que los ejércitos republicanos, cuando penetraron en Alemania, encontraron en estos sectarios auxiliares tanto más peligrosos para los soberanos de los Estados invadidos cuanto que no inspiraban ninguna desconfianza, y puede decirse con seguridad que más de un general de la República debió parte de su éxito a su entendimiento con los *Illuminati*.

Sería un error confundir el Iluminismo con la Masonería. Estas dos asociaciones, a pesar de los puntos de semejanza que puedan tener en el misterio con que se rodean, en las pruebas que preceden a la iniciación y en otras cuestiones de forma, son absolutamente distintas y no tienen ningún tipo de relación entre sí. Es cierto que las logias del rito escocés cuentan con algunos *Iluminados* entre los masones de los grados superiores, pero estos adeptos tienen cuidado de no darse a conocer como tales a sus hermanos en la Masonería ni manifestar ideas que pudieran traicionar su secreto.

A continuación, Berckheim describe los sutiles métodos con los que los Illuminati mantienen su existencia en la actualidad; extrayendo lecciones de los acontecimientos de 1786, su organización es invisible, de modo que desafía la mirada de la autoridad:

Durante mucho tiempo se creyó que la Asociación tenía un Gran Maestre, es decir, un punto central del que irradiaban todos los impulsos dados a este gran cuerpo, y esta primera fuerza motriz se buscó sucesivamente en todas las capitales del Norte, en París e incluso en Roma. Este error dio lugar a otra opinión no menos falaz: se suponía que en las principales ciudades había logias donde se realizaban las iniciaciones y que recibían instrucciones directamente de la sede central de la Sociedad.

Si el iluminismo se hubiera organizado de este modo, no habría escapado a la investigación durante tanto tiempo: estas reuniones, necesariamente concurridas y frecuentes, y que requerían locales apropiados como las logias masónicas, habrían atraído la atención de los magistrados: no habría sido difícil introducir falsos hermanos, que, dirigidos y protegidos por las autoridades, habrían penetrado pronto en los secretos de la secta.

He aquí la información más fiable que he reunido sobre la Asociación de *Iluminados*:

En primer lugar, me gustaría aclarar que con la palabra "hogares" no me refería a lugares de reunión de seguidores, lugares donde celebrar asambleas, sino únicamente a localidades donde la Asociación cuenta con un gran número de seguidores que, aunque aparentemente viven aislados, intercambian ideas, se llevan bien entre ellos y avanzan juntos hacia el mismo objetivo.

Es cierto que cuando se fundó la Asociación, ésta contaba con asambleas en las que tenían lugar las recepciones [es decir, las iniciaciones], pero los peligros resultantes obligaron a abandonarlas. Se decidió que cada adepto iniciado tendría derecho, sin la ayuda de nadie más, a iniciar a todos aquellos que, tras las pruebas habituales, parecieran dignos.

El catecismo de la secta se compone de un número muy reducido de artículos que incluso podrían reducirse a este único principio:

"Armar la opinión de los pueblos contra los soberanos y trabajar por todos los medios por la caída de los gobiernos monárquicos para fundar en su lugar sistemas de independencia absoluta". El espíritu de la Asociación era hacer todo lo posible para lograr este objetivo...

Las iniciaciones no van acompañadas, como en la Masonería, de pruebas fantasmagóricas, [...] sino que van precedidas de largas pruebas morales que garantizan de la manera más segura la fidelidad del catecúmeno. pero van precedidas de largas pruebas morales que garantizan de la manera más segura la fidelidad del catecúmeno; juramentos, mezcla de todo lo más sagrado de la religión, amenazas e imprecaciones contra los traidores, no se ahorra nada que pueda aturdir la imaginación; Pero el único compromiso que asume el destinatario es el de propagar los principios de los que ha sido imbuido, guardar un secreto inviolable sobre todo lo que concierne a la asociación y trabajar con todas sus fuerzas para aumentar el número de sus prosélitos.

Puede resultar sorprendente que exista la más mínima coincidencia en la asociación, y que hombres unidos por ningún vínculo físico y que viven a gran distancia unos de otros sean capaces de comunicar sus ideas, trazar planes de conducta y dar a los gobiernos motivos para temer; pero existe una cadena invisible que une a todos los miembros dispersos de la asociación. He aquí algunos eslabones:

Por lo general, todos los adeptos que viven en la misma ciudad se conocen, a menos que la población de la ciudad o el número de adeptos sea demasiado grande. En este último caso, se dividen en varios grupos, todos ellos en contacto entre sí a través de los miembros de la asociación que relaciones personales les vinculan a dos o más grupos a la vez.

Estos grupos se subdividen a su vez en tantos grupúsculos privados como la diferencia de rango, fortuna, carácter, gustos, etc., puedan hacer necesarios: Son siempre pequeños, compuestos a veces de cinco o seis individuos, que se reúnen con frecuencia bajo diversos pretextos, unas veces en casa de uno, otras en casa de otro; la literatura, el arte, las diversiones de toda clase son el objeto aparente de estas reuniones, y sin embargo es en estas *confabulaciones* donde los adeptos comunican sus opiniones privadas, se ponen de acuerdo sobre los métodos, reciben las indicaciones que les traen los intermediarios, y comunican sus propias ideas a estos mismos intermediarios, que luego van a propagarlas en otros coterios. Es fácil ver que puede haber uniformidad en el progreso de todos estos grupos separados, y que un día puede bastar para comunicar el mismo impulso a todos los distritos de una gran ciudad...

Tales son los métodos por los que los *Illuminati*, sin organización aparente y sin jefes fijos, se ponen de acuerdo desde las orillas del Rin hasta las del Neva, desde el Báltico hasta los Dardanelos, y avanzan continuamente hacia el mismo objetivo, sin dejar rastro alguno que pueda comprometer los intereses de la asociación o siquiera hacer sospechar de alguno de sus miembros; la fuerza policial más activa fracasaría ante semejante combinación...

Como la principal fuerza de los *Illuminati* reside en el poder de la opinión, se han esforzado desde el principio en hacer prosélitos entre los hombres que, por su profesión, ejercen una influencia directa sobre las mentes, como *escritores*, eruditos y, sobre todo, profesores. Difunden los principios de la secta desde sus púlpitos y a través de sus escritos, disimulando el veneno que hacen circular bajo mil formas diferentes. Estas semillas, a menudo imperceptibles para el ojo común, son luego desarrolladas por los adeptos de las Sociedades que frecuentan, y los términos más oscuros se ponen así al alcance de los menos clarividentes. Es sobre todo en las Universidades donde el Iluminismo siempre ha encontrado y encontrará muchos adeptos. Los profesores que pertenecen a la Asociación estudian desde el principio el carácter de sus alumnos. Si un estudiante da pruebas de una mente vigorosa, de una imaginación ardiente, los sectarios se apoderan inmediatamente de él, le hacen resonar en los oídos las palabras Despotismo-Tiranía-Derechos del Pueblo, etc., etc.. Antes de que pudiera siquiera atribuir un significado a estas palabras, a medida que crecía, lecturas escogidas para él, conversaciones hábilmente arregladas, desarrollaban los gérmenes depositados en su joven cerebro; pronto su imaginación fermentaba, la historia, las tradiciones de tiempos fabulosos, todo se ponía en juego para elevar su exaltación al punto más alto, e incluso antes de que nadie le hubiera hablado de una Asociación secreta, contribuir a la caída de un soberano le parecía el acto más noble y meritorio...

Finalmente, cuando ha sido completamente cautivado, cuando varios años de pruebas han garantizado a la sociedad un secreto inviolable y una devoción absoluta, se le hace saber que millones de individuos en todos los Estados de Europa comparten sus sentimientos y sus esperanzas, que un lazo secreto une firmemente a todos los miembros dispersos de esta inmensa familia, y que las reformas que tan ardientemente desea deben realizarse tarde o temprano.

Esta propaganda se ve facilitada por la existencia de asociaciones de estudiantes que se reúnen para estudiar literatura, esgrima, juegos de azar o incluso simple libertinaje.

Los Illuminati se infiltran en todos estos ambientes y los convierten en caldos de cultivo para la propagación de sus principios.

Esta es, pues, la forma en que la Asociación ha progresado constantemente desde sus orígenes hasta nuestros días; Es llevando las semillas del veneno desde la infancia hasta las clases más altas de la sociedad, alimentando las mentes de los estudiantes con ideas diametralmente opuestas al orden de cosas en que deben vivir, rompiendo los lazos que les unen a los soberanos, como el Iluminismo ha reclutado el mayor número de adeptos, llamados por el Estado en que nacieron a ser partidarios del Trono y de un sistema que les aseguraría honores y privilegios.

Entre los prosélitos de esta última clase, hay sin duda algunos a quienes los acontecimientos políticos, el favor del príncipe u otras circunstancias apartan de la Asociación; pero el número de estos desertores es necesariamente muy limitado: y aun así no se atreven a hablar abiertamente contra sus antiguos asociados, bien porque temen la venganza privada, bien porque, conociendo el poder real de la secta, quieren reservarse los cauces de la reconciliación; a menudo incluso están tan encadenados por las promesas que han hecho personalmente, que se ven obligados no sólo a considerar los intereses de la secta, sino a servirla indirectamente, aunque su nueva situación exija lo contrario... A continuación, Berckheim demuestra que los autores sobre el Iluminismo se equivocaron al declarar que los asesinatos políticos fueron definitivamente ordenados por la Orden:

Hay algo más que exageración en esta acusación; quienes la hicieron, más celosos de causar impresión que de buscar la verdad, pudieron concluir, no sin verosimilitud, que hombres que se rodeaban de un profundo misterio, que propagaban una doctrina absolutamente subversiva de cualquier tipo de monarquía, sólo soñaban con el asesinato de soberanos; Pero la experiencia ha demostrado (y todos los documentos extraídos de las fuentes menos sospechosas lo confirman) que los *Illuminati* confían mucho más en el poder de la opinión que en el poder del asesinato; el regicidio cometido sobre Gustavo III es tal vez el único crimen de este tipo que el Iluminismo se ha atrevido a intentar, si es que realmente se prueba que este crimen fue obra suya; además, si el asesinato hubiera sido, como se dice, el punto fundamental de su doctrina, ¿no podemos suponer que se habrían intentado otros regicidios en Alemania durante la Revolución Francesa, sobre todo cuando los ejércitos republicanos ocuparon el país?

La secta sería mucho menos formidable si ésta fuera su doctrina, en parte porque inspiraría en la mayoría de los *Illuminati* un sentimiento de horror que triunfaría incluso sobre el miedo a la venganza, y en parte porque los complots y conspiraciones de siempre dejan rastros que guían a las autoridades tras la pista de los principales instigadores; Además, está en la naturaleza de las cosas que de veinte complots dirigidos contra soberanos, diecinueve sean revelados antes de que hayan alcanzado el punto de madurez necesario para su ejecución.

El enfoque *de los Illuminati* es más prudente, más hábil y, en consecuencia, más peligroso; en lugar de despertar la imaginación con ideas de regicidio, afectan a los sentimientos más generosos: declamaciones sobre el estado desgraciado de los pueblos, sobre el egoísmo de los cortesanos, sobre las medidas de la administración, sobre todos los actos de autoridad que pueden servir de pretexto a las declamaciones, en contraste con los cuadros seductores de la felicidad que espera a las naciones bajo los sistemas que quieren establecer, tal es su manera de proceder, sobre todo en la intimidad. Más circunspectos en sus escritos, disfrazan generalmente el veneno que no se atreven a proponer abiertamente bajo una metafísica oscura o alegorías más o menos ingeniosas. A menudo, los textos de la Sagrada Escritura sirven de cobertura y de vehículo a estas insinuaciones desastrosas...

Esta forma continua e insidiosa de propaganda engancha tanto a la imaginación de sus seguidores que, en caso de crisis, están dispuestos a llevar a cabo los proyectos más audaces.

Otra asociación muy cercana a los *Illuminati*, informa Berckheim, es la conocida como los *Idealistas*, cuyo sistema se basa en la doctrina de la perfectibilidad; estas sectas afines "coinciden en ver en las palabras de la Sagrada Escritura la prenda de una regeneración universal, de una nivelación absoluta, y es en este espíritu que los sectarios interpretan los libros sagrados".

Berckheim también confirma la afirmación que hice en *Revolución Mundial* -discutida, como de costumbre, por un crítico que no tiene ni una sola prueba de lo contrario- de que la Tugendbund era una rama de los Illuminati. "La Liga de la Virtud", escribe, "estaba dirigida por los líderes secundarios de los Illuminati...". En 1810, los Amigos de la Virtud estaban tan identificados con los *Illuminati* en el norte de Alemania que no se veía ninguna línea divisoria entre ellos."

Pero es hora de pasar al testimonio de otro testigo sobre las actividades de las sociedades secretas, que también se encuentra en los Archives Nationales.[651] Se trata de un documento transmitido por el Tribunal de Viena al gobierno francés tras la Restauración, y que contiene el interrogatorio de un tal Witt Doehring, sobrino del barón d'Eckstein, quien, tras haber participado en intrigas de sociedades secretas, fue citado ante el juez Abel en Bayreuth en febrero de 1824. Entre las asociaciones secretas que habían surgido recientemente en Alemania, afirma el testigo, estaban los "Independientes" y los "Absolutos"; estos últimos "adoraban a Robespierre como su ideal más perfecto, de modo que los crímenes cometidos durante la Revolución Francesa por este monstruo y los montañeses de la Convención eran a sus ojos, de acuerdo con su sistema moral, hechos heroicos ennoblecidos y santificados por su objetivo". El mismo documento continúa explicando por qué tantos elementos combustibles no lograron producir una explosión en Alemania:

Lo que parecía ser el gran obstáculo para los planes de los Independientes... era lo que ellos llamaban el carácter servil y la lealtad perruna [*Hundestreue*] del pueblo alemán, es decir, ese apego -innato y firmemente impreso en sus mentes sin siquiera la ayuda de la razón- y lo que los alemanes llamaban el apego que este excelente pueblo siente en todas partes por sus príncipes.

Un viajero en Alemania en 1795 resumió admirablemente la cuestión en estos términos:

Los alemanes son en este aspecto [de la democracia] el pueblo más curioso del mundo... el temperamento frío y sobrio de los alemanes y su tranquila imaginación les permiten combinar las opiniones más audaces con la conducta más servil. Esto os explicará... por qué tanto material combustible acumulado durante tantos años bajo el edificio político de Alemania no lo ha dañado todavía. La mayoría de los príncipes, acostumbrados a ver a sus hombres de letras tan constantemente libres en sus escritos y tan constantemente serviles en sus corazones, no han creído necesario emplear la severidad contra este rebaño borreguil de modernos Gracos y Brutos. Algunos de ellos [los príncipes] incluso adoptaron algunas de sus opiniones sin dificultad, y el Iluminismo habiéndoseles presentado sin duda como la perfección, el complemento de la filosofía,

---

[651] *Presentado por el Gabinete de Viena*, F* 7566.

fueron fácilmente persuadidos de ser iniciados en ella. Pero se cuidaban de no darles a conocer más de lo que exigían los intereses de la secta.[652]

Así, el Iluminismo, incapaz de prender en su patria original, se extendió, como lo había hecho antes de la Revolución Francesa, a una raza latina más inflamable, esta vez los italianos. Seis años después de su interrogatorio en Beyreuth, Witt Doehring publicó su libro sobre las sociedades secretas de Francia e Italia, en el que se daba cuenta de que había sido un incauto y, de paso, confirmaba la afirmación que he citado antes de que la Alta Vendita era una evolución de los Illuminati.

Esta infame asociación, de la que he hablado extensamente en otro lugar,[653] constituía el Directorio supremo de los Carbonari y estaba dirigida por un grupo de nobles italianos, entre los cuales un príncipe, "el más profundo de los iniciados, fue encargado como Inspector General de la Orden" de propagar sus principios por el norte de Europa.

"Había recibido de manos de Kingge [es decir, Knigge, ¿aliado de Weishaupt?] los cahiers de los tres últimos grados". Pero éstos eran, por supuesto, desconocidos para la gran mayoría de los Carbonari, que se unieron a la asociación de buena fe. Witt Doehring muestra a continuación cómo el sistema de Weishaupt fue fielmente ejecutado por la Alta Vendita. En los tres primeros grados explica:

Se trata también de la moral del cristianismo e incluso de la Iglesia, por la que los que quieren ser aceptados deben prometer sacrificarse. Los iniciados se imaginan, según esta fórmula, que el objeto de la asociación es algo elevado y noble, que es la Orden de los que desean una moral más pura y una piedad más fuerte, la independencia y la unidad de su país.

---

[652] *Lettres d'un Voyageur à l'Abbé Barruel*, p. 30 (1800).

[653] *Révolution mondiale*, pp. 86 y ss., donde se ofrecen extractos de la correspondencia de la Alta Vendita (o Alta Venta romana). Esta correspondencia se encuentra en *L'Église Romaine en face de* la *Révolution*, de Crétineau Joly, quien la publicó basándose en documentos incautados por el gobierno papal tras la muerte de uno de sus miembros. Los documentos fueron comunicados a Crétineau Joly por el Papa Gregorio XVI, y publicados con la aprobación de Pío IX. Nunca se ha cuestionado su autenticidad. Siguen en los archivos secretos del Vaticano, o al menos estaban allí a principios de este año.

Por tanto, no se puede juzgar a los Carbonari *en masa; hay* algunos hombres excelentes entre ellos... Pero todo cambia una vez que se han cursado los tres grados. A partir del cuarto, en el de los *Apostoli*, prometen derrocar a todas las monarquías, y especialmente a los reyes de raza borbónica. Pero no es hasta el séptimo y último grado, alcanzado sólo por unos pocos, cuando las revelaciones van más allá. Finalmente, el velo se descorre por completo de los Principi Summo Patriarcho. Entonces nos enteramos de que el objetivo de los Carbonari es exactamente el mismo que el de los *Illuminati*. Este grado, en el que un hombre es a la vez príncipe y obispo, coincide con el Homo Rex de los Illuminati. El iniciado jura la ruina de toda religión y de todo gobierno positivo, sea despótico o democrático; el asesinato, el veneno y el perjurio están a su disposición. Quién no recuerda que cuando los *Illuminati fueron* suprimidos, uno de los venenos encontrados fue *tinctura ad abortum faciendum*. El *summo maestro* se burla del celo de la masa de carbonarios que se sacrificaron por la libertad y la independencia de Italia, no siendo para él ni una meta ni otra, sino un método.[654]

Witt Doehring, que había alcanzado él mismo el grado de P.S.P., declaró entonces que, habiendo hecho sus votos sobre la base de un malentendido, se consideraba liberado de sus obligaciones y sentía el deber de advertir a la sociedad. "Los temores que acosan a los gobiernos están demasiado fundados. El suelo de Europa es volcánico".[655]

No es necesario volver sobre el tema ya tratado en la *Revolución* Mundial al relatar la historia de las sucesivas erupciones que demostraron la veracidad de la advertencia de Witt Doehring. Lo que hay que subrayar de nuevo es que cada una de estas erupciones puede atribuirse a la acción de sociedades secretas y que, al igual que en el siglo XVIII, se sabía que la mayoría de los principales revolucionarios estaban relacionados con alguna asociación secreta. Según el plan de Weishaupt, la masonería suele servir de tapadera. Así, Louis *Amis de* la *Vérité*, que cuenta entre los Blanc a Bazard y Buchez, él mismo masón, habla de una logia llamada

---

[654] Jan Witt, conocido como Buloz, *Les Sociétés Secrètes de France et d'Italie*, pp. 20, 21 (1830).

[655] Ibídem, p. 6.

por sus fundadores "en la que las solemnes puerilidades del Gran Oriente sólo servían para enmascarar la acción política"[656] Bakunin, compañero del masón Proudhon,[657] "el padre de la Anarquía", utiliza precisamente la misma expresión.

La masonería, explica, no debe tomarse en serio, sino que "puede servir de máscara" y de "medio para preparar algo muy distinto".[658]

En otra parte he citado la afirmación del socialista Malon de que "Bakunin era un discípulo de Weishaupt", y la del anarquista Kropotkin de que había una afiliación directa entre la sociedad secreta de Bakunin - la *Alianza Sociale Démocratique*- y las sociedades secretas de 1795; he citado la afirmación de Malon de que "el comunismo fue transmitido en la sombra por las sociedades secretas" del siglo XIX; También he citado las felicitaciones dirigidas por Lamartine y el francmasón Crémieux a los francmasones de Francia en 1848 por su participación en esta revolución como en la de 1789; he demostrado que la organización de este estallido posterior por las sociedades secretas no es una hipótesis, sino un hecho admitido por todos los historiadores informados y por los propios miembros de las sociedades secretas.

Del mismo modo, el papel de la masonería y las sociedades secretas en los acontecimientos de la Comuna y la fundación de la Primera Internacional no es menos evidente. Los francmasones franceses siempre han presumido de su implicación en las convulsiones políticas y sociales. En 1874, Malapert, orador en el Consejo Supremo del Rito Escocés Antiguo y Aceptado, llegó a afirmar: "En el siglo XVIII, la masonería estaba tan extendida en el mundo que puede decirse que, desde entonces, nada se ha hecho sin su consentimiento".

La historia secreta de Europa de los últimos doscientos años aún está por escribir. Hasta que no se vean *entre bastidores*, muchos de los acontecimientos de este periodo seguirán siendo incomprensibles para

---

[656] Louis Blanc, *Histoire de Dix Ans*, I. 88, 89.

[657] Deschamps, *Les Sociétés Secrètes et la Société*, II. 534, citando Le *Monde Maçonnique* de julio de 1867.

[658] *Correspondencia de Michel Bakunin*, publicada por Michael Dragomanov, pp. 73, 209 (1896).

siempre.

Pero es hora de dejar atrás el pasado y considerar las fuerzas secretas que actúan en el mundo actual.

PARTE II - EL PRESENTE

11. MASONERÍA MODERNA

En la parte anterior de este libro, hemos seguido la historia de la masonería en el pasado y las diversas interpretaciones que se han dado a sus ritos y ceremonias. La pregunta ahora es: ¿cuál es el papel de la masonería en la actualidad?

El error fundamental de la mayoría de los autores sobre esta cuestión, ya sean masones o antimasones, es representar a todos los francmasones como si tuvieran una creencia y un propósito comunes. Así, por una parte, los panegíricos de los Francmasones sobre su Orden en su conjunto y, por otra, las condenas radicales de la Orden por parte de la Iglesia Católica, son igualmente erróneas.

La verdad es que la masonería en sentido genérico no es más que un sistema para unir a los hombres con un propósito, pues es obvio que las alegorías y los símbolos, como las *x* y *las y* del álgebra, pueden interpretarse de cien maneras diferentes. Se puede decir que dos pilares representan la fuerza y la estabilidad, o el hombre y la mujer, o la luz y la oscuridad, o cualquier otra cosa que se quiera. Un triángulo puede representar la Trinidad, o la Libertad, la Igualdad y la Fraternidad, o cualquier otra tríada. Es absurdo decir que uno de estos símbolos tiene un significado absoluto.

Las alegorías de la masonería también se prestan a diversas interpretaciones. La construcción del Templo de Salomón puede significar el progreso de cualquier empresa e Hiram la víctima de sus adversarios. Lo mismo ocurre con la "tradición secreta" de la masonería relativa a "una pérdida que ha sobrevenido a la humanidad"[659] y su eventual restauración. Puede decirse que cualquier grupo de personas que trabaje por un objetivo ha sufrido una pérdida y pretende recuperarla.

Del mismo modo, toda la organización de la Francmasonería, el plan de admisión de los candidatos a los sucesivos grados de iniciación, el hecho de obligarlos al secreto mediante juramentos aterradores, puede utilizarse para cualquier fin, social, político, filantrópico o religioso, para promover lo que es bueno o para difundir lo que es malo. Puede servir para defender un trono o derrocarlo, para proteger una religión o destruirla, para mantener el orden público o crear la anarquía.

Ahora bien, como hemos visto, desde el principio en la Masonería, además de los cargos escritos, existía una *tradición oral*, a la manera de la Cábala, de la que dependía la dirección de la sociedad. Por lo tanto, el verdadero carácter de cualquier forma de masonería no debe juzgarse únicamente por su ritual impreso, sino por la instrucción oral de los iniciados y las interpretaciones dadas a los símbolos y al ritual. Naturalmente, estas interpretaciones varían de un país a otro y de una época a otra.

La masonería se describe en su ritual como "un sistema particular de moralidad, velado por alegorías e ilustrado por símbolos". Pero, ¿qué código moral? Un estudio de la historia de la Orden revela que el mismo código no era en absoluto común a todos los cuerpos masónicos, como tampoco lo es hoy. Algunos mantienen un nivel de moralidad muy elevado, mientras que otros parecen no tener ninguno. El Sr. Waite observa que "las dos doctrinas de la unidad de Dios y la inmortalidad del alma constituyen 'la filosofía de la masonería'.[660] Pero estas doctrinas no son en absoluto esenciales para la existencia de la Francmasonería; el Gran Oriente ha renunciado a ambas, pero sigue siendo Francmasonería.

El señor Paul Nourrisson tiene, pues, toda la razón al decir: "Hay tantas masonerías como países; no existe una masonería universal".[661] A grandes rasgos, sin embargo, la masonería moderna puede dividirse en

---

[659] A. E. Waite, *The Secret Tradition in Freemasonry*, Vol. I. p. ix.

[660] *La Verdadera Historia de los Rosacruces*, p. 403.

[661] Paul Nourrisson, *Les Jacobins et le Pouvoir*, pp. 202, 215 (1904).

dos tipos: la variedad practicada en el Imperio Británico, América, Holanda, Suecia, Dinamarca, etc., y la masonería del Gran Oriente, que prevalece en los países católicos y cuyo centro más importante es el Gran Oriente de París.

ALBAÑILERÍA CONTINENTAL

El hecho de que la masonería en los países protestantes no sea revolucionaria ni antirreligiosa es a menudo utilizado por los escritores católicos para demostrar que el protestantismo se identifica con los objetivos de la masonería, y por los francmasones para probar que la tiranía de la Iglesia de Roma ha llevado a la masonería a una actitud hostil a la Iglesia y al Estado. El punto que se pasa por alto en estas dos tesis es la diferencia esencial de carácter entre los dos tipos de masonería. Si el Gran Oriente se hubiera adherido al principio fundamental de la masonería británica de no preocuparse por la religión o la política, no hay razón para que hubiera entrado en conflicto con la Iglesia. Pero su duplicidad en este punto es evidente. Así, en uno de sus primeros manuales, declara, como la masonería británica, que "nunca interviene en cuestiones de gobierno o de legislación civil y religiosa, y que si bien implica a sus miembros en el perfeccionamiento de todas las ciencias, excluye positivamente dos de las más finas, la *política* y la *teología*, porque estas dos ciencias dividen a los hombres y a las naciones que la masonería tiende constantemente a unir". [662] Pero en otra página del mismo manual del que se ha tomado esta cita, se afirma que la masonería es simplemente "la aplicación política del cristianismo". [663] De hecho, en los últimos cincuenta años, el Gran Oriente se ha quitado la máscara y ha declarado abiertamente que sus objetivos son políticos. En octubre de 1887, el Venerable Bro∴

Blanc dijo en un discurso que se imprimió para las logias: Reconocéis conmigo, hermanos míos, la necesidad de que la francmasonería se convierta en una vasta y poderosa sociedad política y social con una

---

[662] J. M. Ragon, *Cours philosophique... des Initiations*, etc., edición sagrada (5842), p. 19.

[663] Ibid. p. 38.

influencia decisiva en las resoluciones del gobierno republicano. [664]

Y en 1890, el francmasón Fernand Maurice declaraba "que nada debería ocurrir en Francia sin la acción oculta de la francmasonería" y "si los francmasones deciden organizarse, dentro de diez años *nadie se moverá en Francia aparte de nosotros*". [665]

Este es el poder despótico que el Gran Oriente estableció en oposición a la Iglesia y al gobierno.

Además, la masonería del Gran Oriente no sólo es política, sino subversiva en sus objetivos políticos. En lugar de la trilogía pacífica de la masonería británica, "amor fraternal, ayuda y verdad", siempre se ha adherido a la fórmula que se originó en las logias masónicas de Francia y se convirtió en el grito de guerra de la Revolución: "Liberté, égalité, fraternité". Es la ley de la igualdad", dice Ragon, "lo que siempre ha enamorado a los franceses de la masonería, y mientras la igualdad sólo exista realmente en las logias, la masonería se conservará en Francia". [666] El objetivo de la masonería del Gran Oriente era, pues, alcanzar la igualdad universal tal como la formulaban Robespierre y Babeuf. A propósito de la libertad, leemos que, puesto que todos los hombres son libres por naturaleza -la vieja falacia de Rousseau y de la Declaración de los Derechos del Hombre-, "nadie está necesariamente sometido a otro ni tiene derecho a dominarlo". [667] El revolucionario expresa la misma idea en la frase "ningún hombre debe tener amo". Por último, por fraternidad, la masonería del Gran Oriente entiende la abolición de todo sentimiento nacional.

Es a la Masonería [dice Ragon] a quien debemos la afiliación de todas las clases de la sociedad, ella sola pudo realizar esta fusión que, de su seno, ha pasado a la vida de los pueblos. Sólo ella podría promulgar esta ley humanitaria cuya creciente actividad, tendente a una gran uniformidad social, conduce a la fusión de razas, clases diferentes,

---

[664] Copin Albancelli, *Le Pouvoir occulte contre la France,* p. 124 *(1908).*

[665] Ibid. p. 125.

[666] Ragon, op. cit., p. 38, nota 2.

[667] Ibid. p. 39.

costumbres, códigos, usos, lenguas, modas, monedas y medidas. Su virtuosa propaganda se convertirá en la ley humanitaria de todas las conciencias.[668]

La política del Gran Oriente es, pues, abiertamente socialista internacional. De hecho, en otro pasaje, Ragon lo deja claro:

De ella emanan todas las reformas generosas, todos los beneficios sociales, y si sobreviven es porque la masonería los apoya. Este fenómeno se debe únicamente al poder de su organización. El pasado le pertenece y el futuro no puede escapársele. Por su inmenso poder de asociación, es la única capaz de lograr, mediante una *comunión generadora*, la gran y bella unidad social concebida por Jaurès, Saint-Simon, Owen y Fourier. Si los masones están dispuestos, las generosas ideas de estos pensadores filantrópicos dejarán de ser vanas utopías.[669]

¿Quiénes son los pensadores filantrópicos enumerados aquí, sino los hombres burlonamente descritos por Karl Marx como los "socialistas utópicos" del siglo XIX? El socialismo utópico no es más que la expresión abierta y visible de la masonería del Gran Oriente. Además, estos socialistas utópicos eran casi todos masones o miembros de otras sociedades secretas.

El francmasón Clavel confirma el relato de Ragon.

Así, al igual que Ragon, cita el principio expresado en el ritual de iniciación de un maestro masón:

Está expresamente prohibido que los masones discutan entre ellos asuntos religiosos y políticos, ya sea dentro o fuera de la logia, ya que estas discusiones generalmente tienen el efecto de crear discordia donde antes reinaba la paz, la unión y la fraternidad. Esta ley masónica no admite excepciones.[670]

Pero Clavel también dice:

Borrar entre los hombres las distinciones de color, de rango, de credo,

---

[668] Ibid. p. 52.

[669] Ibid. p. 53.

[670] Clavel, *Histoire pittoresque de la Franc-Maçonnerie*, p. 21.

de opinión y de patria; aniquilar el fanatismo y... el azote de la guerra; en una palabra, hacer de todo el género humano una misma familia unida por el afecto, por la devoción, por el trabajo y por el saber: ésta, hermano mío, es la gran obra que ha emprendido la Francmasonería, etc.[671]

Hasta cierto punto, muchos masones británicos que lean estos pasajes estarán totalmente de acuerdo con los sentimientos expresados.

El humanitarismo, la supresión de las diferencias de clase, la fraternización entre hombres de todas las razas, condiciones y creencias religiosas, forman parte, por supuesto, del espíritu de la masonería británica, pero son simplemente la base sobre la que se reúnen los masones en las logias y no un sistema político que se imponga al mundo en general.

Por lo tanto, la Masonería Británica no intenta interferir con el sistema social o la forma de gobierno existentes; la esencia de su enseñanza es que cada miembro de la Fraternidad debe tratar de reformarse a sí mismo, no a la sociedad. En una palabra, la regeneración individual sustituye a la reorganización social preconizada por el Gran Oriente bajo la influencia del Iluminismo. La fórmula de los "Estados Unidos de Europa" y de la "República Universal", proclamada por primera vez por el Illuminatus Anacharsis Clootz,[672] ha sido durante mucho tiempo el lema de las logias francesas.[673]

En materia de religión, la masonería del Gran Oriente se apartó totalmente del principio establecido por las logias británicas. Si la Iglesia católica se ha mostrado hostil a la Masonería, hay que recordar que en los países católicos, la Masonería se ha mostrado militarmente anticatólica. La Masonería -declaró uno de sus oradores modernos- es la *contra-*

---

[671] Ibid. p. 23.

[672] En *La República Universal*, publicado en 1793. Reeditado por Omnia Veritas Ltd, con prefacio de Pierre Hillard.

[673] Georges Goyau, *L'Idée de Patrie et l'Humanitarisme*, p. 242 *(1913), citando el discurso de F. Troubat en 1886. Ferdinand Buisson publicó en 1868 una revista titulada* Les États Unis de l'Europe. *Ibídem, p. 113.*

Iglesia, el contracatolicismo, la Iglesia de la Herejía".[674] El *Bulletin* du Grand Orient de 1885 declaraba oficialmente: "Nosotros los francmasones debemos continuar la obra de la Iglesia y de la *Herejía:* "Nosotros los francmasones debemos continuar la demolición definitiva del catolicismo."

Pero el Gran Oriente fue más allá y atacó todas las formas de religión. Así, como se ha dicho, esos "antiguos hitos" de la Masonería británica, la creencia en el Gran Arquitecto del Universo y la inmortalidad del alma, nunca fueron parte integrante de su sistema, y no fue hasta 1849 cuando, por primera vez, "se formuló claramente que la base de la Masonería es la creencia en Dios y la inmortalidad del alma, y la solidaridad de la Humanidad". Pero en septiembre de 1877, se suprimió la primera parte de esta fórmula, se omitieron todas las referencias al Gran Arquitecto, y el estatuto rezaba ahora como sigue: "Su fundamento es la libertad absoluta de conciencia y la solidaridad de la Humanidad". [675] La francmasonería británica, que no aceptaba la libertad de conciencia en el sentido de ateísmo, pero que exigía que cada francmasón profesara la creencia en alguna forma de religión y que insistía en que el volumen de la ley sagrada -en Inglaterra la Biblia, en los países mahometanos el Corán, etc.- se colocara sobre la mesa en sus logias, rompió a partir de entonces todas las relaciones con el Gran Oriente. En marzo de 1878, se adoptó por unanimidad la siguiente resolución:

La Gran Logia, aunque siempre deseosa de recibir con el espíritu más fraternal a los Hermanos de cualquier Gran Logia extranjera cuyos procedimientos se lleven a cabo de acuerdo con los Antiguos Principios de la Orden, de los cuales la creencia en la T.G.A.O.T.U. es el primero y más importante, no puede reconocer como Hermanos "verdaderos y genuinos" a aquellos que han sido iniciados en Logias que niegan o ignoran esta creencia.[676]

El Gran Oriente, dice M. Copin Albancelli, no contento con renunciar al Gran Arquitecto cuya gloria había celebrado en todas las ocasiones y

---

[674] Copin Albancelli, *Le Pouvoir occulte contre la France*, p. 89.

[675] Gould, *Historia de la Francmasonería*, III. 191, 192.

[676] Ibid. III. 26.

cuyas alabanzas se habían cantado sin cesar en sus logias, exigió que sus iniciados se declararan absolutamente convencidos de que el Gran Arquitecto no era más que un mito.[677] Además, en las logias se permitían e incluso se aplaudían violentas diatribas antirreligiosas. Así, en 1902, el francmasón Delpech, en su discurso en un banquete masónico, pronunció estas palabras:

El triunfo del Galileo ha durado veinte siglos; ahora le toca morir. La voz misteriosa que antaño anunció la muerte de Pan en las montañas del Epiro anuncia ahora la muerte del Dios mentiroso que prometió una era de justicia y paz a quienes creyeran en él. La ilusión ha durado mucho tiempo; el Dios mentiroso desaparece a su vez; se unirá en el polvo de los siglos a las otras divinidades de la India, Egipto, Grecia y Roma, que han visto a tantas criaturas engañadas arrojarse sobre el alimento de sus altares. Francmasones, tenemos el placer de afirmar que no somos indiferentes a esta ruina de los falsos profetas. La Iglesia romana, fundada sobre el mito galileo, comenzó a decaer rápidamente el día en que se formó la asociación masónica. Desde el punto de vista político, los francmasones han variado a menudo. Pero en todas las épocas, la Francmasonería se ha mantenido firme en este principio: guerra a todas las supersticiones, guerra a todos los fanatismos.[678]

¿Cómo conciliar esta actitud hacia la religión en general y el cristianismo en particular con el hecho de que el Gran Oriente siga trabajando en el grado rosacruz? Este grado, que, como hemos visto, fue concebido originalmente (tanto en Escocia como en Francia) para dar un sentido cristiano a la masonería, no se incorporó a la masonería británica hasta 1846 y ha conservado su carácter original en nuestro país. Su ritual, centrado en una palabra perdida, significa que la dispensación del Antiguo Testamento terminó con la Crucifixión, y es tan fuertemente cristiano que ningún judío, mahometano u otro no cristiano puede ser admitido. Además, como este grado, conocido como el decimoctavo grado, es en realidad el primer grado del Rito Antiguo y Aceptado, tal como se practica en este país, los no cristianos están excluidos de la totalidad de ese Rito y sólo pueden tomar los grados de Real Arco, Marco

---

[677] Copin Albancelli, *Le Pouvoir occulte contre la France*, p. 97.

[678] Ibid. p. 90.

Masón, Real Arquero Marinero y, por último, Real Selecto y Super-Excelente Maestro. En consecuencia, los treinta y tres masones del grado trigésimo tercero que componen el Supremo Consejo que rige el Rito Antiguo y Aceptado son necesariamente cristianos profesantes.

En Francia, es exactamente lo contrario: la Orden Rosacruz, trabajada por ateos y judíos declarados, sólo puede ser una parodia de los misterios cristianos.

Es esencial comprender que en Francia el campo antimasónico está dividido en dos bandos. Mientras que la mayoría de los escritores católicos consideran que la masonería en sí es la fuente de todo mal - "la Sinagoga de Satanás"-, investigadores más imparciales han expuesto la opinión de que no es la masonería, ni siquiera la del Gran Oriente, sino algo oculto tras la masonería lo que constituye el principal peligro. Esta opinión es expresada por el Sr. Copin Albancelli, cuyo libro *Le Pouvoir occulte contre la France* es de la mayor importancia para comprender el peligro masónico, ya que no puede hablarse aquí de prejuicios católicos o de acusaciones imaginarias hechas por un extraño a la masonería. El Sr. Copin Albancelli entró en el Gran Oriente como agnóstico y nunca volvió al seno de la Iglesia; sin embargo, como francés, patriota y creyente en la ley, la moral y la ética cristianas, se vio obligado, después de seis años de experiencia en las logias y tras obtener el grado de rosacruz, a abandonar la masonería y, además, a denunciarla. Por lo que él mismo ha oído y observado, M. Copin Albancelli declara que el Gran Oriente es antipatriótico, subversivo de toda moral y de toda creencia religiosa, y que representa un inmenso peligro para Francia.

Pero más que eso, Copin Albancelli afirma que el Gran Oriente es un sistema de engaño por el cual los miembros son alistados en una causa desconocida para ellos; incluso los iniciados de los grados superiores no son todos conscientes del verdadero propósito de la Orden o del poder que hay detrás de ella. M. Copin Albancelli llega así a la conclusión de que existen tres masonerías, una por encima de la otra: (i) la masonería azul (es decir (i) la Masonería Azul (es decir, los tres grados del Oficio), ninguno de cuyos verdaderos secretos es revelado a los miembros y que sólo sirve de terreno de clasificación para la selección de probables sujetos; (2) los grados superiores, en los que la mayoría de los miembros, aunque imaginan haber sido iniciados en todo el secreto de la Orden y "rebosan de importancia" por su imaginario papel de dirigentes, sólo son admitidos a un conocimiento parcial del objetivo hacia el que se esfuerzan; y (3) el círculo interior, "los verdaderos maestros", los que se ocultan tras la masonería de alto nivel.

Además, la admisión en este círculo interior puede no ser una cuestión de grados. "Mientras que en las masonerías inferiores los adeptos están obligados a pasar por todos los grados de la jerarquía establecida, la masonería superior e invisible se recluta ciertamente no sólo entre los treinta y tres grados, sino en todos los grupos de la masonería de grado superior, y quizás incluso en ciertos casos excepcionales fuera de ellos". [679] Esta Masonería Interior e Invisible es en gran medida *internacional*.

El pasaje más esclarecedor del libro del Sr. Copin Albancelli es aquel en el que describe una experiencia que tuvo después de tomar el grado de Rosacruz. Fue entonces cuando uno de sus superiores le llevó aparte y se dirigió a él en estos términos: "Te das cuenta del poder que tiene la masonería. Podemos decir que dominamos Francia. No es por el número, ya que sólo hay 25.000 francmasones en este país [esto era en 1889]. Tampoco es porque seamos los cerebros, pues usted ha podido juzgar la mediocridad intelectual de la mayoría de estos 25.000 francmasones. Retenemos a Francia porque estamos organizados y somos los únicos que lo estamos. Pero sobre todo, mantenemos Francia porque tenemos un objetivo, y este objetivo es desconocido; como es desconocido, ningún obstáculo puede interponerse en el camino; y finalmente, como ningún obstáculo se interpone en el camino, el camino está abierto ante nosotros. Eso tiene sentido, ¿no? "Absolutamente. "Eso está bien. Pero, ¿qué diría usted de una asociación que, en lugar de estar compuesta por 25.000 desconocidos como en la masonería, estuviera compuesta, digamos, por sólo mil individuos, pero por mil individuos reclutados de la manera que voy a indicarle?

Y el francmasón explica cómo fueron seleccionados estos individuos, los meses y años de observación y control a los que fueron sometidos, con el fin de formar un cuerpo de hombres elegidos en el seno de la Francmasonería, capaces de dirigir sus operaciones.

"¿Te imaginas el poder de una asociación así?".

---

[679] *Le Pouvoir occulte contre la France*, pp. 274-7.

"Una asociación así seleccionada podría hacer lo que quisiera. Podría ser dueña del mundo si quisiera".

El adepto superior, tras pedir una nueva promesa de secreto, declaró:

"Pues bien, a cambio de esta promesa, Hermano Copin, estoy autorizado a hacerle saber que esta asociación existe y que, además, estoy autorizado a presentársela".[680]

Fue entonces cuando el Sr. Copin Albancelli se dio cuenta de que el punto al que conducía la conversación no era, como había supuesto en un primer momento en, una invitación a dar el siguiente paso en la masonería -el trigésimo grado de Caballero Kadosch-, sino a entrar por una puerta lateral en una asociación oculta dentro de la masonería y para la que la organización visible de esta última sólo servía de tapadera. Se observará aquí un parecido muy curioso entre el método de sondeo del Sr. Copin Albancelli y el del Illuminatus Cato en el asunto Savioli, descrito en un pasaje ya citado: Ahora que es masón, yo... retomé el plan general de nuestra ⊙, y como le agradó, le dije que tal cosa existía realmente, a lo que me dio su palabra de que entraría en ella.

El Sr. Copin Albancelli, sin embargo, no dio su palabra de que se uniría, sino que, por el contrario, impidió nuevas revelaciones declarando que abandonaría la masonería.

Esta experiencia le había permitido vislumbrar "un mundo que existe detrás del mundo masónico, más secreto que él, insospechado por él y por el mundo exterior".[681] La masonería, pues, "sólo puede ser la antesala a media luz de la verdadera sociedad secreta. Esa es la verdad".[682] "Existe, pues, necesariamente un poder director permanente. No podemos ver este poder, por eso es oculto".[683]

Durante algún tiempo, el Sr. Copin Albancelli llegó a la conclusión de que este poder era "el poder judío" y desarrolló esta idea en otra

---

[680] Ibid. pp. 284-6.

[681] *Le Pouvoir occulte contre la France*, p. 44.

[682] Ibid. p. 263.

[683] Ibid. p. 294.

obra[684]; pero la guerra le ha llevado a desarrollar sus teorías en otro libro, que aparecerá en breve.

Que las logias del Gran Oriente están controladas en gran parte por judíos es, por otra parte, cierto, y que son centros de propaganda política es igualmente innegable. Basta leer los siguientes extractos -algunos de los cuales se reproducen al lado- del programa de debates del *Bulletin* du Grand Orient del 5 de junio de 1922, para reconocer que las ideas que propagan son sencillamente las del socialismo internacional:

Logia "Union et France": Lectura del Informe de nuestra T∴ C∴.

F∴ Chardard sobre "La explotación de la riqueza nacional en beneficio de la comunidad".

Logia "Les Rénovateurs": "Explotación de la riqueza nacional y de las grandes empresas en beneficio de la comunidad". Conferencia de nuestro F∴ Goldschmidt, Diputado Orat∴ sobre la misma cuestión.

[Ilustración: recortes de prensa]

Logia "Les Zélés Philanthropes": "¿Es necesaria la transformación de la sociedad actual? Conferencia de la T∴ C∴ F∴ Edmond Cottin.

Logia "Paix-Travail-Solidarité": "Rôle de la Franc-Maçonnerie dans la politique actuelle" por F∴ F∴ Logia "Les Trinitaires": "Le Socialisme Français" por T∴ Ill. F∴ Elie May.

Ten∴ Colectivo de la L∴ "Emmanuel Arago" & "los Corazones Unidos Indivisibles": "Cómo propagar nuestro Ideal Masónico en el Mundo Secular". Conferencia de F∴ Jahia, de la R∴ L∴ Isis Monthyon.

Logia "Isis Monthyon y Conciencia y Voluntad": "El terror y el peligro fascista en Italia, el fascismo y la F∴- Maç∴ italiana", impresiones de nuestro F∴ Mazzini, de vuelta, tras una larga estancia en Italia.

El último de estos extractos demuestra que la masonería del Gran Oriente es enemiga del fascismo, que salvó a Italia en su hora de peligro.

De hecho, los francmasones italianos adoptaron una resolución directamente opuesta a los puntos de vista fascistas, en particular con

---

[684] *La conjura judía contra el mundo cristiano* (1909).

respecto a la política religiosa de Mussolini, que reinstauró el crucifijo en las escuelas y la educación religiosa en el programa escolar. El *Giornale di Roma, un* periódico fascista, declaró que los principios anunciados por los francmasones en esta resolución eran los que amenazaban con arrollar al Estado y a la nación.

Como resultado, Mussolini declaró que los fascistas debían abandonar sus logias o abandonar el fascismo.[685]

En Bélgica, la masonería siguió el mismo camino político y antirreligioso. En 1856, el comité directivo del Gran Oriente de Bélgica declaró: "Las logias tienen no sólo el derecho, sino el deber de supervisar las acciones en la vida pública de aquellos de sus miembros que hayan colocado en funciones políticas, el derecho de exigir explicaciones...".[686] Cuando en 1866, durante una ceremonia fúnebre en honor del difunto rey Leopoldo I, el Gran Oriente de Bélgica exhibió la máxima "El alma que emana de Dios es inmortal", los francmasones de Lovaina presentaron una violenta protesta alegando que "el libre pensamiento había sido admitido por las logias belgas en 1864 como su principio fundamental" y que, por tanto, el Gran Oriente había violado las convicciones de sus miembros.[687]

En España y Portugal, la masonería desempeñó un papel no sólo subversivo, sino también activamente revolucionario y sanguinario. El anarquista Ferrer, íntimamente implicado en un complot para asesinar al rey de España, se encargaba al mismo tiempo de las negociaciones entre el Gran Oriente de Francia y la Gran Logia de Cataluña.[688] Aunque estos planes asesinos se vieron frustrados en España, tuvieron un éxito rotundo en Portugal. Las revoluciones portuguesas de 1910 a 1921 se organizaron bajo la dirección de la masonería y de la sociedad secreta Carbonarios. El asesinato del rey Carlos y de su hijo mayor había sido preparado por las mismas organizaciones secretas. En 1908, un panfleto inspirado en los libelos publicados contra María Antonieta se dirigió contra la reina

---

[685] *Morning Post* de 1 de febrero y 26 de febrero de 1923.

[686] Copin Albancelli, *Le Pouvoir occulte contre la France*, p. 132.

[687] Gautrelet, *La Franc-Maçonnerie et la Révolution*, p. 87 (1872).

[688] Copin Albancelli, *Le Pouvoir occulte contre la France*, p. 85.

Amelia y su marido. El asesinato tuvo lugar un mes después. Entre los dirigentes de la nueva República se encontraba Magalhaes Lima, Gran Maestre del Gran Oriente de Portugal.[689]

La autoría de estos desórdenes fue, de hecho, tan claramente reconocida que los francmasones honestos abandonaron las logias. Un francmasón inglés, desconocedor del verdadero carácter de la masonería portuguesa, de paso por Lisboa en agosto de 1919, se dio a conocer a varios masones portugueses moderados que, si bien se alegraron de acogerle como hermano, se negaron a admitirle en una logia, declarando que habían roto todo vínculo con la masonería desde que ésta había caído bajo el control de los asesinos. Añadieron también que el asesinato del Sr. Paes, Presidente en diciembre de 1918, era obra de ciertas logias portuguesas. Previamente se había celebrado una reunión especial en París, en colaboración con el Gran Oriente de Francia, en la que se había decidido la destitución de Paes. Una vez tomada esta decisión, intentaron ponerla en práctica lo antes posible, con fatales consecuencias. El asesino fue encarcelado en la penitenciaría, pero liberado por la revolución de 1921, y no se intentó recapturarlo. El asesinato del Dr. Antonio Granjo en octubre de 1921 se atribuyó a la misma agencia. En el bolsillo del asesinado se encontró un documento de la "Logia Libertad y Justicia" (¡!) advirtiéndole de la decisión tomada contra él por ordenar a la policía que protegiera a la compañía británica de tranvías.[690]

El actual gobierno portugués no oculta su carácter masónico, imprimiendo la escuadra y el compás en sus billetes.

Pero mientras en España y Portugal la masonería se manifestaba en ataques anarquistas, en Europa del Este las logias, controladas en gran parte por judíos, seguían la línea del socialismo marxista. Tras la caída del régimen de Bela Kun en Hungría, una redada en las logias desenterró documentos que revelaban claramente que los masones habían difundido ideas socialistas. En las actas de las reuniones se lee, por ejemplo, que el 16 de noviembre de 1906, el Dr. Kallos se dirigió a la logia de Gyor para hablar de los ideales socialistas. El mundo ideal que llamamos el mundo

---

[689] Louis Dasté, *Marie Antinette et le Complot Maçonnique*, pp. 49-51 (1910).

[690] *Times*, 30 de diciembre de 1921; *A Epoca*, 28 de noviembre de 1921.

masónico", declaró, "será también un mundo socialista, y la religión de la masonería es también la religión del socialismo". El Dr. Kallos familiarizó entonces a los miembros con las teorías de Marx y Engels, mostrando que las utopías no eran de ninguna ayuda, ya que los intereses de los proletarios estaban en conflicto absoluto con los de otras clases, y que estas diferencias sólo podrían resolverse mediante una guerra de clases internacional. Sin embargo, con ese miedo al proletariado que siempre había caracterizado a los demócratas de la masonería revolucionaria, el Dr. Kallos declaró más tarde que "la revolución social debe ser incruenta".[691] El régimen de Karolyi fue el resultado directo de estas ilusiones y, como en todas las revoluciones, allanó el camino a los elementos más violentos.

Incluso más al este, en Europa, las logias, aunque revolucionarias, en lugar de seguir la línea socialista internacional de la masonería húngara, tenían un carácter político y nacionalista. El movimiento de los Jóvenes Turcos nació en las logias masónicas de Salónica, bajo la dirección del Gran Oriente de Italia, que luego contribuyó al éxito de Mustafá Kemal. Además, a medida que nos acercamos al Próximo Oriente, cuna del sistema masónico, vemos la influencia semítica, no sólo de los judíos, sino también de otras razas semíticas que dirigen las logias. En Turquía, en Egipto, en Siria, hoy como hace mil años, nunca han dejado de existir las mismas sociedades secretas que inspiraron a los Templarios, y en esta mezcla de Oriente y Occidente, es posible que el Gran Oriente reciba refuerzos de estas fuentes de las que extrajo su sistema y su nombre.

Entre los extraños supervivientes de las primeras sectas orientales se encuentran los drusos del Líbano, que podrían describirse como los francmasones de Oriente; su organización externa se asemeja mucho a la de los grados del Oficio en la masonería occidental, pero su poder de ocultación es tal que pocos europeos, si es que alguno, han logrado descubrir sus doctrinas secretas. De hecho, hombres con un conocimiento íntimo de Oriente Medio han afirmado que su influencia en la política de esa región es tan amplia como la del Gran Oriente en los asuntos de Europa, y que son el caldo de cultivo de todas las ideas y cambios

---

[691] Estos documentos se publicaron en un libro titulado *A Szabadkömivesseg Bünei*, de Adorjan Barcsay.

políticos. Aunque pequeña en número, esta misteriosa sociedad está formada por antiguos maestros de la intriga que, aunque desempeñan un papel aparentemente secundario en las reuniones políticas, secretas o no, o incluso permanecen completamente en silencio, consiguen influir en las decisiones con resultados sorprendentes.

ALBAÑILERÍA BRITÁNICA

A continuación examinaremos las demás diferencias entre la masonería británica y el Gran Oriente.

En primer lugar, aunque trabaja sobre los mismos grados, sus rituales, fórmulas y ceremonias, así como la interpretación que da a las palabras y los símbolos, son diferentes en muchos aspectos esenciales.

En segundo lugar, la masonería británica es esencialmente una institución honesta.

Mientras que en el Gran Oriente, el iniciado es conducido a través de un laberinto de ceremonias hacia una meta que le es desconocida y que puede descubrir demasiado tarde que es algo distinto de lo que suponía, el iniciado británico, aunque es admitido por etapas progresivas a los misterios de la Orden, conoce sin embargo desde el principio el propósito general de la Orden.

En tercer lugar, la masonería británica es ante todo filantrópica y las sumas que dedica a fines benéficos son inmensas. Desde la guerra, las tres principales organizaciones masónicas de beneficencia han recaudado más de 300.000 libras esterlinas cada año.

Pero lo que hay que subrayar aquí es que la masonería británica es estrictamente apolítica, no sólo en teoría sino en la práctica, y aplica este principio en todas las ocasiones. Por ejemplo, antes de las recientes Elecciones Generales, el informe de la Junta de Propósitos Generales, redactado por la Gran Logia el 5 de diciembre de 1923, reiteraba que "todos los temas de naturaleza política están estrictamente excluidos de la discusión en las reuniones masónicas", de acuerdo con la tradición masónica establecida desde hace mucho tiempo... se deduce que la masonería no debe utilizarse con fines personales o partidistas en relación con unas elecciones". También advierte: "Cualquier intento de llevar a la Orden al terreno electoral se consideraría un grave delito masónico".

Al mismo tiempo, se emitió un nuevo requerimiento al Grand Orient de France:

Habiendo retirado la Gran Logia Unida de Inglaterra su reconocimiento a este cuerpo en 1878,... se considera necesario advertir a todos los miembros de nuestras Logias que no pueden visitar ninguna Logia bajo la obediencia de cualquier jurisdicción no reconocida por la Gran Logia Unida de Inglaterra; y que además, en virtud de la Regla 150 del Libro de Constituciones, no pueden admitir visitantes de esa Logia.

Por las razones expuestas al principio de esta sección, la masonería británica se ha mantenido al margen de todo intento de crear un sistema masónico internacional. La idea se planteó por primera vez en el Congreso Masónico de París en 1889, convocado para celebrar el centenario de la primera Revolución Francesa, pero no condujo a nada definitivo hasta el Congreso de Ginebra en septiembre de 1902, al que asistieron delegados de treinta y cuatro Logias, Grandes Logias, Grandes Orientes y Supremos Consejos, donde se adoptó por unanimidad una propuesta "tendente a la creación de una Oficina Internacional de Asuntos Masónicos", a la que veinte Potencias, principalmente europeas, dieron su apoyo. El Hermano Desmons, del Gran Oriente de Francia, en un discurso pronunciado tras la cena, declaró que siempre había sido "el sueño de su vida" que "todas las democracias se encontraran y se entendieran de tal manera que un día formaran la República Universal".[692]

Según el informe oficial de los debates, "los representantes de Bélgica, Holanda, Francia, Alemania, Inglaterra, España, Italia y Suiza saludaron con gran emoción la aurora de esta nueva era". El mismo informe observaba que "es un error creer que la Francmasonería no ataca los defectos de tal o cual Estado y que, por consiguiente, permanece ajena a las luchas y tendencias partidistas de la época".

Y otra vez:

La Masonería se ha fijado una tarea, una misión. Se trata nada menos que de reconstruir la sociedad sobre bases totalmente nuevas, más acordes con las condiciones actuales de los medios de comunicación, de

---

[692] *Dos Siglos de Francmasonería,* p. 79. Publicado por la Oficina Internacional de Asuntos Masónicos, Neuchâtel, 1917.

la situación y de la producción, así como de una reforma del derecho, de una renovación completa del principio de existencia, en particular del principio de comunidad y de las relaciones entre los hombres.

Sin embargo, el informe citado es inexacto en un aspecto importante. Ningún delegado inglés estuvo presente en el Congreso de Ginebra ni en ninguna otra ocasión similar. Hubo un delegado de Adelaida que habló extensamente, pero el Presidente mencionó específicamente que Inglaterra no participaba en el movimiento. Más tarde, en un informe de la Junta de Propósitos Generales a la Gran Logia el 2 de marzo de 1921, aparece una carta de Lord Ampthill, pro Gran Maestro, declinando una invitación de la Gran Logia Alpina de Suiza a los masones británicos para asistir a un Congreso Masónico Internacional en Ginebra y citando la siguiente carta del Gran Secretario como precedente de esta negativa:

En respuesta a la invitación para asistir a una Conferencia Masónica Internacional en Suiza en otoño de este año, tengo que declarar que la Gran Logia Unida de Inglaterra no podrá enviar representantes en esa ocasión. Nunca tomará parte en ninguna reunión masónica en la que lo que siempre ha considerado como los hitos antiguos y esenciales de la Orden, a saber, una creencia expresa en el Gran Arquitecto del Universo, y un reconocimiento obligatorio del Volumen de la Ley Sagrada, sean tratados como una cuestión abierta. Su negativa a permanecer en asociación fraternal con Jurisdicciones Soberanas que han repudiado o ignorado estos hitos es conocida desde hace mucho tiempo, y su determinación a este respecto sigue siendo inquebrantable.

Lord Ampthill continuó diciendo

Otra consecuencia de algunos de los acontecimientos de la guerra es reforzar nuestra determinación de mantener a la Masonería, en la medida de lo posible, estrictamente al margen de cualquier implicación en política, ya sea nacional o internacional. Esta actitud de distanciamiento de los asuntos de Estado necesariamente controvertidos, sobre los que los Hermanos pueden legítima y justamente discrepar, ha sido siempre mantenida por nuestra Gran Logia desde su primera reunión en 1717. Por esta razón se ha mantenido al margen de las Conferencias Internacionales convocadas durante la Guerra; y nunca más que ahora la necesidad de mantener esta actitud ha sido sentida por los Francmasones Británicos... Por estas razones, la invitación a asistir a la Conferencia Internacional de Francmasones propuesta en Ginebra no puede ser aceptada. Tal asamblea podría describirse como informal, pero inevitablemente se vería como la apertura de la puerta al compromiso en los puntos que la Gran Logia siempre ha considerado esenciales. Tal compromiso nunca será contemplado por la masonería inglesa. En estos puntos esenciales, adoptamos la firme posición que siempre hemos adoptado; no podemos apartarnos del pleno reconocimiento del Gran Arquitecto del Universo, y seguiremos prohibiendo la introducción de discusiones políticas en nuestras Logias.

Por ello, la masonería británica ha adoptado una postura firme contra el Gran Oriente.

Pero es lamentable que opiniones tan admirablemente expresadas se limiten a la correspondencia masónica y no sean más visibles para el mundo en general. En el continente, fuera de los círculos masónicos, la diferencia entre la masonería británica y la variedad del Gran Oriente *no* es suficientemente conocida, y la reticencia de los principales masones británicos sobre el tema no sólo ha jugado a favor de los intratables antimasones, que declaran que toda la masonería es mala, sino que ha fortalecido la posición de los revolucionarios que utilizan la masonería con fines subversivos. Así, durante la revolución portuguesa de 1920, los francmasones de ese país que dirigían el movimiento se refugiaron tras la buena reputación de Inglaterra. ¿Cómo podéis acusar a las logias de ser clubes de asesinos", decían al pueblo, "cuando la masonería está dirigida por Inglaterra y ha tenido al rey Eduardo como Gran Maestre?

Por ridículas que puedan parecer a la opinión pública británica, tales acusaciones no deben quedar sin respuesta por el honor de nuestro país.

Un testigo de los disturbios en Portugal dijo a este autor que si tan sólo la Gran Logia de Inglaterra hubiera publicado una nota en la prensa continental disociándose del Gran Oriente en general y de la masonería portuguesa en particular, el poder de los revolucionarios se habría debilitado inmensamente y la propaganda antibritánica y proalemana que entonces circulaba por el país habría sido derrotada. Pero la masonería británica prefirió mantener una actitud distante, contentándose con lanzar advertencias periódicas contra el Gran Oriente en privado en las logias.

Esta política ha hecho un gran daño no sólo al buen nombre de Inglaterra, sino también al de la masonería británica a los ojos del mundo exterior, y en particular a los ojos de los católicos romanos, lo cual es tanto más lamentable cuanto que la masonería y la Iglesia católica romana son los dos únicos cuerpos organizados en este país que disciplinan realmente a sus miembros y les prohíben pertenecer a sociedades secretas subversivas; son, por tanto, los dos baluartes más fuertes contra las fuerzas ocultas de la revolución. Por eso, como veremos más adelante, son los dos organismos más temidos por los agentes de reclutamiento de esas sociedades.

Pero en el caso de la masonería, el hecho es desgraciadamente demasiado poco conocido por el mundo en general. Como dijo recientemente un jesuita de mente singularmente amplia:

Las actividades anticlericales y revolucionarias de la masonería continental no comenzaron cuando el Gran Oriente abolió definitivamente a Dios. Estas fuerzas malignas habían estado trabajando durante más de un siglo. Sin embargo, los francmasones ingleses se contentaron con encogerse de hombros y mirar hacia otro lado, a pesar de que el verdadero carácter de la francmasonería extranjera había llamado su atención en libros como *Proofs of a Conspiracy against all the Religions and Governments of Europe (Pruebas de una conspiración contra todas las religiones y gobiernos de Europa)*, de John Robison...

No cabe duda [dice el mismo autor] de que los católicos continentales han mostrado a veces una deplorable exageración al atribuir todos los males morales y sociales del mundo a las insidiosas labores de la Francmasonería... Pero mientras los francmasones ingleses aparten resueltamente los ojos de las actividades antirreligiosas y antisociales de sus hermanos continentales, no hay esperanza de un mejor entendimiento.[693]

Es imposible negar la verdad de estas reglas. Como ya se ha señalado en el curso de este libro, los francmasones británicos a menudo no sólo han ignorado la advertencia de Robison, sino que lo han vilipendiado como enemigo de la masonería, aunque nunca atacó a su Orden, sino sólo a los sistemas pervertidos del continente; con demasiada frecuencia también han exonerado a las sociedades secretas más peligrosas, en particular a los Illuminati, porque, aparentemente por algún equivocado sentido de la lealtad, consideran que es su deber defender cualquier

---

[693] Artículo sobre "Papas y masonería", por el reverendo Herbert Thurston, S.J., en *The Tablet*, 27 de enero de 1923.

asociación de carácter masónico. Esto es simplemente suicida. La masonería británica no tiene enemigos más acérrimos que las sociedades secretas de la subversión que, desde los Illuminati, siempre han mirado a la masonería honesta con desprecio y han utilizado sus doctrinas para fines tortuosos.

Es fácil ver cómo estas doctrinas pueden ser pervertidas para fines directamente opuestos a los que los francmasones británicos tienen en mente. Así, por ejemplo, la idea de la hermandad del hombre en el sentido de amor por toda la humanidad es la esencia del cristianismo - "Sed amables los unos con los otros con amor fraternal; en honor preferíos los unos a los otros". Al adoptar el "amor fraternal" como parte de su trilogía sagrada, los francmasones británicos están adoptando un punto de vista totalmente cristiano. Pero si por fraternidad del hombre se entiende que los hombres de todas las razas están igualmente emparentados, y que por lo tanto se tienen los mismos deberes para con los extranjeros que para con los propios compatriotas, es obvio que todo sentimiento nacional debe desaparecer. El francmasón británico no interpreta, por supuesto, la teoría de este modo; no puede considerarse seriamente hermano del pigmeo del bambú o del caníbal polinesio, por lo que utiliza el término sólo en un sentido vago y teórico.

¿Qué significa literalmente la palabra "hermano"? Si consultamos el diccionario, veremos que se define como "un hombre nacido de los mismos padres; alguien estrechamente unido o parecido al otro; asociado en intereses comunes, una ocupación común", etc. Por lo tanto, es obviamente absurdo decir que hombres de razas tan diferentes como los que nos ocupan son hermanos; no han nacido de los mismos padres, no están unidos en el propósito, no se parecen en nada y no están asociados en intereses y ocupaciones comunes. Aunque se trata de casos extremos, existen sin embargo diferencias esenciales entre los hombres de una misma zona y un mismo clima. El inglés y el francés no son hermanos porque no ven la vida desde el mismo punto de vista, pero eso no es razón para que no sean estrechos aliados.

La fraternidad humana, si se toma literalmente, es por tanto un término engañoso, y esta relación tampoco es necesaria para la paz mundial.

Caín y Abel no eran mejores amigos, porque eran hermanos. David y Jonatán, en cambio, no eran hermanos, sino amigos devotos.

Al buscar la fraternidad universal en el verdadero sentido de la palabra, los francmasones persiguen una quimera.

El error más peligroso al que ha sucumbido la democracia, bajo la influencia de la masonería ilustrada, es la creencia de que la paz entre las naciones puede lograrse mediante el internacionalismo, es decir, destruyendo el sentimiento nacional. Ahora bien, no es porque un hombre esté desprovisto de afecto natural por lo que es más probable que viva en paz con sus vecinos; al contrario, el buen hermano, el padre devoto, tiene todas las posibilidades de convertirse en un amigo fiel. La paz permanente entre las naciones probablemente nunca estará asegurada, pero la única base sobre la que puede concebirse tal situación es la de un nacionalismo sano: un entendimiento entre los elementos patrióticos y viriles de cada país que, porque valoran sus propias libertades y veneran sus propias tradiciones, son capaces de respetar las de las demás naciones. El internacionalismo es un entendimiento entre los elementos decadentes de cada país -los objetores de conciencia, los socialistas de sillón, los visionarios- que rehúyen las realidades de la vida y, como dijo admirablemente el socialista Karl Kautsky en una descripción de los idealistas, "sólo ven diferencias de opinión y malentendidos donde en realidad hay antagonismos irreconciliables". Por eso, en tiempos de crisis, los idealistas son los más peligrosos de todos los hombres, y los pacifistas los mayores promotores de la guerra.

El acuerdo entre las naciones es totalmente deseable, pero la destrucción del espíritu nacional en todas partes sólo puede conducir al debilitamiento de todos los países en los que tiene lugar este proceso y al triunfo de las naciones que se niegan a aceptar el mismo principio.

Se podrá replicar que los francmasones no creen en la doctrina de la fraternidad entre todos los hombres, sino sólo entre los masones de todas las razas. Pero esto puede conducir a la desintegración nacional si se crea, dentro de cada nación, una fraternidad internacional independiente de los países a los que pertenecen sus miembros. La consecuencia lógica de este desarrollo puede ser que un hombre se niegue a luchar por su país contra sus hermanos masones - esto es lo que ocurrió en Francia. Antes de la última guerra, el Gran Oriente era el gran semillero del antipatriotismo, donde se desalentaba cualquier proyecto de defensa nacional. Antes de 1870, ocurría lo mismo, y fue en las logias masónicas donde Alemania encontró sus aliados más preciados.

Del mismo modo, la doctrina de la perfectibilidad de la naturaleza humana se presta a la perversión. Nada es más deseable que el hombre se esfuerce por alcanzar la perfección. ¿No ordenó Cristo a sus discípulos:

"Sed, pues, vosotros perfectos, como vuestro Padre que está en los cielos es perfecto"? El hombre actúa, pues, de acuerdo con los principios cristianos, buscando la perfección divina. Pero cuando llega a creer que ya la ha alcanzado, hace de sí mismo un dios. Si me justifico", dice Job, "mi propia boca me condenará; si digo que soy perfecto, demostrará que soy impío". Y San Juan: "Si decimos que no tenemos pecado, nos engañamos a nosotros mismos, y la verdad no está en nosotros". Más aún, si buscamos la perfección en los demás, también nos engañamos a nosotros mismos y hacemos dioses de los hombres. Esta es precisamente la conclusión a la que llegan la masonería pervertida y las formas de socialismo que se derivan de ella. La naturaleza humana, dicen, es en sí misma divina, así que ¿qué necesidad hay de otros dioses? Así pues, la Iglesia católica tiene razón al declarar que la doctrina de la perfectibilidad de la naturaleza humana conduce a la deificación de la humanidad en la medida en que pone a la humanidad en el lugar de Dios. El Gran Oriente, que acepta definitivamente esta doctrina, ha suprimido lógicamente de su ritual el nombre del Gran Arquitecto del Universo y se ha convertido en una asociación de librepensadores y ateos.

¿Es necesario subrayar la locura y el crimen de esta ilusión, la ridícula incoherencia de los hombres que divinizan a la humanidad mientras insultan a lo que llaman "sociedad"? Todos los males del mundo, declaran, no se encuentran en la naturaleza, sino en las "leyes hechas por el hombre", en las instituciones de la "sociedad". Pero, ¿qué es la sociedad sino el resultado de voluntades y aspiraciones humanas? La sociedad puede necesitar reformas, y sin duda las necesita, pero ¿no son sus imperfecciones la creación de seres imperfectos ? Es cierto que hoy el mundo está sumido en el caos: caos industrial, caos político, caos social, caos religioso. En todas partes, la gente pierde la fe en las causas que se supone que representa, la autoridad se cuestiona su derecho a gobernar, la democracia se fragmenta, las clases dirigentes abdican en favor de demagogos sin escrúpulos, los ministros de culto cambian su fe por popularidad.

¿Y qué ha llevado al mundo a este punto? La humanidad. La humanidad, esa abstracción omnisapiente y virtuosa que no necesita la luz del cielo.

¡La humanidad que iba a ocupar el lugar de Dios! Si alguna vez hubo un momento en la historia del mundo en que la futilidad de esta pretensión debiera ser obvia, es el momento presente. ¿Son todos los males, toda la confusión, simplemente el resultado de errores y pasiones humanas? No es el capitalismo el que ha fracasado, ni la democracia, ni siquiera el socialismo como principio; no es la monarquía la que se ha derrumbado, ni el republicanismo, ni la religión; *es la humanidad la que se ha derrumbado*. Los males del capitalismo provienen del egoísmo de los capitalistas individuales; el socialismo ha fracasado porque, como descubrió Robert Owen, los ociosos, los pendencieros, los egoístas han impedido su éxito. Si los hombres fueran perfectos, el socialismo podría triunfar, pero lo mismo ocurre con cualquier otro sistema. Un capitalista perfecto amaría a su empleado como a sí mismo, del mismo modo que un socialista perfecto estaría dispuesto a trabajar por el bien común. Son las imperfecciones de la naturaleza humana las que impiden, e impedirán siempre, que cualquier sistema sea perfecto.

Nunca habrá un Milenio hecho por el hombre. Sólo la aplicación de los principios cristianos a la conducta humana puede traer un mejor orden de cosas.

Al deificar la naturaleza humana, la Masonería del Gran Oriente no sólo construye sobre arena, sino que, al rechazar toda religión, elimina la única esperanza de progreso humano. Al mismo tiempo, al apoyar el socialismo, fomenta la guerra de clases en lugar de la fraternidad entre los hombres de todos los rangos y condiciones que dice preconizar. En cambio, la masonería británica, sin interpretar la fraternidad en sentido político, contribuye sin embargo a la paz social. En la conferencia anual del Partido Laborista en 1923, la Sección Extrema propuso que "cualquier persona que sea masón debería ser excluida de cualquier tipo de cargo", sugiriendo que "allí donde se ha llegado a un acuerdo entre los líderes sindicales y los empresarios, evitando o limitando así el malestar industrial, el secreto ha sido el vínculo de la masonería."[694] Sea este el caso o no, la masonería británica, al tomar partido por el patriotismo y el respeto a la religión, tiende necesariamente a unir a los hombres de todas las clases y, por tanto, ofrece un baluarte formidable contra las fuerzas de la revolución. Cualquier ataque contra la masonería británica, tal como

---

[694] *Evening Standard*, 26 de junio de 1923.

está constituida y dirigida en la actualidad, es por lo tanto absolutamente contrario a los intereses del país. Pero al mismo tiempo corresponde a los masones tener cuidado con los insidiosos intentos de las sociedades secretas irregulares de infiltrarse en la Orden y pervertir sus verdaderos principios. El satisfactorio estado actual de la Francmasonería en Inglaterra se debe no sólo a sus estatutos establecidos, sino al carácter de los hombres que la controlan, hombres que no son, como en la Francia del siglo XVIII, meras figuras decorativas, sino los verdaderos directores de la Orden. Si alguna vez el control pasara a manos equivocadas y los agentes de la sociedad secreta lograran apoderarse de una serie de logias, esta gran fuerza estabilizadora podría transformarse en un gigantesco motor de destrucción. En el próximo capítulo veremos lo insidiosos que son estos esfuerzos.

12. SOCIEDADES SECRETAS EN INGLATERRA

Hemos visto que, desde los Illuminati, las sociedades subversivas siempre han buscado reclutas entre los masones ortodoxos. La razón es obvia: no sólo las doctrinas de la Francmasonería se prestan a la perversión, sino que el entrenamiento que se da en las logias es una preparación admirable para la iniciación en otros sistemas secretos. El hombre que ha aprendido a guardar silencio incluso sobre lo que puede parecerle una trivialidad, que está dispuesto a someterse a la mistificación, a no hacer preguntas y a reconocer la autoridad de superiores a los que no tiene ninguna obligación legal de obedecer, que además está imbuido del *espíritu de cuerpo* que le une a sus hermanos en una causa común, es naturalmente un mejor sujeto para el adepto de la sociedad secreta que el inconformista que puede afirmar su independencia en cualquier momento. Pero quizás el factor más importante sea la naturaleza de los juramentos masónicos. Estas terribles sanciones, que muchos francmasones mismos lamentan como un vestigio de barbarie y que además han sido abolidas en los grados superiores, han hecho mucho para crear prejuicios contra la francmasonería, a la vez que han constituido un incentivo adicional para los intrigantes externos.

En opinión del Sr. Copin Albancelli, la abolición del juramento contribuiría en gran medida a impedir la penetración de las sociedades secretas en la masonería británica.

Sin embargo, las obligaciones de los masones británicos les prohíben unirse a estas sociedades irregulares, no sólo porque sus principios entran en conflicto con los de la masonería ortodoxa, sino también porque, en la mayoría de los casos, admiten mujeres. Según la normativa de la Gran Logia, "cualquier miembro que trabaje bajo jurisdicción inglesa... incumple su obligación al estar presente o asistir a reuniones que profesan ser masónicas y a las que asisten mujeres". El 3 de septiembre de 1919, la Junta de Propósitos Generales emitió el siguiente informe: Se llama cada vez más la atención de la Junta sobre los esfuerzos sediciosos que hacen ciertos cuerpos no reconocidos como masónicos por la Gran Logia

Unida de Inglaterra, para inducir a los masones a unirse a sus asambleas. Como todos esos cuerpos que admiten mujeres como miembros son clandestinos e irregulares, es necesario advertir a los Hermanos que pueden ser inducidos inadvertidamente a violar su obligación haciéndose miembros de tales cuerpos o asistiendo a sus reuniones. La Gran Logia, hace nueve años, aprobó la acción de la Junta al suspender de todos los derechos y privilegios masónicos a dos Hermanos que habían fallado descaradamente en explicar la grave irregularidad masónica sobre la cual se llama nuevamente la atención; y esperamos sinceramente que no surja ninguna ocasión para instituir nuevamente procedimientos disciplinarios del mismo tipo.

Es evidente que la idea de las mujeres albañiles no es nueva. Ya en 1730 existían logias femeninas en Francia y, hacia finales de siglo, varias mujeres excepcionales, como la duquesa de Borbón y la princesa de Lamballe, desempeñaron un papel destacado en la Orden. Pero esta *Masonería de Adopción*, como se la llamaba, seguía teniendo un carácter puramente convivial; un ceremonial simulado, con símbolos, contraseñas y ritual, estaba destinado a consolar a los miembros por su exclusión de las verdaderas logias. Estas mascaradas, como observa Ragon, "no eran más que pretextos para las asambleas; los verdaderos objetos eran el banquete y el baile, que eran sus acompañantes inevitables".[695]

Pero este precedente, inaugurado como un pasatiempo de sociedad y acompañado de toda la frivolidad de la época, allanó el camino para las dos clases de mujeres de Weishaupt que, aunque nunca fueron iniciadas en los secretos de la Orden, debían actuar como herramientas útiles "dirigidas por hombres sin saberlo". Para ello, debían dividirse en dos clases: las "virtuosas", que debían actuar como testaferros o señuelos, y las "más libres de corazón", que debían llevar a cabo los verdaderos objetivos de la Orden.

El mismo plan fue adoptado casi cien años después por el discípulo de Weishaupt, Bakunin, quien, sin embargo, admitió a las mujeres como verdaderas iniciadas en su sociedad secreta, la Alianza Socialdemócrata, pero que, al igual que Weishaupt, las dividió en clases. La sexta clase de personas a emplear en la obra de la revolución social se describe así en

---

[695] Ragon, *Cours des Initiations*, p. 33.

su programa: La sexta categoría es muy importante. Se trata de las mujeres, que deben ser divididas en tres clases: la primera, mujeres frívolas, ingenuas y desalmadas, a las que debemos utilizar del mismo modo que a los hombres de las categorías tercera y cuarta [es decir, "apoderándonos de sus sucios secretos y haciéndolas nuestras esclavas"]; la segunda, mujeres ardientes, entregadas y capaces, pero que no son nuestras porque no han alcanzado una comprensión revolucionaria práctica y sin frases - debemos utilizarlas de la misma manera que a los hombres de la quinta categoría [es decir, "apoderándonos de sus sucios secretos y haciéndolas nuestras esclavas"]; la tercera, las mujeres que no son nuestras porque no han alcanzado una comprensión revolucionaria práctica, sin frase, "arrastrándolas constantemente a demostraciones prácticas y peligrosas, que tendrán como resultado la desaparición de la mayoría de ellas, al tiempo que convertirán a algunas en verdaderas revolucionarias"]; por último, las mujeres que están totalmente con nosotros, es decir, completamente iniciadas y que han aceptado nuestro programa en su totalidad. Debemos considerarlas como nuestros tesoros más preciados, sin cuya ayuda no podemos hacer nada.[696]

La primera y única mujer admitida en la verdadera masonería, si se puede aplicar este término a un sistema tan heterogéneo, fue Maria Deraismes, ardiente feminista francesa, famosa por sus discursos políticos y sus campañas electorales en el distrito de Pontoise y, durante veinticinco años, líder reconocida del partido anticlerical y feminista.[697] En 1882, María Deraismes fue iniciada en la masonería por los miembros de la logia *Les Libres Penseurs*, filial de la Gran Logia Simbólica Ecosajona y situada en Le Pecq, en el departamento de Seine-et-Oise. Sin embargo, como el procedimiento era totalmente inconstitucional,, la iniciación de Maria Deraismes fue declarada nula por la Gran Logia y *Les Libres Penseurs* cayó en desgracia.[698] Pero unos años más tarde, el Dr. George Martin, ferviente defensor del sufragio femenino, colaboró con Maria Deraismes para fundar *la Masonería Mixta* en la primera logia

---

[696] Alianza de Socialistas Democráticos, etc., publicado por orden del Congreso Internacional de La Haya, p. 93 (1873).

[697] *Histoire des Clubs de Femmes*, del barón Marc de Villiers, p. 380.

[698] René Guénon, *Le Théosophisme*, p. 245 (1921).

de la Orden, Le Droit Humain. En 1899 se funda el *Supremo Consejo Mixto Universal.*

La Masonería Mixta era política y en modo alguno teosófica u ocultista, y su programa, como el del Gran Oriente, era el socialismo utópico, mientras que por su insistencia en la supremacía de la razón, proclamaba definitivamente su antagonismo con toda religión revelada. Así, en el lenguaje comprometido del propio Dr. George Martin: La Orden Internacional de la Co-Fremasonería es la primera potencia Co-Fremasónica filosófica, progresista y filantrópica que se ha organizado y constituido en el mundo, colocada por encima de todas las preocupaciones con ideas filosóficas o religiosas que puedan ser profesadas por aquellos que solicitan ser miembros... La Orden desea ocuparse principalmente de los intereses vitales de los seres humanos en la tierra; desea sobre todo estudiar en sus Templos los medios de alcanzar la Paz entre todas las naciones y la Justicia Social que permita a todos los seres humanos disfrutar durante su vida de la mayor suma posible de felicidad moral y bienestar material... Sin pretender ninguna revelación divina y afirmando alto y claro que sólo es una emanación de la razón humana, esta institución fraternal no es dogmática, es racionalista.[699]

Fue en este club materialista y político, establecido bajo el disfraz de la Francmasonería, donde Annie Besant entró con todo el extraño conglomerado de doctrinas orientales conocidas hoy como Teosofía.

TEOSOFÍA

Antes de abordar esta cuestión, es necesario aclarar mi propia postura. Aunque preferiría no introducir una nota personal en la discusión, creo que nada de lo que diga tendrá peso si parece la expresión de la opinión de alguien que nunca ha considerado las doctrinas religiosas más que desde el punto de vista cristiano ortodoxo. Por lo tanto, debo explicar que he conocido a teósofos desde una edad temprana, que he viajado por la India, Ceilán, Birmania y Japón, y que he visto mucho que admirar en las grandes religiones de Oriente. No creo que Dios se haya revelado sólo a

---

[699] Guénon, op. cit. p. 248, citando *La Lumière Maçonnique*, nov.-dec. 1912, p. 522.

una parte de la humanidad y sólo en los últimos 1900 años de la historia del mundo; no acepto la doctrina de que todos los millones de seres humanos que nunca han oído hablar de Cristo estén sumidos en la oscuridad espiritual; Creo que detrás de todas las religiones fundadas en una ley de justicia yace una verdad divina y central, que Ikhnaton, Moisés e Isaías, Sócrates y Epicteto, Marco Aurelio, Buda, Zoroastro y Mahoma fueron todos maestros que interpretaron a la humanidad el aspecto de lo divino que les fue concedido y que está en armonía con la revelación suprema dada al hombre por Jesucristo.

Esta idea de una afinidad entre todas las grandes religiones fue bellamente expresada por un viejo mahometano a un amigo del autor de este artículo, con quien estaba viendo una procesión hindú a través de un pueblo indio. En respuesta a la pregunta del inglés,

"El mahometano respondió: "¿Qué te parece?

"Ah, sahib, no podemos decirlo. Conocemos tres caminos para subir la colina del esfuerzo hasta las puertas del Paraíso: el camino de Musa [Moisés], el camino de Issa [Jesús] y el camino de Mahmud, y puede haber otros caminos de los que tú y yo no sepamos nada. Yo nací en el camino de Mahmud, y creo que es el mejor y el más fácil de seguir, y tú naciste en el camino de Issa. Y estoy muy seguro de esto: si tú sigues a tu guía por tu camino y yo por el mío, cuando hayamos subido la colina del esfuerzo, nos volveremos a saludar a las puertas del Paraíso".

Si en las páginas que siguen intento mostrar los errores de la Teosofía, no es porque no reconozca que hay muchas cosas buenas y bellas en las antiguas religiones de las que pretende derivar.

Pero, ¿qué es la teosofía? La palabra, como ya hemos visto, fue utilizada en el siglo XVIII para designar la teoría de los Martinistas; era conocida dos siglos antes, cuando Haselmeyer, en 1612, escribió sobre "la loable Hermandad de Teósofos de la Orden Rosacruz". Según el coronel Olcott, que fundó con Madame Blavatsky la moderna Sociedad Teosófica en Nueva York en 1875, la palabra fue descubierta por uno de los miembros "mientras pasaba las hojas de un diccionario" e inmediatamente adoptada por unanimidad.[700] Madame Blavatsky había llegado a América dos años antes, tiempo antes del cual profesaba haber sido iniciada en ciertas doctrinas esotéricas en el Tíbet. Monsieur Guénon, que escribe con un conocimiento íntimo del movimiento, indica sin embargo la existencia de superiores ocultos en el continente europeo por los que ella fue de hecho dirigida.

Lo que es muy significativo... es que Madame Blavatsky escribió lo siguiente en 1875: "Fui enviada de París a América para verificar los fenómenos y su realidad y para mostrar el engaño de la teoría espiritista." ¿Enviada por quién? Ella diría más tarde: por los "Mahatmas"; pero entonces no había duda de ello, y además fue en París donde recibió su misión, y no en la India o el Tíbet.[701]

En otra parte, Monsieur Guénon observa que es muy dudoso que Madame Blavatsky haya estado alguna vez en Thibet. Estas evidentes tentativas de ocultación llevan pues a Monsieur Guénon a la conclusión de que detrás de la Teosofía existía un misterioso centro de dirección, que Madame Blavatsky no era más que "un instrumento en manos de individuos o grupos ocultistas que se escondían detrás de su personalidad", y que "los que creen que ella lo inventó todo, que lo hizo todo por sí misma y por iniciativa propia, están tan equivocados como los que, por el contrario, creen en sus afirmaciones sobre sus relaciones con los llamados Mahatmas".[702]

Hay razones para pensar que las personas bajo cuyas órdenes trabajaba Madame Blavatsky en esa fecha en París eran Serapis Bey y Tuiti Bey, que pertenecían a los "Hermanos Egipcios". Esto puede responder a la pregunta de M. Guénon: "¿Quién la envió a América? Pero otro pasaje de los escritos de Madame Blavatsky, sobre la persona de Cristo, que M. Guénon cita más adelante, indica otra fuente de inspiración:

"Para mí, Jesucristo, es decir, el Hombre-Dios de los cristianos, copia

---

[700] Alice Leighton Cleather, *H. P. Blavatsky: her Life and Work for Humanity* p. 17 (Thacker, Spink & Co., Calcuta, 1922).

[701] René Guénon, op. cit., p. 17.

[702] René Guénon, op. cit., p. 30.

de los Avatares de todos los países, tanto del Crishna hindú como del Horus egipcio, nunca fue un personaje *histórico*". Por tanto, la historia de su vida no es más que una alegoría basada en la existencia de un "personaje llamado Jehoshua nacido en Lud". En otro lugar, sin embargo, afirma que Jesús pudo haber vivido durante la era cristiana o un siglo antes "*como se indica en el Sepher Toldoth Jehoshua*" (cursiva mía). Y Madame Blavatsky continúa diciendo que los eruditos que niegan el valor histórico de esta leyenda *mienten o dicen tonterías*. Son nuestros Maestros quienes lo dicen [cursivas mías]. Si la historia de Jehoshua o Jesús Ben Pandera es falsa, entonces todo el Talmud, toda la ley canónica judía, es falsa. Fue el discípulo de Jehoshua Ben Parashia, el quinto presidente del Sanedrín desde Esdras, quien reescribió la Biblia... Esta historia es mucho más verdadera que la del Nuevo Testamento, de la que la historia no dice ni una palabra.[703]

¿Quiénes eran los Maestros cuya autoridad invoca aquí Madame Blavatsky? Evidentemente no la Hermandad Transhimalaya a la que ella suele referirse con este término, y de la que ciertamente no puede sospecharse que afirme la autenticidad del Toldoth Yeshu. Por lo tanto, es obvio que Madame Blavatsky recibió esta enseñanza de otros "Maestros", y que estos otros Maestros eran cabalistas.

La misma influencia judaica aparece con más fuerza en un libro publicado por la Sociedad Teosófica en 1903, en el que se citan extensamente el Talmud y el Toledot Yeshu y se ridiculiza a los cristianos por sentir los ataques a su fe contenidos en estos libros, mientras que se presenta a los judíos como víctimas inocentes y perseguidas. Un solo pasaje da una idea del punto de vista del autor:

Cristo [decían los místicos] nació "de una virgen"; el creyente involuntario en Jesús como Mesías histórico en el sentido judío exclusivo del término, y como Hijo de Dios, de hecho Dios mismo, afirmó posteriormente que María era esa virgen; la lógica rabínica, que en este caso era una lógica simple y común, respondió a esta extravagancia con la réplica natural de que, puesto que no se reconocía su paternidad, Jesús

---

[703] Guénon, op. cit., p. 193, citando *Le Lotus* de diciembre de 1887.

era por tanto ilegítimo, un bastardo [*mamzer*].[704]

Está claro que estos líderes de la Teosofía tomaron prestadas sus ideas sobre Jesucristo menos de los Mahatmas Thibetanos, los Swamis Hindúes, los Gurus Sikh o los Hermanos Egipcios que de los Cabalistas Judíos.

Como observó el escritor judío Adolphe Franck: "En cuanto se menciona la teosofía en, seguro que aparece la Cábala".[705]

Continúa mostrando la influencia directa del cabalismo en la sociedad teosófica moderna.

La Sra. Besant, sin hacer suyas las peores blasfemias de los Toledot Yeshu, ha reflejado sin embargo ésta y otras tradiciones judaicas en su libro *Cristianismo Esotérico*, en el que relata que Jesús se crió entre los esenios y más tarde fue a Egipto, donde se convirtió en un iniciado de la gran logia esotérica -la Gran Logia Blanca- de la que derivan todas las grandes religiones. Como veremos, ésta es sólo una versión de la vieja historia contada por los talmudistas y cabalistas y perpetuada por los gnósticos, los rosacruces y la *Orden del Temple* en el siglo XIX.[706] Pero según uno de los antagonistas teosóficos de la Sra. Besant, su doctrina "descansa en un perpetuo equívoco", y mientras hacía creer al público inglés que cuando hablaba del Cristo venidero se refería al Cristo de los Evangelios, estaba diciendo a sus íntimos lo que el Sr. Leadbeater enseñaba en su libro *La Vida Interior*, a saber, que el Cristo de los Evangelios nunca existió, sino que fue una invención de los monjes del siglo II.[707]

Debe entenderse, sin embargo, que en el lenguaje de los teósofos, liderados por la Sra. Besant y el Sr. Leadbeater, Jesús y "el Cristo" son dos individualidades separadas y distintas, y que cuando ahora hablan de "el Cristo" se refieren a alguien que vive en un bungalow en el Himalaya

---

[704] Me abstengo de dar el nombre de este libro porque el autor ha dejado ahora la Sociedad Teosófica y puede que se arrepienta de haber escrito estas palabras.

[705] Adolphe Franck, *La Cábala*, pp. ii-iv.

[706] Véase *ante*, pp. 21, 66, 92.

[707] Alice Leighton Cleather, *Una gran traición*, p. 13 (1922).

y con quien el Sr. Leadbeater mantiene conversaciones sobre su próximo advenimiento.[708] Se han distribuido retratos de esta persona entre los miembros de "La Estrella de Oriente", una orden fundada en Benarés en 1911 por el Sr. Leadbeater y J. Krishnamurti para preparar al mundo para la llegada del Gran Maestro.

Pero es hora de volver a la alianza entre la Teosofía y la Masonería Mixta. Es imposible saber si la Sra. Besant, que había comenzado su carrera como librepensadora, retuvo alguna creencia en su antiguo credo cuando entró en contacto con la Orden, o si vio en esta sociedad materialista una valiosa organización práctica para la difusión de sus nuevas teorías esotéricas. En cualquier caso, ascendió rápidamente y pronto se convirtió en Vicepresidenta del *Consejo Supremo,* que la nombró Delegada Nacional en Gran Bretaña. En calidad de tal, fundó la rama inglesa de la Orden con el nombre de Co-Masonería (es decir, admitiendo a ambos sexos) en la Logia Human Duty de Londres, que fue consagrada el 26 de septiembre de 1902, y más tarde fundó otra logia en Adyar, India, llamada The Rising Sun.

El número de logias inscritas en el Gran Registro de la Masonería Común, incluidas las del extranjero, asciende actualmente a nada menos que 442.

La Masonería Mixta recibió así una doble dirección, ya que mientras permanecía en constante correspondencia con el *Supremo Consejo Mixto Universal,* situado en el 5 rue Jules-Breton de París y presidido por el Gran Maestre Piron, con Madame Amélie Gédalje, de trigésimo tercer grado, como Gran Secretaria General, recibía nuevas instrucciones de "la V∴ Ill∴ Bro∴ Annie Besant 33°" en Adyar. Sin embargo, para no herir la susceptibilidad de los adeptos ingleses, que podrían sentirse desanimados por las tendencias racionalistas de la Masonería Mixta, la señora Besant ha tomado prestadas las fórmulas de la Masonería Británica, así como su costumbre de colocar la V.S.L. sobre la mesa en las logias. Estas doctrinas contradictorias se mezclan graciosamente en los certificados de la Orden, que llevan el lema y las iniciales francesas en la parte superior:

---

[708] Sobre este tema, véanse las elucidaciones contenidas en el libro *Cristo y la Nueva Era* (1922), editado por G. Leopold, bajo los auspicios de "La Estrella en Oriente".

Liberté Égalité Fraternité À∴ L∴ G∴ D∴ L'H∴ (es decir, para gloria de la Humanidad) y debajo, en beneficio de los miembros ingleses, las iniciales del aparato masónico británico, que obviamente no aparecen en los certificados de la Orden francesa, que, al igual que el Gran Oriente, rechazó al Gran Arquitecto: T∴ T∴ G∴ O∴ T∴ G∴ A∴ O∴ T∴ U∴ (A la gloria del Gran Arquitecto del Universo).

Nuestros co-masones tienen así la ventaja de poder elegir si quieren dar gloria a Dios o a la Humanidad. La incompatibilidad de los dos dispositivos no parece haber impresionado a los iniciados ingleses, y probablemente no se dan cuenta de la farsa que es para ellos el resto del certificado, que, después de anunciar en imponentes mayúsculas "A todos los masones esparcidos por los dos hemisferios, Saludos", continúa diciendo "Por lo tanto, lo (o la) recomendamos como tal a todos los Francmasones del Globo, pidiéndoles que reconozcan todos los derechos y privilegios vinculados a este Grado, como haremos con todos aquellos que se presenten en circunstancias similares".

Ahora bien, cualquier masón británico verá a simple vista que todo esto es una afirmación falsa. Ninguna Orden Masónica puede recomendar a sus miembros derechos y privilegios a "todos los masones del mundo", por la sencilla razón de que, como se ha dicho, no existe la "masonería universal", de modo que ni siquiera la Gran Logia de Inglaterra -la Logia más importante del mundo- podría, si quisiera, conceder a sus miembros el derecho de entrada en las Logias Continentales. Como dijo recientemente un masón inglés:

Los no masones suelen tener la impresión de que un miembro británico o irlandés de la Orden puede entrar en una logia masónica en cualquier parte del mundo y participar en sus deliberaciones y procedimientos. Esta creencia puede ser desmentida inmediatamente y sin reservas. Tampoco ningún miembro de una logia de cualquier jurisdicción que no esté en comunión con las Grandes Logias del Reino Unido podrá ser recibido como visitante o miembro adherente en ninguna logia filial de las Grandes Logias de Inglaterra, Irlanda o Escocia.[709]

Pero es aún más ridículo por parte de la Masonería Mixta hacer esta

---

[709] Dudley Wright, *Roman Catholicism and Freemasonry*, p. 221 *(1922)*.

afirmación, ya que en el momento en que se escribió el Diploma arriba citado, la Masonería Mixta y su progenitora, la Masonería Mixta, no eran reconocidas por ninguna otra Orden de la Masonería excepto por la "Human Right", y no sólo no son reconocidas sino completamente repudiadas por la Gran Logia de Inglaterra. El masón británico, de hecho, no reconoce al co-masón como masón en absoluto, y violaría sus obligaciones discutiendo secretos masónicos con él o ella, por lo que no hay manera de que los masones británicos puedan conceder al co-masón derechos y privilegios masónicos. Además, con el fin de mantener la ilusión en las mentes de sus miembros de que son verdaderos masones, la Co-Masonería, en su órgano trimestral, *The Co-Mason*, tiene cuidado de incluir noticias masónicas relacionadas con la Masonería Británica como si fuera una y la misma Orden.

Por lo que respecta al Gran Oriente, se sigue una política igualmente tortuosa. Como ya hemos visto, la Gran Logia deshonró a la Logia que había admitido a María Deraismes y no reconoció oficialmente la Co-Masonería. El ritual adoptado por esta última Orden no era, sin embargo, el de la Masonería británica, y en la mayoría de las Logias co-masónicas el ritual empleado contiene variaciones derivadas del Gran Oriente[710]; de hecho, el carácter Gran Oriente de la Masonería co-masónica siempre ha sido generalmente reconocido en los círculos masónicos. Siendo este el caso, señalé en *World Revolution que la* Co-masonería deriva del Gran Oriente, pero recibí la siguiente protesta de un Co-masón:

¿Sabéis que durante veinte años el Gran Oriente se negó a reconocerla [a la co-masonería] como un cuerpo legítimo, igual que hacen ahora los masones ortodoxos ingleses? Es más, antes de afiliarnos, se nos dice claramente que no seremos reconocidos por este cuerpo. Además, no tenemos nada que ver con los Illuminati, ni con Alemania. Dado que el Gran Oriente ha suprimido la divinidad, es bastante terrible que un masón esté vinculado de alguna manera a esa Orden, y no puedo imaginar que

---

[710] En algunas logias se ha adoptado el ritual puramente británico bajo el nombre de trabajo de Verulam, mientras que recientemente se ha introducido un tercer ritual del "obispo Wedgwood", que, en opinión de un masón británico de alto rango, "da la vuelta a todo el funcionamiento de los grados del Craft y lo reduce al absurdo".

se diga nada peor de nosotros.

Esta carta está fechada el 6 de marzo de 1922, y el 19 de febrero anterior se había celebrado por fin una alianza entre el Gran Oriente y la Masonería en el Gran Templo del Derecho Humano de París. Encontramos un relato de esta ceremonia en el *Co-Mason* del mes de abril siguiente. Está claro, por tanto, que a los miembros que pudieran sentirse desalentados por la idea de un enlace con el Gran Oriente se les aseguró que no existía tal enlace. Pero cuando esta *relación* secreta se transformó en reconocimiento oficial -aunque no incluía el derecho de entrada de las mujeres miembros en las logias del Gran Oriente-, la manera triunfal en que se anunció el gran acontecimiento en el *Co-Mason* sugiere que la mayoría de los miembros no podían sino sentirse satisfechos de asociarse con la Orden que había "eliminado a la Deidad". Es cierto que unos pocos miembros protestaron, y para entonces la Masonería estaba demasiado bajo el control de la Sra. Besant como para que alguna facción cuestionara sus dictados. Por otra parte, la oposición se había debilitado por un cisma que tuvo lugar en la Orden en 1908, cuando un número de miembros que se oponían a la introducción del ocultismo oriental en la masonería y también desaprobaban el Gran Oriente, se formaron en un cuerpo separado bajo la Sra. Halsey y el Dr. Geikie Cobb, trabajando sólo los grados del Oficio de acuerdo con la Gran Logia de Inglaterra.

Este breve resumen ha demostrado que la Co-Masonería es un sistema híbrido derivado de dos fuentes conflictivas: las doctrinas políticas y racionalistas de *la Masonería Mixta* y el ocultismo oriental de Madame Blavatsky y Madame Besant.

Como budista profesante, Madame Blavatsky se desvinculó constantemente de cualquier plan de bienestar material. Así, en la primera Constitución de la Sociedad Teosófica, leemos:

"La Compañía repudia cualquier injerencia en su nombre en las relaciones gubernamentales de cualquier nación o comunidad, limitando su atención exclusivamente a los asuntos aquí expuestos."[711]

Estas cuestiones se refieren al estudio de las ciencias ocultas. De

---

[711] Alice Leighton Cleather, *H. P. Blavatsky: her Life and Work for Humanity*, p. 24 (Thacker. Spink & Co., Calcuta, 1922).

nuevo, la propia Madame Blavatsky escribió en el *Theosophist:* Despreocupada por la política, hostil a los sueños insensatos del socialismo y el comunismo, que aborrece -pues ambos no son sino conspiraciones disfrazadas de fuerza bruta y egoísmo contra el trabajo honesto- la Sociedad se preocupa poco por la gestión humana externa del mundo material. Todas sus aspiraciones se dirigen hacia las verdades ocultas de los mundos visible e invisible.[712]

Veremos que esta afirmación es diametralmente opuesta a la de la Masonería Mixta. Sin embargo, Madame Blavatsky se alejó tanto de su programa puramente ocultista tras su llegada a la India en 1879, que reconstruyó la Sociedad sobre la base de la "Fraternidad Universal". Esta idea estaba completamente ausente de su primer plan; "el plan de la Hermandad en la futura plataforma de la Sociedad", escribió su coadjutor el Coronel Olcott, "no fue pensado".[713] Fue sobre este plan, sin embargo, que la Sra. Besant pudo marchar hacia el Supremo Consejo de la Masonería Mixta, y añadiendo la Libertad y la Igualdad al principio de la Fraternidad, establecer la Co-Francmasonería sobre una base definitivamente política como preparación para las doctrinas socialistas que su maestro había "aborrecido".

En cuanto a las doctrinas esotéricas, Mme Besant se desvía de nuevo del camino trazado por Mme Blavatsky, cuyo objetivo era rehabilitar el budismo en la India, presentando las enseñanzas de Gautama Buda como un avance sobre el hinduismo.[714] No obstante, la Sra. Besant llegó a considerar las doctrinas de los brahmanes como la fe más pura. Sin embargo, no fue ni el budismo ni el hinduismo en su forma más pura lo que presentó a los masones occidentales, sino un sistema oculto de que ella misma había ideado, en el que Mahatmas, Swamis y Gurus se mezclaban incongruentemente con los charlatanes de la Francia del siglo XVIII. Así, en las logias co-masónicas, encontramos "el Rey" inscrito sobre la silla del Gran Maestre en el Este, la silla vacía del "Maestro" en el Norte -ante la cual, hasta hace poco, todos los miembros debían

---

[712] Alice Leighton Cleather, *H. P. Blavatsky: her Life and Work for Humanity*, p. 24 (Thacker, Spink & Co., Calcuta, 1922).

[713] Ibid. p. 14.

[714] Ibid. pp. 20, 311.

inclinarse al pasar- y sobre ella una imagen, velada en algunas logias, de la misma figura misteriosa. Si el neófito pregunta: "¿Quién es el Rey?", se le dirá que es el Rey que debe venir de la India -no se sabe si es idéntico al joven hindú Krishnamurti adoptado por la señora Besant en 1909-, mientras que a la pregunta "¿Quién es el Maestro?", la respuesta será probablemente que es el "Maestro de todos los verdaderos francmasones del mundo", lo que para el interesado significa el líder de la religión a la que pertenece -Cristo, Mahoma u otra-. Pero en el tercer nivel, la información sorprendente se confía con la apariencia de un gran secreto, a saber, que no es otro que el famoso Conde de Saint-Germain, que en realidad no murió en 1784, sino que todavía vive hoy en Hungría bajo el nombre de Ragocsky. A un nivel aún más elevado, se puede decir al iniciado que el Maestro es en realidad el príncipe Eugenio de Austria.

Sería superfluo describir en detalle las locuras absurdas que componen el credo de la Co-Masonería, ya que recientemente se ha dedicado una larga serie de artículos al tema en *El Patriota* y puede ser consultada por cualquiera que desee información sobre sus ceremonias y el personal que la dirige.[715] Baste decir aquí que su trayectoria, como la de la mayoría de las sociedades secretas, ha estado marcada por violentas disensiones entre sus miembros -los Blavatsky denunciando apasionadamente a los Besantistas y los Besantistas proclamando la infalibilidad divina de su líder- al mismo tiempo que han salido a la luz escándalos de un tipo particularmente desagradable. Este hecho ha creado, en efecto, un grave cisma en las filas de los teósofos, demostrando que entre ellos se encuentra un cierto número de personas perfectamente inofensivas. Sin embargo, la peculiar recurrencia de tales escándalos en la historia de las sociedades secretas conduce inevitablemente a la pregunta de hasta qué punto deben ser considerados como meros accidentes desafortunados o como los resultados de los métodos de las sociedades secretas y de la enseñanza ocultista. Que los hombres acusados de perversión sexual no eran ejemplos aislados de estas tendencias queda demostrado por una curiosa confesión de uno de los "chelas" o discípulos de Madame Blavatsky: "Yo era alumno de H.P.B. antes de que la Sra. Besant se uniera a la S.T. y la veía con muy malos ojos.Fui alumna de H.P.B. antes de que Mme Besant se uniera a la S.T.

---

[715] Números del 11 de enero al 22 de marzo de 1923.

y la vi expulsar de la sección esotérica a uno de sus más dotados y valiosos colaboradores por ofensas contra la ley oculta y moral, similares a aquellas con las que el nombre del Sr. Leadbeater ha estado ahora asociado por casi veinte años.

La H.P.B. siempre ha sido extremadamente estricta sobre este punto en particular, y *muchos* aspirantes a la quelasofía han sido rechazados sólo por este motivo, mientras que otros que han sido aceptados "a prueba" han fracasado casi inmediatamente después.[716]

Parece, pues, que estas tendencias deplorables están particularmente extendidas entre los aspirantes al conocimiento teosófico.

No es necesario extenderse sobre los vínculos de la Sra. Besant con elementos sediciosos en este país y en la India, ya que han sido mencionados con frecuencia en la prensa. Es cierto que la Sociedad Teosófica, al igual que el Gran Oriente, reniega de toda intención política y profesa trabajar únicamente por el desarrollo espiritual, pero los dirigentes parecen considerar que debe producirse un cambio radical en el sistema social existente antes de que pueda lograrse un verdadero desarrollo espiritual. Que este cambio iría en la dirección del socialismo lo sugiere el hecho de que en 1919 se descubrió que un grupo de destacados teósofos, entre ellos la Sra. Besant, poseían un gran número de acciones en la Victoria House Printing Company, que financiaba el *Daily Herald* en esa fecha [717]; de hecho, la Sra. Besant, en sus conferencias sobre Libertad, Igualdad, Fraternidad, en el Queen's Hall en octubre de ese año, dejó claro que el socialismo era el sistema de la Nueva Era venidera.[718] Desde entonces se ha fundado la "Logia de Acción" con el objetivo de llevar "los ideales y concepciones teosóficas a todos los campos de la actividad humana"[719] - de la que no parece excluirse el

---

[716] A. L. Cleather, *H. P. Blavatsky' a Great Betrayal*, p. 69 (Thacker, Spink & Co., Calcuta, 1922).

[717] *John Bull*, 7 de junio de 1919; *The Patriot*, 15 de febrero de 1923.

[718] *The War and the Builders of the Commonwealth*, conferencia pronunciada en Queen's Hall por Annie Besant el 5 de octubre de 1919, pp. 15, 18 (impresa por Theosophical Publishing Co.).

[719] *Journal of the Theosophical Society* de abril-julio de 1924, p. 43.

campo político, ya que se sabe que esta logia coopera con los promotores de una reunión política sobre la cuestión india.[720] Es interesante notar que un miembro prominente de la Logia Action, así como de la Orden de la Estrella en el Este, ha sido recientemente reportado en la prensa por haber estado por mucho tiempo conectado con el Partido Laborista y por haber indicado su intención de presentarse por él en el Parlamento.

Esto no quiere decir, por supuesto, que todos los teósofos sean socialistas. La Sociedad Teosófica de América, en una admirable serie de artículos[721] que discuten la teoría de la revolución mundial expuesta en mis libros, señaló que:

Los alumnos de los poderes del mal trabajan [...] incansablemente para frustrar cualquier progreso real de la raza humana, para derribar todo lo que la civilización construye con gran esfuerzo y que promueve la iluminación, el verdadero desarrollo y el crecimiento espiritual... No sería difícil sugerir las razones por las que estos alumnos y colaboradores de los poderes de las tinieblas eligen las principales cláusulas de su credo: el internacionalismo, el comunismo, la destrucción de la clase alta por la dominación despótica de la clase baja, la corrupción de la vida familiar. El ataque a la religión no necesita comentarios.

Se verá, por lo tanto, que el Socialismo y el Internacionalismo no son una parte esencial de la enseñanza Teosófica, y que los Teósofos más iluminados reconocen el peligro de estas doctrinas destructivas. En una Convención Especial celebrada en Inglaterra el 6 de abril de este año, siete Logias protestaron contra las recientes desviaciones de la política original de la Sociedad. Entre las resoluciones presentadas había una que instaba a la Presidenta (Sra. Besant) a establecer un tribunal "para investigar los asuntos que afectan al buen nombre de la Sociedad y a la conducta de ciertos miembros"; esta resolución fue rechazada por "una mayoría abrumadora". Otra resolución lamentaba que "la administración, la revista y la influencia de la Sociedad hayan sido utilizadas para fines políticos controvertidos y propaganda religiosa sectaria".

---

[720] 26 de junio de 1923.

[721] *The Theosophical Quarterly* de octubre de 1920, abril de 1921 y abril de 1922 (publicado por la Sociedad Teosófica, Nueva York).

Desgraciadamente, estas resoluciones no fueron recibidas con el espíritu fraternal que cabría esperar de una Sociedad que aspira a establecer una Hermandad Universal y fueron estigmatizadas en una propuesta de enmienda como "mociones destructivas... contrarias a los objetivos que defiende la Sociedad". Esta cláusula de la enmienda fue rechazada por una escasa mayoría, pero una mayoría muy amplia apoyó las otras cláusulas en las que la Convención Especial afirmaba "su completa confianza en la administración de la Sociedad y en su amada y venerada Presidenta, la Dra. Annie Besant, la dirigente elegida de la que está justamente orgullosa", y enviaba "sus cordiales saludos al Obispo Leadbeater, F..T.S.", agradeciéndole "su inestimable trabajo y su inquebrantable devoción a la causa de la Teosofía y al servicio de la Sociedad Teosófica".

Hay, por lo tanto, un número de teósofos en este país que tienen el coraje y el espíritu público para protestar contra el uso de la Sociedad con fines políticos y contra las violaciones del código moral que, según ellos, están cometiendo ciertos miembros. Pero este partido es desafortunadamente sólo una pequeña minoría; el resto está preparado para obedecer ciegamente y sin discusión los dictados de la Sra. Besant y el Sr. Leadbeater. A este respecto, la Sociedad Teosófica sigue el modelo habitual de las sociedades secretas. De hecho, aunque no es nominalmente una sociedad secreta, lo es de hecho, ya que se compone de círculos externos e internos y está absolutamente controlada por directores supremos. El círculo interno, conocido como la Sección Esotérica, o más bien la Escuela Oriental de Teosofía -generalmente llamada E.S.- es en realidad una sociedad secreta, compuesta a su vez de otros tres círculos, el más interno compuesto por los Mahatmas o Maestros de la Logia Blanca, el segundo por los Alumnos Aceptados o Iniciados, y el tercero por los Aprendices o miembros ordinarios. E.S. y la Co-Masonería constituyen así dos sociedades secretas dentro de la Orden Abierta, controladas por personas que a menudo son miembros de ambas. Si incluso estos iniciados superiores están realmente en secreto es otra cuestión. El Dr. Weller van Hook, de quien también se dice que fue rosacruz y miembro destacado del Gran Oriente, observó una vez enigmáticamente que "la Teosofía no es la jerarquía", dando a entender que sólo era una parte de una organización mundial y sugiriendo oscuramente que si no hacía el trabajo que se le había asignado, los rosacruces tomarían el control de la situación. Veremos más adelante que esto es más que probable.

Las filas externas de la Sociedad Teosófica parecen estar formadas en gran parte por entusiastas inofensivos que imaginan que están recibiendo una instrucción genuina en las religiones y doctrinas ocultas de Oriente.

No se les ocurre ni por un momento que la enseñanza de ES no sería tomada en serio por un verdadero orientalista y que podrían aprender mucho más estudiando el trabajo de autoridades reconocidas en estos temas en una universidad o en el Museo Británico. Esto tampoco serviría al propósito de los líderes. Porque la Sociedad Teosófica no es un grupo de estudio, sino esencialmente una sociedad de propaganda que pretende sustituir la enseñanza pura y simple del cristianismo por el asombroso compuesto de superstición oriental, cabalismo y charlatanismo del siglo XVIII que la Sra. Besant y sus coadjutores han perfeccionado. Sin embargo, aunque las doctrinas de la Sra. Besant fueran las del verdadero budismo o brahmanismo, ¿qué probabilidades tendrían de beneficiar a la civilización occidental? Dejando a un lado la cuestión del cristianismo, la experiencia demuestra que el intento de orientar a los occidentales no puede ser menos desastroso que el intento de occidentalizar a los orientales, y que transportar el misticismo oriental a Occidente es vulgarizarlo y producir una forma degradada de ocultismo que con frecuencia resulta en deterioro moral o enajenación mental.[722] Atribuyo directamente a esta causa los escándalos que se han producido entre los teósofos.

Pero es hora de pasar a otra sociedad en la que este ocultismo degradado desempeña un papel aún más importante.

---

[722] Syed Ameer Ali expresa la opinión de que, incluso para las mentes orientales, la especulación esotérica representa un peligro: "El sufismo en el mundo musulmán, al igual que su homólogo en el cristianismo, ha sido, en sus efectos prácticos, fuente de muchos malos resultados. En mentes perfectamente equilibradas, el misticismo toma la forma de un noble tipo de filosofía idealista; pero la mayoría de la humanidad es más propensa a desequilibrar sus cerebros ocupándose de los misterios de la esencia divina y de nuestras relaciones con ella. Cualquier espécimen ignorante y ocioso de la humanidad que, despreciando el verdadero conocimiento, abandonara los campos de la verdadera filosofía para dedicarse a los reinos del misticismo, se erigiría así en uno de los Ahl-i-Ma'rifat."-*El Espíritu del Islam*, p. 477.

ROSACRUCISMO

Hoy en día, al igual que en el siglo XVIII, el término "rosacrucismo" se utiliza para englobar una serie de asociaciones que difieren en sus objetivos y doctrinas.

La primera de estas sociedades que surgió en Inglaterra fue la *Societas Rosicruciana de Anglia*, fundada en 1867 por Robert Wentworth Little siguiendo instrucciones recibidas del extranjero. Sólo se admitían Maestros Masones, lo que no fue condenado por la Gran Logia de Inglaterra, que consideraba la S.R.I.A. como una organización perfectamente inofensiva. Aunque no es ni política ni anticristiana, sino que por el contrario contiene elementos claramente cristianos y reivindica la descendencia de Christian Rosenkreutz - una reivindicación que debe rechazarse por absurda - la S.R.I.A. es sin embargo en gran parte cabalística,[723] que trata de las fuerzas de la Naturaleza, la alquimia, etc. Si realmente queremos remontarnos más atrás de los Rosacruces del siglo XIX - Ragon, Eliphas Levi, Kenneth Mackenzie - tenemos que buscarlos entre ciertos masones esotéricos de Hungría y también entre los Martinistas franceses, cuyos rituales derivan sin duda de una fuente similar. Se recordará que Marlines Pasqually legó a sus discípulos un gran número de manuscritos judíos, probablemente conservados en los archivos de la Logia Martinista de Lyon. La Orden de los Martinistas nunca dejó de existir y el Presidente del Consejo Supremo, el Dr. Gérard Encausse, bien conocido como "Papus", cabalista declarado, sólo murió en 1916. Otro célebre cabalista, el abad renegado Alphonse Louis Constant, que adoptó el nombre de Eliphas Levi, podría haber tenido acceso a estos archivos. Se dice que uno de los discípulos más distinguidos de Eliphas Levi, el ocultista barón Spedalieri de Marsella, era miembro de la "Gran Logia de los Hermanos Solitarios de la Montaña", "Hermano Iluminado de la Antigua Orden Restaurada de los Maniqueos", miembro superior del Gran Oriente, y también "Martinista Altamente Iluminado". Antes de su muerte en 1875, Eliphas Levi anunció que en 1879 se establecería un nuevo "Reino Universal" político y religioso, y que lo poseería "aquel que tuviera las llaves de Oriente". El manuscrito que contenía esta profecía fue entregado por el barón

---

[723] Confirmado por A.Q.C. 1. 54.

Spedalieri a Edward Maitland, quien a su vez lo entregó a un eminente miembro de la S.R.I.A., que lo publicó en inglés.[724]

Pero, como ya hemos visto, el centro principal del cabalismo estaba en Europa del Este, mientras que Alemania era el foco principal del rosacrucismo, y fue de estas direcciones de donde, unos años más tarde, se inspiró una nueva orden rosacruz en Inglaterra. Es curioso observar que los años ochenta del siglo pasado estuvieron marcados por un auge simultáneo de las sociedades secretas y de las organizaciones socialistas. En 1880, Leopold Engel reorganizó la Orden de los Illuminati de Weishaupt, que, según M. Guénon, desempeñaba ahora "un papel político extremadamente sospechoso", y poco después, en 1884, se dice que ocurrió un extraño incidente en Londres. El reverendo A.F.A. Woodford, un F∴ M∴, estaba rebuscando en el contenido de una librería de segunda mano de Farringdon Street cuando se topó con unos documentos encriptados, a los que se adjuntaba una carta en alemán en la que se decía que si quien los encontrara se comunicaba con Sapiens Dominabatur Astris, c/o Fraulein Anna Sprengel, en Alemania, recibiría más información interesante.

Al menos, ésa es la historia contada a los iniciados de la Orden, que se fundó según las instrucciones dadas en el criptograma. Pero cuando uno recuerda que Cagliostro contó exactamente la misma historia sobre su descubrimiento de un manuscrito en Londres por el misterioso George Cofton en el que había basado su rito egipcio, uno empieza a preguntarse si colocar un manuscrito en un lugar donde es seguro que será descubierto por las mismas personas cualificadas para descifrarlo no es uno de los

---

[724] Guénon, op. cit. p. 296. Parece ser que este MS o una copia del mismo fue puesto a la venta recientemente por un librero parisino con la siguiente descripción: "Manuscrit de Kabbale -Spedalieri (Baron de. Le Sceau de Salomon). Tratado sobre los Sephiroth, en un in-f. de 16 pp... El barón Spedalieri fue el discípulo más erudito e íntimo de Eliphas Lévi.-Su tratado cabalístico 'El Sello de Salomón' se basa en la tradición hebraica e hindú y revela el significado oculto del gran panteón místico. En un estudio sobre las sefirot, Eliphas Lévi anuncia que, llegado el momento, revelará a sus discípulos este gran misterio hasta entonces oculto. -Spedalieri emprende esta revelación. Le Bibliophile ès Sciences Psychiques, n° 16 (1922). Librairie Emile Nourry, 62 ru des Ecoles, París, Ve.

métodos tradicionales utilizados por los seguidores de las sociedades secretas para ampliar su esfera de influencia sin traicionar su identidad ni revelar el centro de liderazgo.

En este caso, ciertamente tuvo un éxito admirable, ya que por una feliz coincidencia, el clérigo que encontró el manuscrito codificado conocía a dos miembros prominentes de la S.I.R.A., los doctores Wynn Westcott y Woodman, a quienes llevó los documentos, y por otra feliz coincidencia, uno de ellos resultó ser la persona a quien se le había dado la profecía de Eliphas Levi. Estos dos hombres, que adoptaron entonces los seudónimos de S.A. (Sapere Aude) y M.E.V. (Magnus est Veritas), lograron descifrar parcialmente el manuscrito, con la ayuda de un alemán, que escribió entonces a S.D.A. c/o Fraulein Anna Sprengel, diciendo que él y un amigo habían completado el descifrado y querían más información. En respuesta, se les pidió que elaboraran las notas y, si eran diligentes, se les permitiría formar una rama elemental de la Orden Rosacruz en Inglaterra. Finalmente, S.D.A. escribió a S.A. autorizándole a firmar su nombre (¿o el de ella?) en cualquier orden o documento necesario para la formación de una Orden, y más tarde le prometió más rituales y enseñanzas avanzadas si la Orden preliminar tenía éxito. S.A. y M.E.V. llamaron entonces a un tercer miembro del S.I.R.A., Macgregor Mathers, ahora conocido como D.D.C.F. (Deo Duce Comite Ferro), quien, con más tiempo a su disposición, pudo, tras mucho trabajo, redactar los rituales en estilo masónico. El 8 de marzo de 1888, se redactó un mandato conforme al proyecto contenido en el manuscrito cifrado y firmado por S.A. para S.D.A., por M.E.V. y D.D.C.F., los tres habían recibido el grado honorífico de 7-4 de S.D.A., lo que les permitía actuar como Jefe del Nuevo Templo. Es interesante observar que mientras las instrucciones contenidas en el manuscrito codificado estaban en inglés y alemán, el nombre dado a la nueva Orden, "La Aurora Dorada", iba acompañado de su equivalente hebreo "Chebreth Zerech aur Bokher", que significa "Los Compañeros de la Luz Naciente de la Mañana". Las instrucciones incluían

"Evita a los católicos romanos, pero con misericordia"; así como estas directrices relativas a la obligación:

El candidato que pide la luz es conducido al altar y obligado a asumir una obligación de secreto so pena de expulsión y muerte o parálisis por una corriente hostil de la voluntad.

La correspondencia posterior de la Orden muestra que esta supuesta "corriente punitiva" fue dirigida de hecho por los jefes contra los que se habían rebelado.

Aunque los miembros de la Aurora Dorada se vincularon posteriormente a los "masones esotéricos" de Alemania, ni la organización ni el ritual de la Orden son masónicos, sino más bien martinistas y cabalísticos. Pues en medio de toda la confusa fraseología de la Orden, frases y símbolos tomados de la mitología egipcia, griega e hindú, podemos detectar la base real de todo el sistema: la Cábala judía, en la que los tres Jefes eran, o se convirtieron, en expertos.

Mathers tradujo el famoso libro de Abraham el Judío del francés al inglés con notas explicativas, y Wynn Westcott tradujo el Sepher Yetzirah del hebreo. En la sociedad se han dado conferencias sobre temas como las cartas del tarot, los talismanes geománticos y el Schemhamphorasch o Tetragrammaton.

Al principio, la Orden estaba absolutamente gobernada por los tres líderes, pero al cabo de un tiempo -tras la muerte de Woodman y la dimisión de Wynn Westcott- Mathers se convirtió en el único dirigente y afirmó haber obtenido nuevas instrucciones de los líderes ocultos a través de su esposa -una hermana de Bergson- mediante la clarividencia y la clariaudiencia.

Pero los verdaderos dirigentes de la Orden se encontraban en Alemania y eran conocidos como los "Dirigentes Ocultos y Secretos de la Tercera Orden". Esto guarda un curioso parecido con los "Superiores Ocultos" por los que los miembros de la *Estricta Observancia* del siglo XVIII afirmaban estar controlados.

La identidad de estos hombres en el momento de la fundación de la Orden sigue siendo un misterio no sólo para el mundo exterior, sino también para los propios iniciados ingleses. La identidad de Sapiens Dominabatur Astris parece no haberse establecido nunca, y no se volvió a saber nada de la aún más misteriosa Anna Sprengel hasta que se informó de su muerte en un oscuro pueblo alemán en 1893. De hecho, uno de los miembros más activos de la Orden, el Dr. Robert Felkin, conocido como F. R. (Finem Respice), declaró más tarde que, aunque había visitado cinco templos de la Orden en Alemania y Austria, había sido incapaz de ponerse en contacto con los Líderes Ocultos, o de descubrir cómo los MSS originales habían llegado a manos del clérigo que se los había dado a Wynn Westcott y Woodman. Según la declaración de Felkin, todo lo que pudo descubrir fue que los MSS eran las notas de ceremonias realizadas por un hombre que había sido iniciado en una Logia en Alemania, y que el templo del que procedían era "un templo especial" que trabajaba en el árbol de la Cábala como rama inglesa de la Orden. Además, se le dijo que ninguno de los "Tres Grandes" que fundaron la Golden Dawn en Inglaterra eran verdaderos rosacruces.

La confusión de ideas que inevitablemente debe producirse cuando, como en las sociedades secretas o en las organizaciones revolucionarias, una serie de personas son dirigidas ciegamente por jefes ocultos, condujo naturalmente a disensiones entre los miembros, que se acusaban mutuamente de ignorar los verdaderos objetivos de la Orden. Así, la Logia de Londres rompió finalmente con Mathers, que se encontraba en París, a causa de su arrogancia al atribuirse el poder supremo mediante el misterio de los Jefes Ocultos, y tras dos años de gobierno inestable, eligió en 1902 a tres nuevos Jefes: el Dr. Felkin (F.R. = Finem Respice), Bullock, abogado (L.O. = Levavi Oculos), que dimitió a finales de año, y Brodie Innes (S.S.-Sub Spe). Aunque Mathers fue repudiado, sus enseñanzas se mantuvieron como emanadas de los líderes ocultos.

Dos años antes se había producido un incidente dramático. Un personaje muy siniestro, Aleister Crowley, había sido introducido en la Orden por recomendación de A. E. Waite (S.R. = Sacramentum Regis), el conocido escritor místico. Hombre de muchos seudónimos, Crowley siguió el precedente del "Conde de Saint-Germain", el "Conde de Cagliostro" y el "Barón von Offenbach" ennobleciéndose y haciéndose pasar por varios títulos, como "Conde Svareff", "Lord Boleskine", "Barón Rosenkreutz", pero generalmente conocido en la Orden como "P", de "Perdurabo".

Crowley, que era cabalista, había escrito un libro sobre magia goética y, poco después de convertirse en miembro de la Golden Dawn, empezó a trabajar con otro Frater en experimentos mágicos, incluyendo evocaciones, la consagración y el uso de talismanes, adivinación, alquimia y demás. Hacia 1900, Crowley se había unido a Mathers en París, donde él y su esposa vivían bajo los nombres falsos de "Conde y Condesa de Glenstrae" y estaban ocupados reviviendo los misterios de Isis en el Théâtre de la Bodinière. En esta tarea se les unió una extraordinaria dama, la infame Madame Horos (alias la Swami) que afirmaba ser la verdadera y auténtica Sapiens Dominabatur Astris. Crowley la describió como "una mujer muy corpulenta y hermosa" y "una vampiresa de notable poder"; Mathers declaró que era "probablemente la médium viva más poderosa", pero más tarde, en una carta a otro miembro de la Golden Dawn, observó: "Creo que ella y sus cómplices no son vampiros: "Creo que ella y sus cómplices son emisarios de una *orden ocultista secreta* muy poderosa que lleva años intentando quebrantar otras órdenes y, en particular, mi trabajo".

Esta señora, que resultó ser una falsa ASD, acabó fundando una Orden en colaboración con su marido, en la que se decía que se adaptaban ciertos rituales de la Golden Dawn con un fin inmoral, lo que llevó a la pareja a ser juzgada y finalmente condenada a servidumbre penal.

Ya fuera a causa de esta perturbadora experiencia o porque, como declaró Crowley, había "atraído imprudentemente hacia sí fuerzas malignas demasiado grandes y terribles para que pudiera resistirlas, presumiblemente demonios de Abramelin", la cordura de Mathers empezó a flaquear. Tal era, pues, la situación en el momento de su ruptura con la Orden, y el dramático incidente al que se hace referencia fue la repentina aparición de Crowley en Londres, quien, actuando como enviado de Mathers o por iniciativa propia, irrumpió en los locales de la Orden, con una máscara negra sobre el rostro, un chal de tartán echado sobre los hombros, una enorme cruz de oro (o dorada) sobre el pecho y una daga al costado, con la intención de tomar posesión. Este intento fue frustrado con la prosaica ayuda de la policía y Crowley fue expulsado de la Orden. Con el tiempo, sin embargo, consiguió hacerse con algunos de los rituales y otros documentos de la Golden Dawn, que se dedicó a publicar en el órgano de una nueva Orden propia. Esta revista, que contenía una mezcla de cabalismo degradado y blasfemia vulgar, intercalada con panegíricos sobre el hachís -pues Crowley asociaba la perversión sexual con la drogadicción-, podría parecer que no expresaba más que las divagaciones de un maníaco. Pero la excentricidad ha proporcionado a menudo la mejor tapadera para oscuros propósitos, y el estallido de la guerra demostró que había un método en la locura del hombre a quien las autoridades persistían en descartar simplemente como un degenerado irresponsable de tipo apolítico. En noviembre de 1914, Crowley viajó a Estados Unidos, donde entró en estrecho contacto con propagandistas proalemanes. Editó el New York *International*, un periódico de propaganda alemana dirigido por el notorio George Silvester Viereck, y publicó, entre otras cosas, un obsceno ataque contra el Rey y una glorificación del Kaiser.

Crowley practicó paralelamente el ocultismo y parece que se le conocía como el "Sacerdote Púrpura". Más tarde destruyó públicamente su pasaporte británico frente a la Estatua de la Libertad, se pronunció a favor de la causa republicana irlandesa e hizo una teatral declaración de "guerra" a Inglaterra... Durante su estancia en Estados Unidos, Crowley se asoció con una organización conocida como Comité Revolucionario Secreto, que trabajaba para establecer una República Irlandesa. También se le conoce como autor de un manifiesto de derrota que circuló en Francia en 1915.

Pero volvamos a Amanecer Dorado. En 1903, se produjo una escisión dentro de la Orden. A. E. Waite, uno de los miembros originales de la Orden, se separó junto con otros miembros y se llevó consigo el nombre "Golden Dawn", así como la caja fuerte y otros bienes de la Orden. La Orden original adoptó entonces el nombre de "Stella Matutina", con el Dr. Felkin como líder.

El año anterior, los miembros de la Logia de Londres habían vuelto a creer que estaban en contacto con la Tercera Orden *oculta* y habían reanudado sus esfuerzos para comunicarse con los líderes secretos de Alemania. Este estado de incertidumbre duró hasta aproximadamente 1910, cuando Felkin y Meakin viajaron a Alemania, donde consiguieron conocer a varios miembros de la Tercera Orden, que profesaban ser "verdaderos y genuinos rosacruces" y conocer a Anna Sprengel y los inicios de la Orden en Inglaterra. No eran, se creía, los Jefes secretos y ocultos, sino más bien los masones esotéricos del Gran Oriente. Estos Fratres, sin embargo, les dijeron que para formar un vínculo etérico definitivo entre ellos y la Orden en Gran Bretaña, sería necesario que un Frater británico siguiera sus instrucciones durante un año. En consecuencia, Meakin se quedó en Alemania para recibir una formación especial y poder actuar como "enlace etérico" entre los dos países. Tras una peregrinación a Oriente Próximo, siguiendo de cerca el itinerario de Christian Rosenkreutz, Meakin regresó a Alemania, y parece que fue entonces cuando entró en contacto con cierto gran adepto de las ciencias ocultas.

Esta notable figura, Rudolf Steiner, había pertenecido anteriormente a la Sociedad Teosófica, y se ha sugerido que en algún momento pudo haber estado vinculado a los renacidos Illuminati de Leopold Engel. Ciertamente hay razones para creer que en algún momento de su carrera entró en contacto con hombres que seguían las enseñanzas de Weishaupt, cuyo líder era el presidente de un grupo de sociedades secretas pangermánicas, y no parece improbable que la misteriosa S.D.A., bajo cuyo liderazgo se fundó la Golden Dawn, pudiera encontrarse en este círculo.

Unos años antes de la guerra, Steiner, todavía teósofo, creó su propia sociedad, la Sociedad Antroposófica, nombre tomado de la obra de Thomas Vaughan, rosacruz del siglo XVII, "Anthroposophica Magica". El líder ostensible del rosacrucismo en Alemania fue el Dr. Franz Hartmann, fundador de la "Orden de la Rosacruz Esotérica". Aunque vinculado de algún modo a los Illuminati de Engel y más ciertamente a la Sociedad Teosófica, Hartmann era considerado un auténtico místico cristiano. Steiner también hizo la misma profesión, y parece probable que formara parte de el grupo de misteriosos personajes, entre los que se contaban, además de masones del Gran Oriente, el barón von Knigge, bisnieto del coadjutor de Weishaupt, "Filón", que se reunieron en conferencia secreta en Ingoldstadt, donde se había fundado la primera logia Illuminati en 1776, y decidieron revivir el Iluminismo siguiendo líneas místicas cristianas utilizadas en un sentido muy elástico entre los ocultistas. Al mismo tiempo, Steiner introdujo en su enseñanza una fuerte vena de gnosticismo, luciferianismo, juanismo y masonería del Gran Oriente, al tiempo que reservaba el rosacrucismo para sus más altos iniciados. Sobre este último punto, se mostró extremadamente reticente, prefiriendo describir su enseñanza como una "ciencia oculta", ya que reconocía que "los verdaderos rosacruces nunca se proclaman como tales"; por lo tanto, sólo se mencionaba el rosacrucismo dentro del círculo restringido de su sociedad, sobre la que no se daba ninguna información al público y cuyos miembros eran admitidos a través de formas de iniciación muy similares a las utilizadas por el Gran Oriente. Sin embargo, algunos de los imitadores de Steiner en el seno de The Rosicrucian Fellowship de Oceanside, California, profesan abiertamente lo que llaman rosacrucismo y al mismo tiempo pretenden tener conocimientos superiores en materia de masonería. Así, en un libro escrito por el líder de este grupo, podemos leer solemnemente que, según Max Heindl, Eva cohabitó con serpientes en el Jardín del Edén, que Caín es el fruto de su unión con "el espíritu luciferino Samael" y que de este "progenitor divino" surgió la parte más viril de la raza humana, siendo el resto sólo "descendencia de padres humanos". Los lectores de este libro reconocerán que no se trata de la leyenda de la masonería, sino de la cábala judía, que ya ha sido citada en este contexto.[725] Es imposible decir si esto también forma parte de la enseñanza de Steiner, pues sus verdaderas doctrinas sólo son conocidas por su círculo íntimo; incluso algunos de sus admiradores entre los Steiner Matutina, aunque le consultan como a un oráculo, no se les admite que conozcan los secretos de sus grados de iniciación y no han podido obtener de él una carta. Al mismo tiempo, ellos mismos no revelan a los neófitos que pretenden conquistar que son miembros de una asociación secreta. Esto es totalmente coherente con los métodos de los "Hermanos Insinuantes" de Weishaupt.

El resultado de lo que Steiner llama "ciencia oculta" se describe en un sorprendente pasaje de uno de sus propios libros:

"Este es el cambio que el estudiante de ocultismo observa en sí mismo: ya no hay ningún vínculo entre un pensamiento y un sentimiento o un sentimiento y una voluntad, excepto cuando él mismo crea el vínculo. Ningún impulso le empuja del pensamiento a la acción, a menos que él lo albergue voluntariamente. Ningún impulso le lleva del pensamiento a la acción si él no lo alberga voluntariamente. Ahora puede permanecer completamente sin sentimiento ante un objeto que, antes de su adiestramiento, le habría llenado de vibrante amor o de violento odio; puede, asimismo, permanecer sin acción ante un pensamiento que, antes, le habría impulsado a la acción como si fuera todo él solo", etc.

No se me ocurre una exposición más clara de los peligros del ocultismo que ésta.

Weishaupt dijo: "No puedo utilizar a los hombres tal como los encuentro, debo formarlos". El Dr. Steiner muestra cómo puede lograrse esta transformación. Bajo la influencia del llamado adiestramiento ocultista, que en realidad no es más que una poderosa sugestión, pueden romperse todos los impulsos y resortes inhibidores de la acción; el alumno del ocultista ya no reaccionará a las concepciones de belleza o fealdad, de bien o mal, que, sin saberlo, formaban la ley de su ser. Así, no sólo sus actos conscientes, sino también sus procesos subconscientes pasan bajo el control de otro. Si éste es realmente el método empleado

---

[725] Véase ante, p. 34.

por el Dr. Steiner y sus seguidores, entonces parece justificado el veredicto del Sr. Robert Kuentz de que "Steiner ha ideado ejercicios ocultos que aniquilan la mente, que ataca al individuo descarrilando sus facultades (descarrila las facultades)".[726]

¿Cuál es el verdadero motor de sociedades como Stella Matutina, o incluso de Steiner? Sigue siendo un misterio, no sólo para el mundo exterior, sino también para los propios "iniciados". La búsqueda de los líderes ocultos, emprendida por un intrépido peregrino tras otro, sólo parece haber terminado con nuevos encuentros con Steiner. Sin embargo, la esperanza renace en el corazón del aspirante al conocimiento oculto, y los mensajes astrales animan a los Fratres a redoblar sus esfuerzos. Uno de ellos contenía la siguiente exhortación: "Continuad con Steiner, que no es el objetivo último de la investigación, y entraremos en contacto con muchos estudiantes serios que nos conducirán al verdadero Maestro de la Orden, que será tan impresionante que no dejará lugar a dudas.

Existe aquí una curiosa analogía con la masonería. Mientras que la imagen velada de las logias co-masónicas se supone que representa al "Maestro" en la persona de Ragocsky u otra figura en Austria o Hungría, es también en Austria y Alemania donde los miembros de Stella Matutina buscan a sus líderes ocultos y al "verdadero Maestro" de su Orden. Es más, mientras los francmasones esperaban la llegada del gran "Maestro Mundial", Rey o Mesías en 1926, fue también en 1926 cuando Stella Matutina esperaba la reaparición de Christian Rosenkreutz.[727]

Hay muchos otros puntos de similitud entre la fraseología de las dos Órdenes, como, por ejemplo, la idea de la "Luz Astral", de la "Gran Logia Blanca", y también de la "GRAN OBRA" con la que las dos Órdenes designan el objeto supremo de sus aspiraciones: "la unión de Oriente y Occidente". Por lo tanto, es imposible no sospechar que, aunque los miembros de la Co-Masonería y de Stella Matutina imaginen que sus respectivas Órdenes no están relacionadas entre sí y, de hecho, apenas

---

[726] Robert Kuentz, *Le Dr Steiner et la Théosophie actuelle*, serie de artículos publicados en la revista *Le Feu* en octubre, noviembre y diciembre de 1913 y reeditados en forma de folleto.

[727] El año de la huelga general.

parezcan ser conscientes de la existencia de la otra, pueda existir, sin embargo, un punto de unión en el fondo e incluso un centro común de orientación.

A este respecto, es interesante observar las inclinaciones políticas de las sociedades en cuestión. Aunque derivada de la *masonería mixta* y nominalmente bajo la jurisdicción de la sede de París, la co-masonería no parece ser pro-francesa en sus simpatías. Al contrario, las logias masónicas de este país, así como la logia principal de la rue Jules-Breton, parecen haber adoptado esta forma de fraternidad universal que beneficia principalmente a Alemania.

La Stella Matutina, aunque se declara exclusivamente interesada en las ciencias ocultas y previene a sus miembros contra la Co-Francmasonería debido a las tendencias políticas de esta última, está sin embargo aún más impregnada por la influencia alemana, ya que, como hemos visto, siempre ha estado secretamente bajo dirección alemana desde su creación. De hecho, durante la guerra esta influencia se hizo tan evidente que algunos miembros patriotas, que se habían unido a la Sociedad de buena fe con la idea de estudiar las ciencias ocultas, protestaron enérgicamente y se produjo un cisma. Así, como en el caso de la Co-Masonería, los más lúcidos reconocieron la imprudencia de ponerse bajo control extranjero. El hecho de que no se trataba de un peligro imaginario queda demostrado por una correspondencia que había tenido lugar algunos años antes y que ha salido a la luz recientemente. Se recordará que el gran objetivo de Weishaupt y los Illuminati en el siglo XVIII era controlar todas las órdenes masónicas y ocultas existentes. Este era también el sueño de Rudolf Steiner y sus aliados en otros países, cuyo proyecto era formar lo que ellos llamaban un "Bund Internacional". La idea de una Oficina Internacional para Asuntos Masónicos ya había sido lanzada, como hemos visto, en Suiza; era la misma idea aplicada a los grupos ocultos, para que todas las sociedades como el Rosacrucismo, teosofía con sus diversas ramificaciones de co-masonería, etc., pudieran ser reunidas bajo un mismo techo. La audacia de la propuesta parece haber sido demasiado incluso para algunos de los miembros más internacionales de Stella Matutina, y en la discusión que tuvo lugar se señaló que por muy admirable que fuera el proyecto, había sin embargo un cierto espíritu británico entre estas Órdenes con el que había que contar. Incluso los partidarios de la señora Besant, encabezados por los Co-Masones, descritos como un grupo que "atrae a un gran número de mujeres ociosas que tienen el tiempo libre para tomar un poco de ocultismo con su té de la tarde", podrían preguntarse: "¿Quiénes son estos alemanes para interferir?". Pero el verdadero obstáculo para el éxito era la masonería británica, a la que pertenecían numerosos estudiantes de ocultismo, entre ellos todos los miembros de la S.R.I.A.. "La masonería inglesa", se observaba, "presume de la Gran Logia de 1717, la Logia Madre del Mundo. Es un cuerpo orgulloso, celoso y autocrático. La Co-masonería se deriva del Gran Oriente de Francia, un cuerpo ilegítimo bajo las reglas inglesas. Ningún Masón Inglés puede trabajar con Co-Masones... Si la Gran Logia Inglesa oye hablar de lo que se llama "Masonería Esotérica" derivada de estas fuentes, bajo la dirección de jefes que una vez fueron miembros de la S.T. [Sociedad Teosófica], bajo la dirección de la S.T. [Sociedad Teosófica], bajo la dirección de la S.T. [Sociedad Teosófica], bajo la dirección de la S.T. [Sociedad Teosófica]. [Sociedad Teosófica], bajo la dirección de un dirigente en Berlín, no tratará de saber quién es el Dr. Steiner o cuál es la naturaleza de su trabajo, simplemente dirá: "Ningún masón inglés de la Masonería Libre y Aceptada puede unirse a ninguna sociedad que practique ritos pseudo-masónicos, es decir, ningún miembro de la Masonería Ordinaria Aceptada puede asistir a ninguna reunión o grado de este cuerpo ilegítimo. Nada más. Si se establece una logia de la Orden Continental en Inglaterra, el Dr. Steiner se enfrentará a la dificultad masónica. Esto es realmente serio..."[728]

He aquí, pues, uno de los mejores homenajes jamás rendidos a la masonería británica, ya que demuestra que, tal como está constituida y controlada en la actualidad, es la barrera más formidable contra la infiltración en este país de sociedades secretas extranjeras o subversivas. Así, los francmasones y los católicos romanos son reconocidos como los principales obstáculos para el éxito. Los francmasones, sin embargo, harían bien en ser conscientes de los intentos que se están haciendo para romper esta resistencia por parte de traidores en el campo masónico, quienes, habiendo violado sus obligaciones al pertenecer a una sociedad secreta irregular, actúan como agentes de reclutamiento en las logias. En efecto, el autor de estas observaciones era un francmasón británico que, en connivencia con un adepto extranjero, se proponía penetrar en la masonería mediante el proceso conocido en la jerga revolucionaria como

---

[728] Carta de Meakin al barón Walleen, danés y miembro del S.M.

"perforar desde dentro". Citando a *en sus propias palabras: "*Hay que atacarles desde dentro, no desde fuera*".

Esto debía lograrse de varias maneras: iniciando a los adeptos de la Orden Continental en la masonería ortodoxa y difundiendo luego sus propias doctrinas en las logias, o reclutando adeptos entre los masones ortodoxos y utilizándolos como propagandistas entre sus hermanos masones. También se sugirió que, para no levantar sospechas, lo mejor sería evitar el nombre de "Masonería Esotérica", adoptar uno de los rituales utilizados en Inglaterra y emplear como "oficiales" a un "grupo mixto" procedente de diversas sociedades secretas. Este plan se ha llevado a cabo con considerable éxito, y en una reciente conferencia celebrada por un alto adepto continental bajo el más distinguido patrocinio, fue interesante observar las diversas sociedades secretas representadas por algunos de los promotores, quienes, por supuesto, para el público en general aparecían como meros individuos aislados interesados en la especulación filosófica. Pero es hora de pasar a la cuestión de otra asociación secreta, porque entre los presentes en la Conferencia mencionada había miembros del grupo Clarté.

Esta sociedad, cuyo nombre y objetivos declarados recuerdan singularmente al iluminismo, fue conocida por primera vez en Francia y estaba dirigida por hombres que llevaron a cabo una activa propaganda antipatriótica durante toda la guerra. Entre ellos se encontraba Henri Barbusse, autor de Le *Feu*, una novela sobre la derrota que fue recibida con entusiasmo por los críticos "iluminados" de la prensa de aquel país. Sin embargo, aunque aparentemente era una organización francesa, la verdadera inspiración y enseñanza de *Clarté* eran esencialmente judeo-alemanas y un gran número de sus miembros eran judíos, sobre todo en Europa Central. En la reunión inaugural del grupo austriaco se afirmó que el 80% de los miembros de Clarté eran judíos. La consigna de *Clarté* es el internacionalismo, la abolición de las nacionalidades, la destrucción de las fronteras, el pacifismo, o más bien la sustitución de la guerra de naciones por la guerra de clases. Para ello, está dispuesto a utilizar todas las doctrinas subversivas, sea cual sea la corriente de pensamiento a la que pertenezcan.

Así, aunque los dirigentes profesan el socialismo, cooperan de buen grado con sindicalistas, anarquistas o revolucionarios de todo pelaje, haciendo propaganda en los sindicatos y diversas organizaciones obreras; algunos están secretamente en las filas de los comunistas. De hecho, los miembros *de la Charté han* conseguido penetrar en casi todos los grupos subversivos, incluso hasta Nueva Zelanda, donde la sociedad tiene una agencia en Wellington y difunde la enseñanza y la literatura revolucionarias más violentas.

Pero, al mismo tiempo que utiliza al "proletariado" para alcanzar sus fines, el punto de vista de *Clarté* es fundamentalmente antidemocrático, ya que no sirve para nada a las verdaderas reivindicaciones de los trabajadores. El proyecto de este grupo, descrito recientemente en la prensa francesa como "los mejores especímenes de caníbales untados de humanitairerie", es constituir una especie de Jerarquía Internacional de Intelectuales Socialistas, cuya influencia se deje sentir de forma invisible en los círculos literarios, educativos y artísticos de todo el mundo. Pues los miembros de *Claridad* están tan preocupados como los seguidores de Weishaupt por preservar su incógnito y no ser conocidos como "Illuminati". Por eso el público de nuestro país y de otros lugares, al leer las diatribas de ciertos autores conocidos contra el orden existente en la sociedad, puede preguntarse vagamente por qué hombres que viven en medio de todas las comodidades de la civilización desean su destrucción, pero no tiene idea de que todo esto no es el producto de un cerebro individual, sino de la propaganda de una sociedad que, habiendo suministrado a estos escritores amplias ideas, es capaz, gracias a la alta posición de muchos de sus miembros principales y a su influencia en el mundo literario, de asegurar el éxito de cualquier publicación que sirva a sus propósitos.

Así pues, la organización de *Clarté* se aproxima más al sistema de Weishaupt que al de las demás sociedades descritas en este capítulo. Aunque en sentido estricto es una sociedad secreta, no es en absoluto ocultista y, por tanto, no tiene un ritual propio, pero, al igual que los primeros Illuminati, reconoce la utilidad de trabajar a través de la masonería. De hecho, La *Clarté es* auxiliar del Gran Oriente y tiene una logia bajo su jurisdicción en París. Sin embargo, sería interesante saber si la idea de una alianza con el Gran Oriente llegó al grupo Clarté como una ocurrencia tardía o si la inspiración original de *Clarté* provino de un círculo interno del Gran Oriente. Volveremos sobre la cuestión de este círculo interno en un capítulo posterior.

Estas son, pues, las principales sociedades secretas que actúan en Gran Bretaña, pero entre los movimientos secretos o semisecretos de menor importancia podríamos mencionar la extraña secta de los Fideístas, de la que se dice que tiene cierta afinidad con los Drusos, que habitan en un suburbio londinense singularmente poco romántico, cuyo "Antiguo Fundador" es el autor de una serie de tratados en los que exhorta al hombre a no dejarse engañar por falsos dioses, sino a adorar únicamente a "Jehová el Creador", y al mismo tiempo aboga por la nacionalización como remedio para todos los males de la sociedad; o el Instituto para el Desarrollo Armonioso del Hombre de Fontainebleau, dirigido por Gurdjieff y Uspenski, que combinaba la meditación esotérica con una dieta extremadamente pobre y un duro trabajo manual. También es interesante señalar que el arte del movimiento conocido como euritmia - que no debe confundirse con el sistema del Sr. Dalcroze, que en Inglaterra sólo se conoce como euritmia- forma una parte importante del programa de esta última sociedad, así como de la Orden del Sr. Steiner, la Stella Matutina y los bolcheviques rusos.[729]

La única pregunta que surge inevitablemente en la mente judicial después de examinar todos estos movimientos es: ¿tienen alguna importancia real? ¿Pueden unos centenares o incluso unos miles de hombres y mujeres, atraídos esencialmente por la curiosidad o la falta de ocupación hacia sociedades cuyos nombres apenas son conocidos por el gran público, ejercer una influencia sobre el mundo en general? Sería ciertamente un error sobrestimar el poder que cada una de estas sociedades puede ejercer individualmente; hacerlo sería hacer el juego a los cabecillas, cuyo plan, desde Weishaupt en adelante, ha sido siempre presentarse como dirigiendo los destinos del universo. Esta pretensión de poder es el cebo utilizado para hacer creer a los neófitos que "la Orden gobernará el mundo algún día". Pero aunque reconocemos la locura de esta pretensión, sería un error subestimar su importancia, ya que son la prueba de la existencia de una organización más importante en el trasfondo. La Stella Matutina puede ser una fraternidad oscura, incluso la Sociedad Teosófica con todas sus ramificaciones[730] puede no ser de gran

---

[729] Bertrand Russell, *Práctica y teoría del bolchevismo*, p. 65 (1920).

[730] Entre las "actividades subsidiarias" de la Sociedad Teosófica se encuentran la Iglesia Católica Liberal, la Cofradía de los Ciudadanos del Mañana, la Orden de los Hermanos de Servicio, la Cadena de Oro, la Orden de la Mesa Redonda, la Oficina de Reconstrucción Social, la Liga Braille, la Fundación Educativa Teosófica, etc.

importancia en sí misma, pero ¿alguien familiarizado con los asuntos europeos sostendría seriamente que el Gran Oriente es una organización pequeña o sin importancia? ¿Y no hemos visto que las investigaciones sobre sociedades secretas más pequeñas a menudo conducen a este gran poder masónico? Las sociedades secretas son importantes porque son, además, sintomáticas, y también porque, aunque el trabajo realmente realizado en sus logias o consejos pueda ser de naturaleza trivial, son capaces, a través del poder de asociación y la fuerza colectiva que generan, de influir en la opinión pública y hacer circular ideas en el mundo exterior que pueden tener consecuencias de largo alcance.

En cualquier caso, el hecho de que existan refuta definitivamente la afirmación de que las sociedades secretas de tipo subversivo e incluso abominable pertenecen al pasado. Estos cultos asombrosos, estos extraños ritos pervertidos que asociamos con la Edad Media, continúan hoy en día a nuestro alrededor. El iluminismo, el cabalismo e incluso el satanismo siguen siendo realidades. En 1908, el Sr. Copin Albancelli declaró que las circunstancias le habían proporcionado la prueba de que existen sociedades masónicas que son satánicas, no en el sentido de que el Diablo venga a presidir sus reuniones, como afirmaba aquel novelista Léo Taxil, sino en el sentido de que sus iniciados profesan el culto a Lucifer. Lo adoran como al verdadero Dios y les mueve un odio implacable hacia el Dios cristiano, al que declaran impostor. Tienen una fórmula que resume su estado de ánimo; ya no es: "A la gloria del Gran Arquitecto del Universo", como en las dos masonerías inferiores; es G∴ E∴ A∴ A∴ L∴ H∴ H∴ A∴ D∴ M∴ M∴, que significa: "¡Gloria y Amor a Lucifer!". Odio! odio! odio! a Dios maldito! maldito! maldito!". Se profesa en estas sociedades que todo lo que el Dios cristiano manda es desagradable a Lucifer; que todo lo que él prohíbe es, por el contrario, agradable a Lucifer; que en consecuencia hay que hacer todo lo que el Dios cristiano prohíbe y que hay que rehuir como el fuego todo lo que él manda. Repito que en cuanto a todo esto, tengo las pruebas a mano. He leído y estudiado cientos de documentos relativos a una de estas sociedades, documentos que no tengo permiso para publicar y que emanan de los miembros, hombres y mujeres, del grupo en cuestión.[731]

---

[731] *Le Pouvoir Occulte contre la France*, p. 291.

No digo que ninguna sociedad de Inglaterra esté practicando conscientemente este culto a Satán, pero yo también he visto docenas de documentos relativos a grupos ocultistas de este país que practican ritos y evocaciones que conducen a la enfermedad, la perversión moral, la enajenación mental y, en algunos casos, incluso a la muerte. Los propios iniciados me han relatado las terribles experiencias que han vivido; algunos incluso me han instado a poner el asunto en conocimiento de las autoridades. Pero, por desgracia, no existe un departamento encargado de investigar los movimientos subversivos. Y sin embargo, como todos estos movimientos están estrechamente relacionados con la agitación revolucionaria, merecen la atención de los gobiernos deseosos de proteger la ley, el orden, y la moralidad pública. El hecho es que la propia extravagancia de sus doctrinas y prácticas parece garantizarles inmunidad. Sin embargo, tanto si el poder que está detrás de ellas es del tipo que estamos acostumbrados a llamar "sobrenatural", como si es simplemente el resultado de la mente humana, no puede haber ninguna duda sobre su poder maligno y sus efectos muy definidos en la obliteración de todo sentido de la verdad y en la perversión sexual.

Según un iniciado que perteneció durante años a la Stella Matutina, la fuerza dinámica empleada bajo el nombre de "Kundalini" no es más que una fuerza electromagnética, de la que forma parte la fuerza sexual, que los adeptos saben jugar, y "la mano invisible que se esconde detrás de todo el espiritismo aparente de estas Órdenes es un sistema muy sutil y astuto de hipnotismo y sugestión". Además, el objetivo de este grupo, como el de todas las Órdenes esotéricas subversivas, es, mediante procedimientos como la euritmia, las meditaciones, los símbolos, las ceremonias y las fórmulas, despertar esta fuerza y producir una falsa "iluminación" con el fin de obtener un "Sentimiento Espiritual", que a lo sumo es clarividencia, clariaudiencia, etc. Las ceremonias de la Orden se basan en el principio del "Sentimiento Espiritual". Las ceremonias de la Orden son hipnóticas y, por sugestión, crean la atmósfera mental y astral necesaria, hipnotizan y preparan a los miembros para que se conviertan en instrumentos voluntarios en manos de los adeptos que los controlan. El mismo iniciado me comunicó las siguientes conclusiones relativas al grupo en cuestión, con permiso para citarlas textualmente: Me he convencido de que nosotros, como Orden, hemos caído bajo el poder de una Orden ocultista muy malvada, profundamente versada tanto en ciencias ocultas como en otras ciencias, aunque no infalible, siendo sus métodos la MAGIA NEGRA, es decir, el poder electromagnético, el hipnotismo y la sugestión poderosa.

Estamos convencidos de que la Orden está controlada por una Orden SUN de la naturaleza de los Illuminati, si no por la propia Orden.

La razón por la que ellos (los líderes de todas estas Órdenes) insistían tanto en la Iglesia y el Sacramento, especialmente antes de la iniciación, es, creo, por la misma razón que el uso de la Hostia consagrada en la Magia Negra. La consagración cristiana y el uso de los sacramentos hacen que el edificio o la persona sean más poderosos como base material para magia negra, al igual que la magia blanca - "para el Mayor Bien o el Mayor Mal". Cuando la iniciación es completa y la dominación de la persona es completa, ya no hay necesidad de una iglesia o sacramentos.

Se nos dice en la iniciación: "No hay nada incompatible con tus deberes civiles, morales o religiosos en esta obligación".

Ahora estamos convencidos de que esta orden es absolutamente contraria a nuestros deberes civiles, morales y religiosos, lo que significa que nuestras obligaciones son nulas.

Se nos dice que todo lo que ha sucedido en Rusia y en otros lugares se debe a estas fuerzas ocultas internacionales puestas en marcha por logias esotéricas subversivas. Sin embargo, sabemos que varias ramas de estas mismas logias masónicas esotéricas continúan su trabajo asesino entre nosotros. Gran Bretaña, al igual que Europa, parece estar cayendo en un sueño hipnótico, e incluso nuestros políticos más cuerdos parecen paralizados y todo lo que intentan se convierte en locura. ¿No hay nadie en el poder que entienda estas cosas y se dé cuenta del peligro que suponen para el país y para los individuos estas fuerzas que trabajan para el trastorno y la revolución mundiales?

Ante tales declaraciones desde dentro del movimiento, ¿cómo puede decirse que el Iluminismo ha muerto y que las sociedades secretas no representan ningún peligro para la civilización cristiana?

13. MOVIMIENTOS SUBVERSIVOS ABIERTOS

Aunque el lector escéptico que haya llegado a esta fase del presente trabajo pueda estar dispuesto a admitir que puede establecerse un cierto vínculo entre las fuerzas ocultas y los movimientos subversivos abiertos, la objeción que seguirá planteando contra la tesis general aquí expuesta se expresará probablemente de la siguiente manera:

"Es muy posible que las sociedades secretas y otros organismos invisibles hayan desempeñado un papel en las revoluciones, pero es absurdo atribuir a estas causas la continuación de la revuelta contra el orden social existente.

La pobreza, el desempleo, la vivienda inadecuada y, sobre todo, las desigualdades de la vida humana son suficientes para producir un espíritu revolucionario sin la ayuda de instigadores secretos. La revolución social es simplemente un levantamiento de los 'desposeídos' contra los 'poseedores', y no necesita ninguna otra causa para explicarse".

Reconozcamos de entrada que las injusticias aquí enumeradas son reales.

A lo largo del siglo XIX, las clases trabajadoras tenían motivos muy reales para quejarse. Los salarios eran demasiado bajos, los ricos se mostraban a veces indiferentes ante la difícil situación de los pobres y los empleadores de mano de obra obtenían a menudo beneficios desproporcionados en relación con la remuneración pagada a los trabajadores. A pesar de las enormes reformas introducidas en los últimos cien años, tampoco se han resuelto todos estos agravios. Los barrios de chabolas de nuestras grandes ciudades siguen siendo una mancha en nuestra civilización. Desde el comienzo de la guerra, los beneficios son más descarados que nunca. Anillos y combinaciones permiten a individuos o grupos enriquecerse fabulosamente a costa de un gran número de consumidores. Y en todas las clases sociales, como antes de la Revolución Francesa, la gente festeja y baila mientras otros viven al borde de la inanición.

Pero veamos hasta qué punto el movimiento socialista puede considerarse como la revuelta espontánea del "pueblo" contra este estado de cosas.

Si dividimos al pueblo, a la manera de Marx, entre los no revolucionarios y el "proletariado revolucionario", encontramos que la primera categoría, con mucho la más numerosa, combina un gran respeto por la tradición con un deseo perfectamente razonable de reforma social. En resumen, exigen salarios adecuados, una vivienda decente y una parte justa de las cosas buenas de la vida. Su única aversión es la injerencia del Estado en los asuntos de la vida cotidiana. El ideal del comunismo formulado por Lenin, en el que "obtener alimentos y ropa dejará de ser un asunto privado",[732] encontraría mayor oposición por parte de los trabajadores -y aún más de las mujeres trabajadoras, para quienes "ir de compras" es como el aliento de la vida- que de cualquier otro sector de la población. Incluso proyectos socialistas aparentemente benignos como los "comedores colectivos" o las "cocinas comunitarias" atraen menos a la mentalidad de la clase trabajadora que a la de la clase alta que los concibe.

En lo que se refiere al "proletariado revolucionario", encontraremos este instinto individualista igualmente desarrollado. No es la idea socialista de poner toda la riqueza y la propiedad en manos del Estado, sino el plan anarquista de "expropiación", de saqueo a escala gigantesca en beneficio de las masas revolucionarias, lo que realmente atrae a la parte descontenta del proletariado. El intelectual socialista puede escribir sobre las bellezas de la nacionalización, sobre la alegría de trabajar por el bien común sin esperanza de beneficio personal; el obrero

---

[732] La lucha por inculcar en las masas la idea del control estatal soviético, y la contabilidad, para que esta idea pueda realizarse y se rompa con el maldito pasado, que ha acostumbrado a la gente a considerar el trabajo de obtener alimentos y ropa como un asunto "privado" y la compra y venta como algo que "sólo me concierne a mí", ésta es una lucha importantísima, de importancia histórica universal, una lucha por la conciencia socialista contra la "libertad" anárquica burguesa. Lenin, *The Soviets at Work*, pág. 22 (The Socialist Information and Research Bureau, 196 St. Vincent Street, Glasgow, 1919).

revolucionario no ve nada que pueda atraerle en todo esto.

Si se le pregunta por sus ideas de transformación social, generalmente se pronunciará a favor de un método que le permita adquirir algo que no tiene; no quiere que el Estado socialice el coche del rico, quiere conducirlo él mismo. El obrero revolucionario no es, pues, socialista, sino anarquista en el fondo. En algunos casos, esto tampoco es antinatural. Que el hombre que no disfruta de ninguna de las cosas buenas de la vida quiera apropiarse de su parte debería, al menos, parecer comprensible.

Lo que no es comprensible es que quieran renunciar a toda esperanza de poseer algo. Los propagandistas socialistas modernos conocen perfectamente esta actitud de las clases trabajadoras ante sus proyectos y, en consecuencia, mientras expliquen el verdadero programa que quieren aplicar, que no es otra cosa que el sistema de casas de trabajo a escala gigantesca, no pueden obtener ningún éxito.

Como me ha señalado a menudo un socialista de toda la vida, "el socialismo nunca ha sido un movimiento de la clase trabajadora; siempre hemos sido nosotros, miembros de las clases medias o altas, los que hemos tratado de inculcar los principios del socialismo en la mente de los trabajadores". La cándida confesión del Sr. Hyndman de su incapacidad para conseguir la simpatía de los habitantes de los barrios marginales en sus proyectos de regeneración social confirma este testimonio.

Los oradores socialistas menos honestos, fruto de una larga experiencia, han adoptado por tanto la política más eficaz de apelar a los instintos depredadores de la multitud. Desde Babeuf, el socialismo sólo ha podido progresar tomando prestado el lenguaje de la anarquía para abrirse camino hacia el poder.

Por consiguiente, el socialismo es esencialmente un sistema de engaño ideado por teóricos de la clase media y en modo alguno un credo popular. Si el movimiento revolucionario de los últimos 150 años hubiera emanado realmente del pueblo, habría seguido inevitablemente la línea trazada por uno de los dos sectores del proletariado antes indicados, es decir, habría tomado la forma de una agitación continua y creciente en favor de las reformas sociales que se habría ganado la simpatía de todos los hombres de bien y, por tanto, habría resultado finalmente irresistible, o habría seguido la línea de la Anarquía, organizando el bandolerismo en una escala cada vez mayor, hasta que, habiendo sido exterminados todos los propietarios de la riqueza y sus expropiadores a su vez exterminados por sus semejantes, el mundo habría quedado reducido a un desierto despoblado.

Pero la revolución mundial no siguió ninguna de estas líneas. Siempre opuesta a las reformas sociales sensatas que los socialistas llaman "mélioration" o intentos vanos de consolidar un sistema obsoleto, se ha desmarcado sistemáticamente de hombres como Lord Shaftesbury, que hizo más por mejorar las condiciones de las clases trabajadoras que nadie en la historia. La anarquía, por otra parte, ha sido utilizada por ellos sólo como un medio para un fin; para el genuino sentimiento revolucionario no son de ninguna utilidad. En Rusia, los anarquistas se convirtieron en los primeros objetos de la venganza soviética. La actitud cínica de los socialistas hacia el proletariado revolucionario fue ilustrada por el Sr. Bernard Shaw quien, en diciembre de 1919, se jactó abiertamente de haber ayudado a organizar la huelga ferroviaria[733] y quien, dos años más tarde, escribió sobre la huelga de los mineros en los siguientes términos: Un Estado socialista no toleraría ni por un momento un ataque a la comunidad como una huelga. Si un sindicato intentara tal cosa, la vieja ley capitalista contra los sindicatos como conspiraciones volvería a entrar en vigor en veinticuatro horas y se ejecutaría sin piedad. Una monstruosidad como la reciente huelga del carbón, en la que los mineros gastaron todos sus ahorros para perjudicar a sus vecinos y destruir las industrias nacionales, sería imposible bajo el socialismo. Fue miserablemente derrotada, como se merecía.[734]

Si esto lo hubiera escrito el duque de Northumberland en la *National Review* y no el Sr. Bernard Shaw en la *Labour Monthly*, uno puede imaginarse la protesta que habría habido en la prensa socialista. Pero los líderes de la llamada democracia siempre pueden utilizar el lenguaje que quieran para hablar del pueblo. "Nuestros campesinos", declaró abiertamente Máximo Gorki, "son brutales y degradados, apenas humanos. Los odio".[735] Se observará que en las descripciones de la

---

[733] Bernard Shaw sobre los "Secretos de la huelga ferroviaria", publicado en el *Morning Post*, 3 de diciembre de 1919.

[734] M. Bernard Shaw en *Labour Monthly*, octubre de 1921.

[735] Reportaje sobre la entrevista con Maxim Gorky en el *Daily News*, 3 de octubre de 1921.

Revolución Francesa, las referencias al salvajismo del pueblo nunca son criticadas por la prensa liberal o socialista; sólo las personas de los gobernantes son sagradas. Está claro que lo que pretenden defender estos paladines de la "libertad" no es la causa de la democracia, sino la de la demagogia.

La revolución mundial no es, pues, un movimiento popular, sino una conspiración para imponer a los pueblos un sistema directamente opuesto a sus verdaderas reivindicaciones y aspiraciones, un sistema que ha resultado desastroso cada vez que se ha intentado poner en práctica.

Rusia ha dado un ejemplo más de su inutilidad. El hecho de que los líderes más responsables de Rusia no aboguen por la violencia no afecta a la cuestión fundamental. Mientras que el bolchevismo pretende destruir el capitalismo de un solo golpe, el socialismo prefiere un proceso más gradual. Es la diferencia entre golpear a un hombre en la cabeza y desangrarlo hasta la muerte, eso es todo.

El hecho es que todo socialismo conduce a largo plazo al comunismo[736] y, por tanto, al desastre. El régimen bolchevista llevó la ruina y la miseria a Rusia, no por la brutalidad de sus métodos, sino porque se basaba en la gigantesca falacia económica de que la industria puede explotarse sin empresa privada ni iniciativa personal.

La misma teoría aplicada por métodos constitucionales produciría exactamente los mismos resultados. Si se permite a los socialistas llevar a cabo su programa completo, Inglaterra puede quedar reducida al estado de Rusia sin que se derrame una gota de sangre.

Pero ¿cómo explicar que, a pesar del fracaso del socialismo en el pasado, a pesar del gigantesco fiasco de Rusia, a pesar, además, de la declaración de los propios bolcheviques de que el comunismo había fracasado y debía ser sustituido por "una nueva política económica", es decir, por una vuelta al "capitalismo",[737] siga habiendo un número grande

---

[736] Opinión expresada en una conversación con un socialista. Véase Keir Hardie, "El comunismo, objetivo final del socialismo" (*De la servidumbre al socialismo*, p. 36).

[737] "Por el decreto del 22 de mayo de 1922 se restableció el derecho de propiedad privada de los medios de producción y de la producción misma. Véase el artículo

y creciente de personas que proclaman la eficacia del socialismo como remedio para todos los males de la sociedad? En cualquier otro campo de la experiencia humana, en medicina o en invención mecánica, el fracaso es sinónimo de olvido; el profiláctico que no cura, la máquina que no puede hacerse funcionar, son rápidamente relegados al montón de chatarra. ¿Qué decir del bacteriólogo que, tras matar a innumerables pacientes con un suero determinado, lo anuncia como un éxito absoluto? ¿No deberíamos calificarlo de charlatán sin escrúpulos o, en el mejor de los casos, de visionario peligroso?

Si, además, descubriéramos que vastos grupos de agentes, respaldados por fondos ilimitados, se dedicaban a promocionar este remedio entre el público y evitaban cuidadosamente cualquier referencia a las muertes que había causado, ¿no deberíamos concluir que había "algo detrás", una poderosa corporación que "dirigía" el negocio para promover sus propios intereses privados?

¿Por qué no debería aplicarse el mismo razonamiento al socialismo? Porque el socialismo no sólo no ha triunfado nunca, sino que sus partidarios ocultan cuidadosamente todos sus fracasos pasados. Entonces, ¿quién tiene interés en defenderlo? ¿Y quién aporta las enormes sumas que se gastan en propaganda? Si, en realidad, el socialismo es una lucha entre "los que no tienen" y "los que tienen", ¿por qué la mayor parte del dinero parece estar del lado de "los que no tienen"? De hecho, mientras que las organizaciones que trabajan por la ley y el orden se ven obstaculizadas a cada paso para conseguir fondos, ninguna consideración financiera parece interferir nunca en las actividades del llamado "movimiento laborista". El socialismo, de hecho, parece ser un "negocio de pago", en el que un joven entra como podría entrar en la ciudad, con la esperanza razonable de "hacerlo bien".

Basta repasar la historia de los últimos cien años para ver que la "agitación" ha proporcionado una carrera agradable y remunerada a cientos de escritores de clase media, periodistas, oradores, organizadores y diletantes de todo tipo que, de otro modo, habrían estado condenados a

---

de Krassin sobre "La nueva política económica del gobierno soviético" en *Reconstrucción* (la revista mensual publicada por Parvus) de septiembre de 1922.

pasar sus vidas en los taburetes de las oficinas o en los pupitres de los maestros de escuela. Y cuando leemos los relatos de los deliciosos manjares ofrecidos a estos "trabajadores entregados" a la causa del proletariado, tal y como aparecen en las actas de la Primera Internacional o en las páginas de Mrs Snowden, empezamos a comprender el atractivo del socialismo como profesión.[738]

Pero repito: *¿quién aporta los fondos para esta vasta campaña?*

¿Procede de los bolsillos de los trabajadores o de alguna otra misteriosa reserva de riqueza? Volveremos sobre este punto en un capítulo posterior.

En cualquier caso, ¿cómo creer en la sinceridad de los defensores de la igualdad que adoptan ellos mismos un estilo de vida tan diferente del del proletariado cuya causa dicen representar? Si los doctrinarios del socialismo fueran una banda de ascetas que hubieran renunciado voluntariamente al lujo y la distracción para llevar una vida de pobreza y abnegación -como han hecho innumerables hombres y mujeres verdaderamente devotos que *no* se llaman socialistas-, seguiríamos dudando de la solidez de sus teorías económicas aplicadas a la sociedad en general, pero respetaríamos su abnegación.

Pero, salvo raras excepciones, los intelectuales socialistas cenan y cenan, festejan y juegan con tan pocos escrúpulos de conciencia como cualquier conservador no regenerado.

Con esa gente, razonar es obviamente tan inútil como intentar convencer al agente de una compañía de medicamentos curanderos de que los remedios que administra al público no tendrán ningún efecto curativo. Él ya es perfectamente consciente de ello. Por eso, los esfuerzos de personas bienintencionadas por desenmascarar, mediante argumentos largos y bien razonados, los "sofismas del socialismo" dan poco o ningún resultado. Todos esos supuestos "sofismas" han sido repetidamente desenmascarados por autores competentes y refutados por la experiencia, de modo que si sólo se basaran en la ignorancia o el error, hace tiempo que habrían dejado de ser creíbles. La verdad es que no son sofismas sino mentiras, deliberadamente concebidas y difundidas por hombres que no

---

[738] Véase *A Political Pilgrim in Europe*, de William y Mrs Snowden.

se las creen ni por un momento y que, por tanto, sólo pueden ser calificados de charlatanes sin escrúpulos que explotan la credulidad del público.

Pero si esta descripción puede aplicarse legítimamente a los cerebros del socialismo y a algunos de sus principales doctrinarios, sin duda hay miles de visionarios honestos en el movimiento. Un sistema que pretende curar todos los males de la vida apela inevitablemente a mentes generosas que sienten pero no razonan. En realidad, muchas de estas personas, si lo supieran, son simplemente reformistas sociales de corazón y no socialistas en absoluto, y su ignorancia de lo que realmente significa el socialismo les lleva a alinearse bajo la bandera de un partido que reclama el monopolio del ideal. Otros, sobre todo entre los jóvenes intelectuales, adoptan el socialismo con el mismo espíritu que la moda de las corbatas o los chalecos, por miedo a ser vistos como "reaccionarios". Nunca se les ocurre que, lejos de ser "avanzado", ser socialista es tan retrógrado como volver a los bigotes y los pantalones a cuadros del siglo pasado. El gran triunfo de Mussolini fue hacer comprender a la juventud italiana que ser comunista era ser un "número atrasado", y que el progreso consistía en avanzar hacia nuevas ideas y aspiraciones.

Los jóvenes de la colonia de Cabet lo descubrieron hace sesenta años cuando se constituyeron en grupo de "progresistas" para oponerse a los mayores que seguían aferrados a la obsoleta doctrina del comunismo.

El socialismo actual no es tanto un credo como una secta, basada no en la experiencia práctica sino en una teoría irreal. Es aquí donde encontramos un vínculo con las sociedades secretas. M. Augustin Cochin en sus brillantes ensayos sobre la Revolución Francesa[739] describía este "Mundo de Nubes" del que el Gran Oriente era la capital, poblado por los precursores de la Revolución Francesa. "Mientras que en el mundo real el criterio de todo pensamiento reside en ponerlo a prueba, en el mundo de las nubes el criterio es la opinión. "Están allí para hablar, no para

---

[739] *Les Sociétés de Pensée et la Démocratie* (1921). M. ·Augustin Cochin trabajó con M. Charles Charpentier para arrojar nueva luz sobre la Revolución Francesa y refutó triunfalmente a M. Aulard en 1908. Desgraciadamente, su trabajo se vio interrumpido por la guerra y murió en el frente en julio de 1916, dejando inacabada su gran historia de la Revolución.

hacer; toda esta agitación intelectual, este inmenso tráfico de discursos, escritos, correspondencia, no conduce al menor principio de trabajo, de esfuerzo real". Nos equivocaríamos si los juzgáramos con dureza; sus teorías sobre la perfectibilidad de la naturaleza humana, sobre las ventajas del salvajismo, que nos parecen "quimeras peligrosas", nunca fueron concebidas para ser aplicadas a la vida real, sino sólo al Mundo de las Nubes, donde no presentan ningún peligro, sino que se convierten, por el contrario, en "las verdades más fecundas".

La explosión revolucionaria podría haber hecho añicos estas ilusiones de una vez por todas si no hubiera sido por el Gran Oriente. Ya hemos visto cómo la masonería francesa y el socialismo francés eran idénticos en teoría en el siglo XIX. En Francia se sucedieron los experimentos para demostrar la irrealidad de las utopías socialistas, pero las logias siempre estaban ahí para reconstruir el espejismo y conducir a la humanidad por las arenas ardientes del desierto hacia las mismas palmeras fantasmas y los mismos estanques de agua ilusorios.

Sea como fuere que estas ideas hayan penetrado en nuestro país -sea a través de los radicales del siglo pasado, adoradores de los francmasones enciclopedistas franceses, sea a través de los discípulos británicos de los socialdemócratas alemanes desde la época de la Primera Internacional-, es imposible ignorar la semejanza entre las teorías no sólo del socialismo francés, sino también del socialismo británico moderno, y las doctrinas de la francmasonería ilustrada. Así, la idea que recorre la Francmasonería de una edad de oro antes de la caída, cuando el hombre era libre y feliz, y que, mediante la aplicación de los principios masónicos, debe volver una vez más, encuentra una contrapartida exacta en la concepción socialista de una edad pasada de libertad e igualdad, que debe volver no sólo en la forma de un orden social regenerado, sino como un milenio completo del que todos los males de la vida humana han sido eliminados. Esta idea siempre ha rondado la imaginación de los escritores socialistas, desde Rousseau hasta William Morris, y conduce directamente a la siguiente teoría: la necesidad de destruir la civilización.

No encuentro el origen de esta campaña en la concepción del Sr. Lothrop Stoddart del movimiento revolucionario como la revuelta del "hombre bajo la tierra" contra la civilización. En realidad, los dirigentes de la revolución mundial no eran "subhumanos", víctimas de la opresión o de un destino desfavorable, ni podían ser incluidos en esta categoría por su inferioridad física o mental. Es cierto que la mayoría de los agitadores revolucionarios eran de un modo u otro anormales, y que el ejército revolucionario se reclutó en gran parte entre los no aptos, pero los verdaderos inspiradores del movimiento eran a menudo hombres de prosperidad e inteligencia brillante que podrían haberse distinguido en otros campos si no hubieran elegido dedicar su talento a la subversión. Sería absurdo llamar a Weishaupt, por ejemplo, un "Under Man". Pero veamos la idea en la que se basa ostensiblemente el plan para destruir la civilización.

Se recordará que Rousseau, al igual que Weishaupt, sostenía que la edad de oro de la dicha no terminó en el Jardín del Edén, como generalmente se supone, sino que se prolongó en la vida tribal y nómada.

Hasta ese momento, el comunismo era el feliz arreglo bajo el cual existía la raza humana y que desapareció con la introducción de la civilización. La civilización es, pues, el *fons et origo mali* y debe ser abolida. Que nadie exclame que esta teoría murió con Rousseau o Weishaupt; la idea de que "la civilización es todo mal" recorre los escritos y discursos de nuestros intelectuales socialistas de hoy. Ya he mencionado en otro lugar la predicción del Sr. H. G. Wells de que la humanidad volverá cada vez más a la vida nómada, y el Sr. Snowden se refirió recientemente, en un tono de evidente nostalgia, a esa época productiva en la que el hombre "vivía bajo un sistema de comunismo tribal".[740] A los niños que asisten a las escuelas socialistas también se les enseña en el "catecismo rojo" las ventajas del salvajismo, como sigue:

Pregunta. ¿Se mueren de hambre los salvajes en medio de la abundancia?

Respuesta. No; cuando la comida es abundante, todos se regocijan,

---

[740] Sr. Philip Snowden durante el debate sobre el socialismo en la Cámara de los Comunes el 20 de marzo de 1923: "Durante la mayor parte del tiempo que el hombre ha vivido en este globo no lo ha hecho bajo un sistema de empresa privada, ni bajo el capitalismo, sino bajo un sistema de comunismo tribal, y es bueno recordar que la mayoría de los grandes inventos que han sido la base de nuestras máquinas y descubrimientos modernos fueron inventados por hombres que vivían juntos en tribus".

festejan y se alegran.[741]

No se menciona el hecho de que, cuando escasea la comida, de vez en cuando se comen unos a otros.

Esta es, pues, la teoría en la que se basa esta aspiración de retorno a la naturaleza. También es cierto que ciertas tribus primitivas encontraron posible mantener el mismo sistema, por la sencilla razón de que cuando y donde la tierra estaba escasamente poblada, producía, sin la ayuda artificial de la agricultura, más que suficiente para satisfacer las necesidades de cada hombre. Por lo tanto, no había necesidad de leyes que protegieran la propiedad, ya que cada hombre podía obtener libremente lo que necesitara. Si, en la actualidad, una docena de personas naufragaran en una isla fértil a pocas millas de cada lado, la institución de la propiedad también sería superflua; Pero si varios centenares compartieran la misma suerte, se haría inmediatamente necesario instituir un sistema de cultivo que, a su vez, exigiría o bien la institución de la propiedad, por la cual cada hombre dependería de su propio pedazo de tierra para su existencia, o bien un sistema comunal, por el cual todos estarían obligados a trabajar por el bien común y se aplicaría la fuerza a los que se negaran a hacer su parte.

El comunismo pacífico es, pues, sólo una cuestión de población; las condiciones en las que los hombres pueden sentarse al sol y disfrutar de los frutos de la tierra sin gran esfuerzo deben transformarse, con la multiplicación de la especie humana, en un sistema que reconozca la propiedad privada, o en un Estado comunal que imponga el trabajo obligatorio por medio de capataces armados con látigos. Fue tal vez la constatación de esta verdad lo que impulsó a los representantes prácticos de las doctrinas de Rousseau, los terroristas de 1793, a emprender su "plan de despoblación" instaurando el comunismo sobre bases pacíficas.

Pero nuestros intelectuales socialistas niegan esta necesidad aduciendo que, bajo el régimen benévolo del socialismo, todos los hombres serían buenos y felices y trabajarían alegremente por el bienestar de la comunidad. El hecho de que esto no haya sido así, ni siquiera en las colonias comunistas voluntarias, no les desanima, pues, como hemos

---

[741] *El Catecismo Rojo*, de Tom Anderson, p. 3.

dicho, su credo no se basa en la experiencia práctica, sino en la teoría, y es aquí donde encontramos la inspiración de la masonería del Gran Oriente.

La suposición de que en un orden social ideal desaparecerían todos los defectos humanos se deriva directamente de las dos doctrinas masónicas que el Gran Oriente, bajo la influencia del Iluminismo, ha reducido al *absurdo: la* perfectibilidad de la naturaleza humana y la fraternidad universal. Toda la filosofía del socialismo está construida sobre estas falsas premisas.

De hecho, la fraseología actual de la Francmasonería ilustrada ha pasado ahora al lenguaje del Socialismo; así, las viejas fórmulas de los "Estados Unidos de Europa" y la "República Universal" han sido adoptadas no sólo por la Sra. Besant y sus seguidores[742] como la última palabra del pensamiento moderno, sino que también han reaparecido como una brillante inspiración bajo la pluma del Sr. H. G. Wells en la forma ligeramente variada del "Estado Mundial". Sería divertido, para cualquiera que tuviera tiempo, descubrir cuántas de las ideas de nuestros llamados pensadores avanzados se encuentran casi palabra por palabra en los escritos de Weishaupt, en la *República Universal* de Anacharsis Clootz, y en los discursos de los oradores del Gran Oriente durante el siglo pasado.

Además, la revolución mundial no sólo se basa en las doctrinas de la masonería ilustrada, sino que ha adoptado el mismo método de organización. Así, sobre el plano de las sociedades secretas, comenzando por los batinis, encontramos las fuerzas de la revolución divididas en

---

[742] Por ejemplo, el siguiente extracto de un discurso de la Srta. Esther Bright a la Escuela Esotérica de Teosofía, citado en *The Patriot* del 22 de marzo de 1923: "La cooperación cordial y comprensiva entre los miembros de la E.S.T. de muchas naciones formará un núcleo sobre el cual las naciones podrán construir la gran hermandad que esperamos se convierta en los Estados Unidos de Europa. ¡Los Estados Unidos! ¡Qué hermoso sonido cuando se mira a la Europa de hoy! En 1868 ya existía una revista titulada *Les États-Unis d'Europe,* y el Sr. Goyau demuestra que esta fórmula, así como la de la República Universal, fueron consignas muy extendidas entre los pacifistas antes y durante la guerra de 1870, que no pudieron evitar. - *L'Idée de Patrie et l'Humanitarisme,* pp. 113, 115.

grados sucesivos: el más bajo es el proletariado revolucionario, el *púlpito de la revolución* según la expresión de Marx, que nada sabe de la teoría del socialismo y menos aún de los verdaderos objetivos de los dirigentes; por encima de ellos están los semi-iniciados, los doctrinarios del socialismo, entre los que se cuentan sin duda muchos entusiastas sinceros; pero por encima de ellos todavía, otros grados conducen a los verdaderos iniciados, que son los únicos que saben a qué apunta todo el movimiento.

Porque el objetivo final de la revolución mundial no es el socialismo, ni siquiera el comunismo, no es un cambio en el sistema económico existente, no es la destrucción de la civilización en el sentido material; la revolución deseada por los dirigentes es una revolución moral y espiritual, una anarquía de ideas por la que todas las normas establecidas a lo largo de diecinueve siglos serán derribadas, todas las tradiciones honradas pisoteadas y, sobre todo, el ideal cristiano definitivamente aniquilado.

Es cierto que cierta parte del movimiento socialista se proclama cristiana. Los Illuminati hacían la misma profesión, al igual que los modernos teósofos y rosacruces. Pero, como en el caso de estas sociedades secretas, deberíamos preguntar a los llamados socialistas cristianos: "¿Qué entienden por Cristo? ¿Qué entienden por Cristo? ¿Qué entienden por cristianismo? Un examen minucioso revelará que su Cristo es un ser de su propia invención, que su cristianismo es una perversión de la verdadera enseñanza de Cristo.

El Cristo del socialismo, invocado en aras del pacifismo como opositor a la fuerza y en aras de la lucha de clases como socialista, revolucionario o incluso "agitador", no se parece en nada al verdadero Cristo. Cristo no era pacifista cuando dijo a sus discípulos que se armaran con espadas, cuando hizo un azote con una cuerda y expulsó a los cambistas del Templo. No dijo a los hombres que perdonaran a los enemigos de su país o de su religión, sino sólo a sus enemigos privados. Cristo no era socialista cuando declaró que "la vida de un hombre no consiste en la abundancia de los bienes que posee".

El socialismo enseña que un hombre nunca debe estar satisfecho hasta que otro tenga lo que él no tiene. Cristo no creía en la igualdad de retribución cuando contó la parábola de los diez talentos y el siervo inútil. El socialismo reduciría todo el trabajo al ritmo del más lento. Sobre todo, Cristo no era socialista cuando pidió al joven con grandes posesiones que vendiera todo lo que tenía y se lo diera a los pobres. *¿Qué escuela socialista dio jamás una orden semejante?*

Por el contrario, los socialistas son conminados por sus líderes a no dar su dinero en caridad, no sea que de ese modo contribuyan a prolongar la existencia del actual sistema social. La verdad es que, como he demostrado en relación con el error de presentar a Cristo como un esenio, no hay pruebas de que él o sus seguidores practicaran ni siquiera la forma más pura de comunismo. Cristo no defendió ningún sistema económico o político; predicó un espíritu que, aplicado a cualquier sistema, conduciría a la paz entre los hombres. Es cierto que exhortó a sus seguidores a despreciar la riqueza y que denunció a muchos de los ricos con los que entró en contacto, pero no debemos olvidar que su misión inmediata iba dirigida a una raza que siempre había glorificado la riqueza, que había adorado al becerro de oro y que consideraba la riqueza como la recompensa natural de la piedad.[743] Cristo vino a enseñar a los hombres a no buscar la recompensa inmediata en forma de un mayor bienestar material, sino a hacer el bien por amor a Dios y al prójimo.

No dudo de que en el pasado hombres como Kingsley y J.F.D. Maurice imaginaran sinceramente que seguían los pasos del Maestro al describirse a sí mismos como socialistas cristianos, pero es imposible creer que los actuales líderes del socialismo en Inglaterra sean cristianos de corazón, si consideramos su actitud ante la campaña contra el cristianismo en Rusia. Ni ellos ni sus aliados, los cuáqueros, han denunciado nunca oficialmente la persecución no sólo de los sacerdotes sino de todos los que profesan la fe cristiana en Rusia.[744] Escuchen esta voz desde las profundidades de Rusia:

---

[743] El artículo dedicado a Jesús en la *Enciclopedia Judía muestra hasta qué punto* esta actitud sigue siendo resentida por los judíos: "En casi todas sus declaraciones públicas, fue duro, severo y claramente injusto... con las clases dirigentes y adineradas. Después de leer sus diatribas contra los fariseos, los escribas y los ricos, no es de extrañar que éstos contribuyeran a silenciarle" (vol. vii, p. 164).

[744] La ejecución de monseñor Butkievitch, arzobispo católico de Petrogrado, fue aprobada por el Daily *Herald*, el *New Statesman* y el *Nation*. Véase el Daily *Herald* del 7 de abril de 1923.

Os exhortamos a rezar por la Iglesia en Rusia; está atravesando una gran tribulación y la cuestión es si triunfará el poder espiritual o el poder terrenal. Muchos están siendo ejecutados por no negar a Dios... Los que han sido puestos al frente por Dios necesitan todas las oraciones y la ayuda de los cristianos de todo el mundo, porque su destino es también en parte el suyo, porque se trata de hacer triunfar la fe sobre el ateísmo, y es una lucha encarnizada entre estos dos principios.[745]

Y otra vez:

Veo la persecución de la Iglesia rusa como un esfuerzo por derrocar al cristianismo en general, porque actualmente estamos gobernados por el poder de las tinieblas, y todo lo que consideramos pecaminoso parece apoderarse de nosotros y florecer.

Sin embargo, es por este poder por el que el Partido Socialista de Gran Bretaña lleva años buscando reconocimiento. Incluso los llamamientos de ayuda de sus camaradas socialistas de Rusia les dejaron fríos. "Sugerimos", decía uno de esos llamamientos...

1. El Partido Laborista británico emite una protesta formal contra el trato inhumano dispensado por el Gobierno soviético a sus oponentes políticos en general y a los presos políticos en particular.

2. Que se organicen reuniones de protesta en las ciudades industriales británicas.

3. Que el Partido Laborista británico haga una declaración oficial directamente al Gobierno soviético, instándole a poner fin a la persecución de los socialistas en Rusia.[746]

Y fue sobre este régimen sobre el que el Sr. Lansbury escribió: "Cualesquiera que sean sus defectos, los líderes comunistas de Rusia han enganchado su carro a una estrella: Cualesquiera que sean sus defectos, los líderes comunistas de Rusia han enganchado su carro a una estrella:

---

[745] Cartas de un amigo del presente autor en Rusia, fechadas en agosto de 1922 y febrero de 1923.

[746] *Daily Herald*, 21 de febrero de 1922.

la estrella del amor, de la hermandad, de la camaradería".[747]

La insensible indiferencia mostrada por los socialistas británicos, con la honorable excepción de la Federación Socialdemócrata,[748] hacia los crímenes de los bolcheviques contrasta dolorosamente con la actitud de los demás socialistas de Europa. En la conferencia de la Internacional Obrera y Socialista, celebrada en Hamburgo en mayo de 1923, se adoptó una resolución condenando la persecución del gobierno soviético. Cuando la resolución se sometió al Congreso, 196 votaron a favor, 2 en contra y 39, incluidos los 30 delegados británicos, se abstuvieron.

Planteo, por tanto, la siguiente pregunta: ¿por qué deben diferenciarse los socialistas de Gran Bretaña de los bolcheviques de Rusia? ¿Por qué deberían diferenciarse los socialistas de Gran Bretaña de los bolcheviques de Rusia? En todas las cuestiones importantes siempre los han apoyado. En la gran guerra contra el cristianismo, desempeñaron el papel de vanguardia al instituir las escuelas dominicales socialistas, de las que se excluye toda enseñanza religiosa. Los socialistas están muy interesados en disociarlas de las escuelas dominicales "proletarias" que enseñan el ateísmo. Pero de ignorar la existencia de Dios a negarla hay sólo un paso; también cabe señalar que los socialistas nunca han protestado contra la blasfemia de las escuelas proletarias. La verdadera actitud del Partido Socialista hacia la religión puede quizá calibrarse a partir de la nota, reproducida en la página 341, que una vez apareció en su órgano oficial, el *Daily Herald*, del que el Sr. Lansbury, ampliamente publicitado como devoto cristiano, fue editor y es ahora director general.

Fue al partido que controlaba este organismo al que 700 clérigos de la Iglesia de Inglaterra y de la Iglesia Episcopal de Escocia consideraron oportuno felicitar en un memorial presentado al Sr. Ramsay MacDonald en marzo de 1923. ¿Veremos de nuevo repetirse la escena del Brumario de 1793 y una procesión de prelados acudir a Westminster para deponer sus anillos y cruces y declarar que "en adelante no habrá otro culto que

---

[747] Ibid. 18 de marzo de 1920.

[748] Véase el informe de la conferencia anual de la Federación Socialdemócrata en el *Morning Post* del 6 de agosto de 1923, donde se dice que "la denuncia sin reservas del sovietismo fue la característica principal de la discusión del día", etc.

el de la libertad y la santa igualdad"?

La profanación de iglesias ya ha comenzado. Recientemente, una banda de parados llevó la bandera roja al templo de la ciudad, aunque varios de ellos se opusieron a su presencia en la iglesia. Un intento de cantar "La bandera roja" también fue sofocado por algunos de los propios parados, que al parecer habían conservado cierto sentido de la decencia.[749]

LOS LIBROS QUE TODOS DECIMOS HABER LEÍDO

La Biblia es un libro real, aunque durante todo el siglo XIX las Iglesias hicieran la vista gorda ante el hecho de que se trataba de una traducción libre realizada por eclesiásticos jacobinos de un texto griego de dudosa autenticidad y autoría múltiple. La Biblia está tan divinamente inspirada como Shakespeare, Milton o Anatole France. Pero no es tan "pura" como los textos de esos autores, porque es: (1) una abigarrada colección de historia popular y tradicional vinculada al "Antiguo Testamento" y descrita como tal, y (2) el "Nuevo Testamento", una colección de doctrinas teológicas orientales centradas en la figura de un gran maestro religioso místico sirio, Jesús.

Aquellos que se acerquen a la Biblia con una mente desprejuiciada descubrirán que es uno de los grandes libros del mundo, lleno de belleza, humor y aspiración, y desfigurado, como suelen ser los grandes libros, por la brutalidad y la tosquedad ocasionales. - *Daily Herald*, 7 de febrero]. 1923.]

El plan de Weishaupt de alistar al clero en la obra de la revolución mundial se llevó a cabo según lo previsto. Los sacerdotes católicos de Irlanda que encendieron las pasiones populares fueron utilizados como instrumentos en la conspiración atea internacional y finalmente se encontraron con que el movimiento se volvió contra ellos. Los clérigos protestantes que profesan el "socialismo cristiano" están desempeñando el mismo papel. Tal vez sin darse cuenta, están actuando como agentes de los Illuminati continentales y, al igual que los emisarios de Weishaupt, están preparando un ataque abierto contra todas las formas de religión.

---

[749] *Evening Standard*, 15 de enero de 1924.

No es casualidad que las mascaradas blasfemas de la Revolución Francesa se hayan repetido recientemente en Rusia. Los horribles incidentes descritos en la prensa[750] no eran más que la manifestación externa de una conspiración en curso, cuya prueba se dio hace unos años en Portugal bajo la influencia de los Carbonarios, dirigidos por Alfonso Costa, cuyas palabras tenían a veces un parecido asombroso con las de Anacharsis Clootz. La difunta duquesa de Bedford describió así la guerra religiosa que inauguró la nueva República:

Una de las empresas más celosas de esta gran sociedad [los Carbonarios] es, en sus propias palabras, exterminar "el mito cristiano" en la mente de la nación portuguesa. En las escuelas, los niños llevan chapas prendidas en la ropa con las palabras "¡No God! No religión!" y un turista británico que viajaba por Portugal se encontró con grupos de niños inocentes que llevaban pancartas en las que se leía: "No necesitamos a Dios".[751]

¿Es una coincidencia que el año pasado una reunión de socialistas y comunistas en Trafalgar Square llevara una pancarta roja con el lema: "Ni Rey, ni Dios, ni Ley"?[752]

Repito: no es una revolución económica lo que constituye el plan de los verdaderos directores del movimiento, no es ni la "dictadura del proletariado" ni la reorganización de la sociedad por la Intelligentsia del "Trabajo"; es la destrucción de la idea cristiana. Los oradores socialistas pueden arremeter contra la aristocracia corrupta o los "capitalistas hipertrofiados", pero no son ellos los que realmente sufrirán más si se logra el objetivo de la conspiración. Desde el Marqués de Sade y el Duque de Orleans, la revolución mundial ha sido indulgente con los aristócratas egoístas y corruptos; son los gentiles, los rectos, los benévolos los que han sido víctimas de la furia revolucionaria.

---

[750] *Daily Telegraph*, 8 de enero de 1923; *Daily Mail*, 24 de enero de 1923.

[751] Informe de un discurso de Adeline, duquesa de Bedford, en una reunión pública para protestar contra el trato dado a los presos políticos en Portugal, 22 de abril de 1913, citado en *Portuguese Political Prisoners*, p. 89 (publicado por Upcott Gill & Son).

[752] *Evening Standard*, 14 de mayo de 1923.

El socialismo, con su odio a toda superioridad, a las nobles virtudes - lealtad y patriotismo - con su pasión por el envilecimiento en lugar de la edificación, sirve al propósito de la conspiración más profunda. Si se puede destruir o ganar a la Intelligentsia cristiana y privar a la nación de todos sus líderes naturales, los revolucionarios mundiales creen que podrán moldear al proletariado según sus deseos. En estas condiciones, lo que hoy llamamos bolchevismo no es más que una fase de un movimiento que prosigue por innumerables métodos diferentes, aparentemente inconexos, pero todos tendentes al mismo fin. Basta con mirar a nuestro alrededor en el mundo actual para ver en todas partes el mismo poder de desintegración en acción - en el arte, la literatura, el teatro, la prensa diaria - en todos los campos que pueden influir en la mente del público. De la misma manera que, durante la Revolución Francesa, se representó una obra sobre la masacre de San Bartolomé para despertar las pasiones del pueblo contra la monarquía, nuestros cines modernos tratan constantemente de suscitar el odio de clases mediante escenas y frases que muestran "la injusticia de los reyes", "los sufrimientos del pueblo", el egoísmo de los "aristócratas", tanto si estos elementos entran en el tema de la narración como si no.[753] Y en el campo de la literatura, no sólo en las obras de ficción, sino también en los manuales escolares, en los cuentos y libros que pretenden tener un serio valor educativo y que se benefician de un boom hábilmente organizado en toda la prensa, se hace todo lo posible para debilitar el patriotismo, para socavar la creencia en todas las instituciones existentes mediante la perversión sistemática de los hechos contemporáneos e históricos, mientras que novelas y obras de teatro diseñadas para socavar todas las

---

[753] La experiencia personal me ha demostrado que este uso del cine para la propaganda revolucionaria es deliberado. Un hombre que había quedado impresionado por las posibilidades dramáticas de un guión que yo había escrito me escribió para preguntarme si podía presentarlo a un conocido productor de cine de Estados Unidos. Acepté y, algún tiempo después, me informó de que el productor en cuestión lamentaba no poder filmar mi obra porque podía parecer propaganda antibolchevique. Poco después, el mismo productor estrenó una película sobre el mismo tema con la moraleja invertida, para que el conjunto resultara sutilmente revolucionario, y la llevó a Inglaterra, ¡donde la anunció como propaganda antibolchevique! Este es un ejemplo típico de la duplicidad de estos propagandistas.

ideas de moralidad se presentan al público como obras de genio que hay que admirar para mantener una reputación de inteligencia. No creo que todo esto sea casual; no creo que el público demande los libros y obras de teatro antipatrióticos o desmoralizadores que se le presentan; por el contrario, responde invariablemente a un llamamiento al patriotismo y a simples emociones sanas. El corazón del pueblo sigue sano, pero se hacen incesantes esfuerzos por corromperlo.

Esta conspiración es evidente desde hace tiempo para los observadores continentales.

Unos años antes de la guerra, Monsieur de Lannoy, miembro de una asociación antimasónica en Francia, en una conferencia sobre "la influencia de las sectas judeo-masónicas en el teatro, la literatura y la moda", mostró cómo "órdenes de cosas que parecen no tener nada que ver entre sí están hábilmente vinculadas y dirigidas por un único movimiento metódico hacia un fin común. Este fin común es la paganización del universo, la destrucción de todo cristianismo, el retorno a la moral más laxa de la antigüedad".[754] Robison considera que la indecente vestimenta del periodo del Directorio es el resultado de las enseñanzas de Weishaupt, y atribuye a la misma causa la ceremonia de Notre Dame en la que una mujer promiscua fue presentada a la admiración pública.[755] La misma glorificación del vicio ha encontrado representantes entre los Illuminati modernos en este país. En *The Equinox-the Journal of Scientific Illuminism*, se propone que las prostitutas se coloquen al mismo nivel que los soldados que han servido a su país y sean honrados y pensionados por el estado.[756]

La comunidad de mujeres no es una idea nacida con los bolcheviques rusos, sino que ha recorrido todos los movimientos revolucionarios del pasado.

El intento de pervertir todas las concepciones de la belleza en el arte sirve para allanar el camino a la perversión moral. Hace dos años, el *New*

---

[754] Citado en *Le Problème de la Mode*, de Baronne de Montenach, p. 30 (1913).

[755] Robison, *Proofs of a Conspiracy*, pp. 251, 252 (1798).

[756] Artículo de A. Quiller en *The Equinox*, septiembre de 1910, p. 338.

York Herald publicó una circular en la que denunciaba el llamado culto al modernismo en el arte como "propaganda bolchevique mundial".

La circular prosigue

Su objetivo es derrocar y destruir todos los sistemas sociales existentes, incluido el de las artes. Este culto modernista degenerado no es otra cosa que La filosofía bolchevista aplicada al arte. El triunfo del bolchevismo significa, por tanto, la destrucción del sistema estético vigente, el transporte de todos los valores estéticos y el endiosamiento de la fealdad.

Toda la propaganda del movimiento estaba organizada por "una camarilla de marchantes de arte europeos" -descritos, por cierto, como alemanes- que habían inundado el mercado con obras de artistas que habían empezado siendo "un pequeño grupo deególatras neuróticos de París que se proclamaban adoradores de Satán, el Dios de la fealdad". Algunos de ellos padecían la "enajenación visual" de los dementes, mientras que "muchos cuadros mostraban otra forma de manía". Esta última consiste en un deseo incontrolable de mutilar el cuerpo humano". El sadismo, como sabemos, desempeñó un papel importante en las revoluciones francesa y rusa. Lo más importante de todo esto no es que haya degenerados que perpetren estas abominaciones, sino lo que la circular describe como la "maquiavélica campaña organizada para la descarga de estas obras". Ediciones de lujo... han sido publicadas y vendidas por marchantes de cuadros; todas las artimañas conocidas en el comercio de cuadros han sido empleadas para desacreditar y destruir las normas de estética universalmente aceptadas hasta ahora".[757]

Este proceso de anulación de todas las normas aceptadas también puede producirse por métodos más sutiles. Ya hemos visto que las prácticas ocultas pueden conducir a la supresión de todo sentido de la verdad y de los instintos sexuales normales. Bajo la influencia de la llamada ciencia oculta, que en realidad no es más que poderosa sugestión o autohipnotismo, pueden romperse todos los impulsos naturales y resortes inhibidores de la acción de un hombre; éste ya no reaccionará a las concepciones de belleza o fealdad, bien o mal, que, sin saberlo,

---

[757] *New York Herald*, 6 y 7 de septiembre de 1921.

formaban la ley de su ser.

De este modo, no sólo sus acciones conscientes, sino también sus procesos mentales subconscientes pueden quedar bajo el control de otro, o trastornarse por completo.

Las mismas consecuencias pueden derivarse del sistema de psicoanálisis de Freud que, sobre todo por su insistencia en el sexo, tiende a subordinar la voluntad a impulsos de tipo nocivo. Un eminente neuropsiquiatra norteamericano de Nueva York expresó su opinión en los siguientes términos:

La teoría de Freud es anticristiana y subversiva de la sociedad organizada. El cristianismo enseña que el individuo puede resistir la tentación y el freudismo enseña que ceder o no a la tentación es una cuestión de la que el individuo no es voluntariamente responsable.

El freudismo convierte al individuo en una máquina, absolutamente controlada por reflejos subconscientes... Por supuesto, sería difícil demostrar que el psicoanálisis fue concebido como una medida de propaganda destructiva, pero en cierto sentido este punto es irrelevante. Ya sea consciente o inconsciente, tiene un efecto destructivo.[758]

En general, el arte de la conspiración no consiste tanto en crear movimientos como en tomar movimientos existentes, a menudo inofensivos e incluso admirables en sí mismos, y secuestrarlos con fines subversivos.

Así, el control de la natalidad, que, si se combina con la restricción de la inmigración extranjera y se aplica bajo la dirección adecuada, proporcionaría una solución al espantoso problema de la superpoblación, puede, sin estas condiciones, convertirse en una fuente de debilidad y desmoralización nacional. Es fácil ver cómo una limitación de la población nativa serviría a la causa de los enemigos de Inglaterra al reducir sus fuerzas de combate y hacer sitio a extranjeros indeseables. Que la campaña de control de la natalidad también podía utilizarse con fines nefastos lo sugiere el hecho de que no se limitó a nuestra superpoblada isla, sino que continuó en Francia, donde la infrapoblación

---

[758] Comunicación privada al autor.

era una tragedia desde hacía mucho tiempo. En 1903 y 1904, la Ligue de la Régénération Humaine, fundada por Monsieur Paul Robin, publicó en su órgano *L'Émancipateur* no sólo instrucciones sobre "cómo evitar las familias numerosas", sino también folletos sobre "el amor libre y la maternidad libre".[759] La campaña de suicidio racial se combinaba así con el debilitamiento de la moral; había que limitar las familias legales y fomentar los nacimientos ilegales. Esto está en total consonancia con las doctrinas del Gran Oriente, cuyos Templos, nos recuerda el Sr. Copin Albancelli, propugnan el principio de la "maternidad libre", conocido en este país como "el derecho a la maternidad".

Es curioso observar que el aparentemente inocente invento del esperanto recibe el mismo apoyo. Esto no es sorprendente, ya que sabemos que la idea de una lengua universal ha rondado durante mucho tiempo la mente de los masones. Yo mismo he visto un documento de un cuerpo de francmasones franceses en el que se afirma que el esperanto está directamente bajo el control de las tres potencias masónicas de Francia: el Gran Oriente, la Gran Logia Nacional y Droit Humain.

El hecho de que se utilizara ampliamente para promover el bolchevismo se mencionaba con frecuencia en la página web. En julio de 1922, M. Bérard, ministro de Educación, publicó una circular "dirigida a los directores de todas las universidades, academias y colegios franceses, invitándoles a no contribuir en modo alguno a la enseñanza del esperanto, por considerar que los bolcheviques lo utilizan como una de sus peligrosas formas de propaganda".[760] Un corresponsal me señala que otra lengua universal, el Ido, es utilizada con fines propagandísticos por los anarquistas y que varias de ellas son utilizadas por los bolcheviques. Un corresponsal me señala que otra lengua universal, el Ido, es utilizada con fines propagandísticos por los anarquistas, y que varias reseñas distribuidas por las sociedades revolucionarias, escritas en Ido, son "franca y descarnadamente anarquistas". El autor añade:

La semana pasada recibí un ejemplar de *Libereso*, el órgano mensual de la sección anarquista de la "Estrella Emancipadora" - "Unión

---

[759] Paul Bureau, *La Crise morale des Temps nouveaux*, p. 108 (1907).

[760] *Daily Mail*, 14 de julio de 1922.

Cosmopolita de Idistas de la Clase Obrera". Propugna la aplicación de los principios anarquistas hasta sus límites extremos, alaba "La Ruzo" (astucia), es sarcástico con el Socialismo y la Democracia... Contiene un llamamiento de ayuda (en dinero) para los anarquistas presos en Rusia... escrito por Alexander Berkmann y firmado por él con Emma Goldmann y A. Schapiro.

He aquí, pues, un movimiento revolucionario antisocialista e incluso antibolchevique que tiende a demostrar la opinión que ya he expresado, a saber, que el bolchevismo no es más que una fase de la conspiración mundial. Pero si explicamos esto por el viejo antagonismo entre los campos revolucionarios opuestos de la Anarquía y el Socialismo, ¿cómo explicar que el mismo objetivo destructivo anime a personas que no son ni anarquistas ni socialistas, sino que sólo pueden clasificarse en la categoría de la reacción extrema? Nietzsche ofrece el ejemplo supremo de esta fase del movimiento. En sus imprecaciones contra "el Crucificado", el defensor de la autocracia y el militarismo rivaliza con el más furibundo de los socialistas revolucionarios. Todo el espíritu de perversión está contenido en la descripción que hace de Nietzsche su amigo Georges Brandes: "Su pensamiento vagaba curiosamente por caminos prohibidos: 'Esta cosa pasa por un valor. ¿No podemos darle la vuelta?

Esto se considera un bien. ¿No es más bien un mal?" ¿Qué es el satanismo? El caso de Nietzsche no puede explicarse por el hecho de que muriera como un loco de atar, ya que un cierto número de personas aparentemente cuerdas siguen sintiendo por él una admiración sin límites y, al tiempo que se burlan del socialismo e incluso atacan al bolchevismo, participan en la guerra contra la civilización cristiana. Así pues, la conspiración existe fuera de los llamados círculos democráticos.

No hace mucho compré una novela italiana escrita por un antisocialista que contiene precisamente las mismas diatribas contra la "sociedad cristiano-burguesa" que se pueden encontrar en la literatura anarquista y bolchevista.

La familia", dice el autor, "es el núcleo de la sociedad contemporánea y su fundamento. Cualquiera que realmente quiera reformar o subvertir debe empezar por reformar y subvertir la familia... La familia... es la vía principal de toda infelicidad, de todo vicio, de toda hipocresía, de toda fealdad moral,..." y continúa demostrando que los dos países que han demostrado ser más sanos y fuertes son Alemania y Estados Unidos, porque han dado grandes pasos hacia el amor libre.[761]

El autor de estas palabras puede carecer de importancia, pero conviene señalarlas porque son sintomáticas y permiten localizar ciertos focos de infección.

Es imposible observar todos estos movimientos diversos que nos rodean sin asombrarse de la similitud de sus propósitos; cada uno parece formar parte de un plan común, que, como las piezas separadas de un rompecabezas, no tienen sentido, pero que, cuando se juntan, forman una imagen perfectamente clara. El hecho de que los miembros de los diferentes grupos desempeñen papeles dobles y triples, con el mismo nombre apareciendo en la lista de mecenas de una revista de control de natalidad y en la de una sociedad secreta revolucionaria, entre los seguidores del psicoanálisis y los miembros de un comité republicano irlandés, sugiere que existe un punto de contacto en algún lugar del trasfondo.

Tanto con fuerzas abiertas como secretas, el principal método de guerra es la captación de la opinión pública. Una influencia oculta tras la prensa contribuye poderosamente a este fin. En los últimos siete años, parte de la propaganda desintegradora más sutil ha emanado de la llamada "prensa capitalista". El *Daily Herald* no es más que la fanfarria de la Revolución. Es a los periódicos inspirados y patrocinados por la Intelligentsia a los que debemos dirigirnos para encontrar las doctrinas del Iluminismo expuestas con la elocuencia más persuasiva.[762]

Hace más de ochenta años, un francés con un extraordinario instinto profético predijo no sólo el peligro que un día llegaría de Rusia, sino también que la prensa facilitaría la destrucción de la civilización:

Cuando nuestra democracia cosmopolita, dando sus últimos frutos, haya hecho odiosa la guerra a poblaciones enteras, cuando las naciones que se llaman a sí mismas las más civilizadas de la tierra hayan terminado

---

[761] *Le Smorfie dell' Anima*, de Mario Mariani (1919).

[762] Un editor de una de las principales revistas literarias constitucionales de este país me comentó en una conversación que "habría que acabar con todas estas tonterías patrióticas"; otro editor del mismo periódico me dijo que no lamentaría lo más mínimo la desintegración del Imperio Británico.

de embotarse en sus libertinajes políticos... las compuertas del Norte se abrirán de nuevo sobre nosotros, entonces sufriremos una invasión final no de bárbaros ignorantes sino de amos astutos e ilustrados, más ilustrados que nosotros mismos, porque habrán aprendido de nuestros propios excesos cómo podemos y debemos ser gobernados.

No en vano la Providencia está acumulando tantas fuerzas inactivas en Europa del Este. Un día, el gigante dormido se levantará y la fuerza pondrá fin al reino de las palabras. La igualdad distraída llamará en vano a la vieja aristocracia al rescate de la libertad; el arma tomada demasiado tarde y empuñada por manos demasiado tiempo inactivas se habrá vuelto impotente. La sociedad perecerá por haber confiado en palabras vacías o contradictorias; entonces los ecos engañosos de la opinión pública, los periódicos, desesperados por conservar a sus lectores, llevarán [al mundo] a la ruina, aunque sólo sea para tener de qué hablar durante otro mes. Matarán a la sociedad para vivir de su cadáver. [763]

Los periódicos de hoy, que ya no son ecos de la opinión pública sino sus directores supremos, abren sus columnas a todas las doctrinas de la desintegración y las cierran a los argumentos que podrían frenar eficazmente las fuerzas de la destrucción.

¿Cuál es la influencia oculta tras la prensa, tras todos los movimientos subversivos que nos rodean? ¿Hay varios Poderes en acción? ¿O hay un solo Poder, un grupo invisible que dirige todo lo demás, el círculo de los *verdaderos iniciados*?

---

[763] Astolphe de Custine, *Rusia en* 1839, I. 149 (1843).

14. PAN-GERMANISMO

H emos visto a lo largo de este libro que la idea de un poder secreto que trabaja por la revolución mundial a través de movimientos abiertos y sociedades secretas, no es nueva, sino que se remonta al siglo XVIII. Para apreciar la continuidad de esta idea, recapitulemos los testimonios de contemporáneos, algunos de los cuales ya han sido citados en su contexto, pero que, tomados en conjunto y colocados en orden cronológico, constituyen una cadena de pruebas bastante notable.

En 1789, el marqués de Luchet advirtió a Francia del peligro que representaban los Illuminati, cuyo objetivo era la dominación del mundo.[764] Como resultado de este "gigantesco proyecto", de Luchet predijo "una serie de calamidades cuyo final se pierde en la oscuridad de los tiempos, similares a esos fuegos subterráneos cuya insaciable actividad devora las entrañas de la tierra y que escapan al aire en violentas y devastadoras explosiones".[765]

En 1794, el duque de Brunswick declaró en su manifiesto a las logias alemanas

Ha surgido una gran secta que, tomando como lema el bien y la felicidad del hombre, ha trabajado en la oscuridad de la conspiración para hacer de la felicidad de la humanidad una presa para sí misma. Esta secta es conocida por todos: sus hermanos no son menos conocidos que su nombre... El plan que han formado para romper todo vínculo social y

---

[764] *Essai sur la Secte des Illuminés* (edición de 1792), p. 48. En la página 46, de Luchet expresa su idea en un curioso pasaje que me resulta difícil traducir al español: "En medio de las tinieblas más profundas, se ha formado una sociedad de seres nuevos, que se conocen sin haberse visto, que se comprenden sin haberse explicado, que se sirven sin amistad. Esta sociedad aspira a gobernar el mundo... "

[765] Ibid. p. 171.

destruir todo orden se revela en sus discursos y en sus actos... El orgullo indomable y la sed de poder eran los únicos motivos de esta secta: sus amos sólo tenían en vista los tronos de la tierra, y el gobierno de las naciones debía ser dirigido por sus clubes nocturnos.[766]

En 1797, Montjoie, hablando de la conspiración orleanista, a la que había atribuido, en una obra anterior, toda la organización de la Revolución Francesa en sus primeras etapas, observó:

No examinaré si este malvado príncipe, creyendo actuar en su propio interés, no fue movido por esa *mano invisible*[767] que parece haber creado todos los acontecimientos de nuestra revolución para conducirnos a una meta que aún no vemos, pero que creo que pronto veremos.[768]

En 1801, Monseigneur de Savine "aludía en términos prudentes y casi aterrorizados a una secta internacional [...] un poder superior a todos los demás [...] que tiene brazos y ojos en todas partes y que gobierna hoy Europa".[769]

En 1817, el Chevalier de Malet declaró que "los autores de la Revolución no son más franceses que alemanes, italianos, ingleses, etc.".

Forman una nación especial que ha surgido y se ha desarrollado en la oscuridad en medio de todas las naciones civilizadas con el objetivo de someterlas a todas a su dominio."[770]

En 1835, el Carbonaro Malegari escribió a otro miembro de los Carbonari:

Formamos una asociación de hermanos en todas las partes del globo, tenemos deseos e intereses comunes, aspiramos a la emancipación de la

---

[766] Eckert, *La Franc-Maçonnerie dans sa véritable signification*, traducido por el abate Gyr (1854), II. 133, 134.

[767] Énfasis añadido.

[768] Galart de Montjoie, *Histoire de Marie-Antoinette*, p. 156 (1797).

[769] G. Lenôtre, *Le Dauphin*, traducción inglesa, p. 307.

[770] *Investigación política e histórica sobre la existencia de una secta revolucionaria*, p. 2 (1817).

humanidad, queremos romper todo tipo de yugo, y sin embargo hay uno que es invisible, que apenas se siente, y que pesa sobre nosotros. ¿De dónde viene? ¿De dónde viene? Nadie lo sabe, o al menos nadie lo dice. La asociación es secreta, incluso para nosotros, veteranos de las sociedades secretas.[771]

En 1852, Disraeli escribió:

No fueron los parlamentos, ni las poblaciones, ni el curso de la naturaleza, ni el curso de los acontecimientos, los que derrocaron el trono de Luis Felipe... el trono fue tomado por sorpresa por las Sociedades Secretas, siempre dispuestas a asolar Europa... Actuando al unísono con un gran movimiento popular, pueden destruir la sociedad, como hicieron a finales del siglo pasado.[772]

En 1874, el padre Deschamps, tras su exhaustivo estudio de las sociedades secretas, planteó la siguiente pregunta:

Debemos preguntarnos ahora si existe algo más que una identidad de doctrinas y de comunicaciones personales entre los miembros de las diferentes sectas, si existe realmente una unidad de dirección que une a todas las sociedades secretas, incluida la Francmasonería. Tocamos aquí el punto más misterioso de la acción de las sociedades secretas, el que estas Grandes Orientaciones Nacionales, que se declaran independientes unas de otras y que a veces incluso se excomulgan mutuamente, ocultan más cuidadosamente bajo un velo.[773]

Por último, Deschamps concluye que existe "un consejo secreto que dirige todas las sociedades masónicas",[774] que hay guaridas secretas donde los líderes de las sectas acuerdan juntos su obra de destrucción.[775]

Sería fácil multiplicar las citas de este tipo, extraídas de fuentes muy diversas. Tanto si los hombres que expresaron estas opiniones estaban,

---

[771] J. Crétineau-Joly, *L'Église Romaine en face de la Révolution*, II. *143 (1859).*

[772] *Lord George Bentinck, A Political Biography*, pp. 552-4 (1852).

[773] *Sociedades secretas y sociedad*, I. 91.

[774] Ibid. II. 243.

[775] Ibid. II. 521.

como se nos dice a menudo, engañados como si no, el hecho es que la idea de una mano oculta detrás de la revolución mundial ha existido durante al menos 135 años. Si comparamos esto con la descripción del Sr. Copin Albancelli de un círculo interno que dirige secretamente las actividades del Gran Oriente, y con las conclusiones a las que han llegado los miembros de otras sociedades secretas de que tal círculo existe detrás de todas las sociedades ocultas y masónicas de naturaleza subversiva, nos vemos necesariamente llevados a plantear la siguiente pregunta: ¿existe un círculo o más bien un poder detrás de las organizaciones abiertas y secretas que trabajan para derrocar el orden social existente y la civilización cristiana? En caso afirmativo, ¿cuál es ese poder?

Dejemos por el momento la especulación y vayamos a los hechos conocidos. Todos los que han estudiado seriamente estas cuestiones saben que en la actualidad existen cinco movimientos organizados principales en el mundo con los que tiene que luchar un gobierno ordenado, y que pueden resumirse de la siguiente manera:

1. Masonería del Gran Oriente.

2. La teosofía y sus innumerables ramificaciones.

3. Nacionalismo agresivo, representado hoy por el pangermanismo.

4. Finanzas internacionales.

5. La revolución social.

Se verá que, con la excepción del cuarto, estos son los movimientos cuya evolución me he esforzado en trazar a lo largo de la primera parte de este libro. Es muy significativo que sólo en esta fase de mi trabajo descubriera que había investigadores independientes que habían llegado exactamente a las mismas conclusiones que yo.

El problema que se plantea ahora es el siguiente: si existe realmente un poder que dirige todos los movimientos subversivos, ¿se trata de uno de los cinco movimientos aquí enumerados o de otro poder más poderoso e invisible? Para saberlo, hay que preguntarse si esos movimientos, aparentemente divergentes en sus objetivos, tienen sin embargo ideas u objetivos comunes. Ciertamente, existe una similitud fundamental entre ellos. Todos quieren dominar el mundo y gobernarlo según sus propias líneas y según sus propias reglas; es más, todos quieren gobernarlo en beneficio exclusivo de una clase de individuos -social, intelectual o nacional, según el caso- con exclusión de todos los seres humanos que no pertenezcan a esa clase. En realidad, todos aspiran a dictar el mundo.

Además, se observará que no sólo estos movimientos principales, sino también los movimientos subversivos menores descritos en el último capítulo, son esencialmente (1) de tendencia pro-alemana - ninguno, en cualquier caso, es pro-francés o fomenta el patriotismo británico, (2) todos contienen un elemento judío - ninguno, al menos, es "antisemita", y (3) todos tienen un antagonismo más o menos pronunciado con el cristianismo. Así que si hay un único poder detrás de ellos, ¿son los Pangerman? ¿Es el poder judío? ¿O el poder anticristiano? Examinemos cada una de estas posibilidades por separado.

Adoptado bajo la apariencia de un nacionalismo exagerado, el espíritu del pangermanismo no es nuevo. El sueño de dominar el mundo ha rondado la imaginación de muchas razas desde los tiempos de Alejandro Magno hasta Napoleón I, pero en ninguna parte se ha realizado este plan con los métodos maquiavélicos que han caracterizado la política exterior y la diplomacia prusianas desde los tiempos de Federico el Grande. No es el militarismo prusiano lo que constituye el crimen de la Alemania moderna. El militarismo, en el sentido de valor, patriotismo, disciplina y dedicación, es algo maravilloso. Pero el espíritu del pangermanismo difiere de la concepción británica del patriotismo en que sustituye los derechos de todos los demás pueblos y pretende establecer su dominio sobre el mundo entero. Bajo el dominio alemán, todos los alemanes serían libres y todos los demás seres humanos serían esclavos. Inglaterra, a pesar de buscar la conquista, siempre ha permitido a los habitantes de los territorios conquistados desarrollarse según sus propias pautas y ha utilizado la legislación en gran medida para protegerlos unos de otros. La preferencia del indio nativo por un juez inglés frente a uno de su propia raza es prueba de ello. Pero fue el abandono de todo principio, la aceptación de la doctrina de que todo vale -la mentira, la traición, la calumnia y la mala fe- para conseguir los propios fines, lo que situó a Alemania fuera del concierto de las naciones. Robison describe el sistema Illuminati como el que lleva a la conclusión de que "no se desdeñaría nada, si se pudiera hacer ver que la Orden saldría ganando con ello, porque el gran objetivo de la Orden se consideraba por encima de toda consideración".[776] Sustituya la palabra Orden por la palabra Estado, y tendrá el principio mismo del imperialismo alemán moderno.

Es interesante observar que los fundadores del Iluminismo alemán y del Imperialismo alemán extrajeron algunas de sus ideas de la misma fuente. Weishaupt y Federico el Grande fueron alumnos fervientes de Maquiavelo, y ambos superaron a su maestro. Esta forma de maquiavelismo, llevada a un punto que el filósofo italiano probablemente nunca habría soñado, atravesó toda la lucha de Prusia por la supremacía y, al mismo tiempo, cada brote de revolución mundial en el que la influencia prusiana desempeñó un papel. Así, el telegrama de Ems de 1870, el falso informe que llevó a Rusia a la movilización en 1914,[777] la violación de los tratados y de todas las leyes de la guerra civilizada en la última guerra, son el resultado directo de doctrinas que pueden encontrarse en embrión en El Príncipe. Del mismo modo, la característica más llamativa de la Revolución Francesa bajo la inspiración de los emisarios de Weishaupt y los agentes prusianos, y del actual movimiento revolucionario inaugurado por Karl Marx y Friedrich Engels, no es tanto su violencia como su astucia maquiavélica. El arte que ahora llamamos *camuflaje, que consiste en* disfrazar un propósito como algo muy diferente, en hacer pasar lo negro por blanco glorificando las acciones más innobles, en hacer pasar lo blanco por negro despreciando y ridiculizando todas las tradiciones honorables, en una palabra *la perversión, ha sido* reducido a un sistema por los directores secretos de la revolución mundial. Es aquí donde se revela el carácter no proletario del movimiento. El obrero de cada país es el menos maquiavélico de los seres; su debilidad reside en que es demasiado inarticulado, que no sabe presentar su causa incluso cuando tiene una buena, y menos aún cómo hacer plausible una mala. Sólo cuando la revolución mundial fue tomada en sus manos por la facción descrita por Bakunin como "la sociedad judeo-alemana", recuperó su carácter maquiavélico y se convirtió gradualmente en la formidable organización que es hoy.

Algunos extractos de El *Príncipe* mostrarán hasta qué punto los

---

[776] Robison's *Proofs of a Conspiracy*, p. 107.

[777] Una carta a The *Times* del 23 de enero de 1924 ofrece una buena visión de conjunto.

prusianos y los terroristas de Francia y Rusia siguieron el manual de Maquiavelo para déspotas:

"Quien usurpa el gobierno de un Estado debe realizar y practicar de una vez todas las crueldades que considere útiles, para no tener que repetirlas a menudo", etc.[778] (Véase el principio alemán del "terror" a ejercer contra los habitantes de un territorio invadido y el plan de los terroristas franceses y rusos para reprimir a los "contrarrevolucionarios").

"Es tan importante para un príncipe asumir la naturaleza y disposición de una bestia; de toda la manada, debe imitar al león y al zorro"[779] (Véase Federico el Grande y los demagogos de Francia y Rusia).

"Un príncipe sabio y prudente no puede o no debe cumplir su palabra cuando el cumplimiento de la misma le perjudica y se suprimen las causas por las que se ha comprometido".[780] (Véase la doctrina alemana del trozo de papel y las promesas de la delegación comercial bolchevista en Londres de abstenerse de hacer propaganda).

"Puesto que toda la multitud que se somete a vuestro gobierno no es capaz de ser armada, si sois amables y serviciales con aquellos a quienes armáis, podréis hacerlos más audaces con el resto, pues la diferencia en vuestro comportamiento hacia el soldado lo ata más firmemente a vuestro servicio", etc.[781] (Véase el comportamiento insolente permitido a los oficiales del Ejército Imperial Alemán y la alimentación del Ejército Rojo en Rusia a expensas del resto de la población).

"El príncipe... está obligado... en las épocas apropiadas del año a entretener al pueblo con fiestas, obras de teatro y espectáculos recreativos... y a darle algún ejemplo de su humanidad y magnificencia".[782] (Véase el importante papel desempeñado por los "espectáculos" en la Revolución Francesa y por el teatro y la ópera en la

---

[778] *El Príncipe*, traducción inglesa de Henry Morley, p. 61.

[779] Ibid. p. 110.

[780] Ibid. p. 110.

[781] Ibid. p. 131.

[782] *El Príncipe*, traducción inglesa de Henry Morley, pp. 143, 144.

Rusia soviética. Siempre el mismo proyecto "panem ei circenses").

Justo después de la caída de Napoleón I, un escritor francés publicó un libro en el que describía la "perversidad metódica" de los líderes revolucionarios y la Revolución como el comienzo de un régimen maquiavélico.[783] ¿Cómo pudo establecerse este sistema en Francia si no fue bajo la dirección de los emisarios de Weishaupt y los agentes de Federico el Grande y el Illuminatus Federico Guillermo II?

Sin embargo, Alemania supo defenderse de las doctrinas devastadoras de la Ilustración. Siempre semillero de sociedades secretas, a finales del siglo XIX se convirtió en el hogar espiritual del socialismo. Aunque esto pueda parecer un peligro para el imperialismo alemán, ningún país ha permanecido tan libre de graves disturbios como Alemania. Se ha dicho que los alemanes son teóricamente más socialistas que otras naciones, pero que son mucho menos revolucionarios.

La verdad es que los gobernantes alemanes siempre supieron que podían contar no sólo con el servilismo del pueblo, sino también con su ardiente espíritu nacional. Todas las sociedades secretas, incluso las más subversivas, tenían una fuerte vena de patriotismo que las atravesaba, y fueron las órdenes estudiantiles alemanas, de las que los Illuminati sacaban sus seguidores, las que también se convirtieron en el campo de reclutamiento de la idea imperialista alemana. En lugar de luchar contra las fuerzas subversivas, el imperialismo alemán adoptó el recurso mucho más inteligente de alistarlas a su servicio.

Así, en Alemania, la masonería se convirtió en un poderoso auxiliar de la expansión prusiana. A partir de 1840, la consigna para todas las logias vino de Berlín, [784] y durante la revolución de 1848, los francmasones de Alemania se mostraron como los más ardientes partidarios de la unidad alemana bajo la égida de Prusia. Más tarde, Bismarck, con magnífico ingenio, alistó en la misma causa no sólo a

---

[783] M. Mazères, *De Machiavelli et de l'influence de sa doctrine sur les opinions, les mœurs et la politique de la France pendant la* Révolution *(1816).*

[784] Deschamps, *Les Sociétés Secrètes, etc.* I. p. xcii, citando "Discours du F. Malapert à la Loge Alsace-Lorraine" en *La Chaines d'Umon*, pp. 88, 89 (1874); ct. Eckert, *La Franc-Maçonnerie dans sa véritable signification*, II. 293.

masones y miembros de sociedades secretas, sino también a socialistas y demócratas. Lassalle y Marx contribuyeron poderosamente a la causa del pangermanismo. Dammer, que sucedió a Lassalle al frente del Partido Socialista, dio instrucciones a su sucesor Fritsche para que "en las reuniones que se celebren en Sajonia, al tiempo que planteen reivindicaciones socialistas, no dejen de exigir la unidad de Alemania bajo el dominio prusiano". Fritsche debía informar personalmente a Bismarck de los resultados de estas reuniones".[785]

Incluso en Italia, Bismarck consiguió imponer la política de la autocracia alemana a hombres que estaban ostensiblemente en la vanguardia de la "libertad". "Creo en la unidad de Alemania", escribió Mazzini a Bismarck en 1867, "y la deseo como deseo la de mi propio país. Aborrezco el imperio y la supremacía que Francia se arroga sobre Europa".[786]

Antes de 1870, la masonería de todo el continente ayudó a la causa alemana. "El poder oculto predicaba el pacifismo y el humanitarismo en Francia a través de la masonería francesa, mientras que predicaba el patriotismo en Alemania a través de la masonería alemana".[787] Así, aunque a lo largo del siglo XIX los gobernantes alemanes permitieron la difusión de ideas antagónicas a la religión, hasta que en los albores del siglo siguiente la idea misma de Dios había sido extirpada de las mentes de muchos niños alemanes, el gobierno imperial se aseguró de que nada debilitara el patriotismo. De hecho, la obsesión pangermanista en la que se transformó el patriotismo alemán bajo la influencia de hombres como Treitschke y Bernhardi era nada menos que socialismo revolucionario, fortificado por la irreligión porque se fundaba en el derecho de la fuerza y la ausencia de cualquier escrúpulo moral. Así pues, no fue el "militarismo" en el sentido habitual del término lo que convirtió a Alemania en una amenaza para el mundo, sino el maquiavélico plan de exportar doctrinas que habían sido severamente reprimidas dentro de sus propias fronteras.

---

[785] Deschamps, op. cit. 681.

[786] *Politica Segreta Italiana*, de Diamilla Muller, p. 346 (1891).

[787] Copin Albancelli, *Le Pouvoir occulte contre la France*, p. 388.

No me detendré aquí en el crimen cometido por el Estado Mayor Imperial alemán al enviar a Lenin y a sus compañeros bolcheviques a Rusia, pues ya traté esta cuestión extensamente en una polémica aparecida en el *Morning Post hace* dos años.[788] Pero aun reconociendo la justa y cortés línea de argumentación adoptada por mi oponente alemán, con la que, en ciertos puntos, me encontraba completamente de acuerdo. Pero aun reconociendo la línea argumental justa y cortés adoptada por mi oponente alemán, con el que, en ciertos puntos, me encontraba completamente de acuerdo, me vi obligado a reconocer que el obstáculo para cualquier entendimiento real entre nosotros residía en la imposibilidad de hacerle aceptar el principio de que no todos los medios son justificables para alcanzar los fines de uno. He aquí cómo se expresó al respecto:

Si la Sra. Webster... culpa a Alemania de propaganda sediciosa en los países aliados, debemos simplemente recordar que todo vale en el amor y en la guerra. En una guerra, en una lucha a vida o muerte, no se miran las armas que se empuñan, ni los valores que se destruyen con el uso de las armas. El único consejero es el éxito de la lucha, la salvación de la propia independencia.[789]

Hasta que Alemania no abandone esta doctrina maquiavélica, será imposible tratarla como una potencia civilizada.

Pero Herr Kerlen acusó a Inglaterra de seguir la misma política maquiavélica de fomentar la sedición en el extranjero. No cabe duda de que Inglaterra propagó el pacifismo en Alemania y en otros países enemigos, y que esperaba provocar una revolución política, es decir, un levantamiento del pueblo alemán contra los dirigentes que lo habían conducido a la guerra. (Hay que recordar que todos los amigos de Alemania en este país han declarado siempre que el pueblo alemán no quería la guerra y que había sido arrastrado a ella contra su voluntad por la casta militar.) Pero, ¿hay alguna prueba de que Inglaterra haya

---

[788] Serie de artículos titulados "Boche and Bolshevik" por Nesta H. Webster y Herr Kurt Kerlen, publicados en el *Morning Post los días* 26 y 27 de abril, 10, 11, 15 y 16 de junio de 1922. Reimpreso en forma de libro por la Beckwith Company de Nueva York.

[789] *Boche y Bolchevique*, p 39.

intentado alguna vez provocar una revolución social, socavar la moralidad y cualquier creencia en un gobierno ordenado, en una palabra, promover el bolchevismo en Alemania o en cualquier otra parte? Herr Kerlen cita la simpatía que se dio en ese país a la revolución de Kerensky. Pero Inglaterra, en gran parte bajo la influencia de los liberales, siempre ha tenido una idea exagerada de la "tiranía zarista" y ha simpatizado honestamente con todos los esfuerzos, por equivocados que fueran, para "liberar" al pueblo ruso. Además, durante toda la guerra, el Zar y la Zarina habían sido constantemente presentados como infieles a los Aliados, una historia que ahora sabemos que no era más que una infame calumnia sin duda difundida por agentes enemigos. Esta idea fue aceptada incluso en círculos conservadores, engañados por informaciones falsas sobre la situación en Rusia. Hay que haber vivido la primavera de 1917 en Londres para darse cuenta de hasta qué punto se engañó no sólo a la opinión pública, sino también a las autoridades. ¿Qué otra cosa podía esperarse cuando se aceptaba la opinión socialista al respecto? Sé por experiencia que dos de los departamentos gubernamentales más importantes estaban completamente equivocados, incluso en el tema del bolchevismo, con el resultado de que no se tomaron medidas que podrían haber evitado su propagación en este país.

En una palabra, la diferencia esencial entre la actitud de Alemania e Inglaterra hacia Rusia era que, mientras Inglaterra imaginaba que la revolución de Kerensky sería tanto para el bien de Rusia como para la ventaja de los Aliados, Alemania introdujo deliberadamente en Rusia lo que sabía que era veneno.

Siempre fiel a la máxima de *divide et impera*, Alemania, tras haber llevado a Rusia a la ruina, consiguió finalmente provocar la disensión entre los Aliados. Prosiguió esta política sin descanso durante toda la guerra. Así, mientras por un lado aseguraba a los franceses que "los ingleses lucharían hasta el último aliento del último francés", el general Ludendorff daba las siguientes instrucciones al Canciller Imperial: "Debemos repetir una y otra vez la frase del discurso de Kuhlmann en el sentido de que la cuestión de Alsacia-Lorena es la única que se interpone en el camino de la paz. Y debemos hacer especial hincapié en el hecho de que el pueblo inglés está derramando su sangre en aras de una guerra imperialista".[790]

Esta propaganda se llevó a cabo tan hábilmente después del final de la guerra que, mientras los oficiales ingleses que regresaban a Inglaterra de las zonas ocupadas decían que la amabilidad de los alemanes les había convencido de que Alemania era realmente nuestra amiga y que debíamos tener una "entente" con ella en lugar de con Francia, los oficiales franceses que regresaban a Francia decían que los alemanes les habían asegurado que eran sus mejores amigos, que Inglaterra era el verdadero enemigo y que era mejor romper la Entente y formar una alianza con Alemania. Al mismo tiempo, no menos de tres líneas de propaganda sobre las causas de la guerra estaban siendo enviadas desde Alemania, una culpando a los británicos, otra a los franceses, la tercera a los judíos, y panfletos repitiendo estas teorías contradictorias estaban siendo enviados a probables súbditos en los países aliados.[791]

El mayor triunfo de la Alemania Imperial reside en el hecho de que ha conseguido reclutar entre los Aliados a los mismos elementos que más se podía esperar que se le opusieran. Aunque no ha habido país en el mundo donde la monarquía haya sido tan adorada, donde el militarismo haya sido tan universalmente admirado, donde el rango y el nacimiento hayan desempeñado un papel tan importante, y donde las clases trabajadoras, aunque cuidadas, hayan sido mantenidas en tan rígida sujeción, Alemania, desde los tiempos de Bismarck, ha sido siempre el "hogar espiritual" de los socialistas, demócratas y pacifistas británicos, del mismo modo que en Francia siempre ha encontrado sus principales aliados en las logias masónicas. Y ello a pesar de que los socialistas y masones alemanes nunca intentaron utilizar su influencia para promover el ideal masónico y socialista de fraternidad universal y paz mundial, sino que, en cada crisis, lanzaron su peso detrás del partido militar. Así, antes de la guerra franco-prusiana, mientras los francmasones franceses de la

---

[790] *El Estado Mayor y sus problemas*, II. 556.

[791] Uno de los panfletos emanados de la primera de estas líneas y titulado "La culpa de Inglaterra en la guerra" ha llegado a manos de quien esto escribe. Su propósito es demostrar que "Inglaterra fue la única agente principal en la guerra" y que Lord Haldane y Sir Edward Grey, al alentar a Alemania a creer que Inglaterra no intervendría, la habían conducido a una trampa.

Logia Concordia y los socialistas de la Primera Internacional instaban a sus hermanos a apoyarse en el socialismo alemán para evitar el conflicto, las logias prusianas gritaban ¡Hoch! a los colores nacionales y cantaban las alabanzas del rey Guillermo y de la "espada prusiana", y los socialdemócratas alemanes aplaudían la causa de la unidad alemana.[792]

Esto es exactamente lo que ocurrió antes de la última guerra, cuando Jaurès aseguró a sus camaradas socialistas que a la primera señal de conflicto sólo tendría que comunicarse con Berlín para reclutar al socialismo alemán en interés de la paz; sin embargo, cuando se declaró la guerra, los socialistas alemanes votaron firmemente a favor de los créditos de guerra, mientras que los socialistas británicos se opusieron a la participación en la guerra y en algunos casos incluso expresaron simpatía por Alemania. Y no olvidemos nunca que no fue la Alemania socialista sino la Alemania imperial la que se ganó la lealtad de nuestros llamados demócratas.

A pesar de esta traición a los socialistas alemanes, a pesar de que no contribuyeron en nada a la causa del socialismo internacional o de la paz mundial, el Partido Laborista británico nunca dudó, hasta su llegada al poder, en defender públicamente la causa de Alemania. Con excepción de la Federación Socialdemócrata, todos los organismos socialistas de este país han proclamado sus sentimientos proalemanes, y sólo *Justice*, de entre todos los órganos socialistas, ha expresado su simpatía por los sufrimientos de Francia. De hecho, cualquier socialista que se atreviera a defender la causa de Francia perdía inmediatamente su influencia y posición en los círculos socialistas. En cuanto al *Daily* Herald, si se hubiera editado en Berlín no podría haber apoyado más fielmente los intereses alemanes. Cuando Alsacia-Lorena fue devuelta a Francia, publicó un artículo mostrando cómo los habitantes de esa provincia resentían haber sido transferidos del Imperio alemán a la República francesa[793]; cuando una huelga general amenazó a ese país, aprovechó la oportunidad para hacer un llamamiento en las grandes capitales a favor de una revisión del Tratado de Versalles; en cuanto a las reparaciones, sus esfuerzos para que Alemania se librara por completo fueron, como él

---

[792] Georges Goyau, *L'Idée de Patrie et l'Humanitarisme*, p. en (1913).

[793] 19 de agosto de 1919.

mismo señaló, "incesantes". "El hecho es", declaró el 17 de diciembre de 1921, "que estas fantásticas demandas de reparaciones no pueden ser satisfechas, y que cada pago con el que Alemania intente satisfacerlas no hará sino agravar el daño causado a nuestro propio comercio e industria. Hemos insistido en este punto sin descanso durante tres años. Hoy, incluso el Primer Ministro empieza a comprender que teníamos razón, que los intereses de este país exigen que se abandone *todo este mal asunto de "hacer pagar a Alemania"*.[794]

De hecho, cuando los intereses de Alemania estaban en juego, este periódico,, al que Lenin llamaba "nuestro propio órgano", pero que incluso podría ser reclamado mejor por Ludendorff y Stinnes, estaba bastante preparado para arrojar el socialismo a los vientos y defender la causa del capital. Al mismo tiempo que defendía la política laborista de gravar todas las fortunas superiores a 5.000 libras en este país, el *Daily Herald* se deshacía casi en lágrimas por la iniquidad de que Francia intentara meter la mano en los bolsillos de los multimillonarios alemanes, cuyos beneficios, explicaba con todo lujo de detalles, no eran tan enormes como cabía esperar dada la caída del poder adquisitivo del marco. Sin embargo, la caída del poder adquisitivo de la libra nunca se tuvo en cuenta a la hora de evaluar los beneficios de los empleadores británicos de mano de obra.[795]

Basta con seguir punto por punto la política del Partido Laborista británico desde la guerra para darse cuenta de que, si bien las medidas que propugna pueden ser de dudoso beneficio para los trabajadores, no cabe duda del beneficio que reportarían a Alemania. Con un millón y

---

[794] Énfasis añadido.

[795] *Daily Herald*, 26 de enero de 1923. Tan sensible era el *Daily Herald a los* sentimientos de los magnates alemanes que su sensibilidad se vio profundamente ofendida por el corresponsal de otro periódico que, tras almorzar con Herr Thyssen, había sido descortés al comentar después el despliegue de riqueza que había presenciado (*Daily Herald*, 2 de febrero de 1923). Sin embargo, el reportero *del Daily Herald* no había visto nada poco elegante en asistir a una fiesta en el jardín del palacio de Buckingham y publicar un relato sarcástico de la misma bajo el titular "Pompa y broma en el palacio " (fechado el 21 de julio de 1921).

cuarto de parados y muchos miembros de la clase trabajadora incapaces de permitirse una vivienda, los representantes declarados del laborismo han pedido sistemáticamente la supresión de las restricciones a la inmigración y a la importación de extranjeros. Así, mientras que, a través de los sindicatos, se debía proteger rigurosamente al trabajador británico contra la competencia de su compatriota, no se debía poner ningún obstáculo a la competencia de la mano de obra extranjera, a menudo mal pagada. El hecho de que esta flagrante traición a sus intereses no haya despertado una tormenta de resentimiento entre las clases trabajadoras es ciertamente una prueba de que la doctrina marxiana "la emancipación de las clases trabajadoras debe ser lograda por las propias clases trabajadoras" [796] no ha conducido hasta ahora a grandes resultados. Emerson observó: "Mientras un hombre piensa, es libre". Las clases trabajadoras nunca serán libres hasta que aprendan a pensar por sí mismas en lugar de dejar que los explotadores burgueses del trabajo piensen por ellas.

La mano alemana detrás del socialismo debe ser obvia para todos los que no cierran deliberadamente los ojos ante este hecho, y es significativo observar que cuanto más se acerca el socialismo al bolchevismo, más marcada se hace esta influencia. Así, aunque algunos grupos socialistas, como la Federación Socialdemócrata en Inglaterra y el Partido Socialista en Francia, no se han germanizado, los comunistas declarados de todos los países aliados son fuertemente proalemanes. Así ocurrió incluso en Francia, donde los bolcheviques encontraron fervientes partidarios en, en el grupo dirigido por Marcel Cachin, Froissart y Longuet, nieto de Karl Marx.

La organización del movimiento bolchevista siempre debió gran parte de su eficacia a la cooperación alemana, prestada no sólo por los elementos socialistas, sino también por los elementos monárquicos de Alemania.

A este respecto, es necesario comprender el doble carácter del Partido Monárquico Alemán desde el final de la guerra. La gran mayoría de sus adherentes, animados por nada más censurable que el espíritu del

---

[796] Karl Marx en su *Preámbulo al Reglamento provisional de la Internacional* (1864).

militarismo y un patriotismo agresivo que se aferra a la vieja fórmula de *Deutschland über alles*, son probablemente ajenos a toda intriga, pero detrás de esta masa de honrados imperialistas, y sin duda desconocidos para muchísimos, acechan esas siniestras organizaciones que son las sociedades secretas pangermanas.

Muchas de ellas, como la *Ostmarkenverein*, creada ostensiblemente para defender los intereses alemanes en la frontera rusa, existían antes de la guerra; de hecho, no cabe duda de que han continuado ininterrumpidamente desde la época de la Tugendbund y siempre han conservado su carácter masónico e "ilustrado". Pero desde el estallido de la Gran Guerra, y más aún desde el Armisticio, su número ha aumentado hasta alcanzar las tres cifras estimadas en 1921. Además, como en tiempos de Weishaupt, Baviera sigue siendo un centro de intrigas de sociedades secretas, y fue aquí donde Escherich fundó la *Einwohnerwehr*, a veces conocida como la *Orgesch* u Organización Escherich, con sede en Múnich. A la Orgesch le siguió el temido club de asesinos, conocido en todo el mundo como Organización C o "Cónsul", en honor a su fundador, el famoso capitán Ehrhardt, cuyo apodo era "*der Herr Consul*".

Durante 1921 se registraron en Alemania no menos de 400 asesinatos políticos, supuestamente obra de sociedades secretas.

Entre los crímenes atribuidos a la iniciativa de la Organización C figuran los asesinatos de Herr Erzberger y el intento de asesinato de Herr Scheidemann. También se cree que ochenta personas detenidas por complicidad en el asesinato del Sr. Rathenau son miembros de la misma sociedad.[797]

Pero como en todas las sociedades secretas, los líderes visibles no eran la verdadera jerarquía; detrás de este cuerpo activo había un círculo interior organizado según el modelo masónico, el Druidenorden, nombre desconocido para el público, y detrás de él otro círculo aún más secreto

---

[797] *The Times*, 30 de junio de 1922; The *Morning Post*, 26 y 30 de junio de 1922. Un artículo muy curioso y bien informado, del que se han tomado algunos de estos detalles, apareció en el *West Coast Leader*, Lima, Perú, 14 de diciembre de 1921.

que parece no tener nombre. Eran estos círculos internos los que, sin dejar de ser monárquicos en Alemania, trabajaban con otros fines en el extranjero y estaban vinculados al movimiento revolucionario mundial.

Esta alianza entre los dos extremos del monarquismo ardiente y el socialismo revolucionario ya existía al comienzo de la guerra o incluso antes, y, como ahora sabemos, fue el socialdemócrata judío Israel Lazarewitch, alias Helphandt alias Parvus, quien, junto con el Estado Mayor alemán, organizó el pasaje de Lenin de Suiza a Rusia, acompañado por Karl Radek, el judío austriaco que había desertado, y varios otros judíos.

Durante cientos de años, Suiza ha sido un centro de intrigas revolucionarias y sociedades secretas. Ya en el siglo XVI, el Papa, escribiendo a los reyes de Francia y España, les advirtió de que Ginebra era "un semillero eterno de revoluciones", y Joseph de Maistre, citando esta carta en 1817, declaró que Ginebra era la metrópoli de los revolucionarios, cuyo arte del engaño describió como "el gran secreto europeo".[798] Un año antes, había señalado al iluminismo como la raíz de todos los males en acción. Ahora sabemos que cuando De Maistre escribió estas palabras, un círculo interno de revolucionarios, que reivindicaba un linaje directo con Weishaupt e incluso con una secta anterior existente a finales del siglo XV, había aprovechado la caída de Napoleón I para reconstituir su organización y había establecido su sede en Suiza con sucursales en Londres y París. Se dice que el mismo círculo secreto de los Illuminati estuvo íntimamente implicado en la organización de la revolución bolchevique, aunque ninguno de los principales bolcheviques era miembro del círculo más secreto, que se supone estaba formado por hombres de las más altas clases intelectuales y financieras cuyos nombres han permanecido absolutamente desconocidos. Fuera de este círculo absolutamente secreto, sin embargo, existía un círculo semisecreto de altos iniciados de sociedades subversivas procedentes de todo el mundo y pertenecientes a diversas nacionalidades: alemanes, judíos, franceses, rusos e incluso japoneses. Este grupo, que podría describirse como el anillo activo del círculo interior, parece haber estado en contacto, si no bajo el control, de un

---

[798] *Lettres inédites de Joseph de Maistre*, p. 415 (1851).

comité que se reunía en Suiza para aplicar el programa de la III Internacional.

En Suiza, por tanto, se reunían al mismo tiempo los grandes iniciados de las sociedades secretas pangermanistas y se establecía un activo centro de propaganda proalemana, anti-Entente e incluso bolchevista. Estos alemanes, aunque monárquicos ellos mismos, cooperaban con fuerzas revolucionarias secretas para provocar problemas en los países aliados. Al mismo tiempo, se celebraban en Suiza conferencias de la II Internacional, a las que asistían miembros del P.I.L. británico, y en una de ellas -la Conferencia de Berna de 1919- los delegados fueron recibidos por un misterioso millonario "americano", John de Kay, que vivía a lo grande, pagaba al servicio de prensa 2.000 francos al día, prodigaba dinero en la conferencia y, al mismo tiempo, subvencionaba un periódico pacifista y derrotista llamado *La Feuille*.

Por lo tanto, es imposible ignorar el papel de Alemania en el actual estallido de la revolución mundial. En el Libro Blanco británico sobre el bolchevismo en Rusia, un inglés que vivió toda la revolución en ese país dice: "The Germans provoked unrest in order to reduce Russia to chaos: Los alemanes provocaron disturbios para reducir a Rusia al caos. Imprimieron masas de papel moneda para financiar sus planes; los billetes, de los que tengo ejemplares, son fácilmente reconocibles gracias a una marca especial.[799]

¿Cómo respondió Alemania a todo esto? Simplemente que la promoción del bolchevismo era una "necesidad" militar para provocar la caída de sus adversarios, pero que la propaganda que utilizaba era en realidad de origen judío, y que era la judería, y no Alemania, la verdadera autora de la revolución mundial.

Es fácil ver cómo semejante teoría puede servir a la causa del pangermanismo. Porque si Alemania logra persuadirnos de que los judíos son los únicos responsables de la guerra y los únicos perpetradores del bolchevismo, naturalmente seremos llevados a concluir que Alemania es, después de todo, inocente de los crímenes que se le imputan, y que nuestra única seguridad reside en renunciar a las reparaciones, restaurarla

---

[799] Carta del reverendo B. S. Lombard a Lord Curzon, 23 de marzo de 1919.

a su antiguo poder y unirnos a ella contra un enemigo común. Por lo tanto, haremos bien en aceptar con extrema cautela los consejos sobre la cuestión judía que emanen de fuentes alemanas, y en comprobar la sinceridad del espíritu con que se ofrecen considerando las relaciones que han existido hasta ahora entre alemanes y judíos.

Alemania ha sido durante mucho tiempo el semillero del "antisemitismo" moderno.

Aunque en todos los países y en todas las épocas, pero sobre todo en Europa Oriental durante el siglo pasado, los judíos sufrieron la impopularidad, fue Alemania la que organizó esta aversión en un plan de campaña preciso. Mientras que en Rusia, Galitzia y Polonia los judíos sufrían violencias esporádicas a manos de los campesinos, en Alemania eran sistemáticamente expuestos al odio y al desprecio de las autoridades. Lutero, Kant, Fichte, Schopenhauer, Treitschke, arremetieron sucesivamente contra la raza judía. A los judíos se les negó el acceso a las logias masónicas y a los rangos de oficiales en el ejército, mientras que la sociedad los excluyó hasta el estallido de la guerra.

El hecho es que, de todas las naciones, los alemanes siempre han sido los favoritos de los judíos. Durante todo el movimiento para unificar Alemania bajo Prusia, los judíos desempeñaron un papel destacado y, durante la última guerra, Alemania encontró en ellos a algunos de sus aliados más valiosos. Como señaló recientemente Maximilian Harden: "Los servicios prestados por los judíos a Alemania durante la guerra fueron enormes. El patriotismo judío fue irreprochable, en muchos casos incluso ridículo y ofensivo en su intensidad". Y a pesar del "antisemitismo", Harden declara: "Existe una fuerte afinidad entre el alemán y el judío".[800] Para los askenazíes, Alemania, incluso más que Palestina, parecía ser la Tierra de Promisión. Pocos años antes de la guerra, el profesor Ludwig Geiger, líder de los judíos liberales de Berlín, denunciaba los "sofismas sionistas" en los siguientes términos:

"El judío alemán que tiene voz en la literatura alemana debe, como ha sido su costumbre durante siglo y medio, considerar sólo a Alemania como su patria, a la lengua alemana como su lengua materna, y el futuro

---

[800] The *Jewish Guardian*, 18 de enero de 1924.

de esta nación debe seguir siendo el único en el que base sus esperanzas."[801]

¿Cómo explicar esta devoción no correspondida? Sencillamente por la política alemana de poner todas las fuerzas vivas a su servicio. Ha podido utilizar a los judíos del mismo modo que ha podido utilizar a los masones, a los Illuminati y a los socialistas para los fines del pangermanismo. Desde Federico el Grande, que empleó al judío Efraín para acuñar moneda falsa, hasta Guillermo II, que se mantuvo en contacto con Rathenau a través de una línea telefónica privada, los gobernantes de Alemania siempre les permitieron cooperar en sus planes de dominación mundial. Aliados de Bismarck, que los utilizó libremente para llenar sus arcas de guerra, los judíos dirigieron el poder de las sociedades secretas en interés de Alemania; en 1871, el judío Bloechreider asesoró al nuevo Imperio Alemán sobre la mejor manera de extraer indemnizaciones de Francia. Y Alemania, aunque insultó a los judíos, cumplió sin embargo ciertas condiciones esenciales para la empresa judía. A diferencia de Inglaterra y Francia, nunca se ha dejado debilitar seriamente por las ideas democráticas y, por lo tanto, para los judíos -como para los británicos que creen en la autocracia- representa el principio de estabilidad.

Además, Alemania, patria del militarismo, ofrecía un vasto campo para la especulación judía. Basta comparar uno de los aforismos de Mirabeau con uno de Werner Sombart para ver el vínculo entre ambas razas: "La guerra es la industria nacional de Prusia" y "Las guerras son la cosecha de los judíos". Ya en 1793, Anacharsis Clootz, el apóstol de la fraternidad universal y defensor de la raza judía, declaró que si se quería evitar que Alemania entrara en guerra, había que convencer a los judíos de que retiraran su apoyo a sus aventuras militares:

La guerra no podría comenzar ni durar en Alemania sin la actividad, la inteligencia y el dinero judíos. Almacenes y municiones de todo tipo son suministrados por capitalistas hebreos, y todos los agentes subalternos de abastecimiento militar son de la misma nación. Sólo tenemos que ponernos de acuerdo con nuestros hermanos, los rabinos,

---

[801] *Encyclopédie juive,* artículo sobre el sionismo.

para obtener resultados asombrosos, milagrosos.[802]

El Sr. Ford, el fabricante de automóviles estadounidense, parece haber llegado a una conclusión muy parecida a la expresada en las palabras que se le atribuyen recientemente: "No necesitamos la Sociedad de Naciones para acabar con la guerra. Pongamos bajo control a los cincuenta financieros judíos más ricos, que producen guerras para su propio beneficio, y las guerras acabarán".[803]

En otra ocasión, se dice que el Sr. Ford afirmó que los judíos que viajaron con él en el barco de la paz en 1915 "hicieron todo lo que pudieron para convencerle" de la "relación directa entre el judío internacional y la guerra": "entraron en gran detalle para decirme por qué medios los judíos controlaban la guerra: cómo tenían el dinero, cómo habían acaparado todos los materiales básicos necesarios para hacer la guerra", etc.[804]

Sin absolver en modo alguno a Alemania del crimen de guerra, es necesario tener en cuenta este factor secundario si se quiere establecer la paz entre las naciones. Porque mientras la sed de guerra permanezca en el corazón de los alemanes y la sed de ganancias a costa del sufrimiento humano en el corazón de los judíos, las dos razas seguirán siendo necesarias la una para la otra y la espantosa pesadilla de la guerra continuará cerniéndose sobre el mundo.

Hay, pues, mucho de verdad en la expresión socialista "guerras de los capitalistas", aunque no en el sentido que ellos le atribuyen. Se observará que los capitalistas que más contribuyen a hacer la guerra son precisamente aquellos a quienes los socialistas tratan siempre de proteger de toda culpa. El siguiente incidente ilustrará este punto.

En una reunión de la Federación Socialdemócrata, M. Adolphe Smith propuso una resolución llamando a los trabajadores organizados de Gran Bretaña a no dejarse utilizar, en el supuesto interés de sus compañeros trabajadores de otros países, por siniestras influencias financieras y

---

[802] *La République universelle*, p. 186 nota (1793).

[803] *Daily Mail*, 21 de septiembre de 1923.

[804] Publicado en Le *Monde Juif*, 5 de enero de 1922.

militaristas con el único propósito de debilitar a las naciones de la Entente en la crítica situación actual, e instándoles a permanecer vigilantes contra tales maniobras por parte de los financieros internacionales proalemanes, que estaban en posición de ejercer una considerable influencia reaccionaria entre las clases ricas y oficiales de este país.[805]

Hyndman añadió que "el peligro más grave para nosotros procedía del grupo de capitalistas más poderoso de Europa, dirigido por Hugo Stinnes y apoyado por Hindenburg, Ludendorff y el partido militarista de Alemania". La resolución fue impugnada por un miembro del Partido Laborista Parlamentario y finalmente retirada.

La conexión entre el imperialismo alemán, las finanzas internacionales, el iluminismo, el bolchevismo y ciertos sectores del socialismo británico es, por tanto, obvia. ¿Es Alemania el poder secreto detrás de lo que llamamos bolchevismo? ¿Son el iluminismo y el pangermanismo una misma cosa? Hay dos objeciones a esta hipótesis: en primer lugar, el espíritu del Iluminismo y del Bolchevismo existía, como hemos visto en los capítulos precedentes de este libro, mucho antes del nacimiento de la Alemania moderna; y en segundo lugar, la propia Alemania no está totalmente libre de contagio. Pues aunque el peligro del bolchevismo en Alemania puede haber sido exagerado en gran medida para evitar que los Aliados presionaran sus demandas de desarme y reparaciones, el hecho es que el bolchevismo, bajo su nombre ilustrado de espartaquismo, no puede ser considerado como un movimiento enteramente escenificado para el engaño de Europa. Además, así como en los países aliados se mostró, bajo el disfraz del pacifismo, salvajemente antinacional y proalemán, en Alemania, como en Hungría, secuestró el pacifismo profesando a veces simpatía por los aliados.

Por lo tanto, está claro que, junto al pangermanismo, actúa otro poder, mucho más antiguo, que pretende destruir todo espíritu nacional, todo gobierno ordenado en todos los países, incluida Alemania. ¿Cuál es este poder? Una gran parte de la opinión pública responde: el poder judío.

---

[805] *Morning Post*, 1 de agosto de 1921.

15. EL VERDADERO PELIGRO JUDÍO

Al examinar el inmenso problema del poder judío, tal vez el más importante al que se enfrenta el mundo moderno, es necesario despojarse de todo prejuicio y preguntarse, con un espíritu de desapego científico, si existe alguna prueba definitiva de que la judería está llevando a cabo un intento concertado de dominar el mundo y borrar la fe cristiana.

Los capítulos anteriores de este libro han demostrado que tal objetivo existió entre los judíos en el pasado. La concepción de los judíos como un pueblo elegido que un día debe gobernar el mundo constituye la base del judaísmo rabínico.

Es costumbre en este país decir que debemos respetar la religión judía, y éste sería ciertamente nuestro deber si la religión judía se basara, como generalmente se supone, únicamente en el Antiguo Testamento. De hecho, aunque no nos consideramos obligados a observar el ritual del Pentateuco, no encontramos nada malo en que los judíos cumplan lo que ellos consideran sus deberes religiosos. Además, aunque el Antiguo Testamento presenta a los judíos como una raza favorecida -concepción que creemos ha sido superada por la dispensación cristiana, según la cual todos los hombres son declarados iguales a los ojos de Dios-, contiene no obstante una ley de justicia muy elevada aplicable a toda la humanidad. Es debido a su universalidad que los libros de Job y Eclesiastés, así como muchos pasajes de los Salmos, Isaías y los Profetas Menores, han hecho un llamamiento eterno a la raza humana. Pero la religión judía actual se basa más en el Talmud que en la Biblia. El judío moderno", observó uno de los últimos traductores judíos, "es el producto del Talmud".[806] El propio Talmud concede a la Biblia sólo un lugar secundario. Así, el tratado talmúdico Soferim dice: "La Biblia es como el agua, la Mischna

---

[806] Michael Rodkinson (es decir, Rodkinssohn), en el Prefacio a la Traducción del Talmud, Vol. I. p. x.

es como el vino y la Gemara es como el vino especiado".

El Talmud no es una ley de justicia para toda la humanidad, sino un código meticuloso que se aplica sólo a los judíos. Ningún ser humano ajeno a la raza judía puede buscar ayuda o consuelo en el Talmud.

En vano se buscaría una regla de vida tan espléndida como la del profeta Miqueas: "Él te ha mostrado, oh hombre, lo que es bueno; ¿y qué pide el Señor de ti sino que actúes con justicia, ames la misericordia y camines humildemente con tu Dios? En el Talmud, en cambio, como señala Drach, "los preceptos de justicia, equidad y caridad para con el prójimo no sólo no se aplican a los cristianos, sino que constituyen un delito para quien actúe de otro modo...". El Talmud prohíbe expresamente salvar de la muerte a un no judío,... restituirle los bienes perdidos, etc., apiadarse de él".[807]

La contribución del Talmud a las tendencias antisociales del judaísmo moderno queda ilustrada por el hecho de que los caraítas que viven en el sur de Rusia, el único grupo de judíos que se basa en la Biblia y no en el Talmud, del que sólo aceptan las partes que se ajustan a las enseñanzas bíblicas, siempre han sido buenos súbditos del Imperio ruso y, por tanto, han disfrutado de derechos iguales a los de los rusos de su entorno. Catalina la Grande favoreció especialmente a los caraítas.

Así pues, ni siquiera los judíos son unánimes en su apoyo al Talmud; de hecho, como ya hemos visto, muchos judíos han protestado contra el Talmud, que consideran una barrera entre ellos y el resto de la raza humana.

Pero es en la Cábala, incluso más que en el Talmud, donde el sueño judaico de dominar el mundo se repite con más insistencia. El Zohar habla de ello como de un *hecho consumado*, explicando que "la Fiesta de los Tabernáculos es el momento en que Israel triunfa sobre los demás pueblos del mundo; por eso, durante esta fiesta, agarramos el Loulab [ramas de árbol atadas entre sí] y lo llevamos como un trofeo para mostrar

---

[807] Drach, *De l'Harmonie entre l'Église [C] et la Synagogue*, I. 167, que cita el tratado Aboda-Zara, folio 13 verso, y folio 20 recto; también el tratado Baba Kamma, folio 29 verso. Drach añade: "Se podrían multiplicar estas citas casi ad infinitum".

que hemos conquistado a todos los demás pueblos llamados 'chusma' y que los dominamos".[808] Sin embargo, se pide a Dios que conceda a estos otros pueblos una determinada parte de bendición, "para que, ocupados con esta parte, no participen ni se mezclen en la alegría de Israel cuando él haga descender bendiciones de lo alto". La situación puede compararse así a la de un rey que, queriendo dar una fiesta a sus amigos particulares, ve invadida su casa por importunos gobernantes que piden ser admitidos. "¿Qué hace entonces el rey? Ordena que se sirva a los gobernadores carne y verduras, que son alimentos comunes, y luego se sienta a la mesa con sus amigos y se hace servir los platos más deliciosos".[809]

Pero esto no tiene nada que ver con la fiesta que tendrá lugar cuando llegue la era mesiánica. Tras el regreso a Palestina de judíos procedentes de todas las naciones y de todas las partes del mundo, el Mesías, nos dice el Talmud, los recibirá en un suntuoso banquete, en el que estarán sentados en mesas de oro y serán agasajados con vino de la bodega de Adán. El primer plato consistirá en un buey asado llamado Behemoth, tan inmenso que come cada día la hierba de mil colinas; el segundo en un monstruoso pez, Leviatán; el tercero en una hembra de Leviatán hervida y marinada; el cuarto en una gigantesca ave asada llamada Barjuchne, cuyo huevo era tan enorme que al caer del nido aplastó trescientos grandes cedros y la clara desbordó sesenta aldeas. A este plato debe seguir "el postre más espléndido y pomposo" que se pueda conseguir, incluidos los frutos del árbol de la vida y "las granadas del Edén que se guardan para los justos".

Al final del banquete, "Dios dará un baile a la compañía; él mismo se sentará en medio de ellos, y todos le señalarán y dirán: Este es nuestro Dios: le hemos esperado, nos alegraremos y gozaremos en su salvación".[810]

---

[808] Zohar, sección Toldoth Noah, folio 63 *b* (traducción de Pauly, I 373).

[809] Zohar, sección Toldoth Noah, folio 646 (traducción de Pauly, I. 376).

[810] J. P. Stehelin, *The Traditions of the Jews*, II. 215-20, citando los tratados talmúdicos Baba Bathra folio 74 *b*, Pesachim folio 32, Bekhoroth folio 57, Massektoth Ta'anith folio 31. El Zohar también se refiere al Leviatán femenino (sección Bô, traducción de Pauly, III. 167). Drach muestra que entre las delicias prometidas por el Talmud tras el regreso a Palestina estará el permiso para comer

El comentarista del siglo XVIII cuyo resumen de estos pasajes citamos continúa observando:

Pero veamos cómo vivirán los judíos en su antigua tierra bajo la administración del Mesías. En primer lugar, las naciones extranjeras a las que permitirán vivir allí les construirán casas y ciudades, cultivarán la tierra y plantarán viñedos, y todo ello sin buscar siquiera la más mínima recompensa por su trabajo.

Estas naciones supervivientes les ofrecerán voluntariamente toda su riqueza y mobiliario: los príncipes y nobles les acompañarán y estarán dispuestos a concederles toda forma de obediencia a sus órdenes, mientras que ellos mismos estarán rodeados de grandeza y placer, apareciendo en el exterior con vestiduras relucientes de joyas, como sacerdotes ungidos consagrados a Dios...

En una palabra, la dicha de esta nación santa, en el tiempo del Mesías, será tal que su condición exaltada no podrá entrar en la concepción del hombre, y menos aún en la expresión humana. Esto es lo que dicen los rabinos. Pero el lector inteligente dirá sin duda que se trata del Paraíso de los tontos.[811]

Es interesante observar que esta visión de cómo debe producirse el retorno a Palestina ha llegado a algunos colonos modernos. Sir George Adam Smith, después de observar el sionismo en acción en 1918, escribió:

En una visita a un asentamiento judío recientemente establecido en el noreste del país, alrededor del cual el generoso mecenas había construido un alto muro, encontré a los colonos sentados a la sombra del muro jugando toda la mañana, mientras grupos de *campesinos* mal pagados cuidaban de los cultivos por ellos. Le dije que ésa no era la intención de su mecenas al ayudarles a establecerse en su propia tierra. Un judío respondió en alemán: "¿No está escrito: Los hijos de los extranjeros serán vuestros labradores y vuestros viñadores". Sé que tales acciones se han

---

carne de cerdo y tocino. - De l'*Harmonie entre l'Église et la Synagogue*, I. 265, 276, citando el tratado Hullin, folio 17, 82.

[811] Stehelin, op. cit. II. 221-4.

convertido en la excepción en la colonización judía de Palestina, pero son sintomáticas de peligros contra los que debemos protegernos.[812]

Sin embargo, los fellahin pueden considerarse afortunados de que se les permita vivir, porque según varios pasajes de la Cábala, todos los *goyim serán* borrados de la faz de la tierra cuando Israel tome posesión de sus medios. El Zohar nos dice que el Mesías declarará la guerra al mundo entero y que todos los reyes del mundo acabarán declarando la guerra al Mesías. Pero "el Santo, bendito sea, desplegará Su fuerza y los exterminará del mundo"[813]: Feliz será el destino de Israel, a quien el Santo, bendito sea, ha elegido de entre los *gentiles* de quienes dice la Escritura: "Su obra es vanidad, es una ilusión en de la que hay que reírse; todos perecerán cuando Dios los visite en Su ira." En el momento en que el Santo, bendito sea, extermine a todos los *gentiles* del mundo, sólo quedará Israel, como está escrito: "Sólo el Señor aparecerá grande en aquel día."[814]

La esperanza de dominar el mundo no es, pues, una idea atribuida a los judíos por los "antisemitas", sino una parte muy real y esencial de sus tradiciones. ¿Qué ocurre entonces con su actitud hacia el cristianismo en el pasado? Ya hemos visto que el odio hacia la persona y las enseñanzas de Cristo no se detuvo en el Gólgota, sino que fue alimentado por los rabinos y perpetuado en el Talmud y en el Toledot Yeshu. La Cábala también contiene pasajes referidos tanto a Cristo como a Mahoma, tan indeciblemente repugnantes que sería imposible citarlos aquí.

Pero se objetará que los judíos europeos occidentales de hoy no saben nada de la Cábala. Puede que así sea, pero la Cábala ha moldeado imperceptiblemente la mente judía. Como dijo un escritor judío moderno:

La Cábala ha contribuido a la formación del judaísmo moderno, ya que sin la influencia de la Cábala, el judaísmo actual podría haber sido unilateral, carente de calidez e imaginación. De hecho, la Cábala ha

---

[812] The Very Rev. Sir George Adam Smith, *Syria and the Holy Land*, p. 49 (1918).

[813] Zohar, sección Schemoth, folio 7 y 9 *b;* sección Beschalah, folio 58b (trans. de Pauly, III. 32, 36, 41, 260).

[814] Ibid. sección Vayschlah, folio 177 *b* (trad. por Pauly, II. p. 298).

penetrado tan profundamente en el cuerpo de la fe que muchas ideas y oraciones están ahora inmutablemente arraigadas en el cuerpo general de la doctrina y la práctica ortodoxas. Este elemento no sólo se ha incorporado, sino que se ha fijado en los afectos judíos y no puede ser erradicado.[815]

Así pues, no es en la Ley de Moisés ordenada desde el Sinaí, ni en el árido ritual del Talmud, sino en las asombrosas imaginaciones de la Cábala, donde se han transmitido a través de los tiempos los verdaderos sueños y aspiraciones de la comunidad judía. La creencia en la venida del Mesías puede desvanecerse, pero la fe en el triunfo final de Israel sobre las demás naciones del mundo sigue brillando en el corazón de una raza alimentada por esa esperanza desde tiempos inmemoriales. Incluso el judío librepensador debe responder inconscientemente a los impulsos de esta vasta y antigua ambición. Como dijo un escritor francés moderno:

Es cierto que abundan los librepensadores sectarios, que se jactan en de no haber tomado nada prestado de la sinagoga y de odiar por igual a Jehová y a Jesús. Pero el mundo judío moderno también está desligado de toda creencia sobrenatural, y la tradición mesiánica, cuyo culto conserva, se reduce a considerar a la raza judía como el verdadero Mesías.[816]

Un reciente artículo de la prensa judía da un poco de color a esta afirmación: Explica que, según la enseñanza de la "Sinagoga Judía Liberal", los bellos pasajes del capítulo 53 de Isaías sobre "el varón de dolores que conoce el sufrimiento", que los cristianos suelen suponer que se refieren al Mesías prometido, son interpretados por la juventud judía moderna como referidos a Israel y en el sentido de que los "sufrimientos de Israel fueron causados por los pecados de otras naciones", que así "escaparon a los sufrimientos que merecían". Como resultado, "Israel sufrió por todo el mundo".[817] Es difícil imaginar cómo puede mantenerse esta asombrosa afirmación a la vista de las perpetuas denuncias de los

---

[815] Hastings' *Encyclopædia of Religion and Ethics*, artículo sobre la Cábala por H. Loewe.

[816] Eugène Tavernier, *La Religion Nouvelle*, p. 265 (1905).

[817] The *Jewish Guardian*, 25 de enero de 1924.

israelitas a lo largo del Antiguo Testamento. A su entrada en Canaán, Moisés deja claro que el Señor, su Dios, no les dio "esta buena tierra" por su rectitud o rectitud de corazón[818]; mucho después, Daniel declara que todo Israel transgredió la ley de Dios[819]; Nehemías muestra que, a causa de su rebelión y desobediencia, fueron entregados en manos de sus enemigos. [820] Isaías habló de las iniquidades de Judá en términos mordaces:

¡Ah, nación pecadora, pueblo cargado de iniquidad, raza de hijos perversos y corruptos! Lávate, purifícate, borra de mi vista la maldad de tus obras, deja de hacer el mal, aprende a hacer el bien, etc.[821]

Así, incluso la propia Palabra de Dios es impotente para mitigar la inmensa megalomanía de la raza judía. No es seguro que la mayoría de los judíos de hoy consideren la Biblia como divinamente inspirada. "Los diez mandamientos que *hemos* dado a la humanidad"[822] es típico de la forma en que Israel reclama ahora la autoría exclusiva de las Escrituras. La deificacion de la humanidad por los francmasones del Gran Oriente encuentra su contrapartida en la deificacion de Israel por el judio moderno.

Esta es sin duda la causa de gran parte del sufrimiento que los judíos han padecido en el pasado. Nadie, por supuesto, justificaría la crueldad con la que a menudo han sido tratados; sin embargo, sería absurdo sostener que no ha habido provocación por parte de los judíos. Una raza que siempre se ha considerado con derecho a ocupar una posición privilegiada entre las naciones del mundo debe inevitablemente encontrar resentimiento, y en una época o población primitiva es probable que el resentimiento encuentre una salida en la violencia chocante para la mente civilizada. Además, presentar a los judíos como un pueblo amable y tolerante, siempre víctimas pero nunca autores de violencia, es

---

[818] Deuter. ix. 5.

[819] Dan. ix. 11.

[820] Neh. ix. 26.

[821] Isaías i. 1-17. Véase también Ez. xx. 13.

[822] *Jewish Guardian*, 1 de octubre de 1920.

absolutamente contrario a los hechos históricos. En los oscuros periodos del pasado, los judíos demostraron ser perfectamente capaces de la crueldad no sólo hacia otras razas, sino también entre ellos mismos. Uno de los primeros pogromos registrados en la era cristiana fue perpetrado por los propios judíos.

El historiador judío Josefo describe el reino de "anarquía y barbarie" inaugurado a mediados del siglo I d.C. por la banda de asesinos conocida como los Sicarii, que infestaban los alrededores de Jerusalén y, utilizando pequeñas dagas ocultas bajo sus ropas, "mataban a los hombres durante el día y en medio de la ciudad, especialmente durante las fiestas, cuando se mezclaban con la multitud". Durante una incursión nocturna en la pequeña ciudad de Engaddi, masacraron a más de setecientas mujeres y niños.[823] Y Josefo continúa:

De hecho, era la época más fértil para la maldad de todo tipo entre los judíos, de modo que no quedaba ningún tipo de vileza sin hacer, y nadie podía, si lo deseaba, inventar algo malo y nuevo. Estaban tan profundamente infectados, tanto en privado como en público, que competían entre sí para ver quién llegaba más lejos en la impiedad hacia Dios y en los actos injustos hacia sus vecinos, los hombres en el poder oprimiendo a la multitud, y la multitud esforzándose sinceramente por destruir a los hombres en el poder.[824]

Por lo tanto, es inútil sostener, como hacen los judíos y sus amigos -pues el projudío es a menudo *más monárquico que el rey-, que* todos los defectos del judío moderno deben atribuirse a la amargura engendrada por la persecución. El judaísmo siempre ha contenido un elemento de crueldad[825] que encuentra su expresión en el Talmud. Es del Talmud, y no de la ley mosaica, que se originan los métodos inhumanos de la matanza judía.[826] El Talmud también da las instrucciones más horribles

---

[823] Josefo, *La guerra judía* (traducción inglesa), IV. 170, 334.

[824] Ibid. V. 152.

[825] Véanse, por ejemplo, las descripciones de la horrible crueldad practicada en las escuelas judías de Polonia en el siglo XVIII, recogidas en *The Autobiography of Solomon Maimon* (trad. inglesa, 1888), p. 32.

[826] Traité Hullin, folio 27 *a*.

para la ejecución de la pena capital, en particular contra las mujeres, mediante los métodos de la lapidación, la hoguera, la asfixia o el asesinato a espada. A la víctima condenada a la hoguera se le debe enrollar un pañuelo alrededor del cuello, de cuyos dos extremos tiran con fuerza los verdugos, mientras que la boca se le abre a la fuerza con unas tenazas y se le introduce un cordel encendido "para que fluya por sus entrañas y le encoja las entrañas".[827]

Se dirá que todo esto pertenece al pasado. Ciertamente, la práctica aquí descrita puede considerarse obsoleta, pero el espíritu de crueldad e intolerancia que la dictó sigue vivo. Basta con estudiar la prensa judía moderna para darse cuenta de la persecución a la que son sometidos los judíos por miembros de su propia raza si infringen la más mínima parte del código judío.

Si, entonces, "el judío moderno es el producto del Talmud", éste debe considerarse el principal obstáculo para el progreso judío. Se dice que Isaac Disraeli, el padre de Lord Beaconsfield, dio como razón para retirarse de la sinagoga que el judaísmo rabínico, con sus leyes inflexibles y costumbres vinculantes, "separa a los judíos de la gran familia de la humanidad".[828] Tal sistema es absolutamente incompatible no sólo con las enseñanzas cristianas, sino también con las ideas seculares de la civilización occidental. La actitud que adopta hacia las mujeres bastaría por sí sola para justificar esta afirmación. La oración judía diaria "¡Bendito seas, Señor Dios nuestro, Rey del universo, que no me has hecho mujer!"[829] es un anacronismo ridículo en los tiempos que corren. Según el Talmud, un servicio sólo puede celebrarse en la sinagoga si están presentes diez personas, número que garantiza la presencia de Dios en la asamblea. Sin embargo, el Drach explica que todas estas personas

---

[827] Talmud, tratado Sanhedrin (traducción de Rodkinson, p. 156).

[828] *Encyclopædia Britannica* (edición de 1911), artículo sobre Lord Beaconsfield.

[829] Drach, *De l'Harmonie entre l'Église et la Synagogue*, II. 336. Esta costumbre sigue vigente; véase la queja muy legítima de una judía en el *Jewish World* del 21 de diciembre de 1923, de que las mujeres siguen relegadas a la galería "para ocultarse tras la reja, donde pueden oír a sus hombres bendecir al Todopoderoso en tono estridente: 'No me has hecho mujer'".

deben ser hombres. "Si hubiera nueve hombres y un millón de mujeres, no habría asamblea, porque las mujeres no son nada. Pero si entra [en escena] un solo niño de trece años y un día, inmediatamente puede haber una asamblea santa y, según nuestros doctores, Dios puede estar presente allí".[830]

Por lo tanto, cuando decimos que debemos respetar la religión judía, no podemos, si sabemos algo de ella, querer decir que respetamos la parte de esa religión que se basa en las tradiciones rabínicas del Talmud y la Cábala, sino sólo la ley ética establecida en el Antiguo Testamento, a la que los judíos honrados se han adherido fielmente y que coincide en gran medida con la enseñanza cristiana.

No olvidemos que el judaísmo rabínico es el enemigo declarado e implacable del cristianismo. El odio al cristianismo y a la persona de Cristo no es una cuestión de historia lejana, ni puede considerarse el resultado de una persecución; es parte integrante de la tradición rabínica que surgió antes de cualquier persecución de los judíos por los cristianos y continuó en nuestro país mucho después de que esas persecuciones terminaran.

Es aquí donde no podemos dejar de detectar el origen de una gran parte de la virulenta enseñanza anticristiana que se difunde hoy en nuestros círculos. Se verá que esta enseñanza sigue tres líneas, cuyo curso se ha trazado a lo largo de este libro. Consisten en profanar la tradición cristiana declarando que Cristo era o bien *a)* un mito, *b)* un maestro puramente humano dotado de una virtud superior y de un conocimiento de las leyes naturales, *c)* un fanático loco[831] o un malhechor. Las dos primeras teorías son, como hemos visto, las de las sociedades secretas; la última es esencialmente judía. Es cierto que ahora existe un movimiento entre los judíos más ilustrados para reconocer a Jesús como un gran

---

[830] Drach, op. cit. 335, 336, citando el Talmud, tratado Meghilla folio 23 verso, tratado Berachoth folio 21 verso, tratado Sanhedrin folio 2 recto, Maimonides cap. viii. art 6; Schulchan Arukh, etc.

[831] A este respecto, véase el artículo sobre "Jesús" en la *Jewish Encyclopædia*, donde se remite al lector a la obra de O. Holtzmann (*"War Jesus Ekstattker?"*), quien "reconoce que en las palabras y el comportamiento de Jesús debieron de intervenir procesos mentales anormales".

maestro; hasta ahora, por desgracia, este movimiento se encuentra con la amarga hostilidad de los demás, y en la prensa judía de hoy en día se encuentran con frecuencia referencias despectivas e incluso blasfemas a Cristo y a la fe cristiana. El hecho de que aquí en Inglaterra, durante casi trescientos años, a los judíos se les haya permitido vivir en paz y practicar sus ritos religiosos sin ser molestados, que hayan sido admitidos en la sociedad, en las logias masónicas y en todos los cargos del Estado, y que hayan encontrado cada vez más tolerancia y favor, no ha hecho nada para moderar el odio al cristianismo inculcado durante diecinueve siglos de enseñanza rabínica. Así, por ejemplo, bajo el título "Lo que el cristianismo ha significado", una moderna publicación periódica judía dice: "Pensamos en lo que el cristianismo, como institución, ha significado para nosotros los judíos. Los veinte siglos de su existencia han coincidido con la larga tragedia de la dispersión de los judíos entre las naciones... La amabilidad y la consideración que hemos recibido del cristianismo nos han sido ofrecidas en su mayor parte con el señuelo de la pila bautismal. La tragedia judía se agravó en la medida en que la encarnación del cristianismo, la Iglesia, fue poderosa. Sólo cuando y donde la Iglesia ha sido débil la vida ha sido tolerable para el judío... El odio al judío, los estallidos antijudíos y las campañas antisemitas no se deben más que a la antipatía hacia el judío que ha inculcado el cristianismo... Por lo tanto, hay muy pocas razones para que el judío se alegre de la institución del cristianismo, etc.[832]

El estudio más superficial de la historia revelaría la falsedad de esta afirmación. La antipatía hacia el judío comenzó mucho antes de la era cristiana; en Egipto, Persia y Roma se convirtió, con razón o sin ella, en objeto de sospecha por parte de los gobernantes. La razón del Faraón para oprimir a los israelitas era que si se les permitía hacerse demasiado poderosos, podrían unirse al enemigo en tiempos de guerra[833]; los emperadores de Roma los consideraban un elemento turbulento; Mahoma declaró:

"Su objetivo será fomentar el desorden en la tierra, pero Dios no ama

---

[832] *Jewish World*, 22 de diciembre. 1920.

[833] Éxodo. i 10.

a los que fomentan el desorden".[834] Mientras tanto, la antipatía mostrada por "el pueblo" en todos los países se basa principalmente en motivos económicos. No es simplemente la posesión de riqueza -que, según el credo socialista, debería justificar cualquier odio- sino la forma en que se ha adquirido y la arrogancia con que se ha alardeado de ella lo que ha despertado el sentimiento popular contra los judíos. Un fakih árabe, Abu Ishak de Elvira, advirtió a su señor del creciente poder de los judíos en España a mediados del siglo XI d.C.: Los judíos, despreciables parias, se han convertido en grandes señores, y su orgullo y arrogancia no conocen límites... No tomes a tales hombres como ministros, abandónalos a la maldición, pues la tierra entera clama contra ellos, pronto temblará y todos pereceremos. Volved los ojos a otros países y ved cómo los judíos son tratados como perros y apartados...

Llegué a Granada y vi a los judíos reinando allí.

Se habían repartido las provincias y la capital; en todas partes reinaba uno de estos malditos. Cobraban impuestos, celebraban, iban suntuosamente vestidos, mientras que vuestras ropas, oh musulmanes, estaban viejas y gastadas. Conocían todos los secretos del Estado; ¡pero es una locura confiar en los traidores! Mientras los creyentes comían el pan de la pobreza, ellos cenaban delicadamente en palacio... ¿Cómo podemos prosperar si vivimos en la sombra y los judíos nos deslumbran con la gloria de su orgullo?[835]

En la Francia medieval, la principal crítica que se hacía a los judíos era que no trabajaban con sus manos, sino que se enriquecían mediante una "usura excesiva". En el siglo XV, el predicador de Estrasburgo Geyler se preguntaba: "¿Están los judíos por encima de los cristianos? ¿Por qué no trabajan con sus manos?... La usura no es trabajo. Significa explotar a los demás mientras se permanece ocioso".[836] Se podrían multiplicar las citas de este tipo *hasta el infinito*.

Por lo tanto, es ridículo atribuir la persecución de los judíos al

---

834 Sura v. 60 (edición Everyman's Library, p. 493).

835 Reinhardt Dozy, *El Islam español* (traducción inglesa), p. 651.

836 J. Denais-Darnays, *Les Juifs en France*, p. 17 (1907).

cristianismo. El hecho de que, en tiempos menos ilustrados, la Iglesia adoptara medidas rigurosas -pero no más rigurosas de lo que exigían sus propias leyes- contra los judíos que practicaban la magia y la hechicería debe parecer deplorable a la mente moderna, pero lo mismo puede decirse de muchos otros aspectos de la vida medieval. Entonces, ¿por qué seguir mirando al pasado? Si los judíos fueron perseguidos en tiempos menos ilustrados, también lo fueron muchos otros grupos de la comunidad. Se perseguía a los católicos, se perseguía a los protestantes, se ponía en la picota a los hombres por delitos menores, se azotaba a las mujeres regañonas en el estanque del pueblo. Pero si todas estas crueldades de la Edad Media han de recordarse y perpetuarse al nivel de una venganza tribal, ¿qué paz puede haber para el mundo? Los desastrosos resultados de esta tendencia se han visto en los intelectuales irlandeses, educados desde la infancia en la historia de los males de Irlanda, quienes, en lugar de tratar con cordura los problemas actuales, han desorientado sus mentes rumiando agravios históricos, sellando así su propio destino y hundiendo a su país en la ruina. Del mismo modo, las feministas rabiosas, refiriéndose a injusticias que hace tiempo que dejaron de existir, se han amargado la vida proclamándose enemigas eternas del hombre. Emerson, el profeta de la razón, declaró: "El único lastre que conozco es el respeto por la hora presente". Es por falta de este lastre que los judíos se han convertido en víctimas de un fanatismo en el que los cristianos, por una falsa idea de bondad, les han alentado a menudo. En realidad, nada es más cruel que fomentar en la mente de una raza nerviosa la idea de la persecución; la verdadera bondad hacia los judíos consistiría en instarles a librarse de los recuerdos del martirio pasado y a entrar saludablemente en el disfrute de sus bendiciones actuales, que son el resultado directo de la civilización cristiana.

Analicemos lo que el cristianismo ha hecho realmente por los judíos. Si hay tanto que decir sobre la persecución que sufrieron, ¿qué decir de la extraordinaria indulgencia que recibieron como resultado del respeto cristiano por la Biblia? Durante cientos de años, a los niños de las escuelas cristianas se les ha presentado la historia del Antiguo Testamento y las congregaciones cristianas han escuchado con simpatía la historia del sufrimiento de Israel y sus esperanzas de restauración final. Todo el apoyo al sionismo surgió de esta tradición. El cristianismo, tan denostado por los judíos, ha sido por tanto su mayor protección. Si el cristianismo desaparece, toda la teoría de que los judíos fueron una vez el pueblo elegido desaparece con él en lo que respecta a los gentiles, y la raza judía, despojada de su halo de favor divino, tendrá que ser juzgada por sus propios méritos.

En nuestro país, la teoría del pueblo elegido ha sido llevada hasta la superstición -una superstición inmensamente ventajosa para los judíos- que consiste en interpretar el pasaje de las Escrituras que contiene la promesa hecha a Abraham: "Bendeciré a los que te bendigan y maldeciré a los que te maldigan", en el sentido de que el favor concedido a los judíos -que constituyen sólo una fracción de los descendientes de Abraham- conlleva bendiciones especiales. En realidad, sería más fácil demostrar a partir de la historia que los países y gobernantes que han protegido a los judíos se han encontrado a menudo con el desastre. Francia desterró a los judíos en 1394, luego en 1615, y sólo los readmitió en gran número entre 1715 y 1719, de modo que estuvieron ausentes durante el período más glorioso de la historia francesa, el *Grand Siècle* de Luis XIV, y su regreso coincidió con la Regencia, a partir de la cual puede decirse que la monarquía francesa decayó. Inglaterra también desterró a los judíos en 1290, y fue durante los tres siglos y medio que permanecieron en el exilio cuando se la conoció como "Merrie England". El hecho de que su regreso en vigor en 1664 fuera seguido al año siguiente por la Gran Peste y al año siguiente por el Gran Incendio de Londres no parece indicar que los judíos traigan necesariamente buena fortuna al país que los protege. La verdad es, por supuesto, que la bondad hacia cualquier parte de la raza humana trae su propia recompensa en forma de mejora moral para el individuo o la nación que la ejerce, pero la filantropía no es más beneficiosa cuando se ejerce hacia el judío que cuando se ejerce hacia el chino.

Insisto, pues, en que el problema judío no debe abordarse ni con el espíritu de un prosemitismo supersticioso, ni con el espíritu amargo del "antisemitismo", sino con un sentido común digno de una época ilustrada. En palabras de Bernard Lazare, preguntémonos qué papel puede desempeñar hoy "el judío, dado su espíritu, su carácter, la naturaleza de su filosofía y su religión", "en los procesos y movimientos revolucionarios". ¿Hay alguna prueba, entonces, de que exista hoy en día en el seno del judaísmo una conspiración organizada cuyo objetivo sea la dominación del mundo y la destrucción del cristianismo, como sugieren los famosos *Protocolos de los Sabios de Sión?*[837]

Está claro que la teoría de una conspiración judía mundial no se basa en las pruebas de los Protocolos. A juzgar por los gritos de júbilo en la prensa tras la publicación de los artículos *del Times*, uno pensaría que con la supuesta "refutación" de este único documento, todo el caso contra los judíos se ha derrumbado y los "antisemitas" deben ser silenciados para siempre. Pero los argumentos de los judíos y sus amigos van más allá; no sólo afirman que no hay conspiración judía, sino que tampoco hay conspiración mundial de ningún tipo. De hecho, han mantenido esta tesis desde el principio, y Lucien Wolf, en su primera "refutación" de los Protocolos, se burló de los defensores del peligro de las sociedades secretas con tanta vehemencia como del pérfido autor de El peligro judío. Siempre se observará, además, que las referencias a los Illuminati suscitaron casi tanto resentimiento en la prensa judía como las alusiones de carácter directamente "antisemita". Barruel, que se negó a incriminar a los judíos, y de Malet, que nunca los mencionó, son denunciados por Lucien Wolf como alarmistas del mismo modo que Gougenot des Mousseaux y Chabauty. Sugerir que una Mano Oculta ha actuado alguna vez en el mundo levanta inmediatamente una tormenta de protestas judías.

Sin embargo, los judíos inteligentes deberían ser muy conscientes de que, si las sociedades secretas han contribuido tanto a las revoluciones pasadas como han creído estos escritores, su existencia e influencia reales no son una cuestión de suposición, sino un hecho histórico. Nadie advirtió nunca más claramente a la opinión pública británica del peligro que representaban o del papel que los judíos desempeñaban en ellas que Disraeli, cuyas famosas palabras se han citado tan a menudo sobre el tema: "El mundo está gobernado por personajes muy diferentes de los que imaginan quienes no están entre bastidores". ¿Qué es esto sino un claro reconocimiento de la Mano Oculta? ¿Por qué Disraeli no aparece con Barruel, Robison, de Malet y Des Mousseaux en la lista de alarmistas del Sr. Wolf? ¿Es porque Disraeli sostenía la moraleja de que como los judíos eran tan peligrosos había que emplearlos?

Si, por lo tanto, los principales judíos persisten en vilipendiar a todos

---

[837] Sobre la cuestión de los protocolos, véase el Apéndice II.

aquellos que repiten las advertencias emitidas por tan eminente miembro de su raza, es inevitable que lleguen a ser sospechosos de tener algún interés en suprimir nuevas revelaciones.

Dejando de lado cualquier prueba como los Protocolos, examinemos las razones para creer en la existencia de una conspiración mundial judía. Sabemos con certeza que los cinco poderes antes mencionados -la Masonería del Gran Oriente, la Teosofía, el Pangermanismo, las Finanzas Internacionales y la Revolución Social- son reales y ejercen una influencia muy definida en los asuntos mundiales. No se trata de hipótesis, sino de hechos basados en pruebas documentales. En cada caso conocemos los nombres de muchos de los dirigentes, sus métodos de organización, sus centros de dirección y los objetivos que persiguen. Pero cuando se trata del poder judío, no podemos proceder con la misma certeza. No podemos nombrar a los líderes ni los centros de liderazgo, no podemos presentar pruebas documentales sobre sus métodos de organización ni sus objetivos finales. La existencia misma de tal poder, en el sentido de un cuerpo unido y organizado de judíos que trabajan por la destrucción del cristianismo y del sistema social existente, sigue siendo una cuestión de especulación y no un hecho conocido. Sin embargo, las investigaciones sobre las actividades de grupos como B'nai B'rith, Poale Zion, el Bund judío y la Weltverband (o Unión Internacional Judía de Socialistas) pueden arrojar mucha luz sobre esta cuestión. La costumbre de imprimir su pidgin alemán, llamado yiddish, en escritura hebrea proporciona a los judíos un código más o menos secreto mediante el cual sus ideas y aspiraciones se ocultan a la gran masa de gentiles.

Independientemente de que el poder judío esté unificado o no, hay judíos que cooperan con los cinco poderes cuya existencia es conocida, e incluso los dirigen. Por ejemplo, los judíos han desempeñado durante mucho tiempo un papel destacado en la masonería del Gran Oriente[838] y predominan en los grados superiores. Como ya hemos visto, la masonería se considera siempre subversiva en los países católicos. También hay que señalar que en los países donde la masonería era subversiva, los judíos estaban generalmente menos presentes en el movimiento revolucionario

---

[838] "Los judíos han tenido la relación más visible con la masonería en Francia desde la Revolución". - *Encyclopédie juive*, artículo sobre la masonería.

que en los países donde la masonería era inexistente o constitucional. Así, en Francia, el peligro masónico es mucho más generalmente reconocido que el peligro judío; en Italia, los francmasones de fueron prohibidos por Mussolini, pero los judíos no son considerados por él como un peligro particular; en Portugal, fueron los francmasones y no los judíos quienes provocaron las recientes revoluciones. En Hungría, sin embargo, los revolucionarios eran principalmente judíos y masones. Por el contrario, en Inglaterra, Alemania y América, donde la masonería no es subversiva, la cuestión judía es más evidente. Todo esto sugiere que, o bien la masonería es la tapadera bajo la que los judíos, como los Illuminati, prefieren trabajar, de modo que allí donde no hay tapadera se ven obligados a aparecer más abiertamente, o bien que la masonería del Gran Oriente es el poder gobernante que emplea a judíos como agentes en países donde no puede trabajar por cuenta propia.

Ya se ha indicado la preponderancia de los judíos en las filas de "Aurora", así como la influencia de la Cábala judía en la enseñanza de la Teosofía y el Rosacrucismo. Pero es importante subrayar este último punto en relación con la locura por lo oculto que se extiende por la sociedad. Ragon dijo: "La Cábala es la clave de todas las ciencias ocultas"; por lo tanto, en este campo de experiencia, el gentil debe estar siempre en desventaja con respecto al judío. De hecho, el Sr. Waite, que ciertamente no puede ser sospechoso de antisemitismo, llega a sugerir que el don de la magia ceremonial fue "la respuesta de los judíos al cristianismo como reacción" a "siglos de persecución".[839] Sería bueno que todo gentil que se haya visto tentado a incursionar en el ocultismo conociera esta fuente de inspiración.

El papel de los judíos en la revolución social, y en particular en el bolchevismo, apenas necesita comentario. Sin embargo, puesto que la prensa judía ha optado por negar este último hecho tan obvio, y persiste en calificar de prejuicio o "antisemitismo" una simple constatación de hechos, quizá valga la pena citar aquí algunas declaraciones oficiales sobre el tema, que no pueden negarse.

En primer lugar, hay que recordar que el fundador y mecenas del bolchevismo fue el judío Karl Marx, y que fue el anarquista Bakunin, y

---

[839] A. E. Waite, *The Secret Tradition in Freemasonry*, II. 115.

SOCIEDADES SECRETAS Y MOVIMIENTOS SUBVERSIVOS

no el duque de Northumberland, quien se refirió a él y a sus seguidores en la Internacional como una "compañía judía alemana" y una "burocracia roja". No es sorprendente, por tanto, que cuando la "burocracia roja", basada en las doctrinas de Marx, se estableció en Rusia, estuviera dirigida en gran parte por judíos. He aquí lo que dice el Libro Blanco oficial británico sobre el tema: Del informe del ministro holandés en Petrogrado el 6 de septiembre de 1918, remitido por Sir M. Findlay, en Christiania, al Sr. Balfour:

Considero que la supresión inmediata del bolchevismo es la cuestión más importante a la que se enfrenta actualmente el mundo, sin excluir siquiera la guerra que aún está en curso, y a menos que, como ya se ha dicho, el bolchevismo sea cortado de raíz inmediatamente, está destinado a extenderse de una forma u otra por toda Europa y el mundo entero, ya que está organizado y es obra de judíos que no tienen nacionalidad y cuyo único objetivo es destruir el orden de cosas existente para sus propios fines.[840]

Mr Alston a Lord Curzon, citando una declaración del cónsul británico en Ekaterimburgo, 23 de enero de 1919:

Los bolcheviques ya no pueden describirse como un partido político con ideas comunistas extremas. Eran una clase privilegiada relativamente pequeña, capaz de aterrorizar al resto de la población porque tenían el monopolio de las armas y los alimentos. Esta clase está formada principalmente por obreros y soldados, e incluye un gran número de elementos no rusos, como letones, estonios y judíos; estos últimos son especialmente numerosos en los puestos más altos.

Lord Kilmarnock a Lord Curzon, citando información dada por un francés en Petrogrado, 3 de febrero de 1919: Los bolcheviques consistían principalmente en judíos y alemanes, extremadamente activos y emprendedores. Los rusos eran en gran parte antibolcheviques, pero en su mayoría eran soñadores, incapaces de una acción sostenida, que ahora,

---

[840] Significativamente, en la segunda edición abreviada del Libro Blanco publicada por el Foreign Office, estos dos pasajes más importantes marcados con un asterisco han sido omitidos y la primera edición ha sido declarada no disponible.

más que nunca, eran incapaces de deshacerse del yugo de sus opresores.

Mr Alston a Lord Curzon, transmitiendo el informe del Cónsul en Ekaterimburgo del 6 de febrero de 1919:

Interrogando a varios testigos obreros y campesinos pude comprobar que un porcentaje muy pequeño de la población de este distrito era probolchevique, estando la mayoría de los obreros de a favor de la convocatoria de la Asamblea Constituyente. Los testigos también afirmaron que los dirigentes bolcheviques no representaban a las clases trabajadoras rusas, ya que la mayoría de ellos eran judíos.

Reverendo B.S. Lombard a Lord Curzon, 23 de marzo de 1919: Pasé diez años en Rusia, y estuve en Petrogrado durante toda la revolución... [Tuve amplia oportunidad de estudiar los métodos bolcheviques. Nacieron de la propaganda alemana y fueron, y siguen siendo, aplicados por judíos internacionales. Los alemanes provocaron disturbios para reducir a Rusia al caos. Imprimieron grandes cantidades de papel moneda para financiar sus planes. Los billetes, de los que tengo ejemplares, son fácilmente reconocibles gracias a una marca especial.

Entre los resultados, el autor añade:

Todas las actividades comerciales se paralizaron, las tiendas cerraron, los judíos se convirtieron en los propietarios de la mayoría de las casas comerciales y en las zonas rurales se produjeron horribles escenas de hambruna.

En Hungría (donde, como se ha dicho, el socialismo había sido propagado por judíos en logias masónicas [841]), el florecimiento del bolchevismo tuvo lugar bajo los auspicios de la misma raza. Citemos otro documento oficial sobre esta cuestión, el Informe sobre Actividades Revolucionarias publicado por un comité de la legislatura de Nueva York, encabezado por el senador Lusk[842]:

---

[841] Sobre este punto, véase también un folleto muy interesante titulado *From Behind* the *Vail*, publicado por Victor Hornyanszky (Budapest, 1920), y Madame Cécile Tormay, *The Diary of an Outlaw* (1923).

[842] *Revolutionary Radicalism, its History, Purpose, and Tactics*, with an *Exposition and Discussion of the Steps being taken and required to curb it, being*

No hubo oposición organizada a Bela Kun. Al igual que Lenin, se rodeó de comisarios y tenía autoridad absoluta. De los treinta y dos comisarios principales, veinticinco eran judíos, aproximadamente la misma proporción que en Rusia. Los más importantes formaban un consejo de cinco personas: Bela Kun, Bela Varga, Joseph Pogany, Sigmund Kunfi y otro más. Los otros dirigentes eran Alpari y Samuely, que estaban a cargo del Terror Rojo y llevaban a cabo la tortura y ejecución de la burguesía, en particular de los grupos mantenidos como rehenes, los llamados contrarrevolucionarios y los campesinos.[843]

El mismo informe publicaba una lista de setenta y seis hombres procesados por el Comité por cargos de anarquía criminal en América a principios de 1920, la inmensa mayoría de los cuales eran considerados judíos de nombre.[844]

Estos nombres hablan por sí solos y se publican sin comentarios sobre la evidente nacionalidad de la mayoría de los implicados. De hecho, el Comité Lusk parece haberse alejado tanto del "antisemitismo" que en ninguna parte de su extenso informe de 2008 páginas se llama la atención sobre la preponderancia de los judíos en el movimiento revolucionario, excepto en el único pasaje sobre Hungría citado anteriormente. Por lo tanto, el informe Lusk debe considerarse como una exposición absolutamente imparcial de los hechos.

En vista de estos hechos oficiales, ¿cómo puede la prensa judía afirmar que el vínculo entre los judíos y el bolchevismo es una invención maliciosa de los "antisemitas"? Que no todos los judíos son bolcheviques ni todos los bolcheviques son judíos es evidente; pero que los judíos desempeñan un papel destacado en el bolchevismo es absurdo negarlo.

Se ha intentado demostrar que los judíos sufrieron tanto como el resto de la población rusa bajo el bolchevismo y que la religión judía se

---

the Report of the Joint Legislative Committee investigating Seditious Activities, filed April 24, 1920. in the Senate of the State of New York (Albany, J.B. Lyon Company, Printers, 1920).

[843] *Radicalisme révolutionnaire*, vol. I, p. 374. I, p. 374.

[844] Ibid. p. 24.

encontró con la misma hostilidad que la fe cristiana.

No hay duda de que muchos judíos sufrieron en Rusia, ya que la violencia humana, una vez dejada sin control, puede expresarse de muchas formas inesperadas, y el resentimiento del "proletariado" ruso hacia los judíos estaba destinado a estallar bajo Lenin como lo hizo bajo el zar. Además, una campaña contra el cristianismo condujo inevitablemente en Rusia, como en Francia, a una campaña contra todas las formas de religión, y los bolcheviques judíos, ateos ellos mismos, estaban sin duda tan dispuestos como Lambert de la Revolución Francesa a volverse contra los creyentes en la fe que habían abandonado.

Sin embargo, el hecho de que la religión judía sufriera en la misma medida que el cristianismo, o que el gobierno emprendiera una campaña organizada contra ella, queda refutado por las lamentaciones de los judíos profesantes a la muerte de Lenin.[845] De hecho, como generalmente se reconoce, la caída del gobierno soviético debe significar la caída de los judíos de la posición de privilegio que ahora ocupan.

De nuevo es evidente que en nuestro propio país los judíos desempeñan un papel entre bastidores del bolchevismo. El *Patriot* publicó recientemente una serie de artículos con información privilegiada sobre la organización del movimiento revolucionario en Gran Bretaña, en los que se dice que toda la trama estaba dirigida por un grupo de doce hombres. Este grupo estaba a su vez controlado por tres de sus miembros. Estos tres hombres, como revela la clave, eran todos judíos, al igual que "el demonio con forma humana cuya perversión psicológica produjo este complot"[846] y que formaba parte de un grupo en América compuesto por

---

[845] Entre los que expresaron su profundo pesar por la muerte de Lenin había judíos, y no sólo judíos étnicos, sino judíos practicantes. Nos enteramos de que niños de escuelas judías se unieron a la procesión, mientras que el Teatro de Arte Hebreo (Habima) envió una pancarta con la inscripción en hebreo: "Liberaste a las naciones; serás recordado para siempre". Además, el rabino Jacob Mase de Moscú, el Comité de Ayuda Judía de la ciudad y otras organizaciones judías enviaron telegramas de condolencia, mientras que la Asociación de Autores Judíos publicó una revista conmemorativa especial en ídish dedicada a la memoria de Lenin" - *Jewish World*, 21 de enero de 1924.

[846] *Patriot*, 26 de abril de 1923.

cuatro judíos y una judía que controlaban un grupo revolucionario externo de dieciocho.[847] La Hermandad Republicana Irlandesa también tenía estrechos vínculos con una red de judíos revolucionarios en América. Es curioso observar que el lenguaje utilizado en parte de la correspondencia entre los miembros de un grupo interno se parece mucho al de Weishaupt y sus compañeros Illuminati.

La influencia judía en las formas menos extremas de socialismo en este país no es menos obvia. Si el Partido Laborista es sólidamente proalemán, también es sólidamente projudío. Aunque proclama a viva voz su pacifismo y presiona por la reducción de armamentos, nunca ha pronunciado una palabra de protesta contra el uso de tropas británicas para defender los intereses judíos contra los árabes en Palestina. La bendita palabra Mesopotamia puede mencionarse libremente en relación con la retirada de las tropas de las aventuras militares, pero nunca la palabra Palestina. Además, la libre admisión de extranjeros, y especialmente de judíos, en este país ha sido siempre uno de los principales ejes del programa laborista. Incluso el capitalista judío goza de la indulgencia de nuestros intelectuales socialistas que, mientras despotrican contra los terratenientes británicos, nunca incluyen a los millonarios judíos en sus diatribas.

Esto quizá arroje algo de luz sobre la pregunta que se plantea con frecuencia: ¿Cómo podemos creer que los judíos defienden el socialismo cuando tienen todas las de perder? El hecho es que muchos judíos sí lo defienden. Tras la reciente llegada al poder del Partido Laborista, el *Mundo Judío* observó:

El resultado de las elecciones generales en Inglaterra es considerado muy satisfactorio por la prensa hebrea y yiddish. Los periódicos hebreos de Palestina, así como los órganos hebreos y yiddish de Europa y América, expresan su satisfacción por el regreso al Parlamento de hombres que han asegurado repetidamente al público su intención de adherirse a la Declaración Balfour.[848]

El Jewish Courier dio otra razón para alegrarse de la caída del

---

[847] *Ibid.* 3 de mayo de 1923.

[848] *Jewish World*, 10 de enero de 1924.

Gobierno conservador, a saber, que "los resultados de las elecciones han eliminado los restos antisemitas en Inglaterra", ya que "el Gobierno conservador incluye a varios miembros que están lejos de estar bien dispuestos hacia los judíos".[849] La indulgencia mostrada hacia los judíos y los honores que les rindieron los estadistas conservadores no sirvieron, por tanto, para nada a la causa conservadora, y el bienestar del país en su conjunto quedó subordinado únicamente a los intereses de los judíos.

Al principio es difícil entender cómo el programa del partido "Laborista", incluso combinado con un ardiente pro-semitismo, podría sin embargo estar de acuerdo con los intereses de los judíos, que nunca han mostrado la más mínima hostilidad hacia el sistema capitalista que el socialismo se esfuerza por destruir. De hecho, el mismo periódico judío que se alegró de la llegada al poder del actual Gobierno dirige sus felicitaciones de cumpleaños al judío más rico de este país, cuya fortuna, continúa con cierta complacencia, "asciende a no menos de 12.000.000 de libras esterlinas, y aumenta constantemente, aparte de los intereses que produce, por los enormes beneficios de los negocios en los que está interesado".[850]

Parecería, entonces, que a los ojos de los judíos, no todos los capitalistas deben ser considerados como monstruos a los que hay que expropiar sin piedad.

Pero cuando se trata de la guerra contra el capitalismo, es esencial tener en cuenta que los capitalistas son de dos tipos: los capitalistas industriales nacionales -en su mayoría gentiles y generalmente hombres de cerebro y energía que han creado empresas de éxito- y los capitalistas internacionales de la usura, principalmente, pero no exclusivamente, judíos, que viven de la especulación.

Mientras que para los primeros la agitación social puede resultar fatal, para los segundos cualquier perturbación puede ser una fuente de beneficios. Como muy bien dijo Georges Batault:

Desde un punto de vista estrictamente financiero, los acontecimientos

---

[849] Citado en Le *Monde Juif*, 10 de enero de 1924.

[850] *Jewish World*, 9 de noviembre de 1922.

más desastrosos de la historia, ya sean guerras o revoluciones, nunca son desastres; los manipuladores del dinero y los astutos hombres de negocios pueden sacar provecho de cualquier cosa, siempre que lo sepan de antemano y estén bien informados... Es cierto que los judíos esparcidos por toda la faz de la tierra... están particularmente bien situados a este respecto.[851]

Es significativo que los capitalistas más atacados por socialistas y pacifistas no sean los que se benefician de guerras y revoluciones, sino los que contribuyen a la prosperidad del país y dan trabajo a millones de personas. Así que judíos y socialistas parecen encontrar aquí un punto de acuerdo. Está claro, en cualquier caso, que muchos judíos ricos consideran que no tienen nada que temer de la amenaza de gravámenes sobre el capital y otras formas de expropiación. ¿No nos recuerda irresistiblemente el pasaje de los Protocolos -en el que, por cierto, se menciona específicamente la exacción sobre el capital- "No tocarán los nuestros, porque conoceremos el momento del ataque y tomaremos medidas para proteger los nuestros"?

Pero veamos de nuevo cómo el plan socialista de "nacionalización de todos los medios de producción, distribución e intercambio" podría conciliarse incluso con los intereses de los capitalistas industriales judíos. Cuanto más examinemos esta fórmula mágica que debe transformar el mundo en un Paraíso para los trabajadores, más veremos que se aproxima al sistema del Supercapitalismo, del que, como ha demostrado Werner Sombart, los judíos fueron los principales inauguradores. A los socialistas les gusta explicar que el "capitalismo" comenzó con la introducción del vapor; en realidad, por supuesto, el capitalismo, en el sentido de riqueza acumulada en manos privadas, siempre ha existido desde que el primer salvaje se aprovisionó de alimentos para el invierno. Lo que los socialistas entienden realmente por capitalismo es el sistema moderno de industrialismo, que tiende a concentrar todos los medios de producción y distribución en manos de individuos o grupos que, si no tienen escrúpulos, son capaces, haciendo sudar sistemáticamente al trabajador y sangrar al consumidor, de realizar operaciones a tan gran escala que aplastan toda competencia del trabajador a domicilio o del

---

[851] *El problema judío.* pp. 41, 43.

pequeño comerciante.

Pero es evidente que, con la demanda creciente de los trabajadores de mejores condiciones de vida y el apoyo cada vez mayor de la opinión pública ilustrada, esta posibilidad no puede durar indefinidamente y, salvo convulsión violenta, llegará el momento en que los grandes magnates de la industria tendrán que contentarse con beneficios moderados sobre sus gastos. Así, aunque a primera vista pueda parecer que el supercapitalista debe desear mantener el actual orden de cosas, si mira a lo lejos debe darse cuenta de que los beneficios de obtenidos en las condiciones actuales deben cesar pronto.

Por lo tanto, es concebible que incluso el capitalista industrial judío pueda ver en la nacionalización de la industria una alternativa preferible a la limitación de los beneficios en la empresa privada. La misma perspicacia financiera y habilidad gerencial que le han permitido controlar círculos y trusts en el pasado le asegurarían un lugar a la cabeza de las industrias nacionalizadas, que de hecho no serían más que gigantescos trusts nominalmente bajo control del Estado, pero en realidad, como todas las empresas estatales, en manos de un pequeño número de hombres. Bajo el socialismo, la posición de estos trusts se haría inexpugnable. Mientras que en el sistema actual cualquier individuo o grupo puede intentar romper un trust, tal competencia no sería posible en un Estado en el que la empresa privada hubiera sido declarada ilegal. Los hombres que controlan las industrias nacionalizadas podrían, por tanto, ejercer una autoridad absoluta tanto sobre el trabajador como sobre el consumidor. Además, si se puede convencer al trabajador de que acepte el plan último del comunismo, que es el trabajo obligatorio a cambio de ninguna remuneración monetaria, sino simplemente una ración diaria de comida y otras necesidades de la vida cuando los funcionarios del Estado decidan que las necesita, los gestores del trabajo, como los capataces en una plantación de esclavos, podrán, como en Rusia, imponer las condiciones que quieran.

Los judíos podrían aspirar a ocupar estos puestos, no sólo por su aptitud para la organización a tan gran escala, sino también porque sus relaciones internacionales facilitarían la venta o el trueque de mercancías entre países. La cohesión que existe entre ellos llevaría rápidamente a la monopolización de todos los altos cargos por miembros de su raza.

Es inútil considerar tal posibilidad como una quimera. Esto es lo que ocurrió en Rusia y lo que está ocurriendo hoy en Alemania. Tal vez ahí radique el significado más profundo de un comentario atribuido a un destacado miembro del Partido Laborista, en el sentido de que bajo el socialismo cierto conocido capitalista judío bien podría valer 10.000 libras esterlinas al año. Lenin expresó más o menos la misma idea cuando dijo que la República Soviética Rusa podría necesitar mil especialistas de primera categoría "para dirigir el trabajo del pueblo" y que "estas grandes 'estrellas' deben cobrar 25.000 rublos cada una", o incluso cuatro veces esa suma, suponiendo que fuera necesario emplear especialistas extranjeros para ello.[852]

Pero los capitalistas judíos sin duda también ven que en Inglaterra, como en Rusia, este estado de cosas sería sólo una fase temporal, y que la institución del socialismo, al desposeer a los actuales propietarios gentiles de la riqueza y la propiedad, allanaría el camino para una plutocracia judía y alemana. En Rusia la riqueza no ha sido totalmente destruida; simplemente ha cambiado de manos, y ha surgido una clase de nuevos ricos que no encuentra la hostilidad de los defensores declarados de la igualdad. Los judíos, que ven en la intelectualidad cristiana el principal obstáculo a su sueño de poder mundial, encuentran naturalmente en los promotores de la lucha de clases a sus más preciados aliados. Pues la intelligentsia cristiana es el único obstáculo para la esclavización del proletariado; la mayoría de los movimientos para corregir los males de los trabajadores, desde Lord Shaftesbury, no se han originado entre los propios trabajadores, sino entre las clases altas o medias[853]; una vez barridas éstas, una burocracia de hierro tendría a los trabajadores a su merced. No digo que éste sea el plan, pero sí que tal hipótesis proporciona una razón para la indulgencia, de otro modo inexplicable, mostrada por los socialistas de todas partes hacia los judíos ricos y, al mismo tiempo, para los enormes fondos que los socialistas parecen tener a su disposición.

Si los grandes financieros no están detrás de ellos, repito: ¿de dónde viene todo el dinero? Parece poco probable que provenga de los

---

[852] Lenin, *Los soviets en acción*, p. 18.

[853] No ignoro la labor de los sindicatos, pero habrían sido impotentes para mejorar las condiciones sin el apoyo de los hombres de clase media y alta en el Parlamento.

propietarios británicos de riqueza y propiedades a los que los socialistas quieren despojar abiertamente; el único cuerpo de financieros que puede, por tanto, ser sospechoso de contribuir a este fin es el conocido como "finanzas internacionales", que es principalmente, aunque no exclusivamente, judío.

La influencia de los judíos en los cinco grandes poderes que actúan en el mundo -la Masonería del Gran Oriente, la Teosofía, el Pangermanismo, las Finanzas Internacionales y la Revolución Social- no es una cuestión de suposición sino de hecho. Examinemos ahora el papel que desempeñan en los movimientos subversivos menores enumerados en un capítulo anterior.

Freud, el inventor de la forma más peligrosa de psicoanálisis, era judío. A este respecto, el eminente neuropsiquiatra estadounidense antes citado escribe:

No sólo la teoría del psicoanálisis de Freud, sino también una considerable cantidad de propaganda pseudocientífica del tipo ha emanado durante años de un grupo de judíos alemanes que vivían y tenían su base en Viena. El psicoanálisis ha estado en manos judías desde sus inicios. No hay ni media docena de médicos en el mundo reconocidos como autoridades en este campo cuyos nombres se identifiquen con este movimiento y que no sean judíos.

Puede haber sido un accidente, pero no deja de ser un hecho.[854]

En un capítulo anterior mencioné la cuestión del arte degenerado, definido en una circular *del New York Herald* como "la deificación de la fealdad".[855] Aquí se describe a los originadores de este culto como un grupo de adoradores de Satán en París, y a los marchantes a través de los cuales se propagó el movimiento como "alemanes", pero entre los prestamistas de la exposición en la que se mostraron estas "obras de arte" observamos varios nombres judíos. Un crítico escribió de un conocido artista judío

Si estas obras fueran el producto de un hombre que sólo tuviera un

---

[854] Comunicación privada al autor.

[855] Véase *ante*.

control imperfecto sobre su material, que, al tropezar hacia la luz, se detuviera inevitablemente en un montón de oscuridad, que buscara la belleza y encontrara la fealdad, que buscara la pureza y encontrara la suciedad... incluso entonces uno podría permanecer en silencio y esperar que las cosas mejoraran en el futuro. Pero aquí, aparentemente, a menos que toda mi lectura esté ridículamente equivocada, se deleita en la deformidad y se gloría en la degradación... Trae al mundo del arte un nuevo evangelio, un evangelio negro, un evangelio en el que todo debe ser invertido y distorsionado. Todo lo que es horrible, todo lo que tiene mala reputación, todo lo que es sórdido, todo lo que es malsano, todo lo que es degradado, eso es lo que tenemos que pensar.

¿Qué mejor resumen podría hacerse de esta tendencia a la perversión denunciada por el profeta Isaías en las siguientes palabras: "Ay de los que llaman al mal bien y al bien mal, que ponen las tinieblas por luz y la luz por tinieblas"? Un órgano de la prensa judía, con ese sentido de la solidaridad que siempre une a los judíos en la defensa de sus compatriotas, por culpables que sean, detecta inmediatamente en la expresión de la opinión del crítico la obra insidiosa del "antisemitismo". Sin embargo, un judío más ilustrado, el Sr. Frank L. Emanuel, habiendo apoyado al crítico gentil, el periódico judío se ve obligado a admitir la exactitud de su afirmación de que "es lamentable pensar en la proporción indebida de jóvenes judíos" que "se han unido al movimiento revolucionario o a la farsa del 'arte moderno' en este país".

La misma influencia se encuentra en el mundo del cine, donde, como ya hemos señalado, la historia se falsifica sistemáticamente en interés del odio de clases, y donde todo lo que pueda tender, dentro de los límites de la ley vigente, a socavar el patriotismo o la moralidad, se impone al público. Y el negocio del cine está casi totalmente en manos judías.

Los judíos desempeñan un papel destacado en el tráfico de drogas, tanto aquí como en América. Un eminente médico de Nueva York me escribió lo siguiente: Los miembros del Grupo Federal de Estupefacientes, adscrito al Departamento del Tesoro y encargado de hacer cumplir las disposiciones de la Ley Harrison, están convencidos desde hace tiempo de que existe una relación directa entre radicalismo y narcisismo. Hace siete o diez años se pensaba que era una manifestación de la propaganda pangermanista. La actividad de los distribuidores y vendedores ambulantes era, y sigue siendo, más importante que los considerables beneficios que dicen obtener. Curiosamente, el tráfico se paralizó en gran medida durante varias semanas tras la firma del armisticio.

En un caso, siete médicos licenciados del East Side, todos judíos, fueron arrestados sucesivamente en el verano de 1920 por uso ilegítimo de recetas de narcóticos, y cada gabinete registrado contenía grandes cantidades de literatura radical. Este tipo de asociaciones no son infrecuentes.

En cuanto a la distribución, una reciente investigación *de Hearst's Magazine* reveló definitivamente que los distribuidores ilegítimos eran casi siempre de raza judía y que los vendedores ambulantes eran exclusivamente judíos e italianos.

Se ha dicho lo suficiente, pues, para demostrar que los judíos desempeñan un papel en todos los movimientos subversivos, ya sea como agentes o como principales. Un judío cristiano, que no es un renegado de su raza, sino que está profundamente preocupado por su futuro desarrollo, dijo recientemente al autor de estas líneas: "El creciente materialismo de los judíos los ha convertido en la fuerza más destructiva del mundo. Su única esperanza es aceptar el cristianismo. Ahora mismo,, representan el mayor peligro al que se enfrenta la civilización cristiana".

El reconocimiento de todos estos hechos no implica, por supuesto, la creencia de que todos los judíos son destructivos. Sin duda hay judíos buenos y leales -sobre todo en Francia, donde predominan los sefardíes- que se han identificado absolutamente con su país de adopción y que se oponen sinceramente al bolchevismo. Pero estos individuos aislados tienen poco peso frente a las fuerzas masivas del judaísmo subversivo. Lo mismo se ha observado en América, donde un informe comunicado privadamente al autor de estas líneas en 1923 decía lo siguiente: No deja de ser significativo que la literatura radical nunca sea antisemita, sino que, por el contrario, los manifiestos publicados por el Comité Ejecutivo del Partido Comunista son a menudo categóricamente projudíos. Que yo sepa, no hay ni una sola organización exclusivamente judía en Estados Unidos que combata abierta y sistemáticamente el radicalismo.

El judaísmo conservador leal a Estados Unidos y a sus instituciones, tal como lo concibieron sus fundadores, es desorganizado e inarticulado.

Por lo tanto, cuando la prensa judía protesta contra la injusticia de asociar a los judíos con el bolchevismo, se puede responder legítimamente: "¿Qué ha hecho colectivamente la judería para disociarse del bolchevismo?[856] ¿Qué protestas oficiales emitió la prensa judía contra un movimiento subversivo, excepto cuando los intereses judíos se vieron amenazados?[857] ¿No ha denunciado, por el contrario, todos los esfuerzos patrióticos para oponerse a las fuerzas de destrucción siempre que tales esfuerzos requerían la revelación de los elementos corruptos del judaísmo?"

Pero estas tácticas no se limitaban a la prensa judía.

La prensa general de este país, sobre la que los judíos ejercen un control cada vez mayor, ha seguido la misma política. Este proceso de penetración comenzó hace mucho tiempo en el continente. Ya en 1846, un misionero inglés a los judíos de Berlín escribió: Aparte de los quince periódicos exclusivamente judíos en Alemania, cuatro de los cuales han aparecido desde principios de este año, la prensa política diaria de Europa está en gran parte bajo el dominio de los judíos; Como contribuyentes literarios de, influyen en casi todos los principales periódicos continentales, y como la controversia parece ser su aire nativo, y traen al campo energías mentales de timbre inusual, no les falta empleo, y si un oponente literario se aventura a tratar de detener el progreso del judaísmo hacia el poder político, se encuentra bajo fuego, y expuesto a ataque tras ataque en la mayoría de los principales periódicos de Europa. Tal es el destino de un sacerdote católico romano de Praga que recientemente escribió un panfleto titulado *Guter Rath für Zeit der Noth*, dirigido contra el ascenso del judaísmo al poder. Y tan convencido estoy del alcance de la participación judía en la literatura diaria de Alemania, que nunca paso por una sala de lectura abarrotada sin pensar que veo a un judío entre

---

[856] Madame Cécile Tormay, en su descripción del régimen bolchevique judío de Hungría, hace una observación elocuente: "Se dice que sólo una fracción descarriada de los judíos participa activamente en la destrucción de Hungría. Si esto es así, ¿por qué los judíos que representan al judaísmo en Londres, Nueva York y en la Conferencia de Paz de París no repudian a sus tiranos correligionarios de Hungría y los nombran como tales? ¿Por qué no repudian toda comunidad con ellos? ¿Por qué no protestan contra las agresiones cometidas por hombres de su propia raza? (*Diario de un proscrito*, p. 110, 1923).

[857] Por ejemplo, cuando la persecución religiosa en Rusia se volvió contra los judíos en la primavera de 1923.

bastidores, haciendo que surjan y se desarrollen nuevas ideas en la mente desprevenida del gentil.[858]

¿No vemos que hoy en día se siguen los mismos métodos con mayor vigor? No es exagerado decir que apenas hay una publicación periódica en este país, con la excepción de *The Patriot,* que se atreva a expresarse libremente sobre cuestiones en las que están en juego intereses judíos.

El hecho es que todo el mundo educativo, político y social está impregnado de influencia judía. Todo personaje público, todo político moderno, pertenezca al partido que pertenezca, parece encontrar *de rigor* tener a su lado a su consejero judío confidencial, igual que en la Edad Media un príncipe tenía siempre a mano a su médico judío para mezclar sus pócimas y asegurarle una larga vida. Esto parece deberse no sólo a la utilidad del judío en la financiación de proyectos, sino también a la creencia casi universal en la inteligencia superior de la raza judía que el judío ha logrado implantar en la mente de los gentiles.

Pero ha llegado el momento de preguntarse si el judío es realmente el superhombre que nos han enseñado a considerar. Si lo examinamos más de cerca, vemos que, tanto en el presente como en el pasado, sus talentos se despliegan principalmente en dos direcciones: las finanzas y el ocultismo. Aseguradores en la Edad Media, financieros en la actualidad, los judíos siempre han destacado en la fabricación y manipulación de la riqueza. Y del mismo modo que antaño fueron los grandes maestros de la magia, hoy son los maestros del arte mágico, casi, de apoderarse de las mentes de los individuos y del público.

Sin embargo, en los campos de la literatura, la filosofía, la pintura, la escultura, la política e incluso la ciencia, los judíos ocupan a menudo el segundo o tercer lugar, y muy raramente el primero. Podemos mencionar a Heine como poeta de primer orden, a Spinoza como filósofo, a Disraeli como estadista, pero sería difícil ampliar la lista. Sólo en el escenario y en la música puede decirse que los judíos demostraron estar absolutamente a la altura de sus competidores paganos. El hecho es que el judío no es generalmente un hombre de vastas concepciones, ni dotado

---

[858] *Jewish Intelligence, and Monthly Account of the Proceedings of* the *London Society for Promoting Christianity among the Jews,* abril de 1846, pp. 111, 112: Carta del reverendo B. W. Wright.

de gran originalidad mental; su talento consiste más bien en elaborar o adaptar las ideas de otros hombres y hacerlas más eficaces. Esta es la razón por la que los inventos más importantes de los tiempos modernos no fueron realizados por judíos, sino que con frecuencia fueron mejorados por ellos. Ni James Watt, ni Stephenson, ni Marconi, ni Edison, ni Pasteur, ni Madame Curie eran de raza judía, y lo mismo podría decirse de casi todos los grandes hombres que han vivido desde los albores de nuestra civilización.

Napoleón no era judío, como tampoco lo eran Shakespeare, Bacon, Isaac Newton, Miguel Ángel, Leonardo da Vinci, Galileo, Dante, Descartes, Molière, Emerson, Abraham Lincoln, Goethe, Kant o incluso Maquiavelo.

Abandonados a su suerte, ¿qué civilización fueron capaces de crear los judíos? Mientras que Egipto, Grecia y Roma dejaron monumentos inmortales, ¿qué monumentos legó Palestina al mundo?[859]

Así que los judíos proporcionan una media elevada de inteligencia, pero ¿han producido alguna vez un genio poderoso en los últimos dos milenios?

Además, a esta elevada inteligencia media corresponde un nivel medio igualmente elevado de trastornos mentales. A este respecto, tenemos la *Enciclopedia Judía*, que indica que los judíos son más propensos a las enfermedades del sistema nervioso que las demás razas y pueblos entre los que viven: Los judíos son más propensos a las enfermedades del sistema nervioso que las demás razas y pueblos entre los que viven.

La histeria y la neurastenia parecen ser las más frecuentes.

Algunos médicos con considerable experiencia con los judíos han llegado incluso a afirmar que la mayoría de ellos son neurasténicos e

---

[859] Gustave Le Bon llega a afirmar que "los judíos nunca han poseído artes, ciencias, industrias ni nada que constituya una civilización...". En la época de su mayor poderío, bajo el reinado de Salomón, se vieron obligados a traer del extranjero arquitectos, obreros y artistas, ninguno de los cuales existía en Israel" - *Les Premiers Civilisations*, p. 613 (1889). Hay que recordar, sin embargo, que Hiram, el maestro de obras, era medio israelita, si no totalmente.

histéricos. Tobler dice que todas las mujeres judías de Palestina son histéricas; y Raymond dice que en Varsovia, Polonia, la histeria es muy frecuente tanto en hombres como en mujeres judíos. La población judía de sólo esta ciudad es casi exclusivamente la fuente inagotable de hombres histéricos para las clínicas de todo el continente (*L'Étude des Maladies du Système Nerveux en Russie*). Por lo que respecta a Austria y Alemania, la misma tara neurótica de los judíos ha sido señalada por Krafft, Ebbing, etc... En Nueva York, Collins demostró que de 333 casos de neurastenia que observó, más del 40% eran de origen judío, etc.[860]

El mismo neuropsiquiatra estadounidense ya mencionado atribuye en gran medida a esta causa el predominio de los judíos en el movimiento revolucionario de América:

Los anarquistas proceden en gran medida de las clases criminales, y la creencia en la anarquía, *en sí misma*, es una manifestación psicopática. Por lo tanto, un estudiante de anarquía estaría obligado a cubrir no sólo el campo de la criminología, sino también su trasfondo más significativo e importante, la psicopatología.

Algunos anarquistas están realmente locos, mientras que otros presentan marcadas deficiencias psicológicas. Según nuestras leyes actuales, sólo pueden ser retenidos si cometen actos de violencia.

Tal como están las cosas, nuestros manicomios están llenos de esta clase, lo que introduce otra fase de la cuestión. Los internos de nuestros manicomios proceden en gran parte de la raza judía, al menos reclutados en enorme desproporción con respecto a su número en la población. El hecho de que el movimiento revolucionario esté compuesto en tan gran parte por elementos judíos proporciona una interesante confirmación de lo que he dicho.

Le *Monde Juif*, comentando recientemente el hecho "generalmente aceptado" de que "el porcentaje de trastornos mentales entre los judíos es mucho mayor que entre los no judíos", se plantea la siguiente pregunta: "¿Es la causa inherente, es decir, existe una disposición racial a la degeneración, o es el resultado de condiciones y causas externas?". A continuación, el autor remite a un artículo de *Zukunft* que apoya la idea

---

[860] *Enciclopedia Judía*, artículo sobre enfermedades nerviosas.

de que las terribles experiencias de los judíos en la Edad Media afectaron a su sistema nervioso y que, por consiguiente, la causa de sus trastornos mentales "no se debe a una disposición racial, no es un principio étnico, sino que es el resultado del trágico destino del pueblo judío".[861] Quizá podría vincularse más estrechamente al hábito de rumiar este trágico destino. En cualquier caso, es curioso observar que los dos síntomas reconocidos en los primeros estadios de la "parálisis general de los locos", la manía de ser objeto de persecución y las "ideas exaltadas" (conocidas en Francia como *folie des grandeurs*), son las dos obsesiones que el Talmud y la Cábala, con sus sueños de dominación del mundo bajo la égida de un Mesías vengativo, han inculcado en la mente del judío.

Pero cualesquiera que sean las causas de esta neurosis, ciertamente no es deseable que a una raza aquejada de ella se le permita controlar los destinos del Imperio Británico o, de hecho, de cualquier país. Si "todas las mujeres judías de Palestina son histéricas", cabe suponer que muchas de sus congéneres padecen la misma minusvalía, lo que sin duda no es un buen augurio para el desafortunado árabe que tiene que vivir bajo su dominio.

Es imposible saber hasta qué punto los problemas que ya se han producido en Palestina pueden atribuirse a esta causa. Sin embargo, es mucho más preocupante el creciente número de judíos que ocupan puestos de autoridad en Inglaterra. En cualquier caso, judíos y árabes son semitas y cabe esperar que tengan ciertas ideas en común, pero someter a una raza aria altamente civilizada a un control semita es otra cuestión. Ha llegado el momento de que cada británico se pregunte si desea seriamente que las tradiciones de su país, esas grandes tradiciones de honor, integridad y justicia que han hecho grande el nombre de Inglaterra, sean sustituidas por normas orientales.

No digo que no haya judíos honorables y rectos, pero sostengo que el espíritu de juego limpio, que es la esencia del carácter británico, no es la característica de la raza judía en general. La ausencia total de este espíritu, evidenciada por los intentos de los agitadores de suprimir la libertad de expresión durante las elecciones, no puede atribuirse a los trabajadores ingleses -cuyo instinto "deportivo" está muy desarrollado- y

---

[861] *Jewish World*, 9 de noviembre de 1922.

atestigua el carácter extraño del llamado movimiento laborista. Si Inglaterra pierde el espíritu del juego limpio, habrá perdido su patrimonio nacional más preciado.

El conservadurismo, que siempre ha defendido estas grandes tradiciones, está hipnotizado por el recuerdo de Disraeli y acepta su sentencia de que "la tendencia natural de los judíos es al conservadurismo", de ahí la oportunidad de colocar a los judíos en el control de sus intereses. El difunto Sr. Hyndman fue más lejos cuando advirtió que "quienes están acostumbrados a considerar a todos los judíos como esencialmente prácticos y conservadores, como seguros también de alistarse en el bando del sistema social dominante, se verán obligados a reconsiderar sus conclusiones".[862] Las causas de la reciente *debacle del* gobierno conservador siguen siendo oscuras, pero el hecho es que fue precisamente cuando la organización conservadora pasó en gran medida a manos judías cuando el conservadurismo sufrió el desastre más asombroso de toda su historia. Si la forma en que se llevó a cabo la propaganda conservadora en aquella época es un ejemplo de la eficacia judía, sería bueno preguntarse si, en el futuro, la tarea no debería confiarse a los británicos de a pie.

La única manera eficaz de combatir el socialismo es mostrar las influencias extranjeras que hay detrás de él. Mientras el obrero crea que es el resultado de un auténtico movimiento obrero británico, hará oídos sordos a todas las advertencias, y la propaganda antisocialista sólo servirá para atraer nuevos reclutas al campo socialista. Pero si una vez sospecha que está siendo utilizado como instrumento de intrigas extranjeras, todo su sentimiento nacional se hará valer. Todo lo que tenemos que hacer para ganarnos su apoyo es preguntarle si quiere que sus puestos de trabajo sean ocupados por la importación de productos extranjeros, que sus hogares sean ocupados por inmigrantes extranjeros, y hacerle comprender quiénes son los que, entre bastidores, defienden una política tan desastrosa para sus verdaderos intereses. El servicio secreto tiene pruebas irrefutables sobre este último punto, que podrían haberse hecho públicas bajo un gobierno conservador, pero influencias ocultas en las

---

[862] H.M. Hyndman, "The Dawn of a Revolutionary Epoch", en *The Nineteenth Century* de enero de 1881.

altas esferas ordenaron suprimirlas. El lema "Gran Bretaña para los británicos", que sería el contrapunto más poderoso a los falsos eslóganes del socialismo, ha sido prohibido en los programas conservadores y la misma palabra "extranjero" ha sido evitada por temor a herir la sensibilidad judía. Así, por deferencia a los judíos, el conservadurismo está dejando que se oxide en su arsenal su arma más poderosa.

En realidad, estas tácticas no aportan nada a la causa conservadora. El gran peso del judaísmo nunca se arrojará a la balanza del verdadero conservadurismo; sólo en la medida en que el conservadurismo abandone sus tradiciones patrióticas y se comprometa con las fuerzas del internacionalismo conseguirá un apoyo judío considerable. Basta con seguir los compromisos sobre la política actual en la prensa judía para darse cuenta de que el único criterio por el que los judíos juzgan a un partido político es en qué medida conferirá ventajas exclusivas a su propia raza. La cuestión judía, por tanto, no es si a los judíos se les concederán derechos iguales a los del resto de la humanidad en todas partes, sino si se les colocará por encima de la ley, si se les permitirá ocupar una posición privilegiada en todas partes.[863]

Nada menos que eso les satisfará, y cualquier intento de oponerse a esta pretensión será siempre respondido con el grito de "persecución". Además, esta posición privilegiada no representa para una parte de los judíos más que un paso en el camino hacia la dominación del mundo. Pues si, como hemos visto por las pruebas documentales, este plan ha existido siempre en el pasado, ¿es probable que se haya abandonado en el momento que parece más propicio para su realización? La tendencia de los acontecimientos actuales y el tono de la prensa judía ciertamente

---

[863] Recientemente, el Jewish Board of Guardians ha formado un comité para ocuparse de todos los movimientos "antisemitas" en este país. En una reunión de este organismo se anunció complacientemente que "el comité había conseguido que se retirasen los carteles de un periódico antisemita de las paredes de un importante establecimiento, y que se habían tomado medidas para que se retirasen otros" (*Jewish Guardian*, 22 de febrero de 1924). Nos preguntamos si los galeses serían capaces de conseguir que se retirasen los carteles que anuncian literatura antisemita. Nos estamos acercando peligrosamente a la realización de los Protocolos.

no justifican tal conclusión.

En resumen, no creo que pueda demostrarse que los judíos sean la única causa del malestar mundial. Para establecer esta afirmación, sería necesario demostrar que los judíos han sido los autores de todas las convulsiones sociales pasadas en la historia de la civilización moderna, descubrir su influencia detrás de las sectas heréticas del Islam, así como detrás de los Illuminati de Baviera y los anarquistas de Rusia. A falta de pruebas tan concluyentes, debemos reconocer la existencia de otras fuerzas destructivas que actúan en el mundo.

Pero no hay que subestimar la importancia del peligro judío.

Aunque la existencia de un círculo interno de "Ancianos" masónicos sigue siendo problemática, el judaísmo es en sí mismo la masonería más eficaz del mundo. ¿Qué necesidad hay de iniciaciones, juramentos, signos o contraseñas entre personas que se entienden perfectamente y que trabajan en todas partes por el mismo objetivo? Mucho más poderosa que la señal de socorro que llama a los francmasones a ayudarse mutuamente en tiempos de peligro, es la llamada de la sangre que une a los elementos más divergentes del judaísmo en la defensa de la causa judía.

Por tanto, parece justificada la vieja queja de los comerciantes franceses ya citada, a saber, que "los judíos son partículas de azogue que, a la menor inclinación, se juntan en bloque". Por lo tanto, no debemos dejarnos engañar por el hecho de que a menudo parezcan desunidos. Puede haber, y de hecho hay, muy poca unidad entre los judíos, pero existe una inmensa solidaridad. Un judío llamado Morel, refiriéndose a la persecución del rabino converso Drach por parte de los judíos, observa: ¿Qué pueden hacer las medidas más sabias de las autoridades de todos los países contra la *vasta y permanente conspiración de un pueblo* que, como una red tan vasta como poderosa, extendida por todo el globo, lleva su fuerza allí donde se produce un acontecimiento que concierne al nombre de israelita?[864]

---

[864] Drach, *De l'Harmonie entre l'Église et la Synagogue*. I. 79 (1844). Es curioso observar que el escritor judío Margoliouth utiliza la misma expresión cuando dice: "Se notó bien que la casa [de Rothschild] 'estaba extendida como una red sobre las naciones'" - History of the Jews in Great Britain, II. 161 (1851).

Es esta solidaridad la que constituye el verdadero peligro judío y la que, al mismo tiempo, proporciona la verdadera causa del "antisemitismo". Si, en un mundo en el que todo patriotismo, toda tradición nacional y toda virtud cristiana son sistemáticamente destruidos por las doctrinas del socialismo internacional, a una sola raza, una raza que desde tiempos inmemoriales ha acariciado el sueño del poder mundial, no sólo se le permite sino que se le alienta a consolidarse, a mantener todas sus tradiciones nacionales y a realizar todas sus aspiraciones nacionales a expensas de las demás razas, es evidente que la civilización cristiana debe ser finalmente aniquilada.

La ola de sentimiento antijudío que ha barrido este país en los últimos años no tiene nada en común con el odio racial que inspira el "antisemitismo" alemán; es simplemente una respuesta a una reivindicación que los británicos amantes de la libertad no quieren admitir.

Los que, sacrificando popularidad y ganancias monetarias, nos atrevemos a hablar de este asunto no tenemos odio en el corazón, sólo amor por nuestro país. Creemos que no sólo está en juego nuestra seguridad nacional, sino también nuestras grandes tradiciones nacionales, y que si Inglaterra no despierta a tiempo caerá bajo dominio extranjero y su influencia como bastión de la civilización cristiana se perderá para el mundo.

CONCLUSIÓN

Acabamos de seguir el camino de las asociaciones que, a lo largo de diecinueve siglos, han trabajado para socavar el orden social y moral y, sobre todo, la civilización cristiana. Hemos visto también que, si bien, por una parte, el espíritu impío de destrucción y, por otra, el espíritu natural de rebelión contra la opresión han existido siempre independientemente de toda organización, es a las sociedades secretas que utilizan y organizan estas fuerzas a las que el movimiento revolucionario debe su éxito. Además, hemos considerado la posibilidad de que detrás de las sociedades subversivas abiertas y secretas pueda existir un centro oculto de liderazgo, y finalmente, hemos observado que en la actualidad, muchas líneas de investigación revelan una conexión entre estos grupos y el Gran Oriente, o más bien con un círculo invisible oculto detrás de este gran poder masónico. Al mismo tiempo, es evidente que este círculo no es de carácter francés, ya que en todas partes las actividades de la Revolución Mundial se dirigen contra Francia e Inglaterra, pero raramente contra Alemania y nunca contra los judíos. No sería exagerado decir que ningún movimiento subversivo en el mundo actual es ni pro-francés, ni pro-británico, ni "antisemita". Por lo tanto, debemos concluir que si un poder controla a los demás, se trata o bien del poder pangermánico, o bien del poder judío, o bien de lo que sólo podemos llamar Iluminismo.

Esta última hipótesis merece una seria consideración. A la luz de nuestros conocimientos actuales, no parece imposible que, si existe un círculo interior de la Revolución Mundial, éste consista en un grupo de hombres puramente internacionales cuyo objetivo sea el de Weishaupt, es decir, la destrucción del actual sistema de sociedad. Que tal objetivo puede ser seriamente contemplado lo demuestra el hecho de que es abiertamente proclamado por toda una escuela de escritores y pensadores que van desde los idealistas suaves hasta los anarquistas feroces que, aunque difieren ampliamente en cuanto a los métodos y fines últimos a alcanzar, están de acuerdo en el objetivo común expresado por Rabaud de Saint-Étienne en estos términos: "Todo, sí, todo debe ser destruido, ya que todo debe ser rehecho".

Es inútil decir que un proyecto tan descabellado no puede representar ningún peligro para el mundo; el hecho es que un número creciente de personas lo contemplan con perfecta serenidad. La frase: "Todas las civilizaciones han desaparecido, y probablemente la nuestra también desaparecerá" aparece una y otra vez en boca de hombres y mujeres aparentemente cuerdos que, aboguen o no por esa eventualidad, parecen dispuestos a aceptarla con un espíritu de total inevitabilidad y no oponen resistencia. Lo que no saben es que cuando la civilización sólo existía en algunos lugares aislados de la faz de la tierra, podía desaparecer en un lugar y renacer en otro, pero que ahora que la civilización es mundial, el sueño de un retorno a la naturaleza y a las alegrías del salvajismo evocado por Rousseau y Weishaupt no podrá realizarse jamás. Pero si la civilización no puede ser destruida materialmente, sí es posible despojarla de su alma, reducirla a una máquina muerta y sin corazón, sin sentimientos humanos ni aspiraciones divinas. Los bolcheviques siguen existiendo entre teléfonos, luz eléctrica y demás comodidades de la vida moderna, pero casi han matado el alma de Rusia. En este sentido, la civilización puede desaparecer, no como desaparecieron las civilizaciones del viejo mundo, dejando tras de sí sólo arenas desérticas y ruinas desmoronadas, sino desapareciendo imperceptiblemente bajo la estructura exterior de nuestras instituciones existentes. Este es el objetivo último de la revolución mundial.

Si, entonces, existe un círculo interno de Illuminati con un propósito puramente destructivo, es concebible que puedan encontrar apoyo en los alemanes que desean desintegrar los países aliados con vistas a una futura conquista, y en los judíos que esperan establecer su imperio sobre las ruinas de la civilización cristiana -de ahí la magnífica organización y los inmensos recursos financieros a disposición de los revolucionarios mundiales. Por otra parte, puede ser que el centro oculto de liderazgo consista en un círculo de judíos situados en el trasfondo del Gran Oriente, o tal vez, como los Illuminati de principios del siglo XIX, situados en ninguna parte pero trabajando en armonía y utilizando como herramientas tanto a los panalemanes como a los paganos Illuminati.

En este punto, creo que sería peligroso ser dogmático por el momento.

Pero no tengo ninguna duda de que el problema puede resolverse. Si los servicios secretos del mundo hubieran decidido coordinarse y hacer públicos los hechos que obran en su poder, toda la conspiración podría haber sido desenmascarada hace mucho tiempo. Un "Departamento para la Investigación de Movimientos Subversivos" debería haber tenido su lugar en todo gobierno ordenado. Tal departamento podría haber sido creado por el reciente Gobierno conservador de Inglaterra, pero la misma misteriosa influencia que protegió al enemigo durante la Gran Guerra ha impedido siempre las revelaciones que habrían ilustrado al país sobre la verdadera naturaleza del peligro al que se enfrenta. En el estado actual de la política europea, el único camino abierto a quienes desean salvar la civilización es actuar independientemente de los gobiernos y formar una contraorganización en cada país con oficinas de información no oficiales que mantengan relaciones entre sí, conservando cada una su carácter nacional.

Por lo que respecta a nuestro país, estoy convencido de que sólo un gran movimiento nacional puede salvarnos de la destrucción, un movimiento en el que participen hombres de todas las clases y, sobre todo, de la clase obrera. El fascismo triunfó en Italia porque no era, como absurdamente se ha dicho, un movimiento reaccionario, sino porque era esencialmente democrático y progresista, porque apelando a los instintos más nobles de la naturaleza humana, al patriotismo y al sacrificio, reunió a todos los elementos de una nación desorganizada y desunida en torno a la bandera de una causa común.

No se puede realizar ningún gran movimiento sin encender antes un fuego sagrado en el corazón de los hombres; no se puede conmover a las masas apelando simplemente a sus intereses personales; es preciso que tengan una causa que defender, una causa que no sea enteramente la suya. El socialismo, al reclutar una gran parte de sus adeptos apelando a sus bajos instintos, ha podido, sin embargo, por sus falsos ideales y sus falsas promesas, encender el fuego en muchos corazones generosos y persuadir a entusiastas engañados de que trabajaban por el bienestar de la humanidad. La única manera de combatir el socialismo es crear un contra-entusiasmo por un ideal verdadero.

Sin embargo, incluso Mussolini se dio cuenta de que un ideal puramente laico no era suficiente y que era necesario un espíritu de fervor religioso para superar el espíritu de materialismo y destrucción. Porque detrás de las fuerzas concretas de la revolución, sean pangermánicas, judaicas o iluministas, más allá de ese invisible círculo secreto que tal vez las dirige a todas, ¿no hay otra fuerza aún más poderosa que hay que tener en cuenta?

Si consideramos los oscuros episodios que han marcado la historia de la raza humana desde sus orígenes, los extraños y horribles cultos, las oleadas de brujería, las blasfemias y profanaciones, ¿cómo es posible ignorar la existencia de un poder oculto actuando en el mundo? Individuos, sectas o razas movidos por el deseo de dominar el mundo han proporcionado las fuerzas combatientes de la destrucción, pero detrás de ellos se encuentran los verdaderos poderes de las tinieblas en eterno conflicto con los poderes de la luz.

ANEXO

I - RELATOS JUDÍOS DEL TALMUD

En el curso de este libro se ha citado la denuncia del Talmud por el judío Pfefferkorn en 1509 y por el antiguo rabino Drach en 1844. Sin embargo, Graetz, en su *Historia de los judíos,* cita un incidente anterior de este tipo en. En el siglo XIII, un judío converso y antiguo talmudista, Donin, que en su bautismo había tomado el nombre de Nicolás, compareció ante el Papa Gregorio IX "e hizo acusaciones contra el Talmud, diciendo que distorsionaba las palabras de la Sagrada Escritura, y que en las partes agádicas había vergonzosas representaciones de Dios", que contenía muchos errores groseros y absurdos, y que además "estaba lleno de insultos contra el fundador de la religión cristiana y la Virgen". Donin demostró que fue el Talmud lo que impidió a los judíos aceptar el cristianismo y que, sin él, habrían abandonado sin duda su estado de incredulidad". También afirma "que los escritos talmúdicos enseñan que es meritorio matar al mejor hombre entre los cristianos[865]... que es lícito engañar a un cristiano sin ningún escrúpulo; que está permitido a los judíos romper una promesa hecha bajo juramento". Graetz calificó estas acusaciones de mentiras.

Por ello, el Papa ordenó a los judíos que entregaran todos sus ejemplares del Talmud a los dominicos y franciscanos para que los examinaran y, si su juicio corroboraba las acusaciones de Nicolás Donin,

---

[865] Confirmado por Werner Sombart, *Les Juifs et la vie économique*: El Talmud dice: "Matad incluso al mejor de los gentiles". El Zohar también dice: "La tradición nos dice que el mejor gentil merece la muerte" - Sección Vaiqra, folio 14 *b* (trans. de Pauly, Vol. V. p. 42).

debían quemar los volúmenes del Talmud (9 de junio de 1239).

En Francia, Graetz continúa relatando que "Luis IX" -es decir, San Luis-, que era sacerdote y de mente débil, siguió el mismo camino. "El Talmud fue puesto a prueba. Cuatro distinguidos rabinos del norte de Francia recibieron la orden del rey de mantener una discusión pública con Nicolás, bien para refutar las acusaciones hechas contra el Talmud, bien para confesar los abusos contra el cristianismo y las blasfemias contra Dios que contenía".

Es imposible imaginar una decisión más justa, y la Reina Madre, Blanca de Castilla, se encargó de asegurar al primer testigo citado que si la vida de los rabinos corría peligro, ella los protegería y que lo único que tenía que hacer era responder a las preguntas que se le formularan. Ahora bien, nada habría sido más sencillo para los rabinos que admitir honestamente que esos pasajes ofensivos existían, que tal vez habían sido escritos en momentos de pasión en una época menos ilustrada, que reconocían la indelicadeza de insultar a la religión del país en el que vivían y que, en consecuencia, tales pasajes debían ser suprimidos en lo sucesivo. Pero en lugar de adoptar esta medida directa, que podría haber puesto fin para siempre a los ataques contra el libro sagrado, los rabinos empezaron a negar la existencia de las "supuestas expresiones blasfemas e inmorales" y a declarar que "los odiosos hechos relatados en el Talmud sobre un Jesús, hijo de Pantheras, no se referían a Jesús de Nazaret, sino a otro de nombre similar que había vivido mucho antes que él". Graetz, que admite que se trataba de un error y que los pasajes en cuestión sí se referían al Jesús de los cristianos, presenta a los rabinos simplemente como "engañados" sobre la cuestión. Pero el rey, que no había sido engañado por los rabinos, ordenó que se quemaran todos los ejemplares del Talmud y, en junio de 1242, fueron entregados a las llamas.

Sin embargo, el Talmud siguió existiendo y no fue hasta 1640 cuando se convirtió en la norma que, como ya hemos visto, los pasajes incriminados contra Cristo fueron expurgados por los rabinos por razones de conveniencia. Ahora que han sido sustituidos, ya no se intenta negar que se refieren al fundador del cristianismo. Que yo sepa, no aparecen en ninguna traducción española del Talmud, pero pueden encontrarse en una versión inglesa del libro del Dr. Gustav H. Dalman, Jesus Christus im Talmud. Dalman, *Jesus Christus im Talmud* (1891).

II - LOS PROTOCOLOS DE LOS SABIOS DE SION

C ontrariamente a las afirmaciones de ciertos autores, nunca he afirmado mi creencia en la autenticidad de los Protocolos, sino que siempre la he considerado una cuestión totalmente abierta. [866] La única opinión a la que me he comprometido es que, auténticos o no, los Protocolos representan el programa de la revolución mundial y que, en vista de su carácter profético y de su extraordinario parecido con los protocolos de ciertas sociedades secretas del pasado, o son obra de una sociedad de ese tipo o de una persona profundamente versada en el arte de las sociedades secretas y que ha sido capaz de reproducir sus ideas y su fraseología.

La supuesta refutación de los Protocolos que apareció en The *Times* en agosto de 1922 tiende a confirmar esta opinión. Según estos artículos, los Protocolos fueron copiados en gran parte del libro de Maurice Joly, *Dialogues aux Enfers entre Machiavel et Montesquieu,* publicado en 1864. Digamos de entrada que el parecido entre ambas obras no puede ser casual: no sólo hay párrafos enteros casi idénticos, sino que los diversos puntos del programa se suceden exactamente en el mismo orden. Pero si Nilus copió a Joly o se inspiró en la *misma fuente que Joly es* otra cuestión. Se observará que Joly, en su prefacio, nunca pretendió ser el creador del esquema descrito en su libro; al contrario, afirma claramente que "personifica en particular un sistema político que no ha variado ni un

---

[866] Véase mi *World Revolution,* págs. 296-307. El malentendido antes mencionado puede haber surgido de la semejanza entre el título de mi libro y la serie de artículos que aparecieron en el *Morning* Post bajo el título *The Cause of World Unrest.* Dado que estos artículos estaban en algunos aspectos en desacuerdo con mis propias teorías, no parece necesario señalar que no eran obra mía. De hecho, desconocía su existencia hasta que se imprimieron, y más tarde contribuí con otros cuatro artículos firmados con mi nombre.

solo día en su aplicación desde la desastrosa y, por desgracia, demasiado lejana fecha de su entronización". ¿Se trata del gobierno de Napoleón III, instaurado doce años antes? ¿O se trataba de un sistema maquiavélico de gobierno del que Napoleón III era sospechoso, según Joly en aquel momento, de ser el representante? Ya hemos visto que M. de Mazères, en su libro *De Machiavelli et de l'influence de sa doctrine sur les opinions, les mœurs et la politique de la France pendant la Révolution*, publicado en 1816, dice que este sistema fue inaugurado por la Revolución Francesa y continuado por Napoleón I, contra quien hace precisamente las mismas acusaciones de maquiavelismo que Joly hace contra Napoleón III. "El autor de El *Príncipe*", escribe, "ha sido siempre su guía", y pasa a describir los gritos como loros puestos en boca del pueblo, los escritores a sueldo, los periódicos asalariados, los poetas mercenarios y los ministros corruptos empleados para desviar metódicamente nuestra vanidad, todo ello por los eruditos de Maquiavelo bajo las órdenes de su discípulo más inteligente. Ya hemos trazado la evolución de estos métodos desde los Illuminati.

Fue precisamente en la época en que Joly publicó sus *Dialogues aux Enfers cuando* las sociedades secretas estaban particularmente activas, y como en esa fecha varios judíos habían penetrado en sus filas, toda una serie de esfuerzos literarios dirigidos contra los judíos y las sociedades secretas marcaron la década. Eckert, con su obra sobre la masonería en 1852, había dado el impulso; Crétineau Joly siguió en 1859 con *L'Église Romaine en face de la Révolution*, reproduciendo los documentos de la Alta Venta Romana; en 1868 llegó el libro del antisemita alemán Goedsche, y al año siguiente, en un plano más elevado, la obra de Gougenot Des Mousseaux, *Le Juif, le Judaïsme, et la Judaïsation des Peuples Chrétiens*. Mientras tanto, en 1860, había nacido la *Alliance Israélite Universelle*, cuyo objetivo último era "la gran obra de la humanidad, la aniquilación del error y del fanatismo, la unión de la sociedad humana en una fraternidad fiel y sólida", una fórmula que recuerda singularmente a la filosofía del Gran Oriente; En 1864, Karl Marx se hizo con el control de la "Asociación Internacional de Trabajadores", creada dos años antes y que absorbía a varias sociedades secretas. Ese mismo año, Bakunin fundó su *Alianza Socialdemócrata* siguiendo exactamente el modelo del iluminismo de Weishaupt y, en 1869, escribió su *Polémica contra los judíos* (o *Estudio sobre los judíos alemanes*), dirigida principalmente contra los judíos de la *Internacional*.

Los años sesenta del siglo pasado marcaron un periodo importante en la historia de las sociedades secretas, y fue en medio de este periodo cuando Maurice Joly publicó su libro.

Se recordará que de la serie de paralelismos con los Protocolos que cité en *Revolución Mundial*, dos fueron extraídos de las fuentes antes mencionadas: los documentos de las Altas Ventas Romanas y el programa de la sociedad secreta de Bakunin, la *Alianza Socialdemócrata*. Mientras tanto, M. Lucien Wolf había encontrado otro paralelismo con los Protocolos en el libro de Goedsche. Los Protocolos", declaró el Sr. Wolf, "son en resumen una imitación ampliada de la obra de Goedsche[867] " y continuó demostrando que "Nilus siguió este panfleto muy de cerca". Los Protocolos son entonces declarados por el Sr. Wolf y sus amigos como completa y definitivamente refutados.

Pero, ¡ay del discernimiento del Sr. Wolfe! Los artículos *del Times* han abolido toda su teoría cuidadosamente construida. Sin embargo, no han demolido la mía; al contrario, han proporcionado otro eslabón muy curioso en la cadena de pruebas. ¿No es notable, de hecho, que una de las series de paralelismos que he citado apareciera el mismo año que el libro de Joly, y que en el espacio de nueve años se descubrieran no menos de cuatro paralelismos con los Protocolos? Resumamos los acontecimientos de esta década en forma de cuadro, y la proximidad de las fechas quedará más clara: 1859. Publicación del libro de Crétineau Joly que contiene documentos de las Altas Ventas Romanas (paralelos citados por mí).

1860. Fundación de la *Alianza Israelita Universal*.

1864. La *I Internacional* fue retomada por Karl Marx.

"Se funda la *Alianza Socialdemócrata* de Bakunin (paralelismos citados por mí)".

"Publicación de *Dialogue aux Enfers de* Maurice Joly (paralelos citados en *The Times*).

1866. I Congreso de la Internacional en Ginebra.

1868. *Biarritz* de Goedsche (paralelos citados por M. Lucien Wolf).

---

[867] *Spectateur* del 12 de junio de 1920.

1869. *Le Juif,* de Gougenot Des Mousseaux, etc. "Bakunin

Polémica contra los judíos.

Vemos, pues, que en la época en que Maurice Joly escribió sus *Diálogos,* las ideas que encarnaban prevalecían en círculos muy diferentes. También es interesante observar que los autores de las dos últimas obras citadas, el católico y monárquico Des Mousseaux y el anarquista Bakunin, entre los que es imposible imaginar relación alguna, denunciaron el mismo año el creciente poder de los judíos, a los que Bakunin describió como "la secta más temible" de Europa, y volvieron a afirmar que se había filtrado información de las sociedades secretas. Así, en 1870, Bakunin explicó que su sociedad secreta se había disuelto porque sus secretos se habían filtrado[868] y que su colega Netchaïeff había llegado a la conclusión de que "para fundar una sociedad seria e indestructible, es necesario inspirarse en la política de Maquiavelo".[869] Mientras tanto, Gougenot Des Mousseaux había contado en *Le Juif* que en diciembre de 1865 había recibido una carta de un estadista alemán que decía: "Desde el estallido revolucionario del siglo XVIII, no ha habido ningún cambio...": Desde el estallido revolucionario de 1848, he tenido tratos con un judío que, por vanidad, traicionó el secreto de las sociedades secretas con las que había estado asociado, y que me advirtió con ocho o diez días de antelación de todas las revoluciones que estaban a punto de estallar en toda Europa. A él le debo la convicción inquebrantable de que todos estos movimientos de "pueblos oprimidos", etc., etc., son concebidos por media docena de individuos, que dan sus órdenes a las sociedades secretas de toda Europa. El suelo está absolutamente minado bajo nuestros pies, y los judíos proporcionan un gran contingente de estos mineros...[870]

Estas palabras fueron escritas el año siguiente a la publicación de *Dialogues aux Enfers.*

También es importante señalar que el libro de Joly está fechado en

---

[868] James Guillaume, *Documents de l'Internationale,* I. 131.

[869] *Correspondencia de Bakunin,* publicada por Michael Dragomanov, p. 325.

[870] *Le Juif,* etc., pp. 367, 368.

Ginebra, lugar de reunión de todos los revolucionarios de Europa, incluido Bakunin, que estuvo allí ese mismo año, y donde dos años más tarde se celebró el primer congreso de la *Internacional* dirigido por Karl Marx. El campo revolucionario ya estaba dividido en facciones enfrentadas, y la rivalidad entre Marx y Mazzini había sido sustituida por la lucha entre Marx y Bakunin. Y todos estos hombres eran miembros de sociedades secretas. Por lo tanto, no es improbable que Joly, él mismo revolucionario, entrara en contacto, durante su estancia en Ginebra, con miembros de alguna organización secreta, que podrían haberle transmitido sus propios secretos o los de una organización rival de la que tenían razones para sospechar que trabajaba al amparo de las doctrinas revolucionarias para fines inconfesables. Así, los protocolos de una sociedad secreta según el modelo de los Illuminati o de las Altas Ventas Romanas podrían haber llegado a sus manos y haber sido utilizados por él para atacar a Napoleón, quien, debido a sus conocidos vínculos con los Carbonari, podría haber aparecido ante Joly como el principal exponente del maquiavélico arte de embaucar al pueblo y utilizarlo como palanca de poder que las sociedades secretas habían reducido a sistema.

Esto explicaría la misteriosa referencia de Maurice Joly a "un sistema político que no ha variado ni un solo día en su aplicación desde la desastrosa y, por desgracia, demasiado lejana fecha de su entronización". Además, esto explicaría la similitud entre todos los paralelismos con los Protocolos en los escritos de los Illuminati y el *Projet de Révolution* de Mirabeau a partir de 1789. En efecto, si el sistema nunca ha cambiado, el código en el que se basa debe haber permanecido más o menos igual. Es más, si nunca había cambiado hasta el momento en que Joly escribió, ¿por qué habría cambiado desde entonces?

Las reglas del tenis sobre hierba establecidas en 1880 serían probablemente muy similares a las de 1920 y probablemente seguirían el mismo orden. Las diferencias estarían en las mejoras modernas.

¿No se produjo el mismo proceso de evolución entre las fechas de publicación de las obras de Joly y Nilus? No comparto la opinión del *Morning* Post de que "el autor de los Protocolos debió tener ante sus ojos los *Diálogos* de Joly". Es posible, pero no está probado. De hecho, me resulta difícil imaginar que alguien embarcado en una impostura tan elaborada no hubiera tenido la inteligencia de evitar citar palabra por palabra -sin molestarse siquiera en ordenarlos de otra manera- pasajes de un libro que en cualquier momento podría presentarse como prueba en su contra. En efecto, contrariamente a lo que afirma *The Times, los Diálogos* de Joly no son un libro raro: pueden encontrarse no sólo en el Museo Británico, sino también en la Biblioteca de Londres, y hace poco pude comprar un ejemplar por la módica suma de 15 francos. Por lo tanto, era perfectamente posible que Nilus se encontrara de repente con la fuente de su plagio. Por otra parte, ¿es concebible que un plagiario tan poco hábil y sin imaginación hubiera sido capaz de mejorar el original? Al fin y al cabo, los Protocolos son una mejora considerable de los *Diálogos* de Joly. Los pasajes más sorprendentes que contienen no se encuentran en la obra anterior, ni, lo que es más notable, varias de las asombrosas profecías sobre el futuro que el tiempo ha cumplido. Es este último hecho el que constituye el obstáculo más insuperable para la solución del problema del *Tiempo*.

En resumen, los Protocolos son o bien un simple plagio de la obra de Maurice Joly, en cuyo caso los pasajes proféticos añadidos por Nilus u otra persona quedan sin explicación, o bien una edición revisada del plan comunicado a Joly en 1864, actualizada y completada para adaptarla a las condiciones modernas por los continuadores de la trama.

Si, en este caso, los autores de los Protocolos eran judíos o si las partes judías fueron interpoladas por aquellos en cuyas manos cayeron es otra cuestión. Aquí debemos admitir que no hay pruebas directas. Un círculo internacional de revolucionarios mundiales que trabajan según el modelo de los Illuminati, de cuya existencia ya se ha informado, ofrece una alternativa bastante posible a los "Sabios de Sión". Sin embargo, sería más fácil absolver a los judíos de toda sospecha de complicidad si ellos y sus amigos hubieran adoptado una actitud más franca desde el momento en que aparecieron los Protocolos. Cuando, hace unos años, un libro del mismo tipo fue dirigido contra los jesuitas, conteniendo lo que se afirmaba que era un "Plan Secreto" de revolución muy parecido a los Protocolos, [871] los jesuitas no se permitieron ninguna invectiva, no pidieron que el libro fuera quemado por el verdugo ordinario, no

---

[871] *Revolution and War or Britain's Peril and her Secret Foes*, por Vigilant (1913). Gran parte de la exposición de este libro sobre la sutil propaganda del socialismo y el pacifismo es admirable; sólo cuando el autor intenta culpar de todo a los jesuitas fracasa por completo en su argumentación.

recurrieron a ninguna explicación fantástica, sino que declararon tranquilamente que la acusación era una invención.

Así terminó el caso.

Pero tan pronto como se publicaron los Protocolos, los judíos y sus amigos recurrieron a todos los métodos tortuosos de defensa, presionaron a los editores -consiguiendo, de hecho, detener temporalmente las ventas-, apelaron al Ministro del Interior para que ordenara su supresión, inventaron una refutación irrefutable tras otra, todas mutuamente excluyentes, de modo que cuando apareció la solución ahora declarada correcta, ya nos habían asegurado media docena de veces en que los Protocolos habían sido refutados completa y definitivamente. Y cuando por fin se descubrió una explicación verdaderamente plausible, ¿por qué no se presentó de manera convincente?

Bastaba con afirmar que el origen de los Protocolos se había encontrado en la obra de Maurice Joly, con paralelismos de apoyo. ¿Por qué envolver un buen caso en un tejido de pruebas románticas? ¿Por qué este desfile de fuentes confidenciales de información, esta afirmación de que el libro de Joly era tan raro que era casi imposible de encontrar, cuando una búsqueda en la biblioteca habría demostrado lo contrario? ¿Por qué estas alusiones a Constantinopla como el lugar "donde encontrar la clave de los oscuros secretos", al misterioso Sr. X. que no desea que se conozca su verdadero nombre, y al anónimo antiguo funcionario de la Okhrana a quien compró por casualidad el ejemplar de los *Diálogos* utilizados para la elaboración de los Protocolos por la propia Okhrana, aunque este hecho fuera desconocido para el funcionario en cuestión? ¿Por qué, además, el Sr. X., si fuera un terrateniente ruso, ortodoxo por religión y monárquico constitucional, estaría tan ansioso por desacreditar a sus colegas monárquicos afirmando escandalosamente que "la única organización masónica oculta de la que hablan los Protocolos" -es decir, un sistema maquiavélico de naturaleza abominable- que había podido descubrir en el sur de Rusia "era una organización monárquica"?

Está claro, por tanto, que aún no se ha contado toda la historia de los Protocolos y que todavía queda mucho por descubrir sobre este misterioso asunto.

Otros títulos

www.ingramcontent.com/pod-product-compliance
Lightning Source LLC
Chambersburg PA
CBHW050548270326
41926CB00012B/1959